邢声远／主 编
马雅芳 耿小刚 殷 娜／副主编

# 手把手教你学数独 从入门到精通

双色版

化学工业出版社
·北京·

数独是一种填数字游戏，是以事先提供的数字为线索，运用逻辑推理的方法，把适合的数字填入空白方格中。由于数独规则简单明了，容易上手，形式灵活，不受场所限制，从而成为人人爱玩的智力游戏。它不仅可以增强玩者的观察能力、逻辑思维能力，还可以提高玩者的专注力和克服困难的信心。

本书集新颖性、实用性、趣味性于一体，除了深入浅出地讲解了各种形式数独的性质、解题方法与技巧之外，还重点介绍了四字、五字、六字和九字数独的各种形式。本书适合初学者使用，也可作为数独爱好者的培训教材。

**图书在版编目（CIP）数据**

手把手教你学数独：从入门到精通/邢声远主编. —北京：化学工业出版社，2019.11

ISBN 978-7-122-35156-2

Ⅰ.①手…　Ⅱ.①邢…　Ⅲ.①智力游戏　Ⅳ.①G898.2

中国版本图书馆CIP数据核字（2019）第203349号

责任编辑：朱　彤　　　文字编辑：谢蓉蓉
责任校对：王素芹　　　装帧设计：史利平

出版发行：化学工业出版社(北京市东城区青年湖南街13号　邮政编码100011)
印　　刷：北京京华铭诚工贸有限公司
装　　订：三河市振勇印装有限公司
787mm×1092mm　1/16　印张13　字数280千字　2020年8月北京第1版第1次印刷

购书咨询：010-64518888　　　售后服务：010-64518899
网　　址：http://www.cip.com.cn
凡购买本书，如有缺损质量问题，本社销售中心负责调换。

定　　价：49.80元

# 编写人员名单


主　　编　邢声远

副 主 编　马雅芳　耿小刚　殷　娜

编写人员（按姓氏笔画排序）

马雅芳　邢宇东　邢宇新

邢声远　耿小刚　耿铭源

殷　娜

# 前言

数独是一种填数字的游戏，是以事先提供的数字为线索，运用逻辑推理的方法，把适合的数字填入空白的方格中。数独的特点是：规则简单明了，上手入门容易，形式灵活多样，不受场所的限制，只要认识1 ~ 9的阿拉伯数字，拿上一支笔就可以玩。

数独作为一种健康的智力游戏，是对人的智慧和毅力的考验。玩者可能看到面前是山穷水尽、寸步难行，但若下决心坚持下去，则会呈现柳暗花明又一“格”的阳光大道，这一格中的数字解决了，就很容易取得全局的胜利。

常玩数独好处多多：数独游戏奥妙无穷，它不仅可供人们休闲娱乐，而且对开发智力、增强逻辑思维能力和提高记忆力具有重要作用。特别是对青少年来说，玩数独游戏对激发求知欲望、开发智力、提高学习成绩及丰富课余生活都是非常有益的。成年人玩数独游戏可以强化智力，训练判断能力、推理能力和反应能力，增强克服挫折的信心与毅力；对老年人而言，玩数独游戏的最大功效是通过训练脑力，增强脑细胞活力，有助于预防老年痴呆。玩数独是一种花钱少、乐趣多、效果好的益智游戏。在这一看似简单的数字游戏中，能用自己所有的想象力、逻辑推理和创新思维，去感受游走在成功与失败间的种种乐趣。亲爱的朋友，你想变得更聪明吗？你想健康长寿吗？赶快来玩数独游戏吧！保证你也会爱不释手地喜欢上数独，而且一定会取得满意的效果。

本书是专为数独初学者而写的一本入门书，也可作为数独培训教材之用。全书内容较为广泛，如五字数独、九字折断对角线数独、九字“王”字数独、九字中心对称互补数独等在本书中都进行了尝试，对常见的数独类型也进行了详细的介绍。因此，可以说是一本集新颖性、实用性、趣味性于一体的数独“大餐”。本书深入浅出地讲解了各种形式数独的性质、解题方法与技巧，重点介绍了四字、五字、六字和九字数独，使读者对数独有更全面的了解。

我们编写本书的目的，是为了进一步推动数独这一智力游戏在我国蓬勃而健康地发展。但由于编者的水平和经验有限，难免存在不足之处，诚恳欢迎各位专家和广大读者批评指正！

邢声远

2020年3月

# 目录

第一章　四字（4×4）标准数独　001

第一节　四字标准数独的性质 // 002
第二节　解题方法与技巧 // 002
第三节　本章练习题 // 006

第二章　四字（4×4）中心四宫格数独　008

第一节　四字中心四宫格数独的性质 // 009
第二节　解题方法与技巧 // 009
第三节　本章练习题 // 010

第三章　四字（4×4）对角线数独　012

第一节　四字对角线数独的性质 // 013
第二节　解题方法与技巧 // 013
第三节　本章练习题 // 014

第四章　四字（4×4）异形数独　016

第一节　四字异形数独的性质 // 017
第二节　解题方法与技巧 // 017
第三节　本章练习题 // 018

第五章　四字（4×4）连体数独　021

第一节　四字连体数独的性质 // 022

第二节　解题方法与技巧 // 023
第三节　本章练习题 // 025

第六章　五字（5×5）标准数独　030
第一节　五字标准数独的性质 // 031
第二节　解题方法与技巧 // 032
第三节　本章练习题 // 033

第七章　五字（5×5）异形数独　036
第一节　五字异形数独的性质 // 037
第二节　解题方法与技巧 // 037
第三节　本章练习题 // 039

第八章　五字（5×5）幻方数独　041
第一节　五字幻方数独的性质 // 042
第二节　解题方法与技巧 // 043
第三节　本章练习题 // 044

第九章　六字（6×6）标准数独　046
第一节　六字标准数独的性质 // 047
第二节　解题方法与技巧 // 047
第三节　本章练习题 // 051

第十章　六字（6×6）连体数独　053
第一节　六字连体数独的性质 // 054
第二节　解题方法与技巧 // 054
第三节　本章练习题 // 058

第十一章　九字（9×9）标准数独　064
第一节　九字标准数独的性质 // 065
第二节　解题方法与技巧 // 066
第三节　本章练习题 // 077

第十二章　九字（9×9）对角线数独　083
第一节　九字对角线数独的性质 // 084
第二节　解题方法与技巧 // 084
第三节　本章练习题 // 087

第十三章　九字（9×9）折断对角线数独　091
第一节　九字折断对角线数独性质 // 092
第二节　解题方法与技巧 // 092
第三节　本章练习题 // 093

第十四章　九字（9×9）“王”字数独　097
第一节　九字“王”字数独的性质 // 098
第二节　解题方法与技巧 // 099
第三节　本章练习题 // 101

第十五章　九字（9×9）中心对称互补数独　104
第一节　九字中心对称互补数独的性质 // 105
第二节　解题方法与技巧 // 105
第三节　本章练习题 // 106

第十六章　九字（9×9）密码数独　110
第一节　九字密码数独的性质 // 111

第二节　解题方法与技巧 // 111
第三节　本章练习题 // 113

第十七章　九字（9×9）连体数独　115
第一节　九字连体数独的性质 // 116
第二节　解题方法与技巧 // 117
第三节　本章练习题 // 119

练习题答案　138
第一章　练习题答案 // 139
第二章　练习题答案 // 140
第三章　练习题答案 // 141
第四章　练习题答案 // 142
第五章　练习题答案 // 144
第六章　练习题答案 // 149
第七章　练习题答案 // 151
第八章　练习题答案 // 153
第九章　练习题答案 // 155
第十章　练习题答案 // 157
第十一章　练习题答案 // 162
第十二章　练习题答案 // 167
第十三章　练习题答案 // 171
第十四章　练习题答案 // 174
第十五章　练习题答案 // 177
第十六章　练习题答案 // 180
第十七章　练习题答案 // 182

| | | | |
|---|---|---|---|
| 1 | 3 | 2 | 4 |
| 4 | 2 | 3 | 1 |
| 2 | 1 | 4 | 3 |
| 3 | 4 | 1 | 2 |

# 第一章

# 四字（4×4）标准数独

# 第一节　四字标准数独的性质

| | 第一列 | 第二列 | 第三列 | 第四列 |
|---|---|---|---|---|
| 第一行 | (1,1) | (1,2) | (1,3) | (1,4) |
| 第二行 | (2,1) | (2,2) | (2,3) | (2,4) |
| 第三行 | (3,1) | (3,2) | (3,3) | (3,4) |
| 第四行 | (4,1) | (4,2) | (4,3) | (4,4) |

图1-1

四字标准数独是最简单、最初级的数独，是初学者学习数独的入门导读。四字数独共有4×4=16个小方格，包括4个四宫格，每个四宫格有4个小方格，如图1-1所示。图中小方格中的数字（1，1）表示第一行、第一列的小方格，（1，2）表示第一行、第二列的小方格，其余以此类推。

四字标准数独的规则：

1.每行4个小方格的数字，1 ~ 4不重复；

2.每列4个小方格的数字，1 ~ 4不重复；

3.每个四宫格中的数字，1 ~ 4不重复。

# 第二节　解题方法与技巧

如图1-2所示，在16个小方格中先给出了若干个1～4的数字，称为数独的谜题。在该谜题中给出6个已知数3、2、1、3、3、4，在解题时要在空格中填上10个1～4的数字，使每行、每列、每个四宫格中只能出现1～4中的1个数字，如图1-3所示。

| | | | |
|---|---|---|---|
| | 3 | 2 | |
| | | | 1 |
| | | | 3 |
| 3 | 4 | | |

图1-2

| | | | |
|---|---|---|---|
| 1 | 3 | 2 | 4 |
| 4 | 2 | 3 | 1 |
| 2 | 1 | 4 | 3 |
| 3 | 4 | 1 | 2 |

图1-3

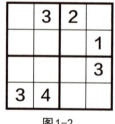

## 一、解题方法与技巧之一：行或列“四缺一”法

这是一种最简单、最常见、最直接的方法，就是在某行或某列中已给出3个已知数字，还缺少一个数字。根据数独的规则，只要把所缺的数字填上，使该行、该列中的数字

不重复即可。由图1-4可看出，该谜题的第一行、第二行和第三列都是“四缺一”的情况，解题方法与步骤如下。

第一步：如图1-5所示，在某行、某列是“四缺一”的情况时标上线，再用圆圈来表示该行或该列所缺的数字，这样就很容易找到（1，2）格中应填入数字2，（2，1）格中应填入数字1，（4，3）格中应填入数字2。

第二步：如图1-6所示，在第四行、第一列、第二列中又是“四缺一”的情况，在这一行和两列分别标上线，再用圆圈表示需要填入的数字，（4，4）格应填入数4，（3，1）格、（3，2）格中应分别填入数字2和4。

第三步：在图1-7中，这也是“四缺一”的情况，在第三行标上线，（3，4）格是待填数字的空格，仍用圆圈表示，该小格中应填入数字1，至此就得到了该题最后的结果。

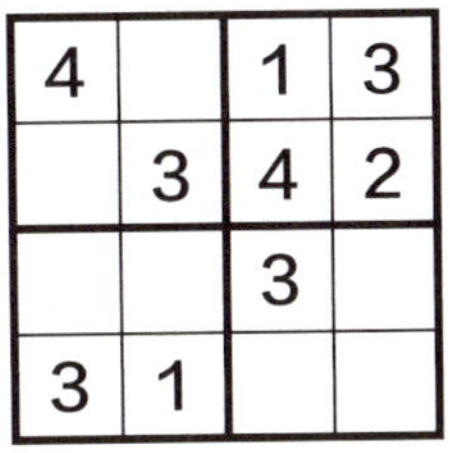

图1-4

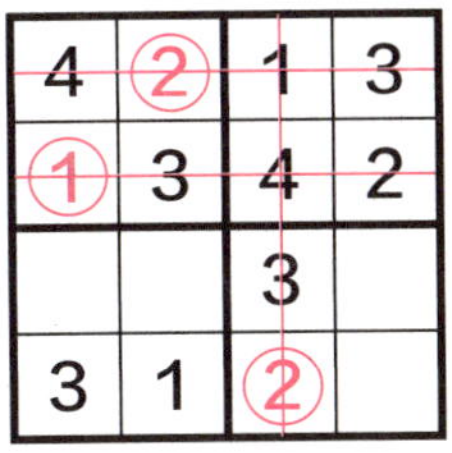

图1-5

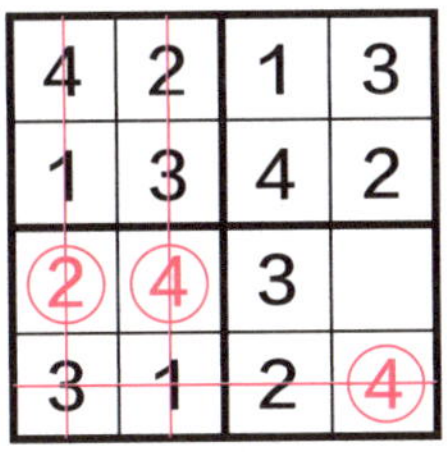

图1-6

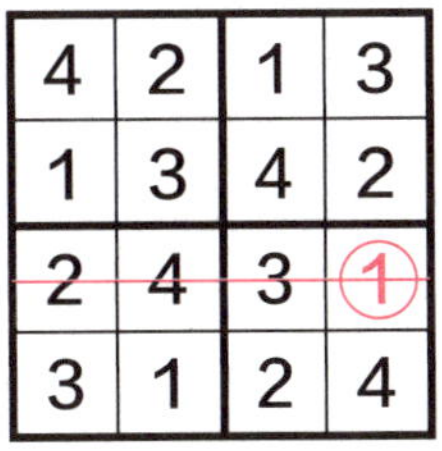

图1-7

## 二、解题方法与技巧之二：四宫格“四缺一”法

四宫格“四缺一”解题方法与技巧和上述行、列“四缺一”法相似，是指在某个四宫格中已有3个数字，尚缺1个数待填。如图1-8所示，该谜题中已给出8个数字，还有8个空格需要填入相应的数字，解题的方法与步骤如下。

第一步：在图1-9左下方四宫格圆圈中应填入数字1，在右上方四宫格的圆圈中应填入数字4。

第二步：在图1-10中，第二行、第三行都是“四缺一”的情况，因此，（2，2）格中应填入数字1，（3，3）格中应填入数字4。

第三步：在图1-11中，第一至第四列中都是“四缺一”的情况，应分别在空格中填入数字3、4、2、1。

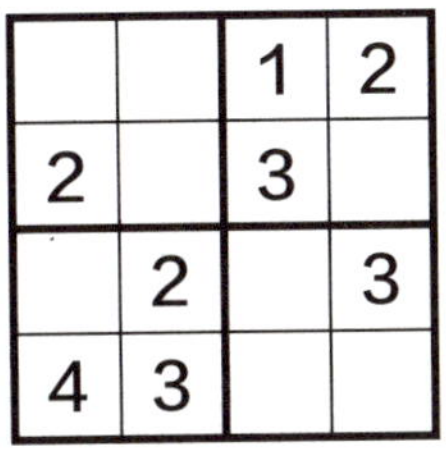

图1-8

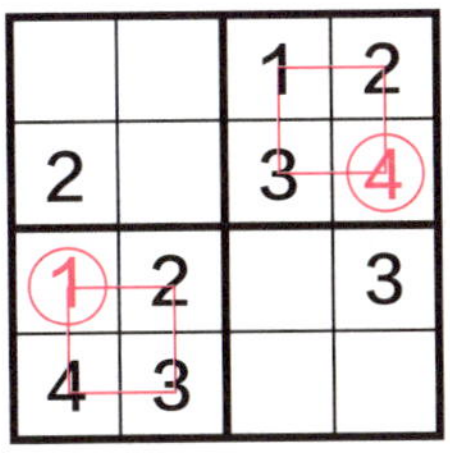

图1-9

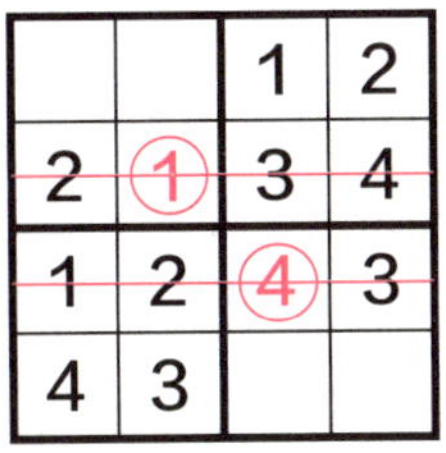

图1-10

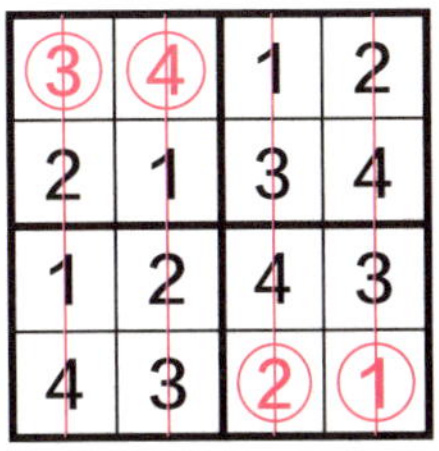

图1-11

由此可见，在此谜题的整个解题过程中，不仅使用了四宫格“四缺一”的解题方法与技巧，而且同时应用了行或列“四缺一”的解题方法。

## 三、解题方法与技巧之三：“二筛一”法

| | | | |
|---|---|---|---|
| | | | |
| 1 | 4 | | |
| 3 | | | 4 |
| | 1 | | 3 |

图1-12

在图1-12的四字数独中，已填有6个数字1、4、3、4、1、3，还需要填入10个数字。在每一行、每一列、每一个四宫格中最多有2个数字，有的甚至1个数字都没有。显然，在此谜题中不能运用“四缺一”的方法来解题。此时，可采用“二筛一”的筛选方法进行解题，即从2个空缺的数字中筛去1个。解题方法与步骤如下。

第一步：如图1-13所示，在第二列中已有数字4和1，还缺数字2和3。那么这两个空格中哪个应填入2哪个应填入3呢？现在来看第三行，在（3，1）格已有数字3，则（3，2）格中不能填入数字3，只能填入数字2，所以在（1，2）格中只能填入数字3。

第二步：利用四宫格“四缺一”法，得到（1，1）格中应填入数字2，（4，1）格中应填入数字4，如图1-14所示。

第三步：利用行的“四缺一”法，得到（3，3）格中应填入数字1，（4，3）格中应填入数字2，如图1-15所示。

第四步：采用“二筛一”法，由于第一列中有数字1，第四列中有数字4，故在（1，3）格中应填入数4，（1，4）格中应填入数字1。同理，由于第三列中有数字2，第四列中有数字3，所以在（2，3）格中应填入数字3，（2，4）格中应填入数字2。其最终结果如图1-16所示。

| | | | |
|---|---|---|---|
| | 3 | | |
| 1 | 4 | | |
| 3 | 2 | | 4 |
| | 1 | | 3 |

图1-13

| | | | |
|---|---|---|---|
| 2 | 3 | | |
| 1 | 4 | | |
| 3 | 2 | | 4 |
| 4 | 1 | | 3 |

图1-14

| | | | |
|---|---|---|---|
| 2 | 3 | | |
| 1 | 4 | | |
| 3 | 2 | 1 | 4 |
| 4 | 1 | 2 | 3 |

图1-15

| | | | |
|---|---|---|---|
| 2 | 3 | 4 | 1 |
| 1 | 4 | 3 | 2 |
| 3 | 2 | 1 | 4 |
| 4 | 1 | 2 | 3 |

图1-16

## 四、解题方法与技巧之四：“三筛二”法

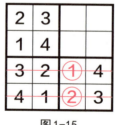

如图1-17所示，在此数独谜题中填有4个数字4、1、2、3，还需要填入12个数字。初看起来，似乎很难求解。难解的原因是每一行、每一列及每个四宫格中都只有一个数字，

还缺少3个数字，解这一类数独题时可采用“三筛二”法，具体解题方法与步骤如下。

| | | | |
|---|---|---|---|
| | | 4 | |
| 1 | | | |
| | | | 2 |
| | 3 | | |

图1-17

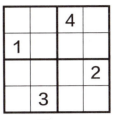

第一步：先看第三行（当然，先看其他任意一行也可以）已有数字2，尚缺1、3、4。但在左下方的四宫格中已有3，所以（3，1）格、（3，2）格中均不能填入数字3，只能在（3，3）格中填入数字3，如图1-18所示。

第二步：至此，在第三行中已有数字3和2，尚缺数字1和4。由于在第一列中已有数字1，可采用“二筛一”法来解题，得到（3，1）格中应填入数字4，（3，2）格中应填入数字1。此时，再看左下方的四宫格，在（4，1）格中应填入数字2。接着，来看第一列是“四缺一”的情况，则（1，1）格中应填入数字3，如图1-19所示。

第三步：再来看第一行、第四行，在这两行中可以采用“二筛一”法来解题，从空缺的2个小方中筛去1个数字。在第一行中缺1和2，但在第四列中已有数字2，所以（1，4）格中不能填入数字2，而应填入1，则在（1，2）格中应填入数字2。同理，在第四行中已有数字2和3，尚缺数字1和4。因在第3列和第4列中分别有4和1，所以在（4，3）格中应填入数字1，在（4，4）格中应填入数字4，如图1-20所示。

第四步：在第二至第四列中，都只有3个数字，应用“四缺一”法得到（2，2）格中应填入数字4，（2，3）格中应填入数字2，（2，4）格中应填入数字3，得到最终答案如图1-21所示。

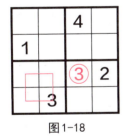

| | | | |
|---|---|---|---|
| | | 4 | |
| 1 | | | |
| | | ③ | 2 |
| | 3 | | |

图1-18

| | | | |
|---|---|---|---|
| ③ | | 4 | |
| 1 | | | |
| ④ | ① | 3 | 2 |
| ② | 3 | | |

图1-19

| | | | |
|---|---|---|---|
| 3 | ② | 4 | ① |
| 1 | | | |
| 4 | 1 | 3 | 2 |
| 2 | 3 | ① | ④ |

图1-20

| | | | |
|---|---|---|---|
| 3 | 2 | 4 | 1 |
| 1 | ④ | ② | ③ |
| 4 | 1 | 3 | 2 |
| 2 | 3 | 1 | 4 |

图1-21

## 五、解题方法与技巧之五：“排除”法

如图1-22所示，在此数独谜题中，已有4个数字3、2、1、4，还有12个空格需要填入数字。初看起来，此题似乎很难求解，但采用“排除”法来解题就会很容易，具体解题方法与步骤如下。

第一步：先看第一、二行，因为（4，4）格中已有数字4，则（1，4）格、（2，4）格中不能填入数字4，所以右上方四宫格的（1，3）格中应填入数字4。同理，（2，1）格中只能填入数字1；（3，4）格中只能填入数字2；（4，2）格中只能填入数字3，如图1-23所示。

第二步：继续使用“排除”法，在（3，1）格、（4，1）格中应分别填入数字4和2；

（2，2）格、（2，4）格中应分别填入数4和3，如图1-24所示。

第三步：采用“四缺一”法，（1，2）格中应填入数字2，（1，4）格中应填入数字1，（3，3）格应填入数字3，（4，3）格中应填入数字1。至此，得到最终答案，如图1-25所示。

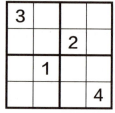

| | | | |
|---|---|---|---|
| 3 | | | |
| | | 2 | |
| | 1 | | |
| | | | 4 |

图1-22

| | | | |
|---|---|---|---|
| 3 | | ④ | |
| ① | | 2 | |
| | 1 | | ② |
| | ③ | | 4 |

图1-23

| | | | |
|---|---|---|---|
| 3 | | 4 | |
| 1 | ④ | 2 | ③ |
| ④ | 1 | | 2 |
| ② | 3 | | 4 |

图1-24

| | | | |
|---|---|---|---|
| 3 | ② | 4 | ① |
| 1 | 4 | 2 | 3 |
| 4 | 1 | ③ | 2 |
| 2 | 3 | ① | 4 |

图1-25

## 第三节　本章练习题

1-1

| | | | |
|---|---|---|---|
| 3 | | | 1 |
| | | 4 | |
| | 3 | | |
| 2 | | | |

1-2

| | | | |
|---|---|---|---|
| | | 1 | |
| 2 | | | 3 |
| 4 | | | |
| | | 3 | |

1-3

| | | | |
|---|---|---|---|
| | | 3 | |
| 3 | | | 4 |
| | | | |
| | 1 | 2 | |

1-4

| | | | |
|---|---|---|---|
| | 3 | | 1 |
| 2 | | | |
| | | 3 | |
| | 4 | | |

1-5

| | | | |
|---|---|---|---|
| | 2 | | |
| 1 | | | |
| 2 | | | 4 |
| | | 3 | |

1-6

| | | | |
|---|---|---|---|
| | 1 | | |
| 4 | | | |
| | | | 3 |
| | 4 | 2 | |

1-7

| | | | |
|---|---|---|---|
| | | 1 | |
| | 3 | | 2 |
| | | 2 | |
| | 4 | | |

1-8

| | | | |
|---|---|---|---|
| 2 | | | |
| | | 4 | |
| | | | 1 |
| | 3 | 2 | |

1-9

| | | | |
|---|---|---|---|
| | | 2 | |
| 3 | | | |
| 4 | | | 2 |
| | | 1 | |

1-10

| | | | |
|---|---|---|---|
| 4 | | | 2 |
| | 2 | | |
| | | 3 | 4 |
| 3 | | | |

1-11

| | | | |
|---|---|---|---|
| | 1 | | |
| 4 | | | 2 |
| | | | 3 |
| | | 2 | |

1-12

| | | | |
|---|---|---|---|
| 3 | | 4 | |
| | | | 3 |
| 2 | | | |
| | 1 | | |

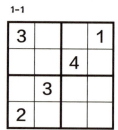

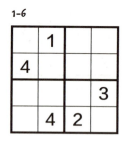

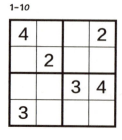

1-13

| | | | |
|---|---|---|---|
| | | | 3 |
| | | 2 | |
| | 1 | | |
| 4 | | | 2 |

1-14

| | | | |
|---|---|---|---|
| 4 | | | |
| | | 3 | |
| | | 2 | |
| 1 | | | 3 |

1-15

| | | | |
|---|---|---|---|
| 2 | | 1 | |
| | | | 2 |
| | | 3 | |
| 1 | | | |

1-16

| | | | |
|---|---|---|---|
| 3 | | | 1 |
| | | 4 | |
| | 3 | | |
| 2 | | | |

1-17

| | | | |
|---|---|---|---|
| | | | 3 |
| | | 4 | |
| | 1 | | |
| 2 | | | 4 |

1-18

| | | | |
|---|---|---|---|
| 2 | | | 4 |
| | | 1 | |
| | 2 | | |
| 3 | | | |

1-19

| | | | |
|---|---|---|---|
| 4 | | | 2 |
| | 3 | | |
| | | 2 | |
| | | | 1 |

1-20

| | | | |
|---|---|---|---|
| | | | 4 |
| | | 2 | |
| | 3 | | |
| 1 | | | 2 |

1-21

| | | | |
|---|---|---|---|
| 1 | | 2 | |
| 4 | | | 1 |
| | | | |
| 2 | | 1 | |

1-22

| | | | |
|---|---|---|---|
| | | 4 | |
| | | | 3 |
| 2 | | | |
| | 1 | 3 | |

1-23

| | | | |
|---|---|---|---|
| 4 | | | 2 |
| | | 3 | |
| | 4 | | |
| 1 | | | |

1-24

| | | | |
|---|---|---|---|
| | 1 | | |
| 4 | | | 2 |
| | | | 3 |
| | | 2 | |

| | | | |
|---|---|---|---|
| 4 | 1 | 3 | 2 |
| 2 | 3 | 1 | 4 |
| 3 | 4 | 2 | 1 |
| 1 | 2 | 4 | 3 |

# 四字（4×4）中心四宫格数独

# 第一节　四字中心四宫格数独的性质

| | | | |
|---|---|---|---|
| 4 | 1 | 3 | 2 |
| 2 | 3 | 1 | 4 |
| 3 | 4 | 2 | 1 |
| 1 | 2 | 4 | 3 |

图2-1

所谓中心四宫格数独，就是指除了要求每行、每列、每宫和四个顶角的小方格中都有数字1～4以外，还要求中心四宫格的4个小方格中也要有1～4这4个数字。所以，严格地说，它是一个“五宫图”的四字数独。如图2-1所示。

中心四宫格数独的规则：

1.每行4个小方格中的数字，1 ～ 4不重复；

2.每列4个小方格中的数字，1 ～ 4不重复；

3.中心四宫格的4个小方格中的数字，1 ～ 4不重复；

4. 4个四宫格（2×2）中的4个小方格中的数字，1 ～ 4不重复；

5. 4个顶角的小方格中的数字，1 ～ 4不重复。

# 第二节　解题方法与技巧

该类数独的解题方法与技巧，与第一章四字标准数独的解题方法和技巧基本相同，但比四字标准数独多了两个条件，虽然条件有所增加，限制也更多，但是解题会变得更容易了。

| | | | |
|---|---|---|---|
| | | | 3 |
| | 4 | 1 | |
| | 3 | | |
| 4 | | | |

图2-2

现在来看图2-2，它给出了5个已知数3、4、1、3、4，尚缺11个数字待填。由图可以看出，在每行、每列、4个四宫格及4个顶角的小方格中都不是“四缺一”的情况，只有中心四宫格的4个小方格中的数字是“四缺一”的情况。因此解题方法与步骤如下。

第一步：先从中心四宫格入手，在（3，3）格中应填入数字2，如图2-3所示。

| | | | |
|---|---|---|---|
| | | | 3 |
| | 4 | 1 | |
| | 3 | ② | |
| 4 | | | |

图2-3

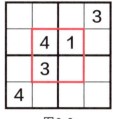

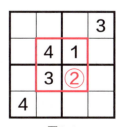

第二步：第二行、第三行都是“四缺二”的情况，此时可采用“二筛一”的方法来填入相应的数字。先看第二行，现有数字4、1，尚缺2、3，因为第四列中已有数字3，所以（2，4）格中不能填入数

字3，只能填入数字2，（2，1）格中只能填入数字3。再看第三行，该行已有数字3、2，尚缺数字1、4，由于第一列中已有数字4，所以（3，1）格中只能填入数字1，而（3，4）格中只能填入数字4，如图2-4所示。

第三步：在第一列、第四列中都有3个数字，都是“四缺一”的情况，因此，在第一列的（1，1）格中只能填入数字2，在第四列的（4，4）格中只能填入数字1，如图2-5所示。

第四步：此时有两种方法可以继续解题，一是采用“二筛一”法（第一行、第四行或是第二列、第三列）解题；二是采用“四缺一”法（左上、左下、右上、右下4个四宫格）来解题。其中比较直观、简单的方法是采用“四缺一”法来解题，得到（1，2）格应填入数字1，（1，3）格中应填入数字4，（4，2）格和（4，3）格中应分别填入数字2和3。如图2-6所示。

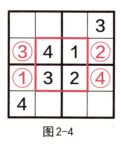

| | | | |
|---|---|---|---|
| | | | 3 |
| ③ | 4 | 1 | ② |
| ① | 3 | 2 | ④ |
| 4 | | | |

图2-4

| | | | |
|---|---|---|---|
| ② | | | 3 |
| 3 | 4 | 1 | 2 |
| 1 | 3 | 2 | 4 |
| 4 | | | ① |

图2-5

| | | | |
|---|---|---|---|
| 2 | ① | ④ | 3 |
| 3 | 4 | 1 | 2 |
| 1 | 3 | 2 | 4 |
| 4 | ② | ③ | 1 |

图2-6

## 第三节　本章练习题

2-1

| | | | |
|---|---|---|---|
| | | 1 | |
| 2 | | | |
| 4 | | 3 | 1 |
| | | | |

2-2

| | | | |
|---|---|---|---|
| | | 1 | |
| 4 | | | 3 |
| 1 | | | 2 |
| | 3 | | |

2-3

| | | | |
|---|---|---|---|
| 2 | 3 | | |
| | 4 | | |
| | | 2 | 4 |
| | | | |

2-4

| | | | |
|---|---|---|---|
| | | | 4 |
| | 3 | 2 | |
| | 4 | | |
| 1 | | | 3 |

2-5

| | | | |
|---|---|---|---|
| 1 | | | |
| | | 2 | |
| 2 | 4 | | 3 |
| | | 4 | |

2-6

| | | | |
|---|---|---|---|
| 1 | | | |
| | 4 | | 3 |
| | | 3 | |
| 3 | | 2 | |

2-7

| | | | |
|---|---|---|---|
| | | 4 | |
| | 1 | | 3 |
| | 4 | | |
| 3 | | 1 | |

2-8

| | | | |
|---|---|---|---|
| | 2 | | 1 |
| | 4 | | |
| | | | 3 |
| 2 | | 1 | |

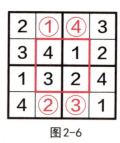

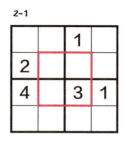

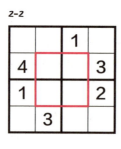

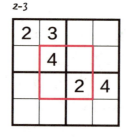

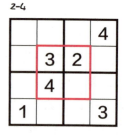

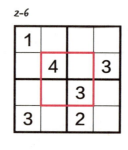

2-9

| | | | |
|---|---|---|---|
| 4 | 1 | | |
| | | 1 | |
| | | 2 | |
| 3 | | 4 | |

2-10

| | | | |
|---|---|---|---|
| 3 | | 4 | |
| | | | |
| 4 | 2 | 1 | |
| | | | 4 |

2-11

| | | | |
|---|---|---|---|
| 1 | | 4 | |
| 3 | | | |
| | | 3 | 2 |
| | | | 4 |

2-12

| | | | |
|---|---|---|---|
| | 3 | 1 | |
| | 2 | | 4 |
| | | 4 | |
| 3 | | | |

2-13

| | | | |
|---|---|---|---|
| 4 | | | 3 |
| | 2 | | |
| | | | 1 |
| | 4 | | 2 |

2-14

| | | | |
|---|---|---|---|
| | | | |
| 2 | 1 | 3 | |
| | 4 | | |
| | | 4 | 1 |

2-15

| | | | |
|---|---|---|---|
| | 4 | 1 | |
| | | | 3 |
| 1 | | | 4 |
| | | 2 | |

2-16

| | | | |
|---|---|---|---|
| | | | |
| | | 2 | 3 |
| 4 | | | |
| | 1 | | 4 |

2-17

| | | | |
|---|---|---|---|
| 2 | | | 3 |
| | 3 | 4 | |
| | 1 | 2 | |
| | | | |

2-18

| | | | |
|---|---|---|---|
| | 2 | | |
| | | 1 | 2 |
| 4 | | | |
| 2 | | 3 | |

2-19

| | | | |
|---|---|---|---|
| | 1 | | 4 |
| 4 | | | |
| 3 | | | 1 |
| | | 2 | |

2-20

| | | | |
|---|---|---|---|
| | | 2 | |
| 4 | | | 1 |
| 3 | | | |
| | 1 | 4 | |

2-21

| | | | |
|---|---|---|---|
| | | | |
| 3 | | 4 | |
| | | 3 | |
| | 3 | | 2 |

2-22

| | | | |
|---|---|---|---|
| 2 | | | 4 |
| | 1 | 3 | |
| | 4 | | 3 |
| | | | |

2-23

| | | | |
|---|---|---|---|
| | | | 3 |
| | 2 | | |
| 1 | | 4 | |
| 2 | 4 | | |

2-24

| | | | |
|---|---|---|---|
| 4 | | 3 | |
| | | | 2 |
| | 3 | | |
| 2 | | 1 | |

| | | | |
|---|---|---|---|
| 2 | 3 | 1 | 4 |
| 1 | 4 | 2 | 3 |
| 4 | 1 | 3 | 2 |
| 3 | 2 | 4 | 1 |

# 第三章

# 四字（4×4）对角线数独

# 第一节　四字对角线数独的性质

四字对角线数独是另类四宫格数独中的一种，其实它的外形与标准四字数独相同，不同之处就是它除了每行、每列、每宫、中心四宫格和4个顶角的小方格中都有数字1～4以外，还必须保证两条对角线上的4个小方格中也都有数字1～4，如图3-1所示。

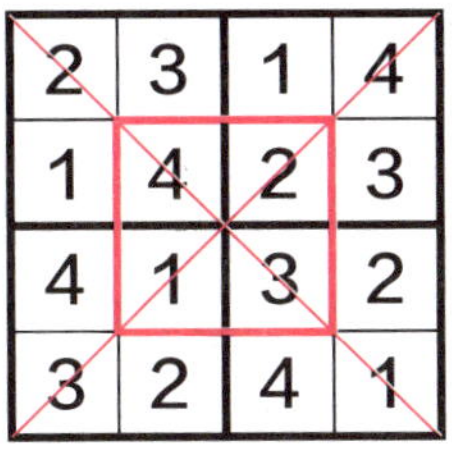

图3-1

四字对角线数独的规则：
1. 每行4个小方格中的数字，1～4不重复；
2. 每列4个小方格中的数字，1～4不重复；
3. 4个四宫格中的数字，1～4不重复；
4. 中心四宫格中的数字，1～4不重复；
5. 4个顶角的小方格中的数字，1～4不重复；
6. 两条对角线上的4个小方格中的数字，1～4不重复。

# 第二节　解题方法与技巧

四字对角线数独比四字标准数独多了3个条件，限制也多了些，但解题时要容易些。如图3-2所示，图中给出了4个数字1、3、1、4，尚缺12个数字待填。具体解题方法与步骤如下。

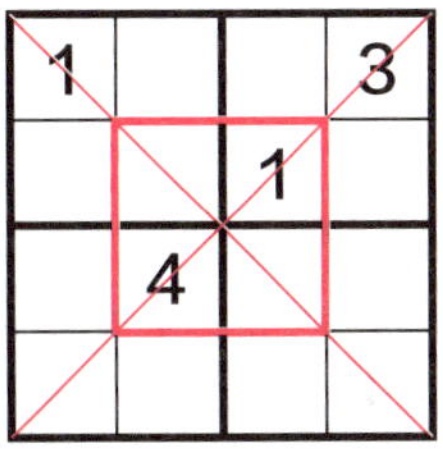

图3-2

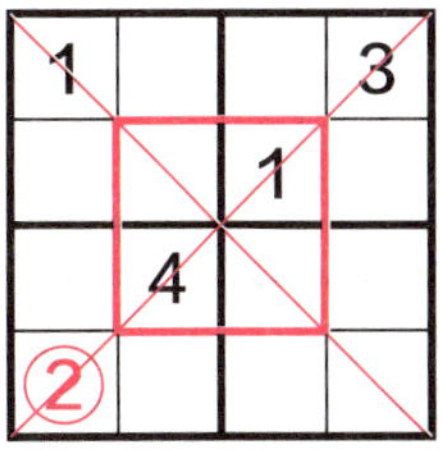

图3-3

第一步：先看自右上角至左下角这条对角线，在该对角线上已有3个数字3、1、4，这是“四缺一”的情况。采用“四缺一”法，可首先确定在（4，1）格中应填入数字2，如图3-3所示。

第二步：看第一行，该行中已有数字1、3，由于在第二列中已有数字4，所以在（1，2）格不能填入数字4，只能填入数字2，那么，（1，3）格中只能填入数字4。再看第一列，该列中已有数字1、2，尚缺数字3、4，在第三行中已有数字4，则（3，1）格中不能填入数字4，而只能填入数字3，（2，1）格中只能填入数字4，如图3-4所示。

第三步：在左上、左下和右上的3个四宫格中，均已有3个数字，尚缺1个数字，显然这是“四缺一”的情况。采用“四缺一”法来解题，便可得到（2，2）格中应填入数字3，（2，4）格中应填入数字2，（4，2）格中应填入数字1，如图3-5所示。

第四步：再看中心四宫格中已有3个数字3、1、4，采用“四缺一”法来解题，得到（3，3）格中应填入数字2，如图3-6所示。

第五步：在图3-6中，只剩下右下四宫格的3个空格，尚待填入3个数字。此时，可采用“四缺一”法，先得到（3，4）格中应填入数字1，接着看第三列、第四列都是“四缺一”，最后得到（4，3）格、（4，4）格中应分别填入数字3和4，如图3-7所示，解题到此结束。

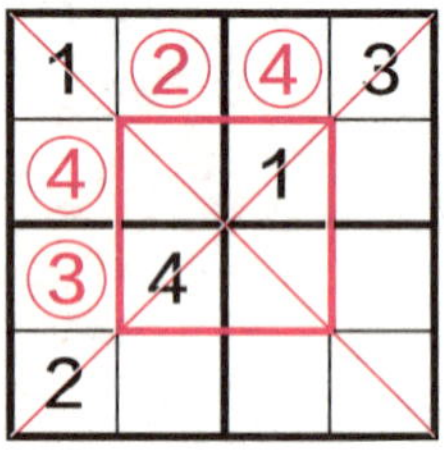

图3-4

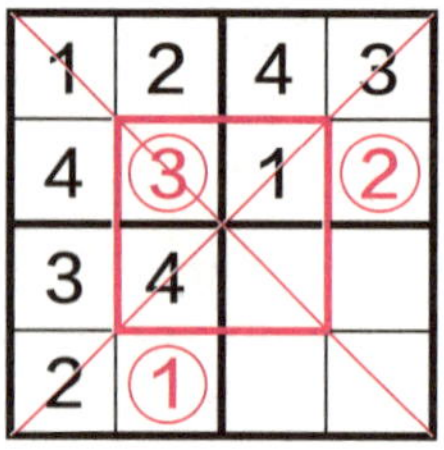

图3-5

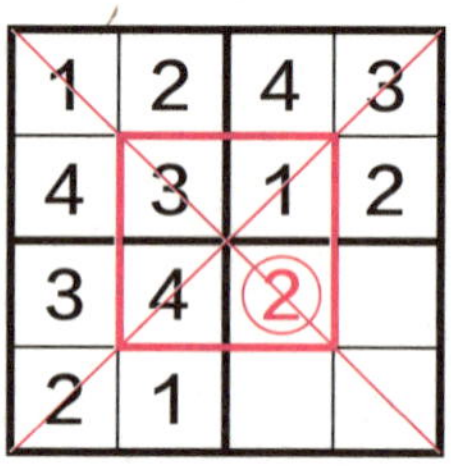

图3-6

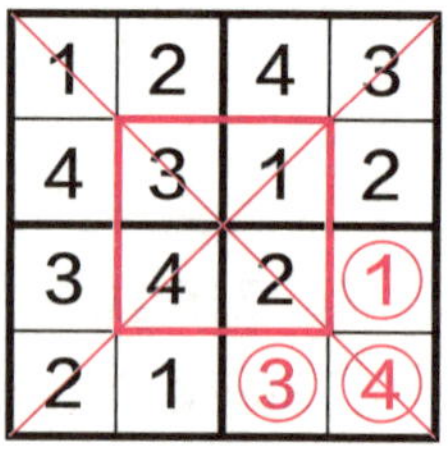

图3-7

## 第三节　本章练习题

3-1

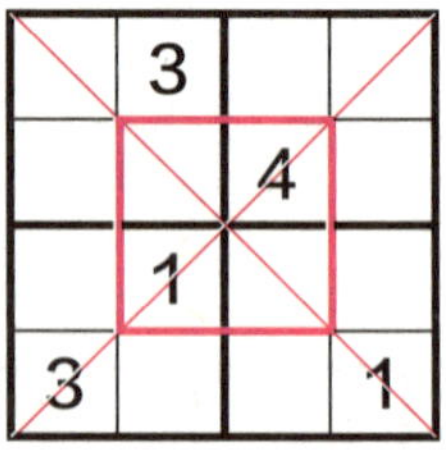


3-2

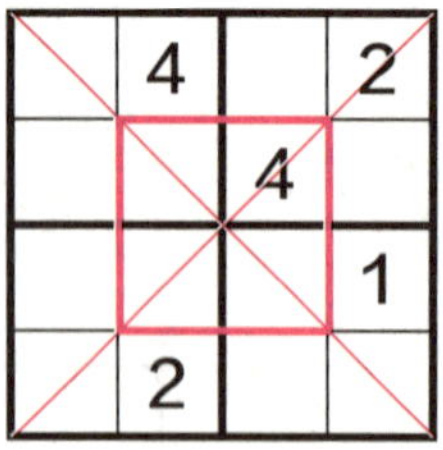


3-3

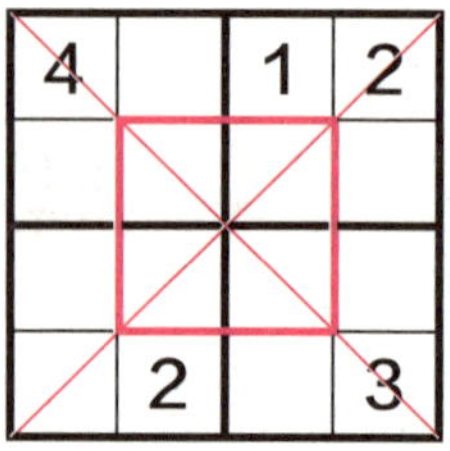


3-4

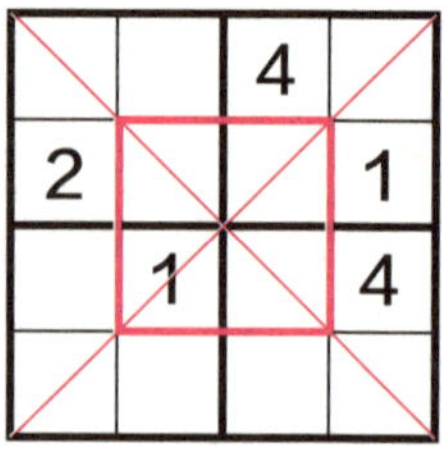


3-5

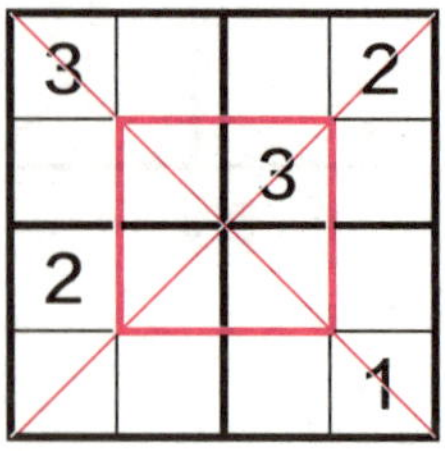


3-6

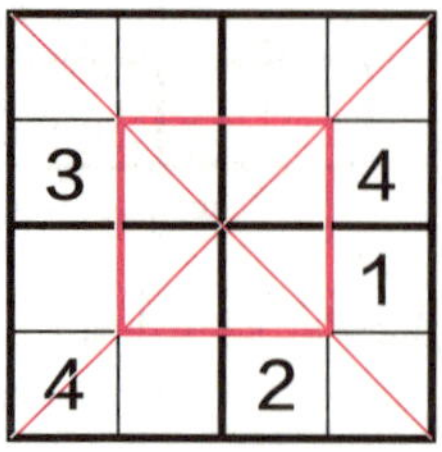


3-7

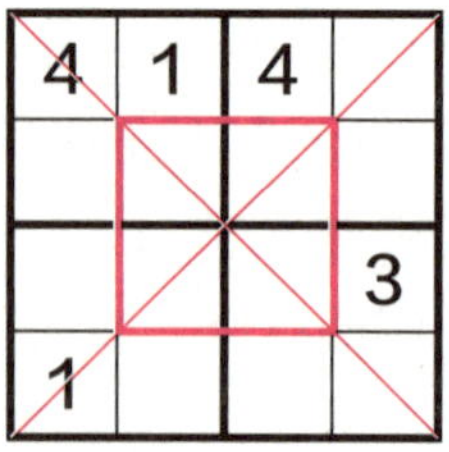


3-8

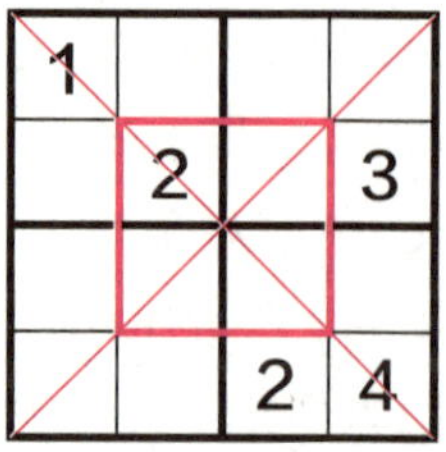

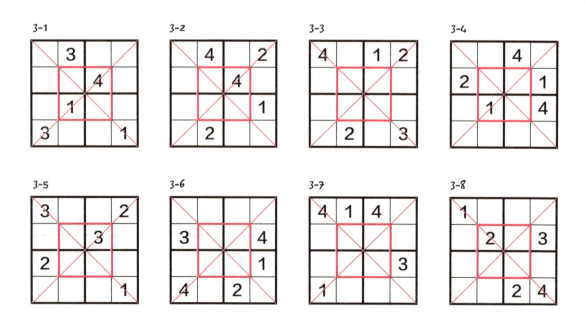

3-9

| | | | |
|---|---|---|---|
| | 1 | | 2 |
| | 3 | | |
| | | | |
| 3 | | 4 | |

3-10

| | | | |
|---|---|---|---|
| 4 | | | 2 |
| | | | |
| | 3 | 1 | |
| | | | |

3-11

| | | | |
|---|---|---|---|
| | | | 2 |
| 4 | 3 | | 1 |
| | | | |
| | | 1 | |

3-12

| | | | |
|---|---|---|---|
| | | 3 | |
| | 2 | | |
| 2 | | | 1 |
| | 1 | | |

3-13

| | | | |
|---|---|---|---|
| | 2 | | |
| 4 | | | |
| | | 2 | 3 |
| | | | 4 |

3-14

| | | | |
|---|---|---|---|
| 2 | | | |
| | | 3 | |
| | 2 | | 4 |
| | 1 | | |

3-15

| | | | |
|---|---|---|---|
| 3 | | | 1 |
| | 4 | | |
| | | | 4 |
| | | | 2 |

3-16

| | | | |
|---|---|---|---|
| | | | |
| 1 | | 2 | |
| | 4 | 1 | |
| | | | |

3-17

| | | | |
|---|---|---|---|
| 2 | 3 | | |
| | | | |
| | 4 | | |
| 3 | | | 4 |

3-18

| | | | |
|---|---|---|---|
| | | | |
| 2 | | | 3 |
| | | | 4 |
| | | 1 | |

3-19

| | | | |
|---|---|---|---|
| | | | |
| 3 | | | 4 |
| | | | |
| | 2 | 1 | |

3-20

| | | | |
|---|---|---|---|
| | | | |
| 3 | | | 2 |
| | | | |
| | 4 | 1 | |

3-21

| | | | |
|---|---|---|---|
| | | | 1 |
| | | 4 | |
| | | | 2 |
| | 1 | | |

3-22

| | | | |
|---|---|---|---|
| | | | 1 |
| | | 3 | |
| 1 | | | |
| | | | 2 |

3-23

| | | | |
|---|---|---|---|
| 4 | | | |
| | 2 | | 4 |
| | | 1 | |
| 2 | | | |

3-24

| | | | |
|---|---|---|---|
| 4 | | | |
| | | | 3 |
| | 2 | | |
| 3 | | | 2 |

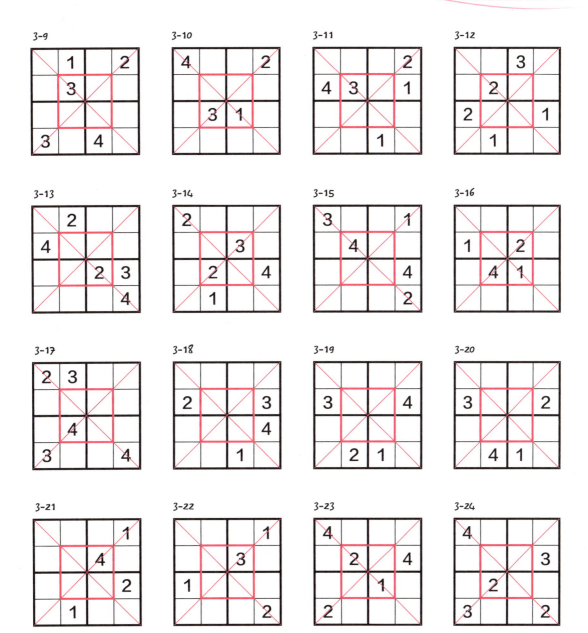

| | | | |
|---|---|---|---|
| 1 | 2 | 4 | 3 |
| 4 | 3 | 1 | 2 |
| 3 | 1 | 2 | 4 |
| 2 | 4 | 3 | 1 |

# 四字（4×4）异形数独

# 第一节　四字异形数独的性质

所谓四字异形数独，就是带有异形宫的四字数独，它的外形也是由4×4共16个小方格组成的正方形，但它的内部四个宫格组成的不是正方形，而是其他形状。如图4-1、图4-2所示为四字异形数独的两个例子，它们的4个宫格由色线所围成。

| | | | |
|---|---|---|---|
| 1 | 2 | 4 | 3 |
| 4 | 3 | 1 | 2 |
| 3 | 1 | 2 | 4 |
| 2 | 4 | 3 | 1 |

图4-1

| | | | |
|---|---|---|---|
| 1 | 2 | 3 | 4 |
| 4 | 3 | 2 | 1 |
| 2 | 4 | 1 | 3 |
| 3 | 1 | 4 | 2 |

图4-2

四字异形数独的规则：

1. 每行4个小方格中的数字，1 ～ 4不重复；
2. 每列4个小方格中的数字，1 ～ 4不重复；
3. 4个四宫格（2×2）中的4个小方格中的数字，1 ～ 4不重复；
4. 每个异形四宫格中4个小方格中的数字，1 ～ 4不重复。

# 第二节　解题方法与技巧

在四字异形数独小方格中填数字的时候，要摆脱原有的思维定势，应从新的角度去思考。

现在来看图4-3这个四字异形数独。在该数独中共填有4个数字2、1、4、3，尚缺12个数字待填。解题的步骤如下。

| | | | |
|---|---|---|---|
|  |  |  | 2 |
|  |  | 1 |  |
|  | 4 |  | 3 |
|  |  |  |  |

图4-3

| | | | |
|---|---|---|---|
|  |  |  | 2 |
|  |  | 1 | ④ |
|  | 4 |  | 3 |
|  |  |  |  |

图4-4

第一步：先看右边的异形四宫格中有3个数字2、1、3，显然是“四缺一”的情况，因此，（2，4）格中应填入数字4，如图4-4所示。

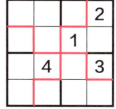

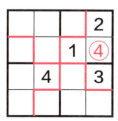

第二步：再看第四列，该列中已有数字2、4、3，尚缺1个数字，这是“四缺一”的情况，则

（4，4）格中应填入数字1，如图4-5所示。

第三步：在第三行中已有数字4、3，尚缺数字1、2，由于第三列中已有数字1，故在（3，3）格中不能填入数字1，只能填入数字2，而（3，1）格中只能填入数字1。在下面的异形四宫格中已有数字2、1，尚缺数字3、4，由于在第二列中已有数字4，故在（4，2）格中不能填入数字4，只能填入数字3，而在（4，3）格中只能填入数字4，如图4-6所示。

第四步：在第四行中已有数字3、4、1，尚缺1个数字，采用“四缺一”法，得到（4，1）格中应填入数字2。在第三列中已有数字1、2、4，尚缺1个数字，采用“四缺一”法，在（1，3）格中应填入数字3。再看左边的异形四宫格，在该四宫格中已有数字1、4、2，尚缺1个数字，采用“四缺一”法，得到（2，1）格中应填入数字3，如图4-7所示。

第五步：在第二行中已有数字3、1、4，尚缺1个数字，利用“四缺一”法，得到（2，2）格中应填入数字2。同理，在第一列中已有数字3、1、2，尚缺1个数字，利用“四缺一”法，得到（1，1）格中应填入数字4。在第一行中又是“四缺一”的情况，利用“四缺一”法，得到（1，2）格中应填入数字1，如图4-8所示。解题到此结束。

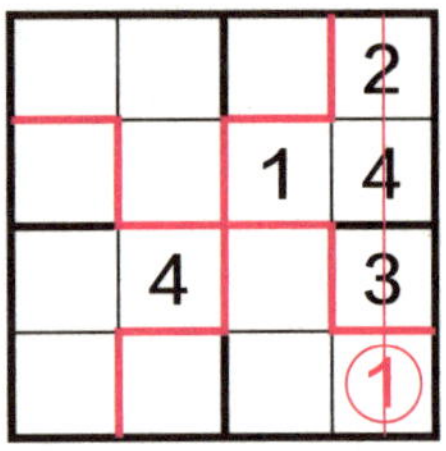
图4-5

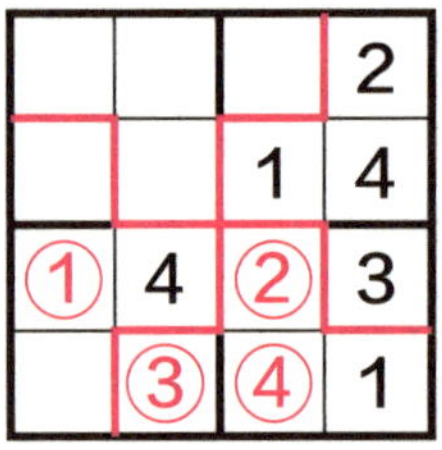
图4-6

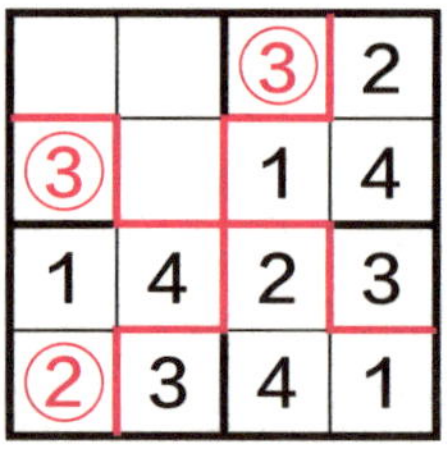
图4-7

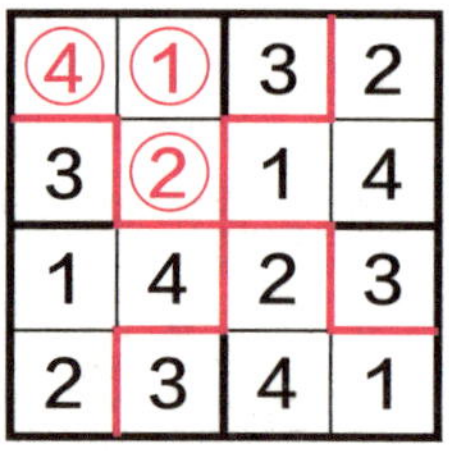
图4-8

## 第三节　本章练习题

4-1

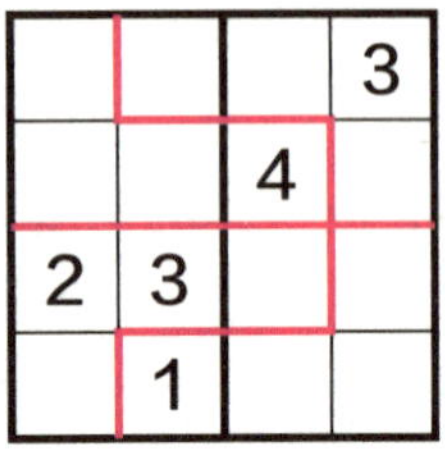

4-2

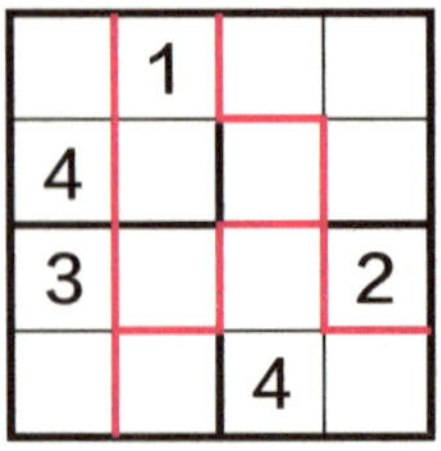

4-3

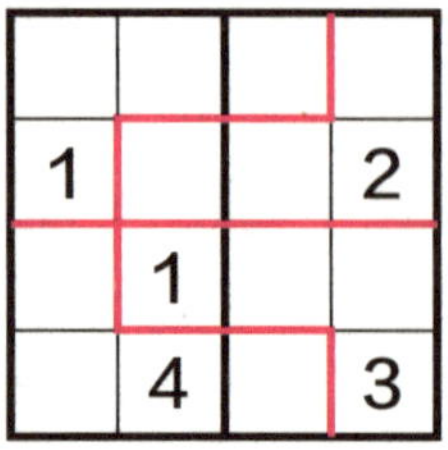

4-4

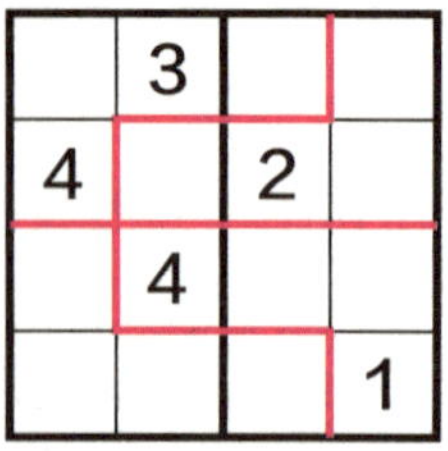

4-5

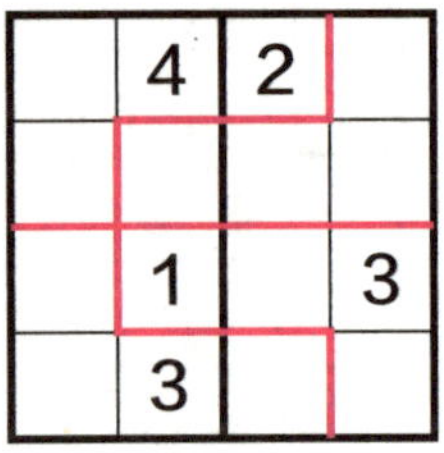

4-6

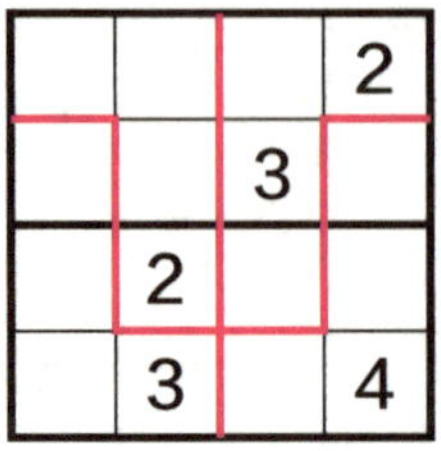

4-7

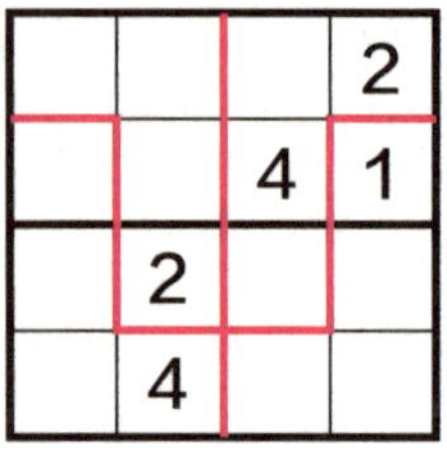

4-8

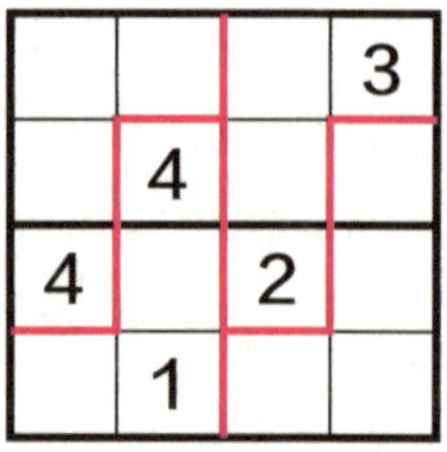

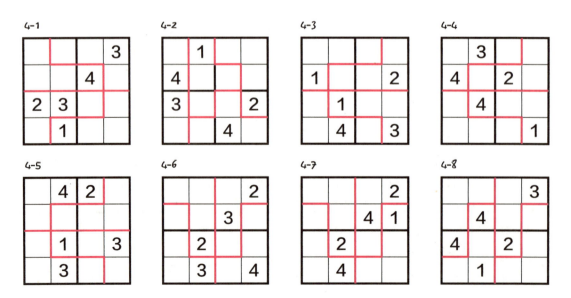

4-9

| | | | |
|---|---|---|---|
| 2 | | 3 | |
| | 4 | | |
| 1 | | | |
| | | 2 | |

4-10

| | | | |
|---|---|---|---|
| 1 | | | 2 |
| | | | 3 |
| 4 | | 3 | |
| | | | |

4-11

| | | | |
|---|---|---|---|
| 2 | | 1 | |
| | | 2 | |
| | 3 | | |
| | | 3 | |

4-12

| | | | |
|---|---|---|---|
| | | | 2 |
| 1 | | 3 | |
| | 4 | | |
| | | 4 | |

4-13

| | | | |
|---|---|---|---|
| 3 | | 4 | |
| | 1 | | |
| | | | 2 |
| | | 1 | |

4-14

| | | | |
|---|---|---|---|
| 3 | | 4 | |
| | | | |
| | 1 | | 2 |
| | | 1 | |

4-15

| | | | |
|---|---|---|---|
| | 1 | | |
| | | 3 | 1 |
| | 4 | | |
| | | | 2 |

4-16

| | | | |
|---|---|---|---|
| 1 | | | |
| | | 1 | |
| 2 | | | 3 |
| | 4 | | |

4-17

| | | | |
|---|---|---|---|
| | | | 4 |
| 1 | | | 3 |
| | 2 | | |
| | | 3 | |

4-18

| | | | |
|---|---|---|---|
| 4 | | | 1 |
| | | | |
| 3 | | 2 | |
| | | 1 | |

4-19

| | | | |
|---|---|---|---|
| | | | 4 |
| | 2 | | 1 |
| | | 1 | |
| 3 | | | |

4-20

| | | | |
|---|---|---|---|
| | 4 | | 1 |
| | | | |
| 3 | | 2 | |
| 4 | | | |

4-21

| | | | |
|---|---|---|---|
| 1 | | | |
| | 2 | | 3 |
| | | 2 | |
| | 4 | | |

4-22

| | | | |
|---|---|---|---|
| | 1 | | |
| | | | 3 |
| 4 | | | |
| | 3 | 2 | |

4-23

| | | | |
|---|---|---|---|
| 4 | 2 | | |
| | | 2 | |
| | 3 | | |
| | | | 1 |

4-24

| | | | |
|---|---|---|---|
| | | 1 | |
| 2 | | | 4 |
| 4 | 3 | | |
| | | | |

4-25

| | | | |
|---|---|---|---|
| | | 1 | 3 |
| | | | |
| 4 | | | |
| 3 | | | 2 |

4-26

| | | | |
|---|---|---|---|
| | | 2 | 4 |
| 2 | | 3 | |
| 1 | 3 | | |
| | | | |

4-27

| | | | |
|---|---|---|---|
| 3 | | | 4 |
| | | 2 | |
| | | | |
| | 1 | | 2 |

4-28

| | | | |
|---|---|---|---|
| 4 | | | 1 |
| | 2 | | |
| | | 4 | |
| 3 | | | 2 |

4-29

| | | | |
|---|---|---|---|
| | | | |
| 2 | 3 | | 4 |
| | | | |
| 4 | | 2 | |

4-30

| | | | |
|---|---|---|---|
| | 4 | | |
| 2 | | | 1 |
| | 2 | | |
| | | 3 | |

4-31

| | | | |
|---|---|---|---|
| 1 | | | |
| | | 4 | 1 |
| | 3 | | |
| | | 2 | |

4-32

| | | | |
|---|---|---|---|
| | | | 3 |
| | 4 | | |
| | | 2 | |
| 1 | | | 4 |

4-33

| | | | |
|---|---|---|---|
| 4 | | | |
| | | | 2 |
| | | 1 | 3 |
| 1 | | | |

4-34

| | | | |
|---|---|---|---|
| 3 | 2 | | |
| | | | |
| | 4 | | 3 |
| | | 4 | |

4-35

| | | | |
|---|---|---|---|
| | | | |
| | | 2 | |
| 4 | | 3 | |
| 2 | | | 1 |

4-36

| | | | |
|---|---|---|---|
| 4 | | 1 | |
| | | | 3 |
| 1 | | | |
| | | 2 | |

| | | | | | |
|---|---|---|---|---|---|
| 4 | 3 | 1 | 2 | | |
| 2 | 1 | 4 | 3 | | |
| 1 | 2 | 3 | 4 | 1 | 2 |
| 3 | 4 | 2 | 1 | 4 | 3 |
| | | 1 | 2 | 3 | 4 |
| | | 4 | 3 | 2 | 1 |

# 第五章

# 四字（4×4）连体数独

# 第一节　四字连体数独的性质

四字连体数独有双连体、三连体和四连体等多种。双连体数独是一种初级的连体数独，又称为双胞胎数独。三连体数独虽然较复杂，但解题方法与双连体数独一样。因此，本章仅介绍四字双连体数独。所谓双连体数独，就是将两个数独通过1个四宫格叠合连在一起，如图5-1、图5-2所示。另外，三连体数独如图5-3、图5-4所示，四连体数独如图5-5、图5-6所示等。

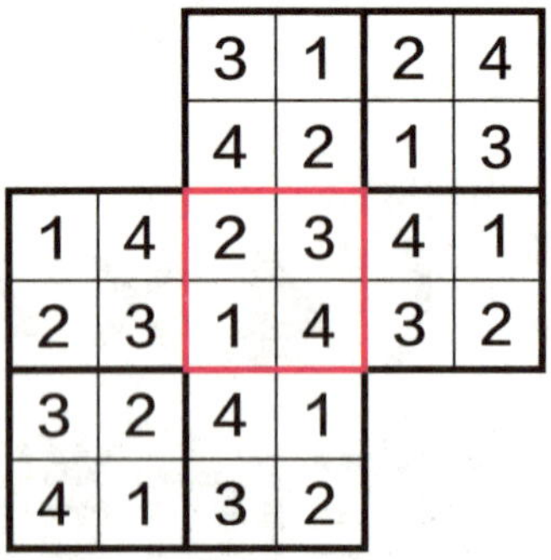


图5-1

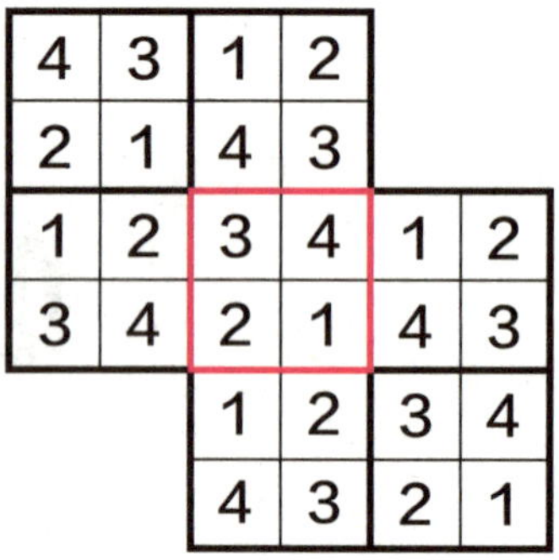


图5-2

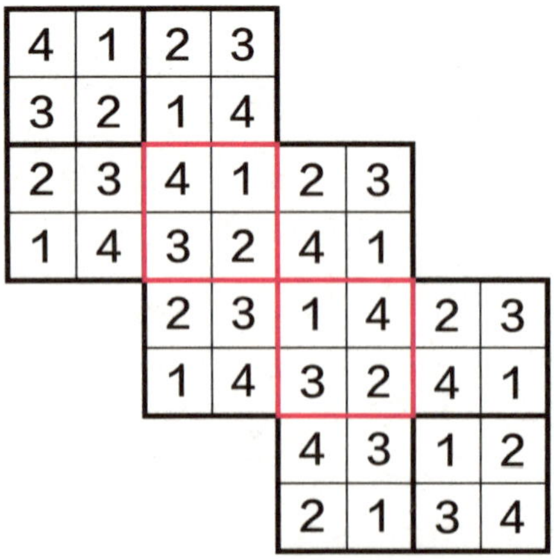


图5-3

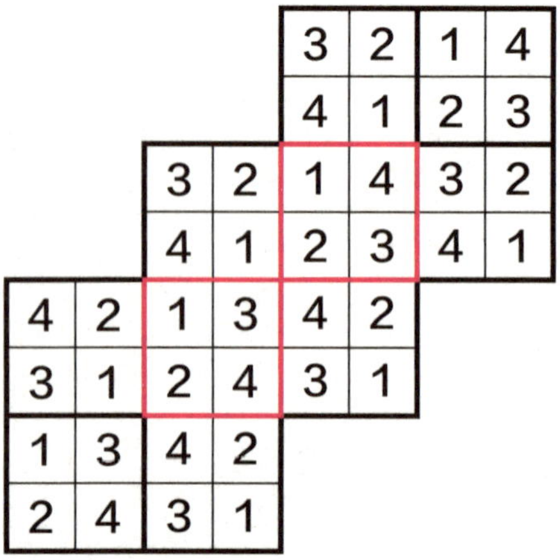


图5-4

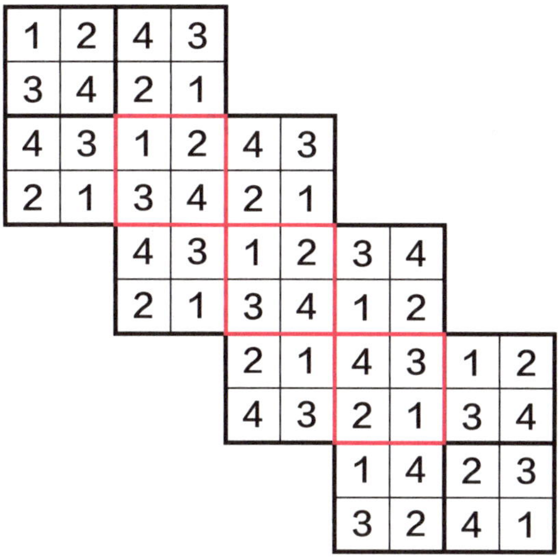


图5-5

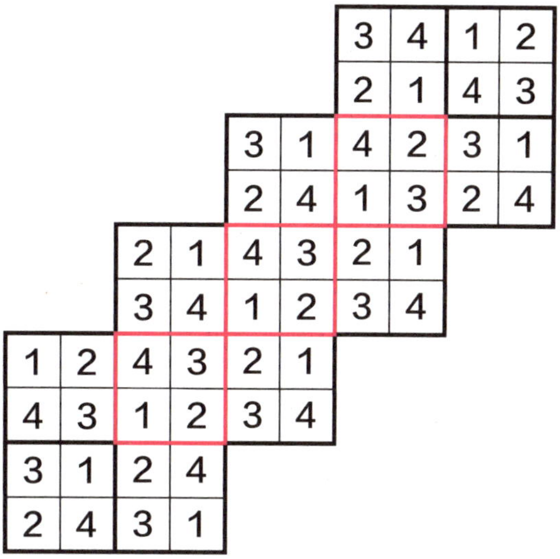


图5-6

四字连体数独的规则（对连体的每个四字标准数独而言）如下：

1. 每行4个小方格中的数字，1 ~ 4不重复；
2. 每列4个小方格中的数字，1 ~ 4不重复；
3. 4个四宫格（2×2）中的4个小方格中的数字，1 ~ 4不重复；
4. 两个数独重叠的四宫格中的数字，1 ~ 4不重复。

## 第二节　解题方法与技巧

双连体数独的性质和解题方法与四字标准数独相同。因为双连体数独有两个数独相连，所以，看起来好像更复杂一些。其实不然，这种数独有时比四字标准数独更好解一些，因为它们叠合的四宫格为两个单体数独提供了有利条件，所以解题的途径更为宽广。至于三连体、四连体等数独，它们的解题方法与步骤和双连体数独一样，在此就不另作示范和介绍了。

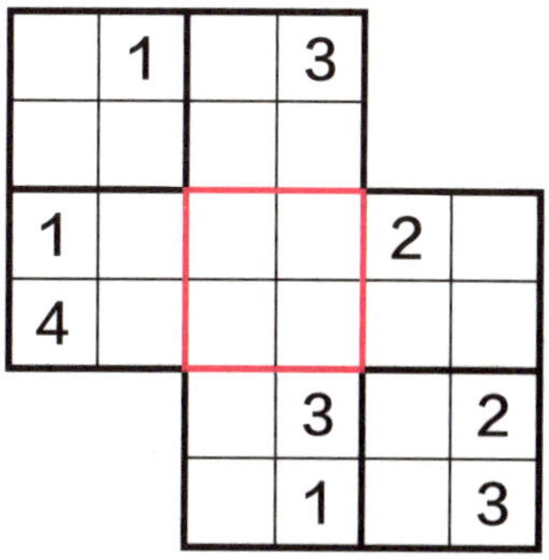


图5-7

以图5-7为例来解题，这是一道双连体数独。如果把连体的两个数独分开，由于给出的已知数较少，有可能不是唯一解或解不出来。但是，将它们连在一起就有唯一解或容易解题了。解此题的具体方法与步骤如下。

第一步：先看重叠的那个四宫格，如图5-8所示，在上

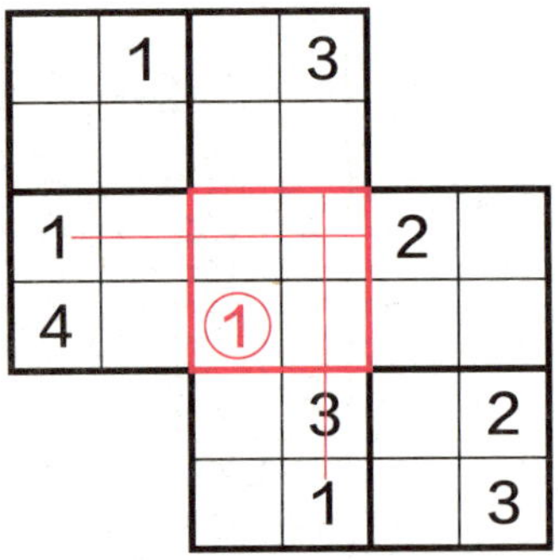

图5-8

面那个数独的第三行有数字1，下面那个数独的第二列也有数字1，从这两个数字向重叠的那个四宫格引标线，就会发现重叠的那个四宫格的左下格［上面数独的（4，3）格］有了唯一解的数字1。

第二步：解下面那个数独，先看右下方的那个四宫格，利用“二筛一”法，因第四行中有数字1，故得（3，3）格中应填入数字1，（4，3）格中应填入数字4，如图5-9所示。如果先看左下方的那个四宫格也可以。

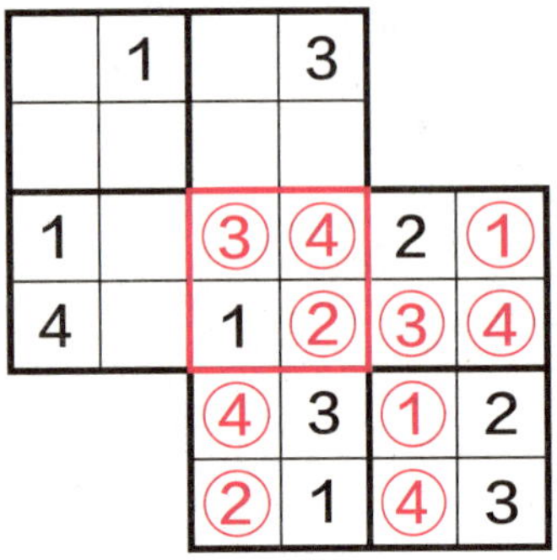

图5-9

第三步：在下面的数独中，按照“四缺一”法，得到（3，1）格中应填入数字4，（4，1）格中应填入数字2，（2，3）格中应填入数字3，（1，1）格中应填入数字3。

第四步：接下来还是看下面数独的第一行、第二行，第一行中已有数字3、2，尚缺数字1、4，由于第二列中已有数字1，故（1,2）格中不可能是1，只能填入数字4，则（1,4）格中只能填入数字1。同时，在第二行中已有数字1、3，尚缺数字2、4，由于在第二列中已有数字4，故（2，2）格中不能为数字4，只能填入数字2，则（2，4）格中只能填入数字4，或者用“四缺一”法也可以得出相应的数字如图5-9所示。

第五步：现在来看上面那个数独，在第三行、第四行中都已有3个数字1、3、4和4、1、2，利用“四缺一”法，得到（3，2）格中应填入数字2，（4，2）格中应填入数字3，如图5-10所示。

第六步：还是看上面那个数独，在第二列、第四列中都已知三个数字，采用“四缺一”法，得到（2，2）格中应填入数字4，（2，4）格中应填入数字1，如图5-11所示。

第七步：继续看上面那个数独，在第一行中已有数字1、3，尚缺数字2、4，在第一列中已有数字4，故得到（1，1）格中应填入数字2，（1，3）格中应填入数字4。再看第一列、第三列中都已有3个数字，尚缺一个数字，利用“四缺一”法，得到（2，1）格中应填入数字3，（2，3）格中应填入数字2，如图5-12所示。

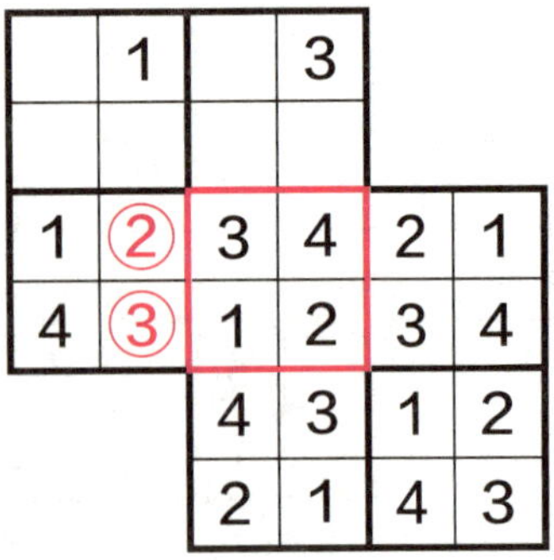

图5-10

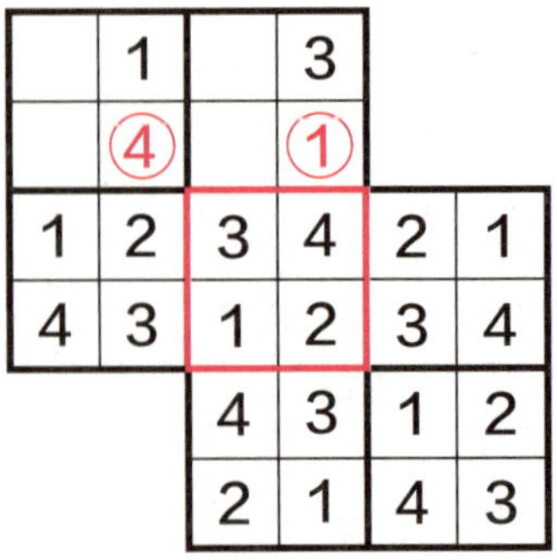

图5-11

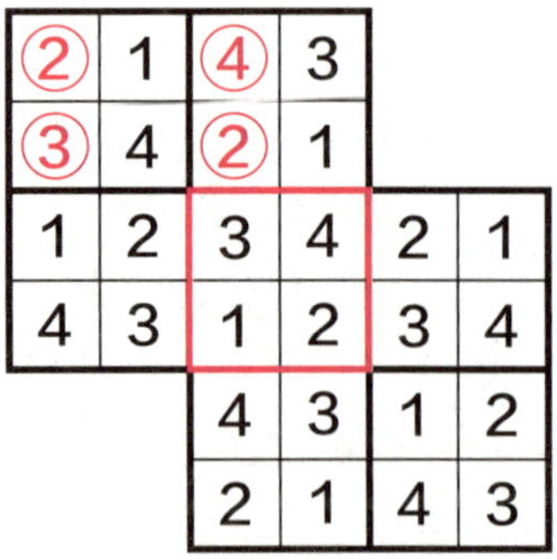

图5-12

# 第三节　本章练习题

5-1

| | | | | | |
|---|---|---|---|---|---|
| | 4 | | 3 | - | - |
| | 1 | | | - | - |
| | | | 4 | | 2 |
| 4 | | 2 | | | |
| - | - | | | | 4 |
| - | - | | 3 | | 1 |

5-2

| | | | | | |
|---|---|---|---|---|---|
| 1 | | | | - | - |
| 2 | | | 1 | - | - |
| | | | 4 | | 3 |
| | 1 | 3 | | | |
| - | - | | 3 | | 1 |
| - | - | 4 | | | |

5-3

| | | | | | |
|---|---|---|---|---|---|
| 2 | 3 | | | - | - |
| | | | | - | - |
| | 4 | | | 4 | |
| | | 1 | 4 | | 2 |
| - | - | | | | 3 |
| - | - | | 2 | | |

5-4

| | | | | | |
|---|---|---|---|---|---|
| | 3 | | | - | - |
| | | | 4 | - | - |
| 3 | | | | | |
| | 4 | 1 | 3 | | 2 |
| - | - | | | 2 | |
| - | - | 2 | | 1 | |

5-5

| | | | | | |
|---|---|---|---|---|---|
| 1 | | | 4 | - | - |
| | 4 | | | - | - |
| | | 1 | | | 2 |
| 3 | | | 2 | 3 | |
| - | - | | 4 | 1 | |
| - | - | | | | |

5-6

| | | | | | |
|---|---|---|---|---|---|
| | 2 | | | - | - |
| 4 | | 1 | | - | - |
| | 4 | | 1 | | 4 |
| | | | 3 | | |
| - | - | | | | 2 |
| - | - | 1 | | 4 | |

5-7

| | | | | | |
|---|---|---|---|---|---|
| | | 3 | 2 | - | - |
| 2 | | | | - | - |
| | | 4 | 1 | | |
| | 1 | | | 4 | 1 |
| - | - | 3 | | | |
| - | - | | | 2 | |

5-8

| | | | | | |
|---|---|---|---|---|---|
| 2 | | | 1 | - | - |
| | 4 | | 2 | - | - |
| | | 2 | | 3 | |
| 4 | | | | | |
| - | - | 3 | 1 | 4 | |
| - | - | | | | 3 |

5-9

| | | | | | |
|---|---|---|---|---|---|
| 4 | 2 | | | - | - |
| | 3 | | | - | - |
| | | | 2 | 1 | |
| 2 | | | 1 | | 4 |
| - | - | | | | |
| - | - | | 4 | | 2 |

5-10

| | | | | | |
|---|---|---|---|---|---|
| | | 1 | | | |
| 3 | 1 | | | | |
| | | | 2 | 4 | |
| 2 | | 4 | | | 3 |
| | | | | 3 | |
| | | 2 | | | |

5-11

| | | | | | |
|---|---|---|---|---|---|
| | | 4 | | | |
| 4 | | 2 | | | |
| | | | 2 | | 3 |
| | 1 | 3 | | 2 | |
| | | | 3 | | |
| | | | | | 4 |

5-12

| | | | | | |
|---|---|---|---|---|---|
| 4 | | | 2 | | |
| | | 3 | | | |
| | 2 | | | | 2 |
| | 4 | | 1 | | |
| | | | | 4 | 3 |
| | | 3 | | | |

5-13

| | | | | | |
|---|---|---|---|---|---|
| | 4 | | 3 | | |
| | 1 | | | | |
| | | | 4 | | 2 |
| 4 | | 2 | | 4 | |
| | | | 2 | | |
| | | 1 | | | 4 |

5-14

| | | | | | |
|---|---|---|---|---|---|
| 4 | | | | | |
| | | 4 | | | |
| | 1 | 3 | | | |
| 3 | | | 2 | 4 | |
| | | 2 | | | |
| | | | 1 | 3 | |

5-15

| | | | | | |
|---|---|---|---|---|---|
| | 1 | | 3 | | |
| 4 | | | | | |
| | | | 1 | | 3 |
| | 2 | 3 | | | |
| | | 4 | | | 1 |
| | | | 2 | | |

5-16

| | | | | | |
|---|---|---|---|---|---|
| 2 | | | 1 | | |
| | | | | | |
| | 4 | 2 | | | 4 |
| 3 | | | | | |
| | | | 1 | 2 | |
| | | 3 | | | |

5-17

| | | | | | | | |
|---|---|---|---|---|---|---|---|
| | 4 | | 3 | | | | |
| | 1 | | | | | | |
| | | | 4 | | 2 | | |
| 4 | | 2 | | 4 | | | |
| | | | 2 | 3 | | | 2 |
| | | 1 | | | 4 | 3 | |
| | | | | | 2 | 1 | |
| | | | | | | | |

5-18

| | | | | | | | |
|---|---|---|---|---|---|---|---|
| | | | | 4 | | | 1 |
| | | | | | | 3 | |
| | | | | 2 | | | |
| | | 1 | | | | 1 | |
| 2 | | 3 | | | | | |
| 1 | | | 4 | 1 | | | |
| | | 4 | | | | | |
| | 2 | | | | | | |

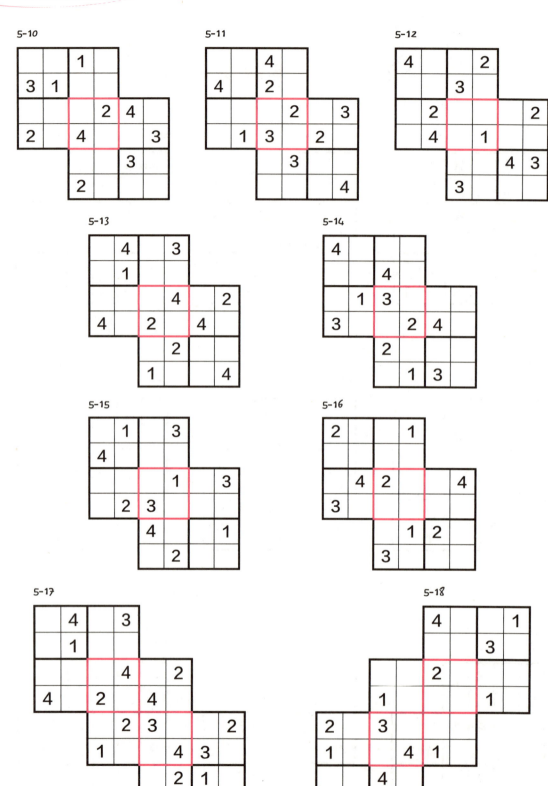

5-19

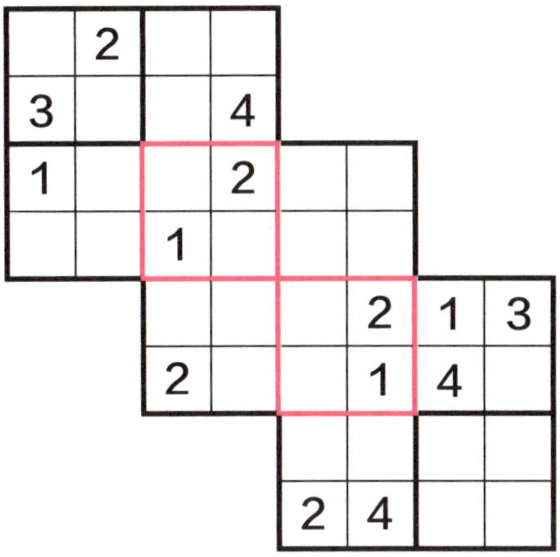

5-20

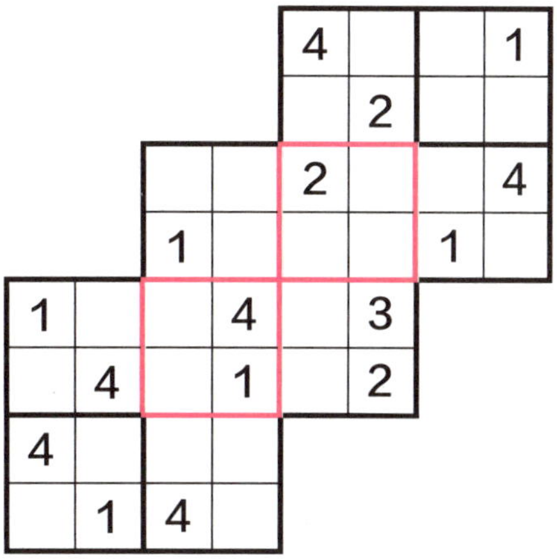

5-21

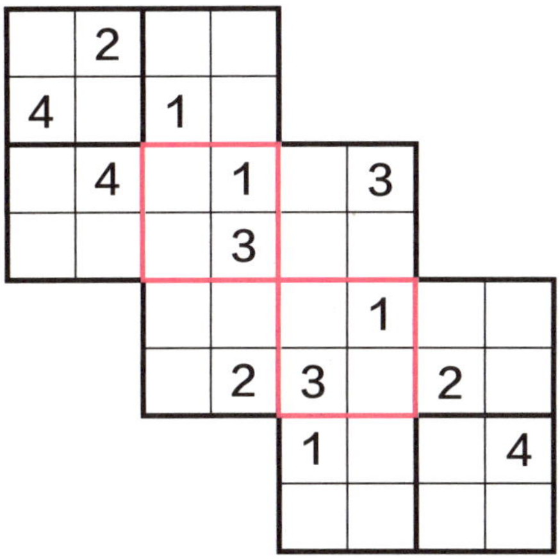

5-22

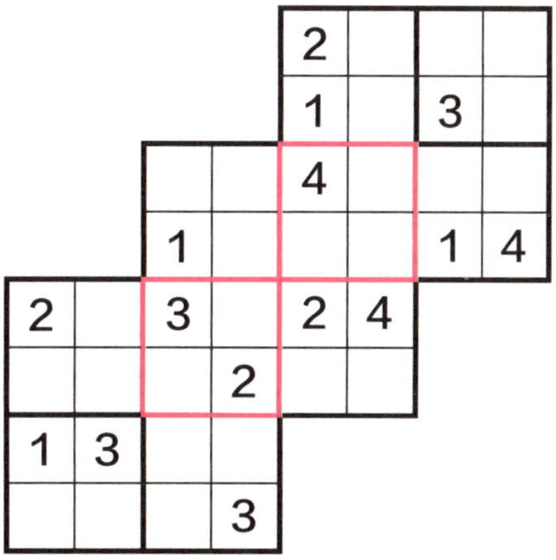

5-23

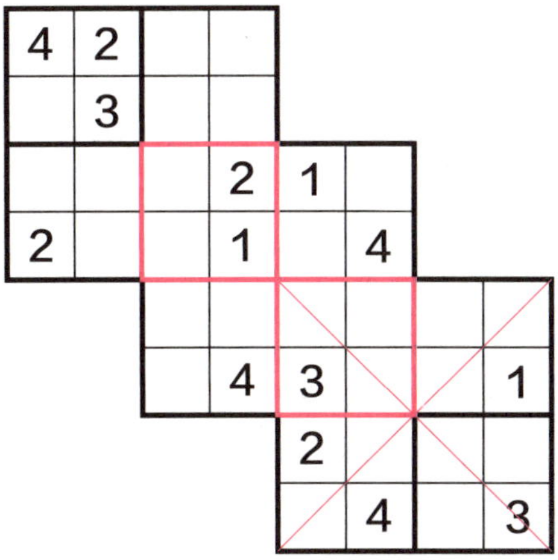

5-24

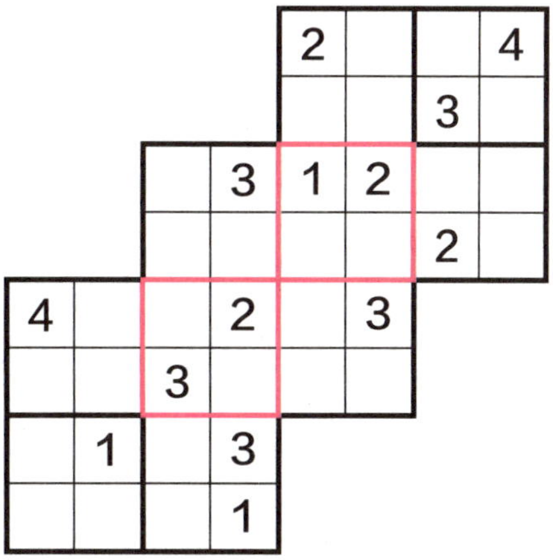

5-25

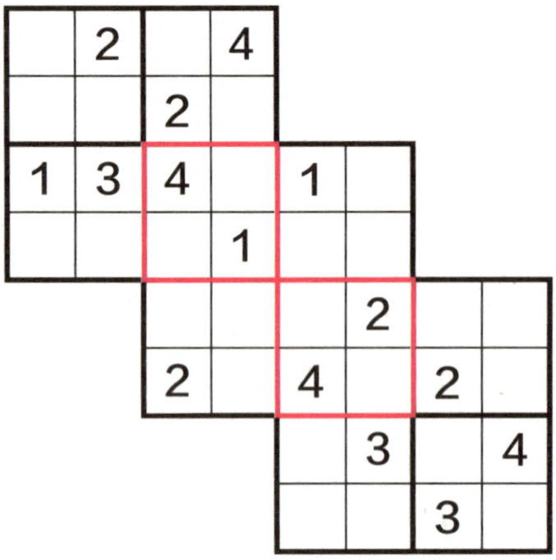

5-26

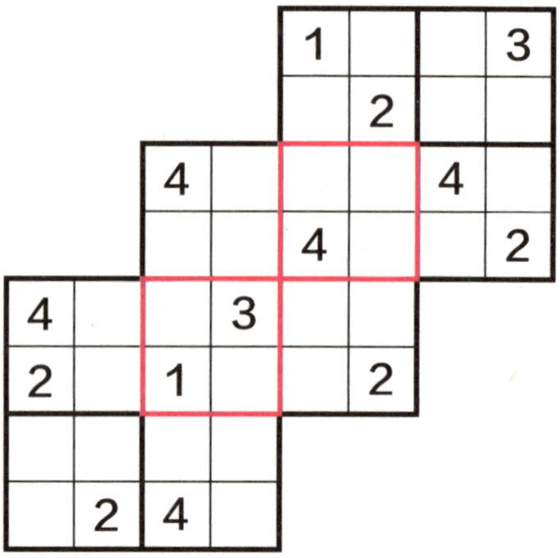

5-27

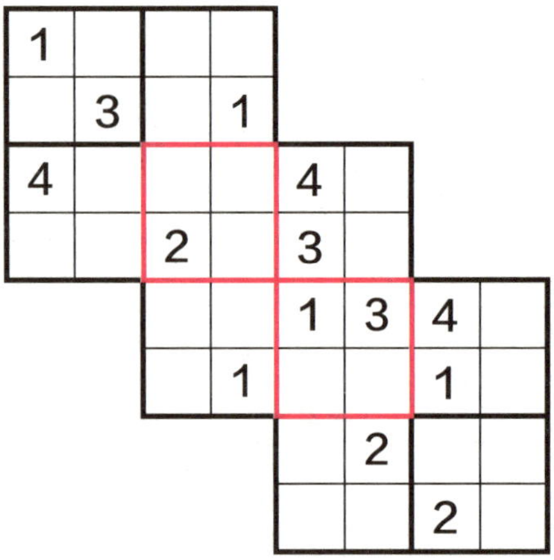

5-28

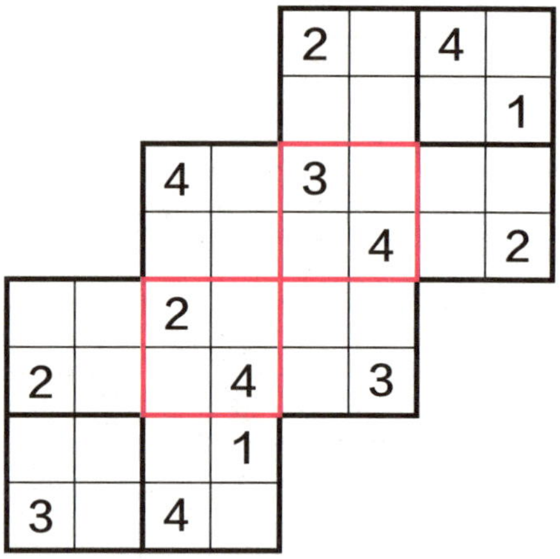

5-29

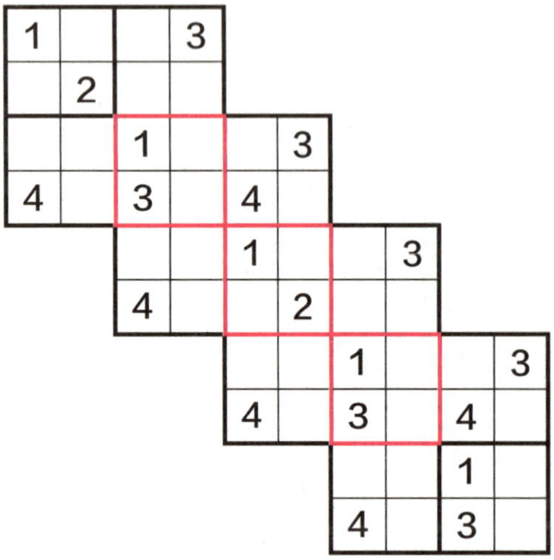

5-30

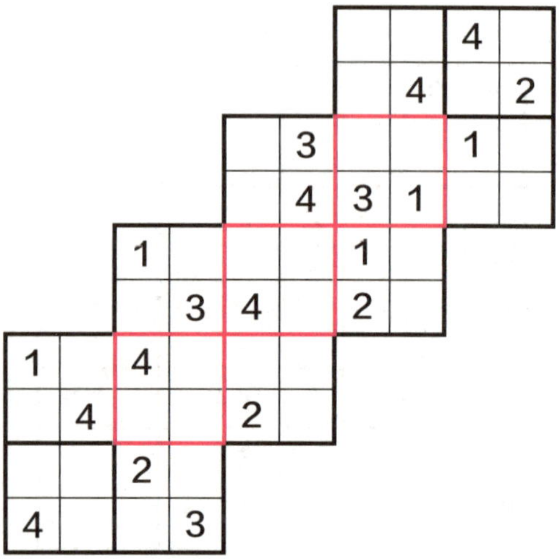

5-31

| | | | | | | | | | |
|---|---|---|---|---|---|---|---|---|---|
| 3 | | | | | | | | | |
| | | 1 | | | | | | | |
| 2 | | | | 4 | | | | | |
| | 3 | | 4 | 3 | | | | | |
| | | | 2 | | | 4 | | | |
| | | 1 | | | 4 | | 1 | | |
| | | | | 3 | 2 | | | 3 | 2 |
| | | | | | | 2 | | | |
| | | | | | | | | 4 | 1 |
| | | | | | | | 1 | | |

5-32

| | | | | | | | | | |
|---|---|---|---|---|---|---|---|---|---|
| | | | | | | | | | 3 |
| | | | | | | | 1 | | |
| | | | | | | 4 | | 2 | 1 |
| | | | | 3 | | 1 | | | 4 |
| | | | | | | | 1 | | |
| | | | 4 | | 3 | 2 | | | |
| | | 1 | | 3 | | | | | |
| 2 | | 4 | | | | | | | |
| 1 | | | 4 | | | | | | |
| | 3 | 2 | | | | | | | |

5-33

| | | | | | | | | | |
|---|---|---|---|---|---|---|---|---|---|
| | 2 | | 4 | | | | | | |
| | | 2 | | | | | | | |
| 1 | | 4 | | | 3 | | | | |
| | | | 1 | 2 | | | | | |
| | | 1 | | | | | 4 | | |
| | | | 3 | | 1 | 2 | | | |
| | | | | 1 | | | | 1 | |
| | | | | | 4 | | 1 | | 4 |
| | | | | | | | | | 2 |
| | | | | | | 2 | | 4 | |

5-34

| | | | | | | | | | |
|---|---|---|---|---|---|---|---|---|---|
| | | | | | | 1 | | | 2 |
| | | | | | | | | | |
| | | | | | 4 | | 3 | 1 | |
| | | | | 3 | | 4 | | | 3 |
| | | 2 | | | | 1 | 2 | | |
| | | | 3 | 2 | | | | | |
| 4 | | 3 | | | | | | | |
| | | | 4 | | 2 | | | | |
| 2 | | | | | | | | | |
| | 4 | | 3 | | | | | | |

5-35

| | | | | | | | | | |
|---|---|---|---|---|---|---|---|---|---|
| | | | 3 | | | | | | |
| | 1 | | | | | | | | |
| 2 | | | 1 | | | | | | |
| | | 3 | | | | | | | |
| | | 2 | 3 | | 1 | | 2 | | |
| | | 1 | | | | | | | |
| | | | | 3 | | | 4 | | 2 |
| | | | | | 4 | 2 | | | |
| | | | | | | | | 1 | 3 |
| | | | | | | | 1 | | |

5-36

| | | | | | | | | | |
|---|---|---|---|---|---|---|---|---|---|
| | | | | | | | 4 | | 3 |
| | | | | | | 3 | | | |
| | | | | | 2 | | | 1 | 2 |
| | | | | 4 | | 2 | | | |
| | | 1 | | 3 | | | 2 | | |
| | | 4 | | | 1 | 3 | | | |
| | 2 | | 1 | | 2 | | | | |
| | 3 | | | | 3 | | | | |
| | | 4 | | | | | | | |
| 2 | | | 3 | | | | | | |

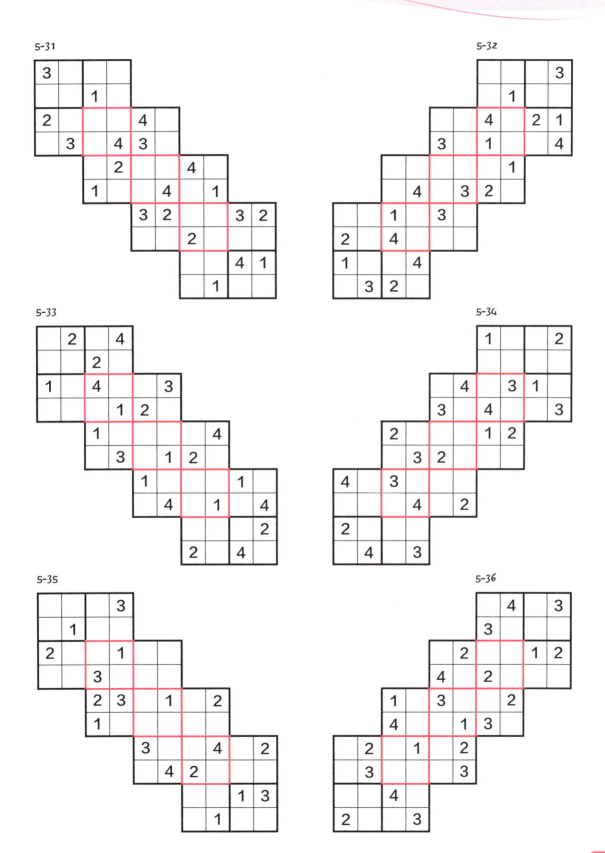

# 第六章

| | | | | |
|---|---|---|---|---|
| 3 | 5 | 4 | 2 | 1 |
| 2 | 1 | 3 | 5 | 4 |
| 5 | 4 | 2 | 1 | 3 |
| 1 | 3 | 5 | 4 | 2 |
| 4 | 2 | 1 | 3 | 5 |

# 五字（5×5）标准数独

# 第一节　五字标准数独的性质

五字数独（5×5）包括25个小方格，由五行、五列组成，如图6-1所示。由于5个小方格不能组合成正方形，所以，这种数独严格地说也属于另类数独。

五字标准数独的规则：

1. 每行5个小方格中的数字，1 ~ 5不重复（图6-1）；
2. 每列5个小方格中的数字，1 ~ 5不重复（图6-1）；
3. 两条对角线上5个小方格中的数字，1 ~ 5不重复（图6-2）；
4. 全部折断对角线（3-2）上5个小方格中的数字,1 ~ 5不重复（图6-3）;
5. 任意1格中的数字与其周边相邻的8格中的数字都不相同（图6-4）；
6. 全部“+”线上5个小方格中的数字，1 ~ 5不重复（图6-5）；
7. 全部“×”线上5个小方格中的数字，1 ~ 5不重复（图6-6）。

| | | | | |
|---|---|---|---|---|
| 3 | 5 | 4 | 2 | 1 |
| 2 | 1 | 3 | 5 | 4 |
| 5 | 4 | 2 | 1 | 3 |
| 1 | 3 | 5 | 4 | 2 |
| 4 | 2 | 1 | 3 | 5 |

图6-1

| | | | | |
|---|---|---|---|---|
| 5 | 2 | 4 | 3 | 1 |
| 3 | 1 | 5 | 2 | 4 |
| 2 | 4 | 3 | 1 | 5 |
| 1 | 5 | 2 | 4 | 3 |
| 4 | 3 | 1 | 5 | 2 |

图6-2

| | | | | | | | | |
|---|---|---|---|---|---|---|---|---|
| | | 3 | 5 | 2 | 1 | 4 | 3 | 5 |
| | | 1 | 4 | 3 | 5 | 2 | 1 | 4 |
| | | 5 | 2 | 1 | 4 | 3 | | |
| 2 | 1 | 4 | 3 | 5 | 2 | 1 | | |
| 3 | 5 | 2 | 1 | 4 | 3 | 5 | | |

图6-3

| | | | | |
|---|---|---|---|---|
| 1 | 2 | 3 | 4 | 5 |
| 4 | 5 | 1 | 2 | 3 |
| 2 | 3 | 4 | 5 | 1 |
| 5 | 1 | 2 | 3 | 4 |
| 3 | 4 | 5 | 1 | 2 |

图6-4

| | | | | |
|---|---|---|---|---|
| 2 | 4 | 1 | 5 | 3 |
| 5 | 3 | 2 | 4 | 1 |
| 4 | 1 | 5 | 3 | 2 |
| 3 | 2 | 4 | 1 | 5 |
| 1 | 5 | 3 | 2 | 4 |

图6-5

| | | | | |
|---|---|---|---|---|
| 4 | 5 | 2 | 1 | 3 |
| 1 | 3 | 4 | 5 | 2 |
| 5 | 2 | 1 | 3 | 4 |
| 3 | 4 | 5 | 2 | 1 |
| 2 | 1 | 3 | 4 | 5 |

图6-6

# 第二节　解题方法与技巧

| | | | | |
|---|---|---|---|---|
| 4 | 1 | | | 3 |
| 2 | 3 | | 1 | |
| | | | | 4 |
| | | | 5 | |
| | | 3 | | |

图6-7

| | | | | |
|---|---|---|---|---|
| 4 | 1 | 5 | 2 | 3 |
| 2 | 3 | 4 | 1 | 5 |
| | | | | 4 |
| | | | 5 | |
| | | 3 | | |

图6-8

| | | | | |
|---|---|---|---|---|
| 4 | 1 | 5 | 2 | 3 |
| 2 | 3 | 4 | 1 | 5 |
| | | 2 | 3 | 4 |
| | | 1 | 5 | 2 |
| | | 3 | | |

图6-9

如图6-7所示，该图中已给出9个已知数字4、1、3、2、3、1、4、5、3，尚有16个空格需要填入相应的数字，具体解题方法与步骤如下。

第一步：先看第一行（第二行也行），该行中已有数字4、1、3，尚缺数字2、5，采用“二筛一”法，因在第四列中已有数字5，故在（1，4）格中不能填入数字5，只能填入数字2，而在（1，3）格中只能填入数字5。同理，在第二行中已有数字2、3、1，尚缺数字4、5，由于在第五列中已有数字4，故采用“二筛一”法，得到（2，5）格中应填入数字5，因此，在（2，3）格中应填入数字4，如图6-8所示。

第二步：根据“+”线上5个小方格中的数字，1～5不重复，得到（3，4）格中应填入数字3；再根据“×”线上5个小方格中的数字，1～5不重复，得到（3，3）格中应填入数字2。现在来看第三列，该列中已有数字5、4、2、3，尚缺1个数字，采用“五缺一”法，得到（4，3）格中应填入数字1。再根据“×”法，得到（4，5）格中应填入数字2，如图6-9所示。

第三步：此步骤有两种方法，其一是第四列、第五列均是“五缺一”，可得到（5，4）格中应填入数字4，（5，5）格中应填入数字1；其二是利用“×”法，得到（5，5）格中应填入数字1，再利用“+”法，得到（5，4）格中应填入数字4，如图6-10所示。

第四步：此步也有两种方法，第一种是利用第三至第五行均是“五缺二”，可采用“二筛一”或“二筛一”加“五缺一”联合运用，比较简单；第二种是利用“+”法和“×”法，比较烦琐一些。现在试用第二种方法来解题。利用“×”法，得到（3，2）格中应填入数字5，（4，2）格中应填入数字4，（5，2）格中应填入数字2。此时又有两条途径来解题，第一种是继续利用“×”法，得到（3，1）格中应填入数字1，（4，1）格中应填入数字3，（5，1）格中应填入数字5，也可以不采用“×”法，而采用“+”法，可得到同样的结果；第二种是“×”法或“+”法与“五缺一”联合使用，结果如图6-11所示。

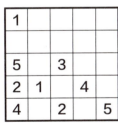

| | | | | |
|---|---|---|---|---|
| 4 | 1 | 5 | 2 | 3 |
| 2 | 3 | 4 | 1 | 5 |
| | | 2 | 3 | 4 |
| | | 1 | 5 | 2 |
| | | 3 | ④ | ① |

图6-10

| | | | | |
|---|---|---|---|---|
| 4 | 1 | 5 | 2 | 3 |
| 2 | 3 | 4 | 1 | 5 |
| ① | ⑤ | 2 | 3 | 4 |
| ③ | ④ | 1 | 5 | 2 |
| ⑤ | ② | 3 | 4 | 1 |

图6-11

# 第三节　本章练习题

6-1

| | | | | |
|---|---|---|---|---|
| 1 | | | | |
| | | | | |
| 5 | | 3 | | |
| 2 | 1 | | 4 | |
| 4 | | 2 | | 5 |

6-2

| | | | | |
|---|---|---|---|---|
| 1 | | 2 | | |
| 3 | | | | |
| | | 3 | | 1 |
| 4 | | | 2 | |
| 2 | | 4 | | |

6-3

| | | | | |
|---|---|---|---|---|
| | | | | |
| | 1 | 2 | | |
| | 5 | 3 | 1 | |
| 1 | | 4 | | |
| | | | 2 | 4 |

6-4

| | | | | |
|---|---|---|---|---|
| | | 5 | | 1 |
| | | | 2 | |
| | | 3 | | |
| 1 | 4 | | | 3 |
| 5 | | | | 2 |

6-5

| | | | | |
|---|---|---|---|---|
| | 4 | 1 | | |
| | 5 | | 4 | |
| | | 3 | | 2 |
| 5 | | | 1 | |
| | | | | |

6-6

| | | | | |
|---|---|---|---|---|
| 4 | | | 3 | |
| | | | 2 | |
| | | 3 | | 4 |
| 5 | | | 1 | |
| | 3 | | | |

6-7

| | | | | |
|---|---|---|---|---|
| | | | 3 | |
| | | | | 4 |
| | | 3 | | |
| 2 | 5 | | 4 | |
| | | 2 | | |

6-8

| | | | | |
|---|---|---|---|---|
| | | | 3 | |
| | | 5 | | 2 |
| 1 | 2 | 3 | 4 | |
| | | 1 | | |
| | | | | |

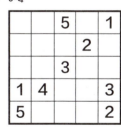

6-9

| | | | | |
|---|---|---|---|---|
| 3 | | | | |
| | 5 | | 1 | |
| | | 4 | | 3 |
| | 3 | | | |
| | 4 | | 3 | |

6-10

| | | | | |
|---|---|---|---|---|
| 2 | | | | |
| | | | 1 | |
| 1 | | 4 | | 2 |
| | 2 | | 5 | |
| | | 3 | | 1 |

6-11

| | | | | |
|---|---|---|---|---|
| 2 | | 3 | | 4 |
| | 4 | | 1 | |
| | | 5 | | |
| | | | | |
| 3 | | | | 1 |

6-12

| | | | | |
|---|---|---|---|---|
| | | | | |
| | 2 | | 1 | |
| | | 5 | | |
| | | | 4 | 5 |
| | | 2 | 3 | 1 |

6-13

| | | | | |
|---|---|---|---|---|
| | | | | |
| | | | 1 | 2 |
| 1 | | 5 | 3 | 4 |
| | 4 | | | |
| | | 3 | | |

6-14

| | | | | |
|---|---|---|---|---|
| | 3 | | | |
| | | 5 | | 1 |
| | 1 | | 2 | |
| | | | | 4 |
| 1 | 4 | | | |

6-15

| | | | | |
|---|---|---|---|---|
| | 1 | | 2 | |
| 2 | | | | 5 |
| | | 2 | | |
| | 4 | | | |
| 5 | | 3 | | |

6-16

| | | | | |
|---|---|---|---|---|
| | | 5 | 2 | |
| | 4 | 1 | 3 | |
| | | | | |
| 4 | | | | |
| | 2 | | | 3 |

6-17

| | | | | |
|---|---|---|---|---|
| | | | | 5 |
| 3 | | | | |
| | | 3 | | 2 |
| | 2 | | 4 | 3 |
| 4 | | | | |

6-18

| | | | | |
|---|---|---|---|---|
| | | | | |
| | | | 1 | 5 |
| | | 3 | | 4 |
| | | | 5 | 3 |
| 5 | | | | 1 |

6-19

| | | | | |
|---|---|---|---|---|
| 5 | | 2 | | 4 |
| | 4 | | 1 | 2 |
| | | | | 5 |
| | | | | |
| | | | | 1 |

6-20

| | | | | |
|---|---|---|---|---|
| 5 | | | | 2 |
| | 2 | | 1 | |
| | | 4 | | |
| | 5 | | 3 | |
| | | 2 | | |

6-21

| | | | | |
|---|---|---|---|---|
| | | | 3 | |
| | | | 4 | 1 |
| 4 | 1 | 3 | | |
| | | | | |
| 1 | | 2 | | |

6-22

| | | | | |
|---|---|---|---|---|
| 4 | | | | 2 |
| | 2 | | | |
| 5 | | 3 | | |
| | 4 | | 1 | |
| 1 | | | | |

6-23

| | | | | |
|---|---|---|---|---|
| 5 | | 1 | | |
| | 3 | | 2 | |
| 2 | | 4 | | |
| 3 | | | | |
| | 4 | | | |

6-24

| | | | | |
|---|---|---|---|---|
| | | | | 3 |
| 5 | | | | |
| 4 | | 5 | 3 | |
| 3 | 2 | | | |
| 1 | | | | |

6-25

| | | | | |
|---|---|---|---|---|
| 4 | | | 2 | |
| 2 | 3 | | | |
| 5 | | 2 | | |
| | 4 | | | |
| 1 | | | | |

6-26

| | | | | |
|---|---|---|---|---|
| | | | 3 | |
| 3 | | 2 | | 1 |
| | | | | |
| 4 | | 5 | | 3 |
| | | | 2 | |

6-27

| | | | | |
|---|---|---|---|---|
| | | | 2 | |
| | | 5 | | 1 |
| | 1 | | 4 | |
| 4 | | | | |
| | | 4 | | 3 |

6-28

| | | | | |
|---|---|---|---|---|
| | 2 | | | |
| | | 3 | | |
| 2 | 1 | | 4 | |
| | | 2 | | 5 |
| | | | 3 | |

6-29

| | | | | |
|---|---|---|---|---|
| 4 | 2 | | | |
| | | 4 | | 1 |
| | 1 | | 5 | |
| | | 2 | 1 | |
| | | | | |

6-30

| | | | | |
|---|---|---|---|---|
| | | | | |
| | | | 3 | |
| | | 4 | 5 | |
| 5 | | | | 4 |
| 1 | | | 2 | 3 |

6-31

| | | | | |
|---|---|---|---|---|
| | | | | |
| 2 | | | | 1 |
| 4 | | 2 | 5 | 3 |
| | 3 | | | |
| | | 5 | | |

6-32

| | | | | |
|---|---|---|---|---|
| | | 3 | | |
| | | | 5 | |
| | | 1 | | 2 |
| 4 | 2 | | | |
| | 1 | 4 | | |

6-33

| | | | | |
|---|---|---|---|---|
| | | 4 | | 3 |
| 1 | 3 | | | |
| | 4 | 1 | | |
| | 2 | | | |
| | | | 2 | |

6-34

| | | | | |
|---|---|---|---|---|
| | 4 | | | |
| 1 | | 2 | | |
| | 5 | | 3 | |
| | | 4 | | |
| 5 | 1 | | | |

6-35

| | | | | |
|---|---|---|---|---|
| | 5 | | | |
| 1 | | 3 | | |
| | 2 | 1 | | |
| | 3 | | | |
| 2 | | 4 | | |

6-36

| | | | | |
|---|---|---|---|---|
| | | | | |
| 1 | 5 | | | |
| | 4 | | 5 | 3 |
| | 3 | | 4 | |
| | 1 | | | |

6-37

| | | | | |
|---|---|---|---|---|
| | 4 | | | |
| | 2 | 3 | | |
| | 5 | | 2 | |
| | | 4 | | |
| | 1 | | | |

6-38

| | | | | |
|---|---|---|---|---|
| | 2 | | | |
| 1 | | | 2 | |
| | | 1 | | |
| 3 | 4 | | 5 | |
| | | | | 2 |

6-39

| | | | | |
|---|---|---|---|---|
| | 5 | | | |
| 1 | | | 5 | |
| | | 1 | | 4 |
| | | | 3 | |
| 3 | | | 4 | |

6-40

| | | | | |
|---|---|---|---|---|
| | | | | |
| 1 | | 4 | | |
| | 2 | 1 | | 4 |
| 5 | | | 2 | |
| | | | | |

| | | | | |
|---|---|---|---|---|
| 2 | 3 | 1 | 4 | 5 |
| 4 | 5 | 2 | 3 | 1 |
| 3 | 1 | 4 | 5 | 2 |
| 5 | 2 | 3 | 1 | 4 |
| 1 | 4 | 5 | 2 | 3 |

# 五字（5×5）异形数独

# 第一节　五字异形数独的性质

在五字（5×5）数独的方格中，包括25个小方格。五字数独可分成5个由5个小方格组合而成的区域。由于5个小方格不能组成正方形，所以，该五宫格应为异形数独。如图7-1所示。

| | | | | |
|---|---|---|---|---|
| 2 | 3 | 1 | 4 | 5 |
| 4 | 5 | 2 | 3 | 1 |
| 3 | 1 | 4 | 5 | 2 |
| 5 | 2 | 3 | 1 | 4 |
| 1 | 4 | 5 | 2 | 3 |

图7-1

五字异形数独的规则：
1.每行5个小方格中的数字，1 ~ 5不重复；
2.每列5个小方格中的数字，1 ~ 5不重复；
3.两条对角线上5个小方格中的数字，1 ~ 5不重复；
4.全部折断对角线（3–2）上5个小方格中的数字，1 ~ 5不重复；
5.任意1格中的数字与其周边相邻的8格中的数字都不相同；
6.全部“+”线上5个小方格中的数字，1 ~ 5不重复；
7.全部“×”线上5个小方格中的数字，1 ~ 5不重复；
8.由5个小方格组成的异形区域内的数字，1 ~ 5不重复（见图7–1）。

# 第二节　解题方法与技巧

第一步：图7-2是谜题，题中给出14个已知数，尚有11个空格需要填入相应的数字。先看下面那个异形五宫格，它已有4个数字1、5、3、4，尚缺1个数字2，采用“五缺一”法，得到（5，2）格中应填入数字2。在第二列中已有4个数字1、5、4、2，尚缺1个数字3，采用“五缺一”法，得到（2，2）格中应填入数字3。在上面那个五宫格中，已有4个数字1、5、2、3，尚缺1个数字4，采用“五缺一”法，得到（1，1）格中应填入数字4，如图7-3所示。

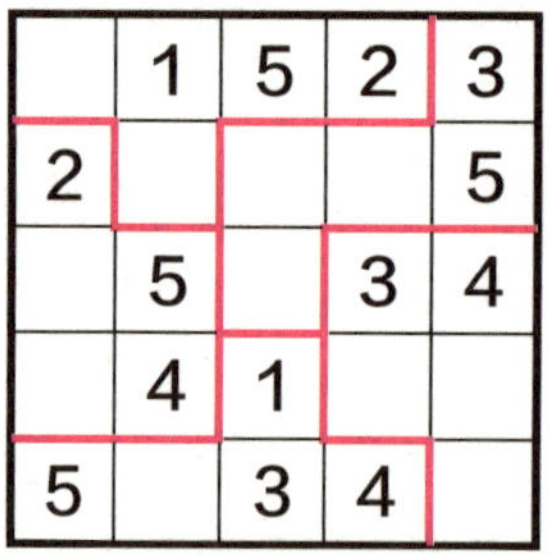


图7-2

图7-3

第二步：现在来看第一列，该列中已有3个数字4、2、5，尚缺2个数字1和3，此时采用“二筛一”法，由于第三行中已有3，第四行中已有1，故得到（3，1）格中应填入数字1，（4，1）格中应填入数字3，如图7-4所示。

第三步：先看第三列中已有数字5、1、3，尚缺2个数字2、4，采用“二筛一”法，由于第2行中已有数字2，第三行中已有数字4，故得到（2，3）格中应填入数字4，（3，3）格中应填入数字2。接下来，根据“+”法，得到（2，4）格中应填入1，如图7-5所示。

第四步：现在来看第四列，该列中已有4个数字2、1、3、4，尚缺1个数字5，采用“五缺一”法，得到（4，4）格中应填入数字5。根据“+”法，得到（4，5）格中应填入数字2。再根据“×”法，得到（5，5）格中应填入数字1，最终结果如图7-6所示。

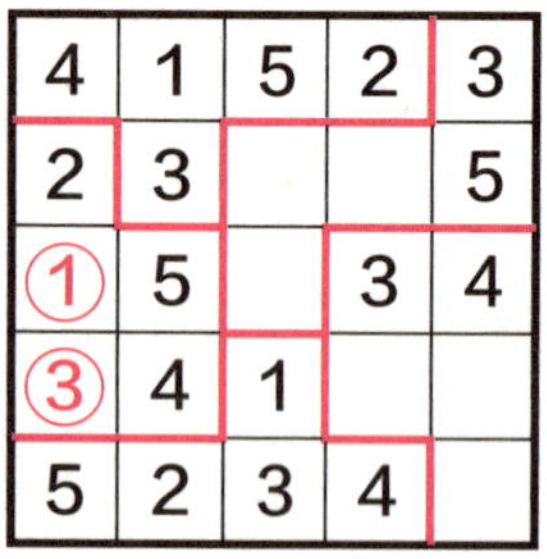


图7-4

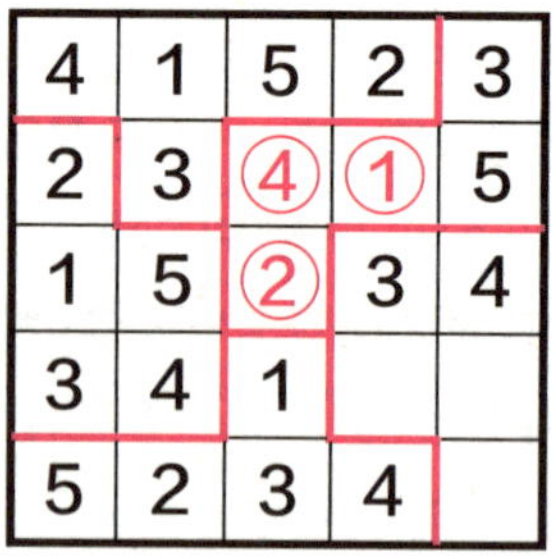


图7-5

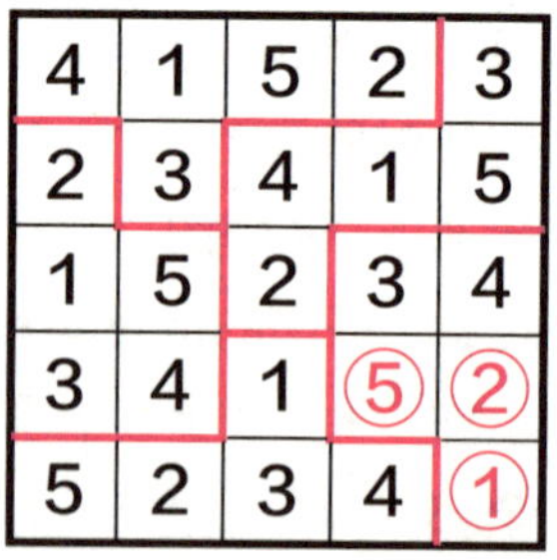


图7-6

# 第三节　本章练习题

7-1

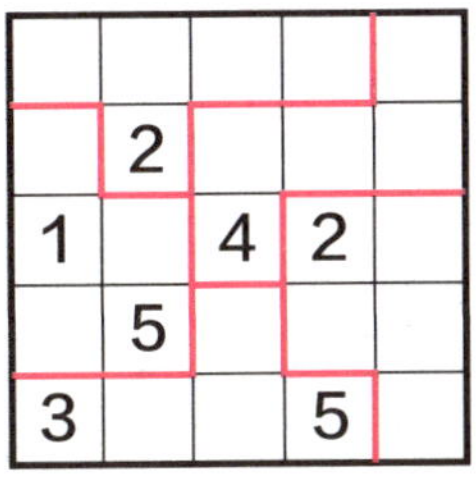

7-2

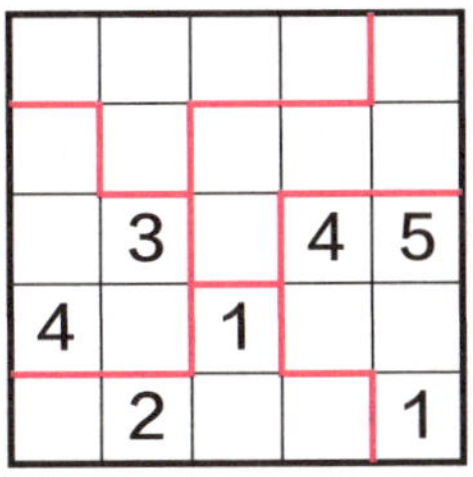

7-3

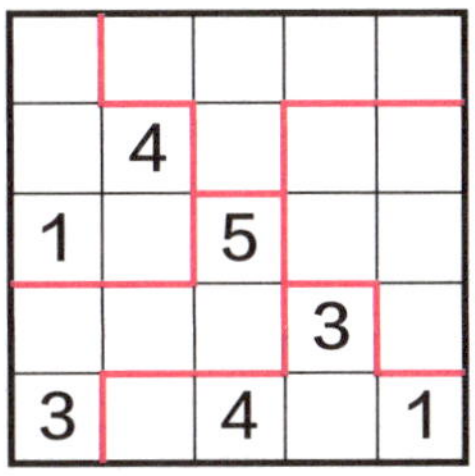

7-4

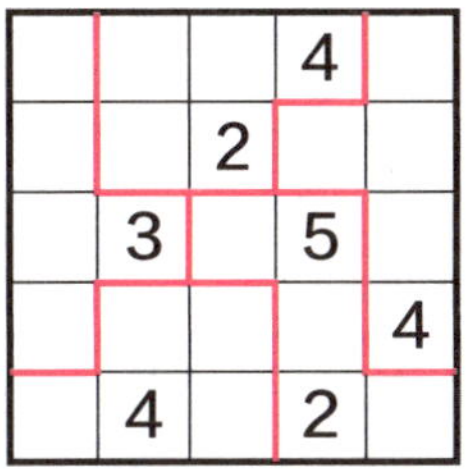

7-5

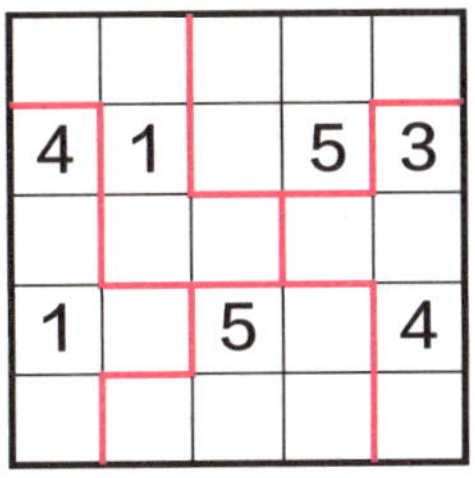

7-6

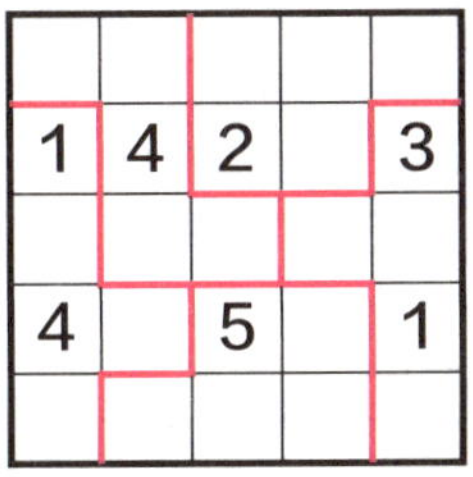

7-7

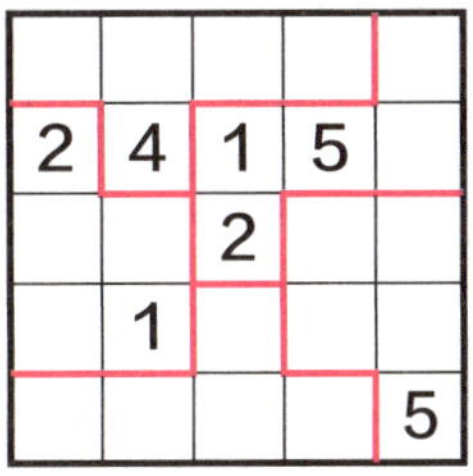

7-8

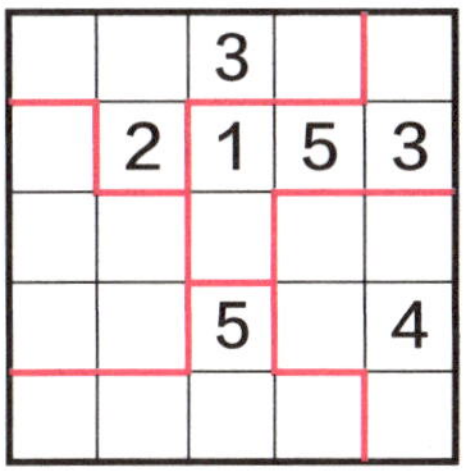

7-9

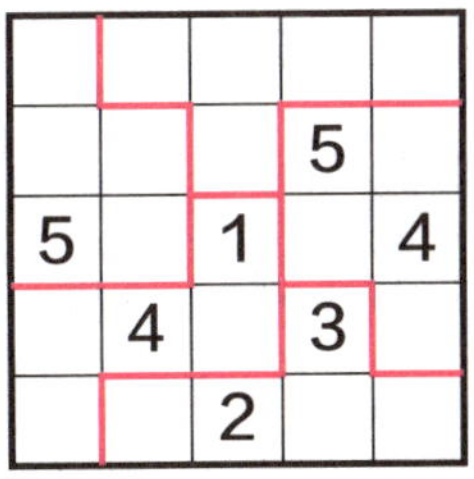

7-10

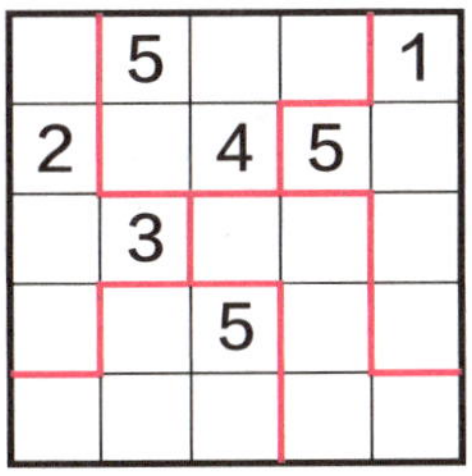

7-11

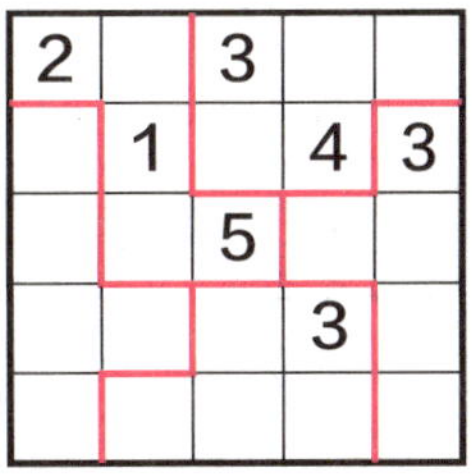

7-12

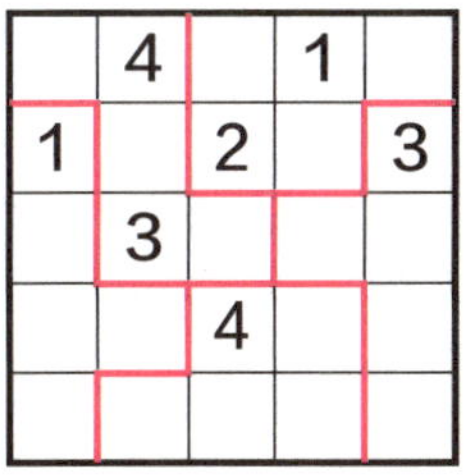

7-13

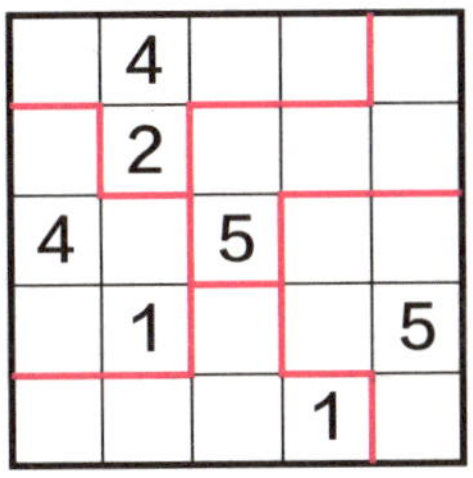

7-14

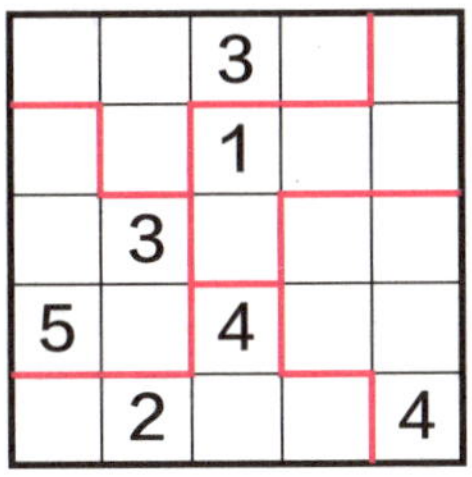

7-15

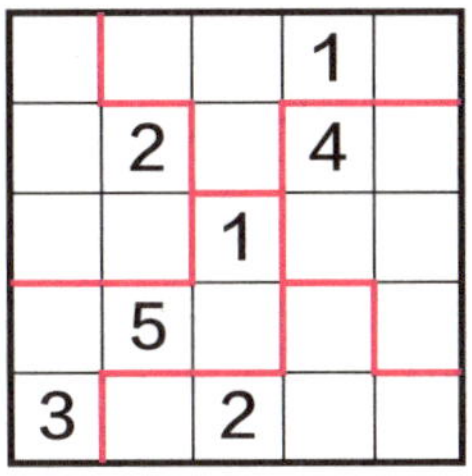

7-16

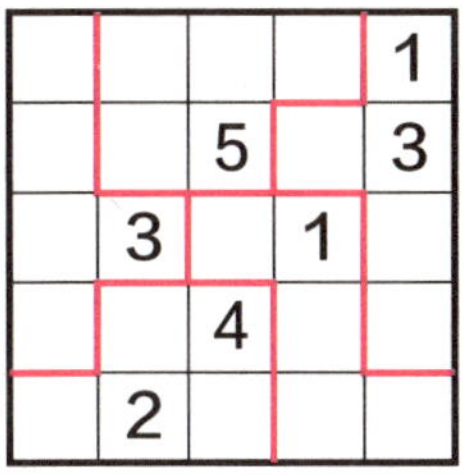

7-17

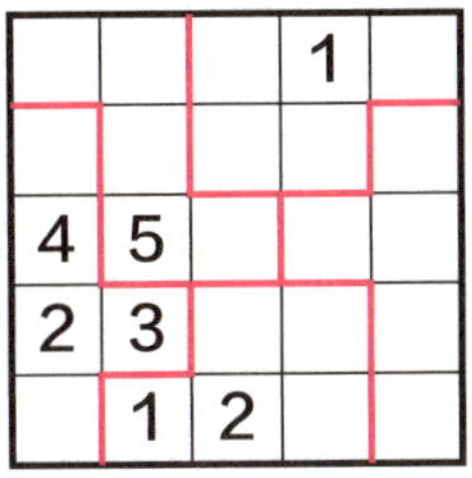

7-18

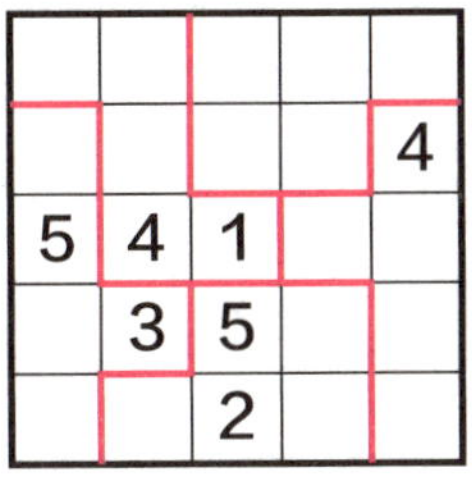

7-19

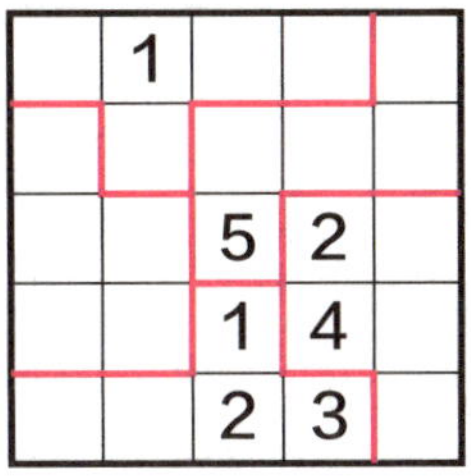

7-20

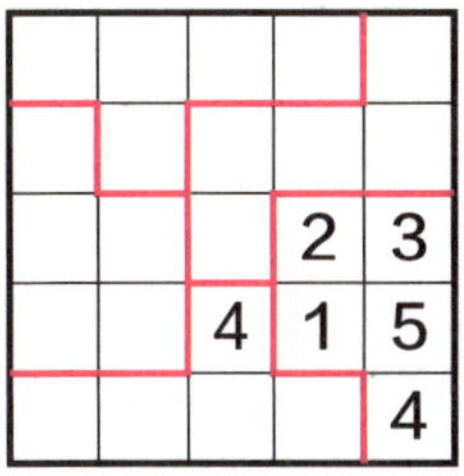

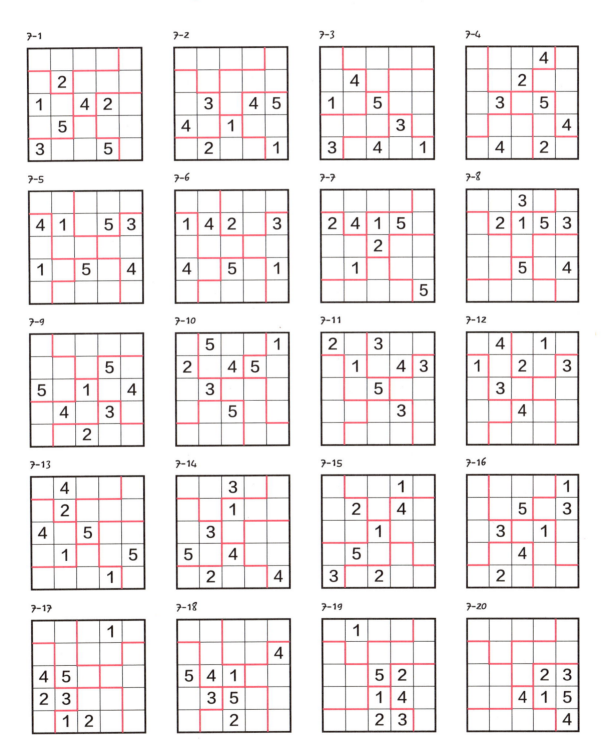

7-21

| | | | | |
|---|---|---|---|---|
| 3 | | | | |
| | 2 | | 5 | 1 |
| | | | | 3 |
| 2 | | | | |
| | 4 | | | |

7-22

| | | | | |
|---|---|---|---|---|
| | 1 | | | |
| 4 | | | | |
| 1 | | 4 | | |
| | 3 | | 5 | |
| | | 2 | | |

7-23

| | | | | |
|---|---|---|---|---|
| | | 5 | | |
| | 1 | | | |
| | 5 | | 1 | |
| | | 2 | | 4 |
| | | | 3 | |

7-24

| | | | | |
|---|---|---|---|---|
| | | | 4 | |
| | | 3 | | |
| | | 4 | | |
| | 3 | | 2 | |
| | | 1 | | 5 |

7-25

| | | | | |
|---|---|---|---|---|
| 3 | | | 5 | |
| | | | 4 | |
| | | | | 3 |
| 1 | | | 2 | |
| | 5 | | | |

7-26

| | | | | |
|---|---|---|---|---|
| | | | | |
| 2 | | 3 | | |
| | 1 | | 4 | 3 |
| | | 5 | 1 | |
| | | 4 | | |

7-27

| | | | | |
|---|---|---|---|---|
| | | 5 | | |
| | 4 | | 1 | |
| 1 | | 2 | | 3 |
| | | | | |
| 5 | 2 | | | |

7-28

| | | | | |
|---|---|---|---|---|
| | | 2 | 1 | |
| | 4 | | | |
| 5 | 2 | 1 | | |
| 4 | | | | |
| | | | | 5 |

7-29

| | | | | |
|---|---|---|---|---|
| | 2 | | | 4 |
| | | 3 | | |
| | 5 | 1 | 4 | |
| | 3 | | | |
| 5 | | | | |

7-30

| | | | | |
|---|---|---|---|---|
| 3 | | | | |
| | | | 1 | |
| | 2 | | 4 | 3 |
| 4 | | 1 | | |
| | 5 | | | |

7-31

| | | | | |
|---|---|---|---|---|
| | 2 | | | |
| | | | 2 | 1 |
| | | 5 | | 3 |
| | 3 | | 1 | |
| | | 4 | | |

7-32

| | | | | |
|---|---|---|---|---|
| | 1 | 2 | | |
| | 4 | | 1 | |
| | | | | |
| 4 | 5 | | | |
| 2 | 3 | | | |

7-33

| | | | | |
|---|---|---|---|---|
| | | 2 | | |
| | | 4 | | |
| | | | 5 | |
| 5 | 4 | 1 | | |
| | 3 | 5 | | |

7-34

| | | | | |
|---|---|---|---|---|
| | | | 3 | |
| | | | | 2 |
| 5 | | 3 | | |
| | | 5 | 2 | |
| | | 1 | 4 | |

7-35

| | | | | |
|---|---|---|---|---|
| | | | | 4 |
| | | | | |
| | | 3 | 4 | 1 |
| | | | 2 | 3 |
| | | | 1 | 5 |

7-36

| | | | | |
|---|---|---|---|---|
| | 4 | | | |
| 3 | | 1 | | |
| | 2 | | | 1 |
| 5 | | | | 3 |
| 2 | | | | |

7-37

| | | | | |
|---|---|---|---|---|
| | | 2 | | |
| | 1 | | | |
| 4 | | 3 | | |
| 1 | | | | 3 |
| | 3 | | 5 | |

7-38

| | | | | |
|---|---|---|---|---|
| | | | 3 | |
| | | 5 | | |
| | 1 | 3 | 2 | |
| | 5 | | | |
| | | 2 | 5 | |

7-39

| | | | | |
|---|---|---|---|---|
| | | 1 | | 5 |
| | | | 4 | |
| | 1 | 3 | | |
| | | 4 | | |
| | 3 | | 2 | |

7-40

| | | | | |
|---|---|---|---|---|
| | 5 | | | |
| 3 | | | 5 | |
| | 1 | 3 | | |
| | | | 1 | |
| 1 | | | 2 | |

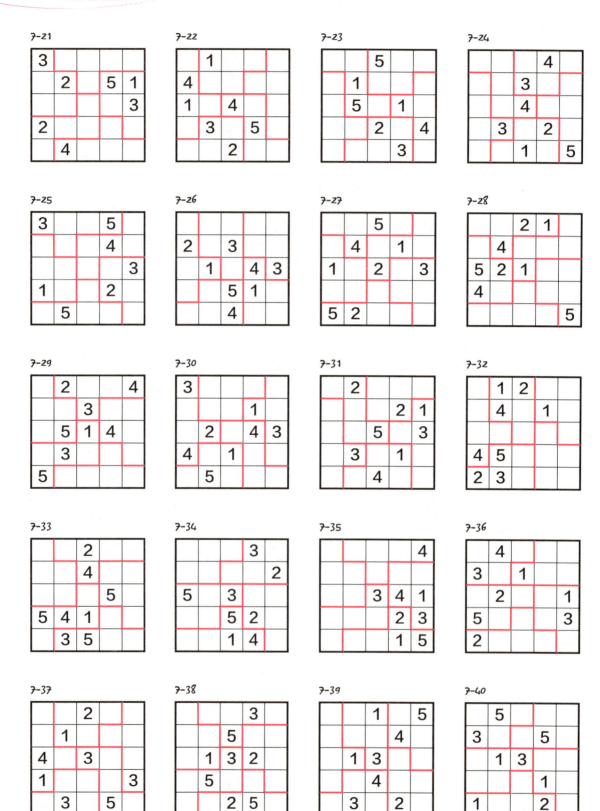

| | | | | |
|---|---|---|---|---|
| 1 | 9 | 12 | 23 | 20 |
| 22 | 18 | 5 | 6 | 14 |
| 10 | 11 | 24 | 17 | 3 |
| 19 | 2 | 8 | 15 | 21 |
| 13 | 25 | 16 | 4 | 7 |

# 五字（5×5）幻方数独

# 第一节　五字幻方数独的性质

所谓五字幻方数独，是指在25个小方格中的数字不是5组1 ～ 5，而是每个小方格中各占1个不相同的数字，即25个小方格中分别占有1 ～ 25个数字。五字幻方数独规则与五字标准数独类似，只是需要算出相应的数字之和，从而求得某小格中应填入的数字。

五字幻方数独的规则：

1. 每行5个小方格中的数字之和都等于65（图8-1）；
2. 每列5个小方格中的数字之和都等于65（图8-1）；
3. 两条对角线上5个小方格中的数字都等于65（图8-1）；
4. 全部折断对角线（3-2）上5个小方格中的数字之和都等于65（图8-2）；
5. 全部“+”字形上5个小方格中的数字之和都等于65（图8-3）；
6. 全部“×”字形上5个小方格中的数字之和都等于65（图8-4）。

| | | | | |
|---|---|---|---|---|
| 1 | 9 | 12 | 23 | 20 |
| 22 | 18 | 5 | 6 | 14 |
| 10 | 11 | 24 | 17 | 3 |
| 19 | 2 | 8 | 15 | 21 |
| 13 | 25 | 16 | 4 | 7 |

图8-1

| | | | | | | | | |
|---|---|---|---|---|---|---|---|---|
| | | 21 | 4 | 18 | 12 | 10 | 21 | 4 |
| | | 17 | 15 | 6 | 24 | 3 | 17 | 15 |
| | | 9 | 23 | 2 | 20 | 11 | | |
| 8 | 22 | 5 | 16 | 14 | 8 | 22 | | |
| 1 | 19 | 13 | 7 | 25 | 1 | 19 | | |

图8-2

| | | | | |
|---|---|---|---|---|
| 2 | 15 | 23 | 6 | 19 |
| 8 | 16 | 4 | 12 | 25 |
| 14 | 22 | 10 | 18 | 1 |
| 20 | 3 | 11 | 24 | 7 |
| 21 | 9 | 17 | 5 | 13 |

图8-3

| | | | | |
|---|---|---|---|---|
| 1 | 17 | 9 | 25 | 13 |
| 24 | 15 | 3 | 16 | 7 |
| 18 | 6 | 22 | 14 | 5 |
| 12 | 4 | 20 | 8 | 21 |
| 10 | 23 | 11 | 2 | 19 |

图8-4

# 第二节　解题方法与技巧

谜题如图8-5所示，图中给出12个数字，尚有13个空格需填入相应的数字，解题方法与步骤如下。

| | | | | |
|---|---|---|---|---|
| 5 | 6 | 14 | | 18 |
| | | 3 | 10 | |
| 8 | 15 | | 19 | 2 |
| | | | 13 | |
| | | 20 | | |

图8-5

第一步：先看第三行，这是“五缺一”的情况，因此，（3，3）格中应填入的数字=65−8−15−19−2=21。再看第三列，也是“五缺一”的情况，（4，3）格中应填入的数字=65−14−3−21−20=7。根据“×”法，得到（2，2）格中应填入的数字=65−5−21−14−8=17。根据“+”法，得到（2，1）格中应填入的数字=65−6−17−3−15=24，如图8-6所示。

第二步：在第一行中是“五缺一”的情况，得到（1，4）格中应填入的数字=65−5−6−14−18=22。在第二行中也是“五缺一”的情况，得到（2，5）格中应填入的数字=65−24−17−3−10=11。在第四列中也是“五缺一”的情况，得到（5，4）格中应填入的数字=65−22−10−19−13=1。根据“+”法，得到（2，5）格中应填入的数字=65−22−3−10−19=11。同样根据“+”法，得到（4,5）格中应填入的数字=65−19−7−13−1=25。根据“×”法，得到（5，5）格中应填入的数字=65−21−2−13−20=9，如图8-7所示。

第三步：在图8-8中，根据“×”法，得到（4，1）格中应填入的数字=65−24−3−15−7=16。根据“+”法，得到（4，2）格中应填入的数字=65−17−8−15−21=4。此时，往下解有两种方法，第一种方法是采用上述同样的方法，根据“×”法，得到（5，1）格中应填入的数字=65−8−21−4−20=12，根据“+”法，得到（5，2）格中应填入数字=65−15−16−4−7=23。第二种方法是利用“五缺一”法，得到（5,1）格中应填入数字=65−5−24−8−16=12。同理，得到（5，2）格中应填入数字=65−6−17−15−4=23。由此可见，采用两种不同的解题方法，其结果是相同的。最终结果如图8-8所示。

| | | | | |
|---|---|---|---|---|
| 5 | 6 | 14 | | 18 |
| 24 | 17 | 3 | 10 | |
| 8 | 15 | 21 | 19 | 2 |
| | | 7 | 13 | |
| | | 20 | | |

图8-6

| | | | | |
|---|---|---|---|---|
| 5 | 6 | 14 | 22 | 18 |
| 24 | 17 | 3 | 10 | 11 |
| 8 | 15 | 21 | 19 | 2 |
| | | 7 | 13 | 25 |
| | | 20 | 1 | 9 |

图8-7

| | | | | |
|---|---|---|---|---|
| 5 | 6 | 14 | 22 | 18 |
| 24 | 17 | 3 | 10 | 11 |
| 8 | 15 | 21 | 19 | 2 |
| 16 | 4 | 7 | 13 | 25 |
| 12 | 23 | 20 | 1 | 9 |

图8-8

# 第三节　本章练习题

8-1

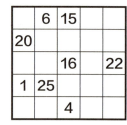

| | | | | |
|---|---|---|---|---|
| 25 | 7 | | | 1 |
| | 4 | | 10 | |
| 6 | 15 | 17 | | |
| | | | | 20 |
| | 16 | | 22 | |

8-2

| | | | | |
|---|---|---|---|---|
| | 7 | | 19 | |
| 14 | | 21 | | 8 |
| | 3 | | 15 | |
| | 11 | | | |
| | | 5 | | |

8-3

| | | | | |
|---|---|---|---|---|
| 20 | | 23 | 9 | 11 |
| | | | 17 | |
| | | 4 | | |
| | 25 | | 13 | |
| | | | | |

8-4

| | | | | |
|---|---|---|---|---|
| 2 | | 11 | | |
| 6 | 24 | | | |
| | | 10 | | |
| 25 | 1 | | | |
| | | | | 16 |

8-5

| | | | | |
|---|---|---|---|---|
| | | 13 | | 25 |
| | 10 | | 4 | |
| 24 | | 17 | | |
| | | 9 | 23 | |
| | 22 | | | |

8-6

| | | | | |
|---|---|---|---|---|
| 4 | 10 | | 17 | |
| | | 3 | 9 | |
| | | 20 | | 2 |
| 25 | 1 | | 13 | |
| | | | | |

8-7

| | | | | |
|---|---|---|---|---|
| | 24 | 3 | 17 | |
| | 20 | | 9 | |
| | | 22 | | |
| 25 | | | 13 | |
| | | 10 | | 4 |

8-8

| | | | | |
|---|---|---|---|---|
| | 6 | 15 | | |
| 20 | | | | |
| | | 16 | | 22 |
| 1 | 25 | | | |
| | | 4 | | |

8-9

| | | | | |
|---|---|---|---|---|
| | 24 | | 17 | |
| | | | 9 | |
| 14 | | 22 | | |
| | 1 | | 13 | |
| 18 | | 10 | | 4 |

8-10

| | | | | |
|---|---|---|---|---|
| 20 | | 23 | | 11 |
| | | | 17 | |
| 12 | | 4 | | |
| | 25 | | 13 | |
| | | | | |

8-11

| | | | | |
|---|---|---|---|---|
| 10 | | | | 3 |
| 19 | 2 | 8 | 15 | |
| 13 | | | | |
| | | | | 20 |
| | 18 | 5 | 6 | 14 |

8-12

| | | | | |
|---|---|---|---|---|
| 22 | 1 | | 14 | 8 |
| | | | | |
| 6 | | 4 | | |
| | 17 | | | |
| 15 | | 23 | | |

8-13

| | | | | |
|---|---|---|---|---|
| 3 | | 20 | | 9 |
| | | | 23 | 17 |
| 24 | | 12 | | |
| 7 | | | 19 | 13 |
| | | | | |

8-14

| | | | | |
|---|---|---|---|---|
| 10 | | 1 | | |
| | | | 20 | 3 |
| 17 | | 13 | | 9 |
| | | | 2 | |
| 4 | | 25 | | |

8-15

| | | | | |
|---|---|---|---|---|
| | 13 | | | |
| 20 | | | | |
| 14 | | 18 | 5 | 6 |
| 3 | 10 | | | |
| | 19 | 2 | 8 | 15 |

8-16

| | | | | |
|---|---|---|---|---|
| | 10 | | | |
| 23 | | 16 | 15 | |
| 20 | 14 | | | |
| | | 5 | | |
| 4 | 18 | | 6 | |

8-17

| | | | | |
|---|---|---|---|---|
| 24 | | | | 16 |
| | 6 | | 22 | |
| 17 | | 13 | | |
| | | | | |
| 10 | 18 | | 14 | |

8-18

| | | | | |
|---|---|---|---|---|
| | 13 | 7 | | |
| | | | 14 | |
| | 9 | 3 | | 20 |
| | 17 | | | |
| 10 | | 24 | | 12 |

8-19

| | | | | |
|---|---|---|---|---|
| 21 | | | 7 | |
| | 2 | | 16 | 14 |
| | | 9 | | |
| | 23 | | | |
| | | 1 | | |

8-20

| | | | | |
|---|---|---|---|---|
| 22 | | | | 8 |
| | 13 | | 25 | |
| 10 | | 4 | | |
| | 17 | | | 24 |
| | 9 | | | |

8-21

| | | | | |
|---|---|---|---|---|
| 13 | | | | |
| | | 18 | | 6 |
| 17 | | 10 | 24 | |
| | | | 16 | |
| | | 14 | | 22 |

8-22

| | | | | |
|---|---|---|---|---|
| | | 25 | 1 | |
| | 16 | | | |
| | | 2 | | 11 |
| | | 6 | 24 | |
| | | | | 10 |

8-23

| | | | | |
|---|---|---|---|---|
| | 22 | | | 14 |
| | | 13 | | |
| | 6 | | 4 | 18 |
| 24 | | 17 | | 10 |
| 16 | | | | |

8-24

| | | | | |
|---|---|---|---|---|
| | 16 | | 22 | |
| 25 | | 13 | | 1 |
| | 4 | | | |
| 6 | 15 | | | |
| | | | | 20 |

8-25

| | | | | |
|---|---|---|---|---|
| | | 5 | | |
| | 7 | | 19 | |
| 14 | | 21 | | 8 |
| | 3 | | 15 | |
| | 11 | | | |

8-26

| | | | | |
|---|---|---|---|---|
| | 10 | | 24 | |
| 21 | | | | |
| | 2 | | 16 | 14 |
| | | 9 | | 22 |
| | | 17 | | 6 |

8-27

| | | | | |
|---|---|---|---|---|
| | 22 | | | |
| | | 13 | | 25 |
| 12 | 10 | | 4 | |
| 24 | | 17 | | |
| | 11 | 9 | | |

8-28

| | | | | |
|---|---|---|---|---|
| | 20 | | 2 | |
| 1 | | 13 | | 25 |
| | | | | |
| 10 | | 17 | | 4 |
| | 3 | 9 | | |

8-29

| | | | | |
|---|---|---|---|---|
| | | | 13 | |
| 18 | | 6 | | 4 |
| 10 | 24 | | | |
| | | 15 | | 23 |
| 14 | | | | 20 |

8-30

| | | | | |
|---|---|---|---|---|
| | 10 | | | |
| 1 | | 13 | | 25 |
| | 22 | | 16 | |
| | 11 | | | 2 |
| 24 | | | | 6 |

8-31

| | | | | |
|---|---|---|---|---|
| | 7 | 13 | 25 | 16 |
| | | | | |
| 6 | 14 | | 18 | 5 |
| | | | | 24 |
| | | | 2 | |

8-32

| | | | | |
|---|---|---|---|---|
| 16 | 7 | 13 | 25 | |
| | | | | |
| 2 | 18 | 10 | | 21 |
| | | | | 20 |
| | | | 6 | |

8-33

| | | | | |
|---|---|---|---|---|
| 23 | | 15 | 6 | |
| 10 | 1 | | 18 | 12 |
| 19 | | | | |
| | | 16 | | |
| | | | | |

8-34

| | | | | |
|---|---|---|---|---|
| | 11 | | | |
| 9 | | 2 | | 15 |
| | 20 | | 8 | |
| | | 21 | | |
| | 4 | | | |

8-35

| | | | | |
|---|---|---|---|---|
| | 21 | | | 7 |
| 14 | | 2 | | 16 |
| | 20 | | 9 | |
| | | 23 | | |
| 18 | | | 1 | |

8-36

| | | | | |
|---|---|---|---|---|
| | | | | 24 |
| | | | 2 | |
| | 7 | 13 | 25 | 16 |
| | | | | |
| 6 | 14 | | 18 | 5 |

8-37

| | | | | |
|---|---|---|---|---|
| 10 | | | 2 | 18 |
| 22 | | | | 11 |
| 19 | 6 | | 23 | 5 |
| 13 | | 4 | | |
| | | | | 24 |

8-38

| | | | | |
|---|---|---|---|---|
| 13 | 19 | 10 | | |
| | 2 | | 18 | |
| | 8 | | 5 | |
| | 15 | | 6 | |
| | | 3 | 14 | 20 |

8-39

| | | | | |
|---|---|---|---|---|
| | 20 | | | |
| 6 | | | | |
| 25 | | 16 | 7 | 13 |
| | | | | |
| | 21 | 2 | 18 | 10 |

8-40

| | | | | |
|---|---|---|---|---|
| | 18 | 5 | 6 | 14 |
| 10 | | | | 3 |
| 19 | 2 | 8 | 15 | |
| 13 | | | | |
| | | | | 20 |

| | | | | | |
|---|---|---|---|---|---|
| 5 | 4 | 1 | 3 | 6 | 2 |
| 2 | 3 | 6 | 5 | 1 | 4 |
| 3 | 6 | 5 | 4 | 2 | 1 |
| 4 | 1 | 2 | 6 | 3 | 5 |
| 6 | 2 | 4 | 1 | 5 | 3 |
| 1 | 5 | 3 | 2 | 4 | 6 |

# 第九章

# 六字（6×6）标准数独

# 第一节　六字标准数独的性质

六字标准数独也是一种比较简单的数独，其外形呈正方形，由6行、6列组成，即由6×6=36个小方格构成，共6个宫，每个宫由6个小方格构成，如图9-1所示。

| | | | | | |
|---|---|---|---|---|---|
| 5 | 4 | 1 | 3 | 6 | 2 |
| 2 | 3 | 6 | 5 | 1 | 4 |
| 3 | 6 | 5 | 4 | 2 | 1 |
| 4 | 1 | 2 | 6 | 3 | 5 |
| 6 | 2 | 4 | 1 | 5 | 3 |
| 1 | 5 | 3 | 2 | 4 | 6 |

图9-1

六字标准数独规则：

1. 每行6个小方格中的数字，1～6不重复；
2. 每列6个小方格中的数字，1～6不重复；
3. 6个六宫格（2×3）中的数字，1～6不重复。

# 第二节　解题方法与技巧

## 一、“六缺一”“二筛一”“三筛二”的解题方法与技巧

| | | | | | |
|---|---|---|---|---|---|
| | | | | | 1 |
| | 1 | | 6 | 2 | 3 |
| | 6 | | | | 5 |
| 2 | | | | | |
| 1 | 2 | 3 | 5 | 4 | |
| 5 | | | | | |

图9-2

如图9-2所示，在此六字标准数独中，已给出14个已知数，尚需要在22个空格中填上相应的数字，一般可采用“六缺一”“二筛一”“三筛二”等方法来求解，具体解题方法与步骤如下。

第一步：先看第五行，该行中已有数字1、2、3、5、4，

| | | | | | |
|---|---|---|---|---|---|
| | | | | | 1 |
| | 1 | | 6 | 2 | 3 |
| | 6 | | | | 5 |
| 2 | | | | | ④ |
| 1 | 2 | 3 | 5 | 4 | ⑥ |
| 5 | | | | | ② |

图9-3

| | | | | | |
|---|---|---|---|---|---|
| ⑥ | ③ | | ④ | ⑤ | 1 |
| ④ | 1 | ⑤ | 6 | 2 | 3 |
| ③ | 6 | | | | 5 |
| 2 | ⑤ | | | | 4 |
| 1 | 2 | 3 | 5 | 4 | 6 |
| 5 | ④ | ⑥ | | | 2 |

图9-4

| | | | | | |
|---|---|---|---|---|---|
| 6 | 3 | ② | 4 | 5 | 1 |
| 4 | 1 | 5 | 6 | 2 | 3 |
| 3 | 6 | ④ | ② | ① | 5 |
| 2 | 5 | ① | ③ | ⑥ | 4 |
| 1 | 2 | 3 | 5 | 4 | 6 |
| 5 | 4 | 6 | ① | ③ | 2 |

图9-5

尚缺1个数字6，采用“六缺一”法，得到（5，6）格中应填入数字6。接着看第六列，该列中已有数字1、3、5、6，尚缺2个数字2和4，采用“二筛一”法，由于第4行中已有数字2，故（4，6）格中不可能填入数字2，只能填入数字4，则（6，6）格中应填入数字2，如图9-3所示。

第二步：在左下方六宫格中已有数字1、2、3、5，尚缺2个数字4和6，采用“二筛一”法，由于在第二列中已有数字6，故在（6，2）格中不能填入数字6，只能填入数字4，则在（6，3）格中应填入数字6。同理，在第二行中也是已有4个数字，尚缺2个数字4和5，由于在第一列中已有数字5，故（2，1）格中不能填入数字5，只能填入数字4，则（2，3）格中应填入数字5。在右上方六宫格中也是“六缺二”，由于第4列中有5，第五列中有4，所以，在（1，4）格中只能填入数字4，在（1，5）格中只能填入数字5。在第二列中已有数字1、6、2、4，尚缺2个数字3和5，同样采用“六缺二”法，由于第一行中已有5，故（1，2）格中只能填入数字3，（4，2）格中只能填入数字5。在第一列中还是“六缺二”，采用同样的方法，得到（3，1）格中应填入数3（因为第三行中已有数字6），（1，1）格中应填入数字6，如图9-4所示。

第三步：在第一行中已有数字6、3、4、5、1，尚缺1个数字，采用“六缺一”法，得到（1，3）格中应填入数2。在第三列中已有4个数字2、5、3、6，尚缺2个数字1和4，采用“二筛一”法，由于第四行中已有数字4，故（4，3）格中应填入数字1，而（3，3）格中应填入数字4。同理，在第三行中已有4个数字3、6、4、5，尚缺2个数字1和2，采用“二筛一”法，由于第五列中已有数字2，故在（3，5）格中只能填入数字1，而在（3，4）格中只能填入数字2。在第四行中，已有数字2、5、1、4，尚缺数字3、6，采用“二筛一”法，得到（4，4）格中应填入数字3，（4，5）格中应填入数字6。在第六行中也是“六缺二”，采用相同的方法，得到（6，4）格中应填入数字1，（6，5）格中应填入数字3，最终结果如图9-5所示。

## 二、“四筛三”“五筛四”的解题方法

在六字标准数独中，比较难解的是在数独的某一行、某一列或某个六宫格中只给出

2个数字，甚至是1个数字，尚缺4个数字或是5个数字。这种谜题在解题时，乍看起来似乎很困难，但只要开动脑筋，广开思路，就可以在看似“山重水复疑无路”时，突然“柳暗花明又一村”。

## 1. “四筛三”法的解题方法

第一步：如图9-6所示，首先看右边中间那个六宫格中只有数字4和3，尚缺1、2、5、6，那么如何从这4个数中筛去3个数字呢？接下来，看左边中间的那个六宫格有数字6，这表示在第四行中不能再出现6，则（3，5）格中只能填入数字6。同理，在第三行中已有数字4，这表示在第三行中不能再出现4，所以，（4，2）格中只能填入数字4。

| | | | | | |
|---|---|---|---|---|---|
| 6 | | | 2 | | |
| | 2 | | 6 | 3 | |
| | | | 4 | ⑥ | 3 |
| 3 | ④ | 6 | | | |
| | 6 | 1 | | 4 | |
| | | 5 | | | 6 |

图9-6

第二步：在左下六宫格中，已有数字6、1、5，尚缺3个数字2、3、4，此时可采用“三筛二”法，因为在第二列中已有数字2、4，故在（6，2）格中只能填入数字3，在第五行中已有数字4，则（5，1）格中只能填入数字2，那么，4只能填入（6，1）格中。在左边中间那个六宫格中，已有数字3、4、6，尚缺数字1、2、5，在第3列中已有数字1、5，所以在（3，3）格中只能填入2。再看第五行，该行已有数字2、6、1、4，尚缺数字3和5，由于第六列中已有数字3，则在（5，6）格中不能填入数字3，只能填入数字5，那么，在（5，4）格中只能填入数字3，如图9-7所示。

| | | | | | |
|---|---|---|---|---|---|
| 6 | | | 2 | | |
| | 2 | | 6 | 3 | |
| | | ② | 4 | 6 | 3 |
| 3 | 4 | 6 | | | |
| ② | 6 | 1 | ③ | 4 | ⑤ |
| ④ | ③ | 5 | | | 6 |

图9-7

第三步：在第六行中，已有数字4、3、5、6，尚缺数字1和2，利用“二筛一”法，由于在第四列中已有数字2，故在（6，4）格中只能填入数字1，而在（6，5）格中只能填入数字2，在第四列中已有数字2、6、4、3、1，尚缺1个数字，利用“六缺一”法，得到（4,4）格中应填入数字5。在第四行中，已有4个数字3、4、6、5，尚缺数字1和2，利用“二筛一”法，因第五列中已有2，故得到（4，5）格中应填入1，而（4，6）格中应填入数2。再看第三列，该列中已有数字2、6、1、5，尚缺数字3和4，由于第二行中已有数字3，故在（2，3）格中只能填入数字4，而在（1，3）格中应填入数字3，如图9-8所示。

| | | | | | |
|---|---|---|---|---|---|
| 6 | | ③ | 2 | | |
| | 2 | ④ | 6 | 3 | |
| | | 2 | 4 | 6 | 3 |
| 3 | 4 | 6 | ⑤ | ① | ② |
| 2 | 6 | 1 | 3 | 4 | 5 |
| 4 | 3 | 5 | ① | ② | 6 |

图9-8

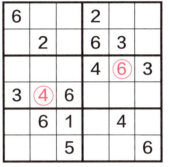

第四步：在第二行中已有4个数字2、4、6、3，尚缺数字1、5，利用“二筛一”法，因第六列中有数字5，故在（2，6）格中只能填入数字1，而在（2，1）格中只能填入数字5。在左上方那个六宫格中已有数字6、3、5、2、4，利用“六缺

一”法，得到（1，2）格中应填入数字1。在第一列、第二列、第五列和第六列中都是“六缺一”，由此可得到（3，1）格中应填入数字1，（3，2）格中应填入数字5，（1，5）格中应填入数字5，（1，6）格中应填入数字4，最终结果如图9-9所示。

| | | | | | |
|---|---|---|---|---|---|
| 6 | 1 | 3 | 2 | 5 | 4 |
| 5 | 2 | 4 | 6 | 3 | 1 |
| 1 | 5 | 2 | 4 | 6 | 3 |
| 3 | 4 | 6 | 5 | 1 | 2 |
| 2 | 6 | 1 | 3 | 4 | 5 |
| 4 | 3 | 5 | 1 | 2 | 6 |

图9-9

## 2. “五筛四”法的解题方法

第一步：如图9-10所示，在左边中间那个六宫格中，只有数字2，尚缺数字1、3、4、5、6，由第一列和第二列中的5分别向第三宫中引标线，（3，3）格中应填入数字5。这就是采用“五筛四”法解题的例子。

| | | | | | |
|---|---|---|---|---|---|
| | 5 | | | 2 | 3 |
| 1 | 2 | | | | 5 |
| | | 5 | 3 | | |
| | | 2 | | | |
| 2 | | | | 6 | 1 |
| 5 | 6 | | | 3 | |

图9-10

第二步：在第二行中已有数字1、2、5，尚缺数字3、4、6，在第五列中已有3、6，所以，在（2，5）格中应填入数字4，在第四列中已有数字3，根据“二筛一”法，所以，在（2，4）格中只能填入数字6，在（2，3）格中只能填入数字3。现在来看第五行，在该行中已有数字2、6、1，尚缺数字3、4、5，在第二列、第三列中都有5，所以，（5，2）格和（5，3）格中均不能填入数字5，只能在（5，4）格中填入数字5，此时第五行中只缺数字3和4，可采用“二筛一”法来解题，由于第三列中已有3，故（5，3）格中只能填入数字4，而（5，2）格中应填入数字3。在左下方那个六宫格中已有数字2、3、4、5、6，只缺数字1，采用“六缺一”法，得到（6，3）格中应填入数字1。同理，在第三列中已有数字3、5、2、4、1，只缺数字6，采用“六缺一”法，得到（1，3）格中应填入数字6，如图9-11所示。

| | | | | | |
|---|---|---|---|---|---|
| | 5 | 6 | | 2 | 3 |
| 1 | 2 | 3 | 6 | 4 | 5 |
| | | 5 | 3 | | |
| | | 2 | | | |
| 2 | 3 | 4 | 5 | 6 | 1 |
| 5 | 6 | 1 | | 3 | |

图9-11

第三步：在第一行中已有数字5、6、2、3，尚缺数字1与4，采用“二筛一”法，得到（1，1）格中应填入数字4，（1，4）格中应填入数字1。在第一列中已有数字4、1、2、5，尚缺数字3和6，采用“二筛一”法，得到（3，1）格中应填入数字6，（4，1）格中应填入数字3。在第三行中已有数字6、5、3，尚缺数字1、2、4，采用“三筛二”法，因在第五列中已有数字2和4，所以，在（3，5）格中只能填入数字1，在第二列中已有2，故（3，2）格中只能填入数字4，在（3，6）格中只能填入数字2，如图9-12所示。

| | | | | | |
|---|---|---|---|---|---|
| 4 | 5 | 6 | 1 | 2 | 3 |
| 1 | 2 | 3 | 6 | 4 | 5 |
| 6 | 4 | 5 | 3 | 1 | 2 |
| 3 | | 2 | | | |
| 2 | 3 | 4 | 5 | 6 | 1 |
| 5 | 6 | 1 | | 3 | |

图9-12

第四步：在第二列中已有数字5、2、4、3、6，采用“六缺一”法，得到（4，2）格中应填入数字1。在第六行中已有数字5、6、1、3，尚缺数字2和4，采用“二筛一”法，因在第六列中已有数字2，故得（6，6）格中应填入数字4，而（6，4）格中应填入数字2。在第四至六列中都已有5个数字，采用“六缺一”法，分别得到（4，4）格中应填入4，（4，5）格中应填入5，（4，6）格中应填入6，最终结果如图9-13所示。

| | | | | | |
|---|---|---|---|---|---|
| 4 | 5 | 6 | 1 | 2 | 3 |
| 1 | 2 | 3 | 6 | 4 | 5 |
| 6 | 4 | 5 | 3 | 1 | 2 |
| 3 | ① | 2 | ④ | ⑤ | ⑥ |
| 2 | 3 | 4 | 5 | 6 | 1 |
| 5 | 6 | 1 | ② | 3 | ④ |

图9-13

## 第三节　本章练习题

9-1

| | | | | | |
|---|---|---|---|---|---|
| | | | 3 | | 1 |
| 3 | 1 | | | | |
| | | 6 | | | 5 |
| 1 | | | | 2 | 6 |
| | 3 | 1 | 6 | | |
| | 2 | | | 1 | |

9-2

| | | | | | |
|---|---|---|---|---|---|
| 1 | | 2 | | | |
| | | | 4 | 2 | |
| 3 | 6 | | | | |
| | | | | 3 | 6 |
| | 5 | 4 | | | |
| | | | 5 | | 4 |

9-3

| | | | | | |
|---|---|---|---|---|---|
| | | | 5 | | 1 |
| 6 | 1 | | | | |
| 3 | | 2 | | | |
| | | 1 | | | 5 |
| | 2 | | | 4 | |
| | | | 3 | 5 | |

9-4

| | | | | | |
|---|---|---|---|---|---|
| | 6 | | | | 1 |
| | 2 | | | | 5 |
| 3 | | 6 | | | |
| 1 | | | | 6 | |
| | | 5 | 3 | | |
| | | | 5 | 1 | |

9-5

| | | | | | |
|---|---|---|---|---|---|
| 3 | | | | 5 | 2 |
| 1 | | | | 4 | 3 |
| | | | 5 | | |
| 2 | | 1 | | | |
| 5 | | 3 | | | |
| | | | 4 | | |

9-6

| | | | | | |
|---|---|---|---|---|---|
| | 3 | 6 | | | |
| | | | | 5 | 6 |
| 6 | 1 | | | | |
| | | | 1 | | 2 |
| 3 | | 1 | | | |
| | | | 4 | 3 | |

9-7

| | | | | | |
|---|---|---|---|---|---|
| | | 5 | | 2 | |
| | | 3 | | 4 | |
| | 1 | | 5 | | 6 |
| 5 | | | | | |
| 3 | | | | | |
| | 4 | | 3 | | 2 |

9-8

| | | | | | |
|---|---|---|---|---|---|
| | 5 | | | | 3 |
| 6 | | | 2 | | |
| | 6 | | | | 2 |
| 3 | | | 1 | | |
| 4 | | 2 | 5 | 3 | |
| | | | | | |

9-9

| | | | | | |
|---|---|---|---|---|---|
| | 1 | | 5 | 3 | |
| 2 | | 3 | | | |
| | 2 | 4 | | | 5 |
| 5 | | | | | |
| | | | 1 | | |
| | 4 | | | 2 | 3 |

9-10

| | | | | | |
|---|---|---|---|---|---|
| | | 3 | | | 4 |
| | 4 | | | 2 | |
| 1 | | 6 | 5 | | |
| | | 2 | 6 | | |
| 3 | | | | 6 | |
| 6 | | | 4 | 3 | |

9-11

| | | | | | |
|---|---|---|---|---|---|
| | | | 5 | | 4 |
| 4 | 6 | | | | |
| | 3 | 1 | | | |
| | | | | | 2 |
| | 1 | | | | |
| | | | | 2 | 6 |

9-12

| | | | | | |
|---|---|---|---|---|---|
| | | | 2 | 6 | |
| 2 | | 3 | | | |
| | | | 1 | | 5 |
| | 2 | 1 | | | |
| | | | | 4 | 2 |
| | 5 | | | | |

9-13

| | | | | | |
|---|---|---|---|---|---|
| 4 | | 3 | | | |
| | | | 5 | 3 | |
| | 6 | | | | 3 |
| | | 1 | 2 | | |
| 6 | | | | 4 | |
| | 2 | | | | 6 |

9-14

| | | | | | |
|---|---|---|---|---|---|
| 6 | | | 3 | | |
| 4 | | | 6 | | |
| | 1 | | | 4 | |
| | | | | 2 | 3 |
| | 3 | 5 | | | |
| | | 4 | | | 5 |

9-15

| | | | | | |
|---|---|---|---|---|---|
| | 2 | | | | 5 |
| | 6 | | | | 2 |
| | | | 5 | 4 | |
| | 1 | 4 | | | |
| | 4 | 3 | | | |
| | | | 3 | 2 | |

9-16

| | | | | | |
|---|---|---|---|---|---|
| | | 1 | | 6 | |
| | | 5 | | 3 | |
| | 5 | | | | 4 |
| 1 | | | 2 | | |
| 6 | | | 5 | | |
| | 4 | | | | 1 |

9-17

| | | | | | |
|---|---|---|---|---|---|
| 6 | | 2 | | | |
| | | | 2 | 3 | |
| 3 | | 4 | | | |
| | | | | 4 | 2 |
| | 1 | 3 | | | |
| | 6 | | 4 | 1 | |

9-18

| | | | | | |
|---|---|---|---|---|---|
| | 6 | | 3 | | |
| 2 | | | | | 6 |
| | | | | 4 | 5 |
| 6 | | 4 | | | |
| | | | 1 | 5 | |
| | 3 | 5 | | | |

9-19

| | | | | | |
|---|---|---|---|---|---|
| | | | | 3 | |
| | 5 | 4 | | | |
| 2 | | | | | 1 |
| | | | | | |
| | | 5 | | | |
| | 1 | | | 6 | 2 |

9-20

| | | | | | |
|---|---|---|---|---|---|
| | 3 | | 6 | | |
| 1 | | | | | 5 |
| 2 | | 1 | | | 4 |
| | | | | 2 | |
| | 4 | 3 | | | |
| | | | 5 | 4 | |

9-21

| | | | | | |
|---|---|---|---|---|---|
| | 5 | | | 4 | 3 |
| | 3 | 1 | | | 5 |
| | | | 2 | 5 | |
| 2 | | 5 | | | |
| | | | 5 | 1 | |
| 5 | | 6 | | | |

9-22

| | | | | | |
|---|---|---|---|---|---|
| | 2 | | | 1 | |
| | | 6 | | | 2 |
| | | | 3 | | |
| 1 | 4 | | | | |
| | | | 1 | | 5 |
| 6 | | | | | |

9-23

| | | | | | |
|---|---|---|---|---|---|
| | | | | | 6 |
| | 1 | | 2 | | |
| 6 | | | | | 4 |
| | | 3 | 1 | | |
| 1 | | | | 3 | |
| | 6 | 2 | | | |

9-24

| | | | | | |
|---|---|---|---|---|---|
| | | | 1 | | 2 |
| 1 | 6 | | | | |
| | 5 | 3 | | | |
| | | | 2 | 3 | |
| 3 | | 4 | | | |
| | | | | 1 | 3 |

| | | | | | | | | |
|---|---|---|---|---|---|---|---|---|
| 1 | 2 | 4 | 5 | 3 | 6 | | | |
| 5 | 3 | 6 | 4 | 2 | 1 | | | |
| 2 | 6 | 3 | 1 | 5 | 4 | | | |
| 4 | 1 | 5 | 2 | 6 | 3 | | | |
| 6 | 5 | 1 | 3 | 4 | 2 | 1 | 6 | 5 |
| 3 | 4 | 2 | 6 | 1 | 5 | 4 | 3 | 2 |
| | | | 2 | 6 | 1 | 3 | 5 | 4 |
| | | | 5 | 3 | 4 | 2 | 1 | 6 |
| | | | 1 | 2 | 6 | 5 | 4 | 3 |
| | | | 4 | 5 | 3 | 6 | 2 | 1 |

# 第十章

# 六字（6×6）连体数独

# 第一节　六字连体数独的性质

六字连体数独是将两个或多个六字数独中的一个六宫格叠合在一起而形成一个整体，它也属于初级连体数独，如图10-1所示。

| | | | | | | | | |
|---|---|---|---|---|---|---|---|---|
| 1 | 2 | 4 | 5 | 3 | 6 | | | |
| 5 | 3 | 6 | 4 | 2 | 1 | | | |
| 2 | 6 | 3 | 1 | 5 | 4 | | | |
| 4 | 1 | 5 | 2 | 6 | 3 | | | |
| 6 | 5 | 1 | 3 | 4 | 2 | 1 | 6 | 5 |
| 3 | 4 | 2 | 6 | 1 | 5 | 4 | 3 | 2 |
| | | | 2 | 6 | 1 | 3 | 5 | 4 |
| | | | 5 | 3 | 4 | 2 | 1 | 6 |
| | | | 1 | 2 | 6 | 5 | 4 | 3 |
| | | | 4 | 5 | 3 | 6 | 2 | 1 |

图10-1

六字连体数独的规则：

1. 每行6个小方格中的数字，1 ~ 6不重复；
2. 每列6个小方格中的数字，1 ~ 6不重复；
3. 每个六宫格中的数字，1 ~ 6不重复；
4. 两个数独重叠的六宫格中的数字，1 ~ 6不重复。

# 第二节　解题方法与技巧

六字连体数独的解题方法与六字标准数独相同。如果把两个连体数独分开，单独进行解题，由于给出的数字较少，可能会出现不是唯一解的情况。当把它们连体后，它们重合的部分虽然也是一个数字都没有，从表面上看，似乎也不存在关键数字，但其实关键数字就藏在与它相连的行、列中。解题方法与步骤如下。

图10-2为谜题，在该双连体六字数独中给出19个已知数，尚有47个小空格需要填入相应的数字。

第一步：如图10-3所示，从圈起来的3个数字6出发，向重合的宫内引标线，就得到上面数独的（5，4）格中应填入的数字为6。有了这个数字6作为突破口，其他小方格中的数字就可以一步一步地求解，得到应填入的数字。

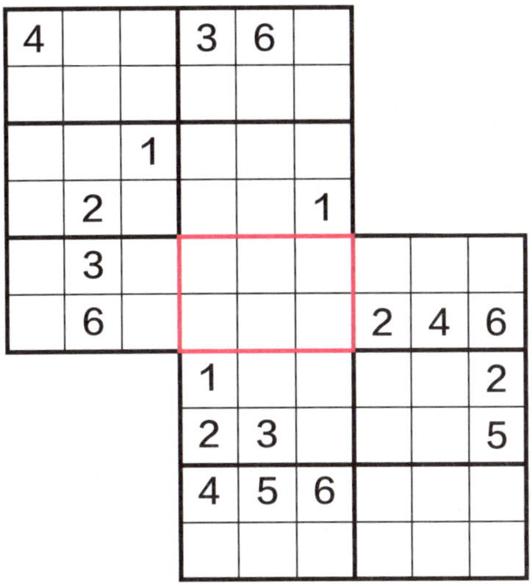

图10-2

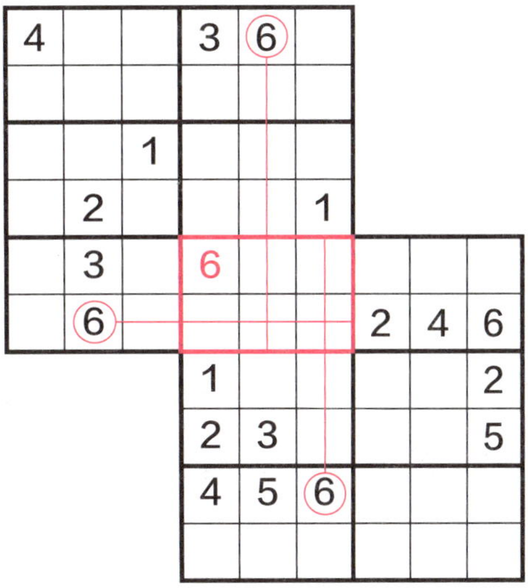

图10-3

第二步：看两个数独的重合部分，在上面数独的第一行、第五行，下面数独的第二列中均有数字3，所以，在上面数独的（6，6）格中应填入数字3。再看下面数独的第二行，在该行中已有数字3、2、4、6，尚缺2个数字1和5，采用“二筛一”法，因在第一列中已有数字1，故在（2，1）格中应填入数字5，则（2，2）格中应填入数字1，如图10-4所示。

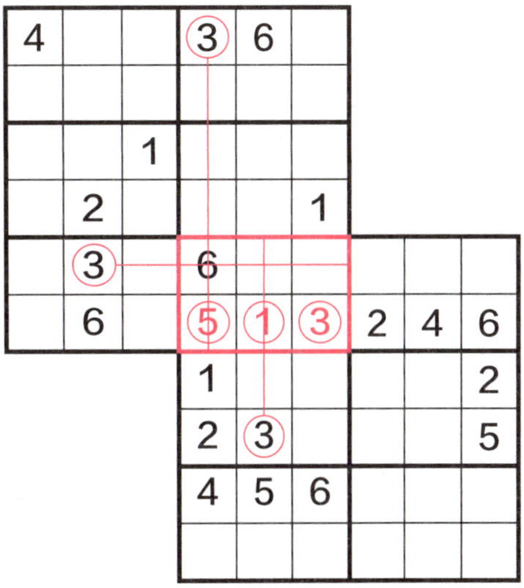

图10-4

第三步：再看下面那个数独，在第一列中，已有数字6、5、1、2、4，尚缺1个数字，采用“六缺一”法，得到（6，1）格中应填入数字3。在左下方六宫格中，已有4个数字4、5、6、3，尚缺2个数字1和2，采用“二筛一”法，得到（6,2）格中应填入数2（因在第二列中已有数字1），在（6，3）格中应填入数字1。同理，在左上六宫格中已有数字6、5、1、3，尚缺2个数字2和4，采用“二筛一”法，因在第二列中已有2，故得到（1，2）格中应填入数字4，在（1，3）格中应填入数字2。再看第二列，该列中已有数字4、1、3、5、2，尚缺1个数字6，采用“六缺一”法，得到（3，2）格中应填入数字6。再看第三列，该列中已有数字2、3、6、1，尚缺2个数字4和5，采用“二筛一”法，因在第四行中已有5，故得到（4，3）格中应填入4，而在（3，3）格中应填入数字5，如图10-5所示。

第四步：还是看下面那个数独的第三行，该行中已有数字1、6、5、2，尚缺2个数字3和4，由于第五列中已有数字4，故得到（3，4）格中应填入数字4，而在（3，5）格中应填入数字3。

第五步：在下面的数独中，由第六行和第四列、第六列中的2分别向右下方那个六宫格中引标线，得到（5，5）格中应填入数字2。同理，由第五行和第四列、第五列中的4分别向右下方六宫格中引标线，得到（6，6）格中应填入数字4，如图10-6所示。

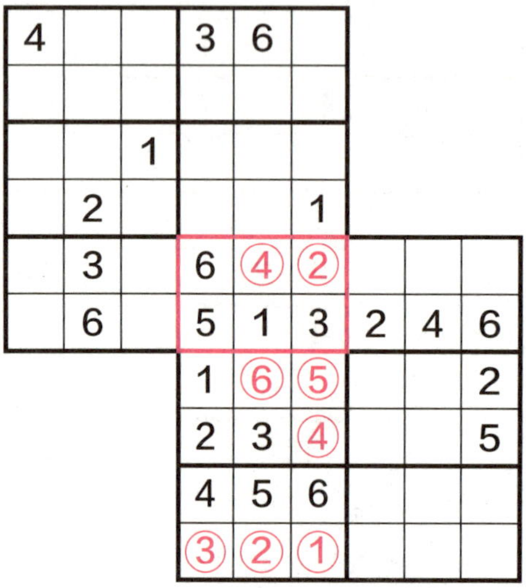

图10-5

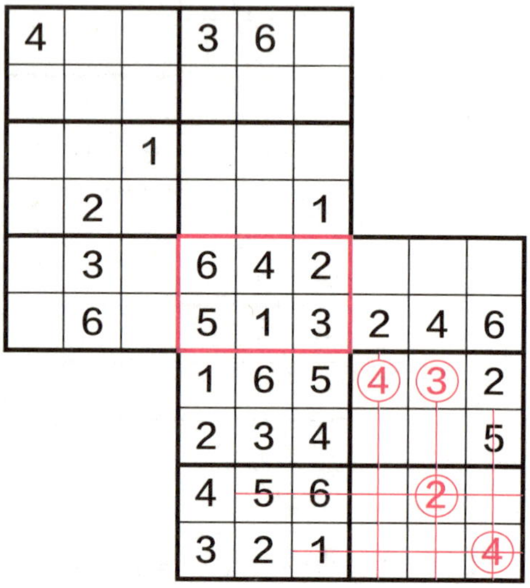

图10-6

第六步：继续看下面那个数独，在第五行中已有4、5、6、2，尚缺2个数字1和3，此时遇到了问题，采用“二筛一”法无济于事，只好先假设（5，4）格中只能填入数字1，（5，6）格中只能填入数字3。如果往下解题没有遇到困难，说明该假设是正确的；如遇到困难，则把原假设推翻，把两个数字调换一下就可以了。再看第四行，该行中已有数字2、3、4、5，尚缺2个数字1和6，由于在第四列中已有1，故在（4，4）格中不能为1，只能填入数字6，则在（4，5）格中应填入数字1。在第五列中已有数字4、3、1、2，尚缺2个数字5和6，此时采用“二筛一”法，由于第一行中已有数字6，故（1，5）格中只能填入数字5，（6，5）格中只能填入数字6。现在来看第一行，该行中已有数字6、4、2、5，尚缺数字1和3，采用“二筛一”法，由于第四列中已有数字1，所以（1，4）格中只能填入数字3，而在（1，6）格中只能填入数字1。再看第六行，已有数字3、2、1、6、4，尚缺数字5，采用“六缺一”法，得到（6，4）格中应填入数字5，如图10-7所示。

第七步：现在来解上面那个数独。先看第五行，该行已有数字3、6、4、2，尚缺数字1和5，在第三列中已有数字1，故在（5，3）格中应填入数字5，而在（5，1）格中应填入数字1。同理，在第六行中已有数字6、5、1、3，尚缺数字2和4，由于在第一列中已有数字4，故在（6，1）格中应填入数字2，而在（6，3）格中应填入数字4，如图10-8所示。

第八步：仍看上面的数独。由于第一列、第三列都已有数字4，所以（3，2）格中应

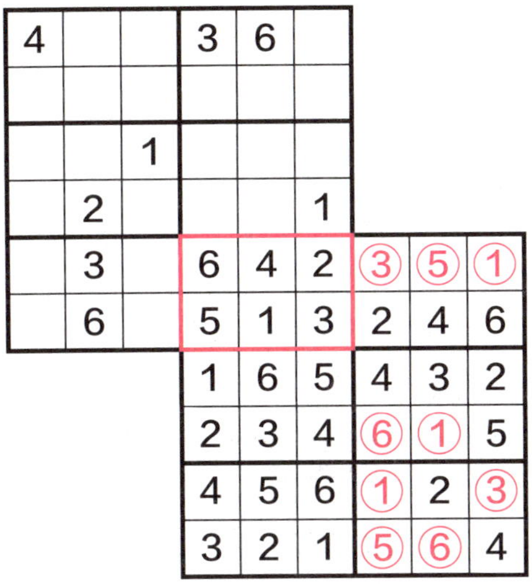

图10-7

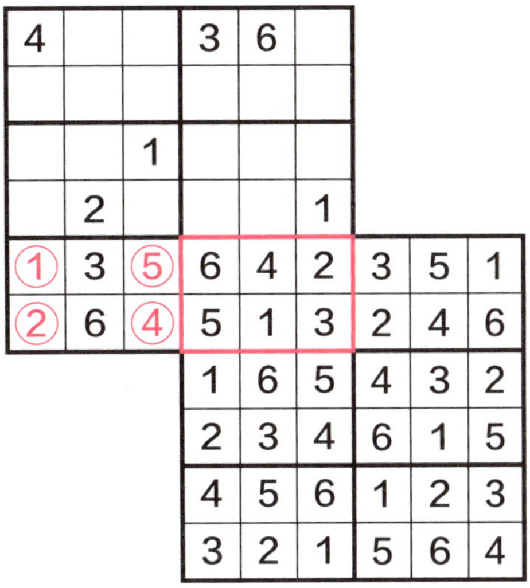

图10-8

填入数字4。再看第四列，由第五列、第六列中的1向右上六宫格中引标线，得到第四列的第2个小方格（2，4）格中应填入数字1。在第四列中已有数字3、1、6、5，尚缺数字2和4，由于第四行中已有数字2，故得到（3，4）格中应填入数字2，而在（4，4）格中应填入数字4。由第一行、第五列中的4分别向右上六宫格中引标线，得到（2，6）格中应填入数字4，如图10-9所示。

第九步：还是看上面的数独。在第六列中已有数字4、1、2、3，尚缺数字5和6，由于第一行中已有数字6，所以，（3，6）格中应填入数字6，而（1，6）格中应填入数字5。再看第一行，该行中已有数字4、3、6、5，尚缺数字1和2，由于在第三列中已有数字1，所以（1，3）格中应填入数字2，而在（1，2）格中应填入数字1。在第二列中已有数字1、4、2、3、6，尚缺数字5，采用“六缺一”法，得到（2，2）格中应填入数字5，如图10-10所示。

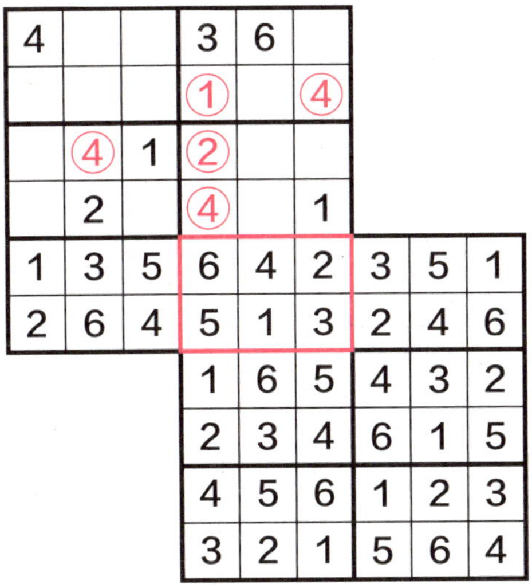

图10-9

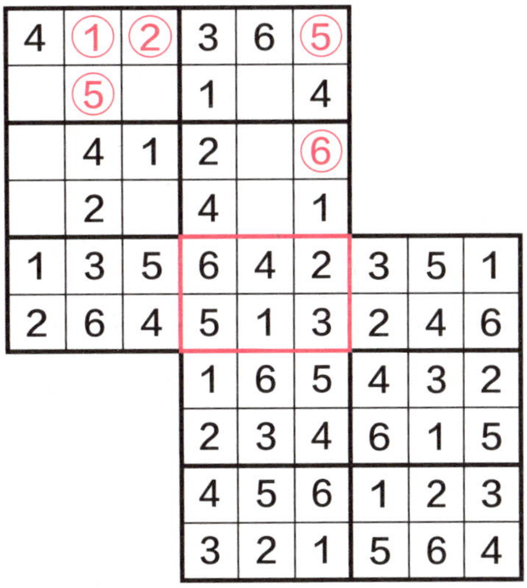

图10-10

第十步：在右上六宫格中已有数字3、6、5、1、4，尚缺1个数字，采用“六缺一”法，得到（2，5）格中应填入数字2。在第三行中已有数字4、1、2、6，尚缺数字3和5，现假设（3，1）格中应填入数字3，则在（3，5）格中应填入数字5。在第五列中已有数字6、2、5、4、1，尚缺1个数字，采用“六缺一”法，得到（4，5）格中应填入数字3，如图10-11所示。

第十一步：在第四行中已有数字2、4、3、1，尚缺2个数字5和6，采用“二筛一”法，由于第三列中已有数字5，故得到（4，3）格中应填入数字6，而在（4，1）格中应填入数字5。再看第一列和第三列都是“六缺一”法，得到（2，1）格中应填入数字6，而在（2，3）格中应填入数字3，最终结果如图10-12所示。

| | | | | | | | | |
|---|---|---|---|---|---|---|---|---|
| 4 | 1 | 2 | 3 | 6 | 5 | | | |
| | 5 | | 1 | ② | 4 | | | |
| ③ | 4 | 1 | 2 | ⑤ | 6 | | | |
| | 2 | | 4 | ③ | 1 | | | |
| 1 | 3 | 5 | 6 | 4 | 2 | 3 | 5 | 1 |
| 2 | 6 | 4 | 5 | 1 | 3 | 2 | 4 | 6 |
| | | | 1 | 6 | 5 | 4 | 3 | 2 |
| | | | 2 | 3 | 4 | 6 | 1 | 5 |
| | | | 4 | 5 | 6 | 1 | 2 | 3 |
| | | | 3 | 2 | 1 | 5 | 6 | 4 |

图10-11

| | | | | | | | | |
|---|---|---|---|---|---|---|---|---|
| 4 | 1 | 2 | 3 | 6 | 5 | | | |
| 6 | 5 | 3 | 1 | 2 | 4 | | | |
| 3 | 4 | 1 | 2 | 5 | 6 | | | |
| 5 | 2 | 6 | 4 | 3 | 1 | | | |
| 1 | 3 | 5 | 6 | 4 | 2 | 3 | 5 | 1 |
| 2 | 6 | 4 | 5 | 1 | 3 | 2 | 4 | 6 |
| | | | 1 | 6 | 5 | 4 | 3 | 2 |
| | | | 2 | 3 | 4 | 6 | 1 | 5 |
| | | | 4 | 5 | 6 | 1 | 2 | 3 |
| | | | 3 | 2 | 1 | 5 | 6 | 4 |

图10-12

## 第三节 本章练习题

10-1

| | | | | | | | | |
|---|---|---|---|---|---|---|---|---|
| | 1 | 3 | | | | | | |
| | | | | 2 | | | | |
| | | | 5 | 1 | | | | |
| 6 | 5 | | | | | | | |
| 1 | | | 3 | | 2 | | | |
| | 3 | | | | | 4 | | 3 |
| | | | 1 | | 5 | | | |
| | | | | 2 | | | 5 | |
| | | | | 3 | | | 1 | |
| | | | | | | 2 | | 6 |

10-2

| | | | | | | | | |
|---|---|---|---|---|---|---|---|---|
| | | 3 | | | 2 | | | |
| 1 | | | | 5 | | | | |
| | | | 6 | | 4 | | | |
| 2 | 4 | | | | | | | |
| | 5 | | | | | 4 | | 1 |
| 6 | | 2 | 1 | | 5 | | | |
| | | | | | 2 | | | 5 |
| | | | 3 | | 4 | 2 | | |
| | | | | | | | 3 | |
| | | | 4 | 3 | | | | |

10-3

| | | | | | | | | |
|---|---|---|---|---|---|---|---|---|
| | 5 | 4 | | | | | | |
| | | | 4 | 2 | | | | |
| 1 | | 6 | | | | | | |
| | | | | 1 | 4 | | | |
| | 2 | | | | | 5 | | 4 |
| 3 | | | 5 | | 2 | | | |
| | | | | 5 | | 3 | | |
| | | | 3 | 6 | | | | |
| | | | | | | | 3 | 2 |
| | | | 4 | | | | 1 | |

10-4

| | | | | | | | | |
|---|---|---|---|---|---|---|---|---|
| | 4 | 3 | | | 5 | | | |
| 2 | | | | | | | | |
| | | | 6 | | | | | |
| | 6 | | | 5 | 3 | | | |
| | | 4 | 3 | 4 | 6 | | | |
| 6 | | | | | | | 1 | |
| | | | | 2 | | 3 | | |
| | | | 1 | | | 2 | | |
| | | | | 6 | 5 | | | |
| | | | | | | | | 6 |

10-5

| | | | | | | | | |
|---|---|---|---|---|---|---|---|---|
| 2 | | | | | 5 | | | |
| | 6 | | | 1 | | | | |
| | | 4 | 6 | | | | | |
| | | 1 | 2 | | | | | |
| 5 | | | 1 | | | | | 3 |
| | | | 5 | | | 4 | | |
| | | | | | 1 | 3 | | 2 |
| | | | | 4 | | | 1 | |
| | | | | 1 | | | | |
| | | | 3 | | 2 | | | |

10-6

| | | | | | | | | |
|---|---|---|---|---|---|---|---|---|
| 3 | 2 | | | | | | | |
| | | | | 1 | 2 | | | |
| 1 | | 6 | | | | | | |
| | | | 1 | | 4 | | | |
| | | 4 | | | | 1 | | |
| | 5 | | 6 | 4 | | | | |
| | | | | | | | 6 | 5 |
| | | | 4 | | | | | |
| | | | | | 3 | 2 | | |
| | | | 1 | | | | | |

10-7

| | | | | | | | | |
|---|---|---|---|---|---|---|---|---|
| | | | 2 | 5 | | | | |
| | | | 4 | | | | | |
| | | | 1 | 6 | | | | |
| | | 5 | | | | | | |
| | 4 | | | | 1 | 4 | | |
| 1 | 6 | | | | 2 | 6 | | |
| | | | 1 | | | | | 4 |
| | | | | 5 | | | 2 | |
| | | | | | | | | |
| | | | | 6 | | | 3 | |

10-8

| | | | | | | | | |
|---|---|---|---|---|---|---|---|---|
| | | | | 2 | 5 | | | |
| | 4 | | | | | | | |
| 3 | | | 1 | | | | | |
| | | 2 | | | 3 | | | |
| 6 | 2 | | | 1 | | | 3 | |
| | | | 2 | | 6 | | | |
| | | | | | | 1 | | 5 |
| | | | | 5 | | | 2 | |
| | | | | | | 3 | | 2 |
| | | | 4 | | 3 | | | |

10-9

| | | | | | | | | |
|---|---|---|---|---|---|---|---|---|
| | | 3 | | | 2 | | | |
| | 1 | | 5 | | | | | |
| | | | | 6 | 4 | | | |
| 4 | 2 | | | | | | | |
| | | 2 | | 1 | 5 | | | |
| 5 | 6 | | | | | | | 5 |
| | | | | 5 | | 3 | | |
| | | | 2 | | | | 1 | |
| | | | 3 | | 2 | | | |
| | | | | | | | | 4 |

10-10

| | | | | | | | | |
|---|---|---|---|---|---|---|---|---|
| | | | 1 | 6 | | | | |
| | 6 | 2 | | | | | | |
| 6 | | | 2 | | 4 | | | |
| 4 | | 5 | | | 6 | | | |
| | | | 6 | | | | | 4 |
| | 3 | 6 | | 2 | | | 3 | |
| | | | | 1 | | | 6 | |
| | | | 3 | | | | | 1 |
| | | | | | 3 | 5 | | |
| | | | | | 6 | 2 | | |

10-11

| | | | | | | | | |
|---|---|---|---|---|---|---|---|---|
| 5 | | 4 | | | | | | |
| | | | 4 | 2 | | | | |
| 2 | 3 | | | | | | | |
| | | | 1 | | 2 | | | |
| | | 6 | 2 | | | | | 3 |
| | 1 | | | | 3 | 1 | | |
| | | | | 6 | 5 | | | |
| | | | | | | 4 | | |
| | | | 1 | | | | | |
| | | | | | | 6 | 4 | |

10-12

| | | | | | | | | |
|---|---|---|---|---|---|---|---|---|
| | 4 | 3 | | | | | | |
| | | | 4 | | 5 | | | |
| | | | 5 | | 2 | | | |
| | 6 | 5 | | 1 | | | | |
| 6 | | | | | 3 | | | 4 |
| 3 | | | 6 | | | | 2 | |
| | | | | 2 | | | | 3 |
| | | | 5 | | | 6 | | |
| | | | | 1 | 5 | | | |
| | | | | | | 5 | 3 | |

10-13

| | | | | | | | | |
|---|---|---|---|---|---|---|---|---|
| | | 3 | | | 2 | | | |
| 1 | | | | 5 | | | | |
| | | | 6 | | 4 | | | |
| 2 | 4 | | | | | | | |
| | 5 | 2 | | | | | 5 | |
| 6 | | | | | | | 3 | 6 |
| | | | 6 | | | | | |
| | | | | | | | 2 | 1 |
| | | | | 1 | 2 | 3 | | |
| | | | | 5 | | 2 | | |

10-14

| | | | | | | | | |
|---|---|---|---|---|---|---|---|---|
| 3 | | 1 | | | 2 | | | |
| | | | | 6 | | | | |
| | | | | | | | | |
| 2 | | | 3 | | | | | |
| | | 4 | | | | 4 | | |
| | 3 | | 4 | | 6 | | 3 | |
| | | | | 2 | | 5 | | 6 |
| | | | | | 4 | | | |
| | | | | | | 3 | | 4 |
| | | | 3 | | 2 | | | |

10-15

| | | | | | | | | |
|---|---|---|---|---|---|---|---|---|
| | 5 | 4 | | | | | | |
| | | | 2 | 4 | | | | |
| 1 | | 6 | | | | | | |
| | | | 1 | | 4 | | | |
| | | | | 1 | 2 | | | |
| 3 | 2 | | | | | | 2 | |
| | | | | | 3 | | | 6 |
| | | | 6 | | | | | 1 |
| | | | 5 | 6 | | | | |
| | | | | | | | 5 | |

10-16

| | | | | | | | | |
|---|---|---|---|---|---|---|---|---|
| | 5 | 4 | | | | | | |
| | | | 4 | 2 | | | | |
| 1 | | 6 | | | | | | |
| | | | | 1 | 4 | | | |
| | | | 1 | | | | 6 | 5 |
| 3 | 2 | | | | 6 | | | |
| | | | 3 | | | | 2 | |
| | | | 2 | | | 1 | | |
| | | | | | | 3 | | 6 |
| | | | | 1 | | | | |

10-17

| | | | | | | | | |
|---|---|---|---|---|---|---|---|---|
| | | | | 2 | 5 | | | |
| 6 | | | | | | | | |
| | | | 5 | | 4 | | | |
| | | 5 | | | | | | |
| | 1 | | | | 2 | | | |
| | 2 | | | 5 | | 6 | | |
| | | | 5 | 3 | | | 2 | |
| | | | 2 | | | | | 5 |
| | | | | 4 | 1 | | | 6 |
| | | | | | | | 1 | 3 |

10-18

| | | | | | | | | |
|---|---|---|---|---|---|---|---|---|
| 3 | 4 | | | | 5 | | | |
| | | | | 4 | | | | |
| | | 5 | 4 | | | | | |
| | | 3 | 6 | | | | | |
| | 6 | | | 3 | | | | |
| 1 | | | | | 2 | 4 | 3 | |
| | | | | | 5 | | | 2 |
| | | | | | | 3 | | |
| | | | 4 | | 1 | | | |
| | | | | | | | | 5 |

10-19

| | | | | | | | | |
|---|---|---|---|---|---|---|---|---|
| 3 | | 1 | | | 2 | | | |
| | | | | 6 | | | | |
| | | | | 5 | 6 | | | |
| | | 4 | | | | | | |
| | | | | | 4 | | | 3 |
| 2 | | | 3 | | 5 | | 2 | |
| | | | | 3 | | 2 | | 4 |
| | | | 2 | | | 1 | | |
| | | | | 5 | 3 | | | |
| | | | | | | 3 | 5 | |

10-20

| | | | | | | | | |
|---|---|---|---|---|---|---|---|---|
| | 1 | 3 | 2 | | | | | |
| | 6 | | | 1 | | | | |
| | | | 4 | | 2 | | | |
| 4 | 2 | | | | | | | |
| | | | | 2 | | | 6 | 5 |
| 1 | | 2 | | 5 | 3 | | | 2 |
| | | | 4 | | | | 2 | |
| | | | 2 | 3 | | | 1 | |
| | | | | | 6 | | | 4 |
| | | | 5 | | | 6 | | |

10-21

| | | | | | | | | |
|---|---|---|---|---|---|---|---|---|
| | 3 | | | 1 | | | | |
| 1 | | | 3 | | | | | |
| | | | 4 | 3 | | | | |
| | 5 | 4 | | | | | | |
| | 6 | | | | 2 | | 6 | 3 |
| | | 1 | 5 | | 3 | | | |
| | | | | | | 4 | | 6 |
| | | | 6 | 5 | | 3 | | |
| | | | | | | 2 | 4 | |
| | | | 4 | 2 | | | | |

10-22

| | | | | | | | | |
|---|---|---|---|---|---|---|---|---|
| | 3 | 6 | | | 5 | | | |
| | | | | 6 | 2 | | | |
| | | 1 | | | | | | |
| | 4 | | 5 | | | | | |
| 4 | | | 2 | 1 | | | | |
| 1 | | | | | | | 1 | 3 |
| | | | 1 | 4 | | | | |
| | | | | | | | 4 | 1 |
| | | | 3 | | 5 | 1 | | |
| | | | | | 1 | 5 | | 6 |

10-23

| | | | | | | | | |
|---|---|---|---|---|---|---|---|---|
| 1 | | 3 | | 2 | | | | |
| 6 | | | 1 | | | | | |
| | | | | 4 | 2 | | | |
| 2 | 4 | | | | | | | |
| 3 | | | 2 | | | 6 | | 5 |
| | | 2 | 5 | 6 | | | | 2 |
| | | | | 4 | | 2 | | |
| | | | 3 | 2 | | 1 | | |
| | | | | | 6 | | | 4 |
| | | | | 5 | | 3 | | |

10-24

| | | | | | | | | |
|---|---|---|---|---|---|---|---|---|
| | | | | | | | | |
| 2 | | | | 3 | | | | |
| | | | 5 | | 6 | | | |
| | | 4 | | | | | | |
| | | | | | 2 | 6 | | 3 |
| | | 1 | | 5 | 3 | | | |
| | | | | | | | 4 | 6 |
| | | | 5 | 6 | | | 3 | |
| | | | | | | 4 | | 5 |
| | | | 2 | 4 | | | | |

10-25

| | | | | | | | | |
|---|---|---|---|---|---|---|---|---|
| | 5 | 4 | | | | | | |
| | | | 2 | 4 | | | | |
| 3 | 2 | | | | | | | |
| | | | | 1 | 2 | | | |
| | | 6 | 1 | 2 | | | | |
| 1 | | | | | 4 | 1 | | 3 |
| | | | 4 | 1 | | | | |
| | | | | | | 4 | | 1 |
| | | | | 3 | 5 | | 1 | |
| | | | | | 1 | | 5 | 6 |

10-26

| | | | | | | | | |
|---|---|---|---|---|---|---|---|---|
| | | | | 2 | 5 | | | |
| | 6 | | | | | | | |
| | | | 5 | | 4 | | | |
| | | 5 | | | | | | |
| 2 | | | | 5 | 3 | | | |
| 1 | | | | | | 3 | 5 | |
| | | | | 3 | | 2 | | 4 |
| | | | 2 | | | 1 | | |
| | | | | | 4 | | | |
| | | | 3 | | 5 | | 2 | |

10-27

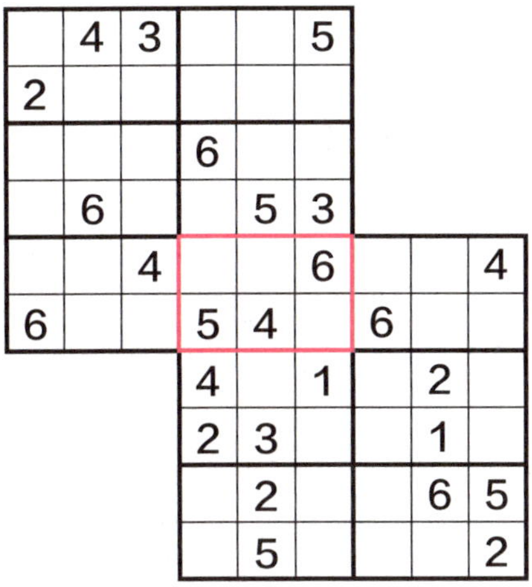

10-28

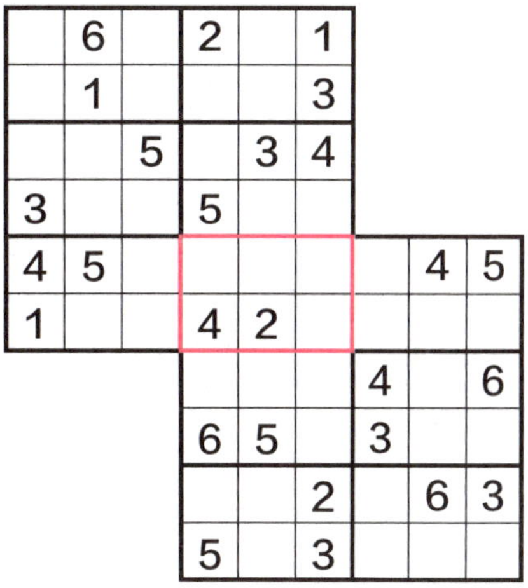

10-29

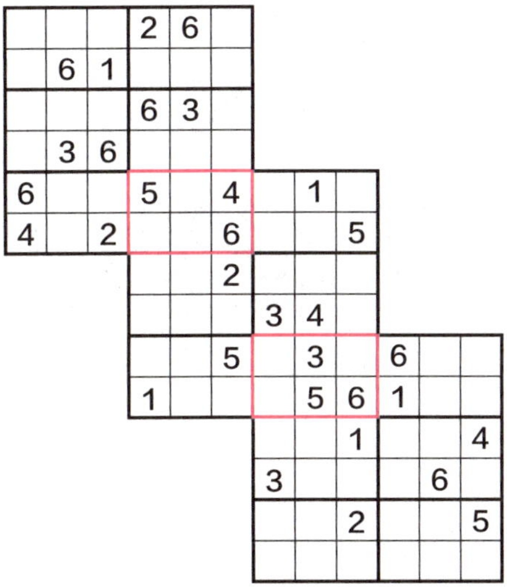

10-30

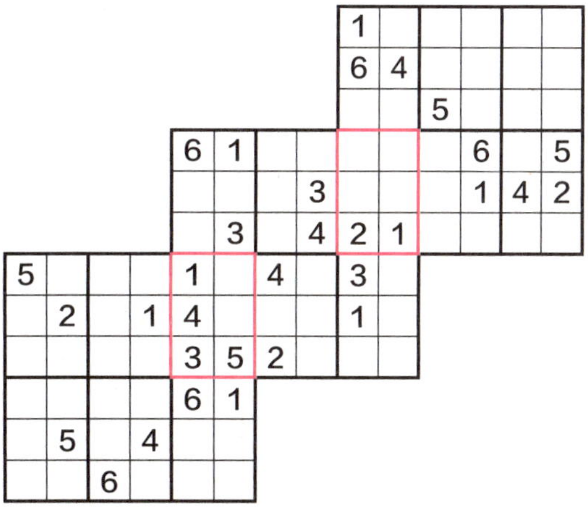

10-31

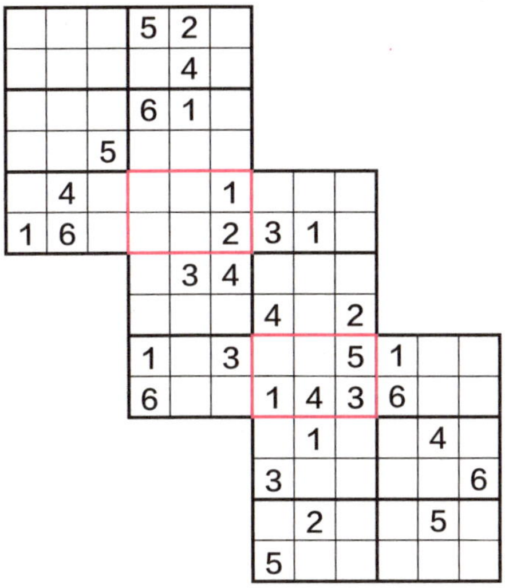

10-32

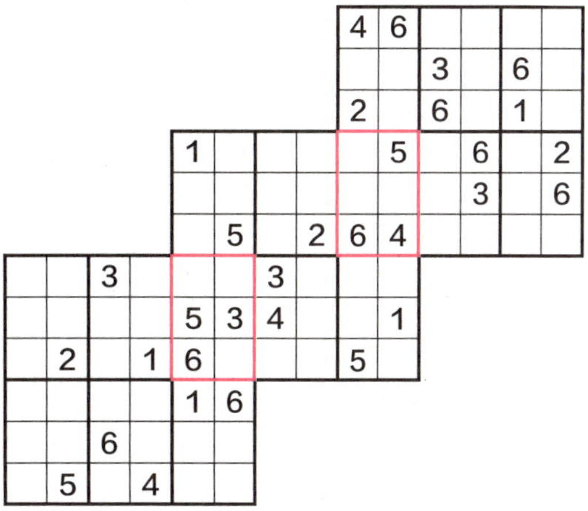

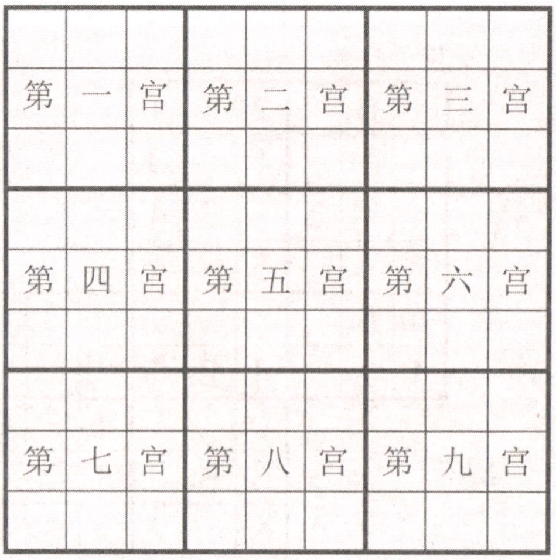

# 第十一章

# 九字（9×9）标准数独

# 第一节　九字标准数独的性质

九字标准数独是由9×9=81个小方格组成的九宫图，其中包括九个宫，如图11-1所示。为了方便说明解题的具体方法，按从上到下、从左到右的顺序，对九宫依次进行命名。

| | | | | | | | | |
|---|---|---|---|---|---|---|---|---|
| | | | | | | | | |
| 第 | 一 | 宫 | 第 | 二 | 宫 | 第 | 三 | 宫 |
| | | | | | | | | |
| | | | | | | | | |
| 第 | 四 | 宫 | 第 | 五 | 宫 | 第 | 六 | 宫 |
| | | | | | | | | |
| | | | | | | | | |
| 第 | 七 | 宫 | 第 | 八 | 宫 | 第 | 九 | 宫 |
| | | | | | | | | |

图11-1

如图11-2所示，行序从上到下分别为第一行到第九行，列序从左到右分别为第一列到第九列。与其他数独一样，每个格子用行和列两个序数来命名，如左上角为（1，1）格、右下角为（9，9）格，括号内前一个数字表示格子所在的行，后一个数字表示格子所在的列。

| | 第一列 | 第二列 | 第三列 | 第四列 | 第五列 | 第六列 | 第七列 | 第八列 | 第九列 |
|---|---|---|---|---|---|---|---|---|---|
| 第一行 | (1,1) | (1,2) | (1,3) | (1,4) | (1,5) | (1,6) | (1,7) | (1,8) | (1,9) |
| 第二行 | (2,1) | (2,2) | (2,3) | (2,4) | (2,5) | (2,6) | (2,7) | (2,8) | (2,9) |
| 第三行 | (3,1) | (3,2) | (3,3) | (3,4) | (3,5) | (3,6) | (3,7) | (3,8) | (3,9) |
| 第四行 | (4,1) | (4,2) | (4,3) | (4,4) | (4,5) | (4,6) | (4,7) | (4,8) | (4,9) |
| 第五行 | (5,1) | (5,2) | (5,3) | (5,4) | (5,5) | (5,6) | (5,7) | (5,8) | (5,9) |
| 第六行 | (6,1) | (6,2) | (6,3) | (6,4) | (6,5) | (6,6) | (6,7) | (6,8) | (6,9) |
| 第七行 | (7,1) | (7,2) | (7,3) | (7,4) | (7,5) | (7,6) | (7,7) | (7,8) | (7,9) |
| 第八行 | (8,1) | (8,2) | (8,3) | (8,4) | (8,5) | (8,6) | (8,7) | (8,8) | (8,9) |
| 第九行 | (9,1) | (9,2) | (9,3) | (9,4) | (9,5) | (9,6) | (9,7) | (9,8) | (9,9) |

图11-2

九字标准数独的规则（图11-3）：

1. 每行9个小方格中的数字，1 ~ 9不重复；
2. 每列9个小方格中的数字，1 ~ 9不重复；
3. 9个3×3的九宫格中的数字，1 ~ 9不重复。

| | | | | | | | | |
|---|---|---|---|---|---|---|---|---|
| 3 | 5 | 6 | 8 | 9 | 2 | 1 | 4 | 7 |
| 4 | 9 | 1 | 5 | 7 | 6 | 8 | 2 | 3 |
| 8 | 2 | 7 | 1 | 4 | 3 | 9 | 6 | 5 |
| 6 | 3 | 8 | 4 | 1 | 5 | 2 | 7 | 9 |
| 1 | 7 | 2 | 9 | 6 | 8 | 3 | 5 | 4 |
| 9 | 4 | 5 | 3 | 2 | 7 | 6 | 8 | 1 |
| 2 | 1 | 4 | 6 | 5 | 9 | 7 | 3 | 8 |
| 7 | 8 | 9 | 2 | 3 | 4 | 5 | 1 | 6 |
| 5 | 6 | 3 | 7 | 8 | 1 | 4 | 9 | 2 |

图11-3

# 第二节　解题方法与技巧

九字标准数独的解题方法很多，有允许数标注法、已知数标线法和排除法等，在每一种解题方法中，又有几种具体方法，下面进行逐一介绍。

## 一、允许数标注法

这是一种非常稳妥的方法，比较适用于初学者。这种方法是先把空格中允许填入的那些数字都一一标在空格里，然后根据规则，对不允许数字一个一个地排除掉，并进行简化，当简化到只剩下一个允许数字时，即是答案。这种方法虽然比较烦琐，解题的速度又慢，但是这种解题方法比较稳妥，不容易出错，可作为数独入门的敲门砖。谜题如图11-4所示。

| | | | | | | | | |
|---|---|---|---|---|---|---|---|---|
| 3 | | | 1 | | | | | 2 |
| | | 2 | | 8 | | 7 | | 3 |
| 9 | | 6 | | 2 | 3 | | 8 | |
| 8 | 9 | | 2 | | | 4 | | |
| | 7 | | 5 | | 4 | | 3 | |
| | | 5 | | | 8 | | 1 | 7 |
| | 5 | | 8 | 7 | | 3 | | 4 |
| 1 | | 4 | | 5 | | 9 | | |
| 7 | | | | | 2 | | | 5 |

图11-4

第一步：在该数独中共有36个数字，尚缺45个数字，在解题时，首先要在每个空格中填上允许数，先按每行的顺序来填入数字，第一行中已填有3、1、2这3个数字。根据数独的规则，每行中数字不能重复，因此第一行各空格中只能填入4、5、6、7、8、9中的1个数字，在无法确定哪个是答案之前，先将这6个数字都填入。第二行中已填有数字2、8、7、3，剩下的5个空格中应填入1、4、5、6、9，以此类推，将其他各行的空格中填入相应的数字，这样可以得到图11-5这个允许数表。

| | | | | | | | | |
|---|---|---|---|---|---|---|---|---|
| 3 | 456789 | 456789 | 1 | 456789 | 456789 | 456789 | 456789 | 2 |
| 14569 | 14569 | 2 | 14569 | 8 | 14569 | 7 | 14569 | 3 |
| 9 | 1457 | 6 | 1457 | 2 | 3 | 1457 | 8 | 1457 |
| 8 | 9 | 13567 | 2 | 13567 | 13567 | 4 | 13567 | 13567 |
| 12689 | 7 | 12689 | 5 | 12689 | 4 | 12689 | 3 | 12689 |
| 23469 | 23469 | 5 | 23469 | 23469 | 8 | 23469 | 1 | 7 |
| 1269 | 5 | 1269 | 8 | 7 | 1269 | 3 | 1269 | 4 |
| 1 | 23678 | 4 | 23678 | 5 | 23678 | 9 | 23678 | 23678 |
| 7 | 134689 | 134689 | 134689 | 134689 | 2 | 134689 | 134689 | 5 |

图11-5

第二步：对图11-5进行简化，根据数独规则，每列9个小方格中的数字不能重复。因为第一列中已有数字3、9、8、1、7，就不能再出现这5个数字。其他列以此类推，得到图11-6这个简化了一次的允许表。

第三步：对图11-6中的允许数做进一步简化。根据数独的规则，1个宫中的数字1～9不能重复。在第一宫中已填有数字2、3、6、9，在此宫中的其他空格中不允许再填入数字2、3、6、9，这样就可以筛除这4个数字。其他8个宫中可进行同样的处理，化简后得到图11-7。

| | | | | | | | | |
|---|---|---|---|---|---|---|---|---|
| 3 | 468 | 789 | 1 | 469 | 5679 | 568 | 45679 | 2 |
| 456 | 146 | 2 | 469 | 8 | 1569 | 7 | 4569 | 3 |
| 9 | 14 | 6 | 47 | 2 | 3 | 15 | 8 | 1 |
| 8 | 9 | 137 | 2 | 136 | 1567 | 4 | 567 | 16 |
| 26 | 7 | 189 | 5 | 169 | 4 | 1268 | 3 | 1689 |
| 246 | 2346 | 5 | 3469 | 3469 | 8 | 26 | 1 | 7 |
| 26 | 5 | 19 | 8 | 7 | 169 | 3 | 269 | 4 |
| 1 | 2368 | 4 | 367 | 5 | 67 | 9 | 267 | 68 |
| 7 | 13468 | 1389 | 3469 | 13469 | 2 | 168 | 469 | 5 |

图11-6

| | | | | | | | | |
|---|---|---|---|---|---|---|---|---|
| 3 | 48 | 78 | 1 | 469 | 5679 | 56 | 4569 | 2 |
| 45 | 14 | 2 | 469 | 8 | 569 | 7 | 4569 | 3 |
| 9 | 14 | 6 | 47 | 2 | 3 | 5 | 8 | 1 |
| 8 | 9 | 13 | 2 | 136 | 167 | 4 | 56 | 6 |
| 26 | 7 | 1 | 5 | 169 | 4 | 268 | 3 | 689 |
| 246 | 2346 | 5 | 369 | 369 | 8 | 26 | 1 | 7 |
| 26 | 5 | 9 | 8 | 7 | 169 | 3 | 26 | 4 |
| 1 | 2368 | 4 | 36 | 5 | 6 | 9 | 267 | 68 |
| 7 | 368 | 389 | 3469 | 13469 | 2 | 168 | 6 | 5 |

图11-7

第四步：由图11-7可知，（3，7）格、（3，9）格、（4，9）格、（5，3）格、（7，3）格、（8，6）格、（9，8）格这7个小方格中的数字只剩1个，将其升格为唯一的允许数，按照上面的方法，再进行新一轮的简化，先从第三行开始，因第三行中已有数字1，故得到（3，2）格中应为4。多做几次简化，可得到图11-8。

第五步：方格中又出现了多个唯一数。接下来，再将它们升为已知数，采用同样的方法化简，可得到图11-9。

| | | | | | | | | |
|---|---|---|---|---|---|---|---|---|
| 3 | 8 | 7 | 1 | 49 | 59 | 6 | 49 | 2 |
| 5 | 1 | 2 | 469 | 8 | 9 | 7 | 49 | 3 |
| 9 | 4 | 6 | 7 | 2 | 3 | 5 | 8 | 1 |
| 8 | 9 | 3 | 2 | 1 | 7 | 4 | 5 | 6 |
| 2 | 7 | 1 | 5 | 69 | 4 | 8 | 3 | 9 |
| 4 | 6 | 5 | 9 | 39 | 8 | 2 | 1 | 7 |
| 6 | 5 | 9 | 8 | 7 | 1 | 3 | 2 | 4 |
| 1 | 2 | 4 | 3 | 5 | 6 | 9 | 7 | 8 |
| 7 | 3 | 8 | 49 | 49 | 2 | 1 | 6 | 5 |

图11-8

| | | | | | | | | |
|---|---|---|---|---|---|---|---|---|
| 3 | 8 | 7 | 1 | 4 | 5 | 6 | 9 | 2 |
| 5 | 1 | 2 | 6 | 8 | 9 | 7 | 4 | 3 |
| 9 | 4 | 6 | 7 | 2 | 3 | 5 | 8 | 1 |
| 8 | 9 | 3 | 2 | 1 | 7 | 4 | 5 | 6 |
| 2 | 7 | 1 | 5 | 6 | 4 | 8 | 3 | 9 |
| 4 | 6 | 5 | 9 | 3 | 8 | 2 | 1 | 7 |
| 6 | 5 | 9 | 8 | 7 | 1 | 3 | 2 | 4 |
| 1 | 2 | 4 | 3 | 5 | 6 | 9 | 7 | 8 |
| 7 | 3 | 8 | 4 | 9 | 2 | 1 | 6 | 5 |

图11-9

## 二、已知数标线法

一般来说，数独高手或有丰富经验者，很少使用上面介绍的允许数标注法来解题。因为在所有空格中先把所有允许数一一标注出来，再根据每行、每列、每宫只有唯一数的规则，一步一步地去简化，这种做法虽然很稳妥，但很烦琐，很费时间，该法仅适合初学者解题使用。

所谓“已知数标线法”是相对于“允许数标注法”命名的。它不是在空格（即未知数）上标注，而是在实格（即已知数）上标线，再根据这个线索来找空格的答案。

标线法有两种：一种是被筛数标线法，就是将这些已知的被筛数排除掉，从而找到空格中的唯一数；另一种是目的数标线法，就是从某个特定的已知数出发引标线，这个特定的已知数就是要找的某格的目的数，即答案数，通过引标线来排除非目的数，从而达到解题的目的。

其实，在解题过程中，方法和技巧熟练了并不一定要一一标线，只要心里有这些线索，就可达到目的。但是为了使读者便于了解和掌握具体方法，下面还是用线一一标出来。

### 1. 被筛数标线法

所谓被筛数标线法，就是在某行、某列、某宫的已知数上标线，达到在某行、某列、某宫排除这些已知数，而求得未知数的答案。其标线法又可分为单一标线和交叉标线两种方法。

（1）某行、某列、某宫“九缺一”法　在某行、某列、某宫中已有8个数字，尚缺1个数字，此时只需要使用单一标线法即可。因为9个数字已有8个，只缺1个数字，所以又叫作“唯一法”。

图11-10是某行或某列“九缺一”的例子。第六行是“九缺一”的情况，此行已有8、3、4、1、9、5、7、6这8个数字，尚缺1个数字。所以只要在这一行上画上线，就很容易找到（6，4）格中的唯一数字2。在第八列上已有6、4、8、3、7、1、5、9这8个数字，也是“九缺一”的情况，在第八列上画上线，就很容易在（2，8）格中找到唯一数字2，如图11-11所示。往下由读者试行解题，在此不再作详细介绍，最终答案如图11-12所示。

| | | | | | | | | |
|---|---|---|---|---|---|---|---|---|
| 3 | | | | | 2 | | 6 | |
| 4 | | | | | | 9 | | 5 |
| | | | | | 8 | | 4 | |
| | 6 | | 4 | 3 | | 2 | 8 | |
| | 1 | | | | | | 3 | |
| 8 | 3 | 4 | | 1 | 9 | 5 | 7 | 6 |
| | 2 | | 8 | | | | 1 | |
| 9 | | 1 | | | | | 5 | 2 |
| | 5 | | 1 | | | | 9 | 7 |

图11-10

图11-13是某宫“九缺一”的例子，在第五宫中已有2、8、5、6、1、3、4、9这8个数字，尚缺1个数字，只要在此宫的8个已知数上标线，就很容易找到所缺数字7，如图11-14所示。

| | | | | | | | | |
|---|---|---|---|---|---|---|---|---|
| 3 | | | | | 2 | | 6 | |
| 4 | | | | | | 9 | 2 | 5 |
| | | | | | 8 | | 4 | |
| | 6 | | 4 | 3 | | 2 | 8 | |
| | 1 | | | | | | 3 | |
| 8 | 3 | 4 | 2 | 1 | 9 | 5 | 7 | 6 |
| | 2 | | 8 | | | | 1 | |
| 9 | | 1 | | | | | 5 | 2 |
| | 5 | | 1 | | | | 9 | 7 |

图11-11

| | | | | | | | | |
|---|---|---|---|---|---|---|---|---|
| 3 | 7 | 5 | 9 | 4 | 2 | 1 | 6 | 8 |
| 4 | 8 | 6 | 3 | 7 | 1 | 9 | 2 | 5 |
| 1 | 9 | 2 | 6 | 5 | 8 | 7 | 4 | 3 |
| 5 | 6 | 9 | 4 | 3 | 7 | 2 | 8 | 1 |
| 2 | 1 | 7 | 5 | 8 | 6 | 4 | 3 | 9 |
| 8 | 3 | 4 | 2 | 1 | 9 | 5 | 7 | 6 |
| 7 | 2 | 3 | 8 | 9 | 5 | 6 | 1 | 4 |
| 9 | 4 | 1 | 7 | 6 | 3 | 8 | 5 | 2 |
| 6 | 5 | 8 | 1 | 2 | 4 | 3 | 9 | 7 |

图11-12

| | | | | | | | | |
|---|---|---|---|---|---|---|---|---|
| | 1 | 6 | | | | 4 | 5 | |
| 5 | 9 | | | | | | 8 | 3 |
| 3 | | 2 | | | | 6 | | 1 |
| | | | 2 | 8 | 5 | | | |
| | | | 6 | | 1 | | | |
| | | | 3 | 4 | 9 | | | |
| 2 | | 8 | | | | 5 | | 6 |
| 6 | 4 | | | | | | 7 | 9 |
| | 3 | 1 | | | | 2 | 4 | |

图11-13

| | | | | | | | | |
|---|---|---|---|---|---|---|---|---|
| | 1 | 6 | | | | 4 | 5 | |
| 5 | 9 | | | | | | 8 | 3 |
| 3 | | 2 | | | | 6 | | 1 |
| | | | 2 | 8 | 5 | | | |
| | | | 6 | 7 | 1 | | | |
| | | | 3 | 4 | 9 | | | |
| 2 | | 8 | | | | 5 | | 6 |
| 6 | 4 | | | | | | 7 | 9 |
| | 3 | 1 | | | | 2 | 4 | |

图11-14

最终答案如图11-15所示。

（2）行与列交叉“九缺一”法　上面讲到的单独的某行、某列、某宫已有8个数字，只缺1个数字，解法很明显，也很简单。但一般的数独题不会这么简单，往往要通过行、列、宫的交叉线才能找到唯一数。如图11-16所示的数独中，没有任何一行、一列、一宫有“九缺一”的情况。

| | | | | | | | | |
|---|---|---|---|---|---|---|---|---|
| 7 | 1 | 6 | 9 | 3 | 8 | 4 | 5 | 2 |
| 5 | 9 | 4 | 1 | 2 | 6 | 7 | 8 | 3 |
| 3 | 8 | 2 | 7 | 5 | 4 | 6 | 9 | 1 |
| 4 | 6 | 9 | 2 | 8 | 5 | 1 | 3 | 7 |
| 8 | 5 | 3 | 6 | 7 | 1 | 9 | 2 | 4 |
| 1 | 2 | 7 | 3 | 4 | 9 | 8 | 6 | 5 |
| 2 | 7 | 8 | 4 | 9 | 3 | 5 | 1 | 6 |
| 6 | 4 | 5 | 8 | 1 | 2 | 3 | 7 | 9 |
| 9 | 3 | 1 | 5 | 6 | 7 | 2 | 4 | 8 |

图11-15

| | | | | | | | | |
|---|---|---|---|---|---|---|---|---|
| 3 | 1 | | 6 | | 7 | | 4 | 5 |
| 8 | | | | 5 | | | | 9 |
| | | | | 9 | | | | |
| 4 | | | 2 | | 9 | | | 7 |
| | 9 | 2 | | | | 4 | 6 | |
| 6 | | | 1 | | 8 | | | 3 |
| | | | | 8 | | | | |
| 5 | | | | 3 | | | | 1 |
| 9 | 3 | | 7 | | 4 | | 5 | 6 |

图11-16

不妨用行、列交叉法来试一试，如图11-17所示，先看（1，5）格，它位于第一行、第五列的交叉点上。可以在该行、该列上标出交叉线。在第一行中有3、1、6、7、4、5这6个数字，在第五列中有5、9、8、3这4个数字。将第一行和第五列的两组已知数放在一起，有1、3、4、5、6、7、8、9这8个数字，尚缺1个数字。所以（1，5）格中应填入的数字只能是2。该题的最终答案如图11-18所示。

| | | | | | | | | |
|---|---|---|---|---|---|---|---|---|
| 3 | 1 | | 6 | 2 | 7 | | 4 | 5 |
| 8 | | | | 5 | | | | 9 |
| | | | | 9 | | | | |
| 4 | | | 2 | | 9 | | | 7 |
| | 9 | 2 | | | | 4 | 6 | |
| 6 | | | 1 | | 8 | | | 3 |
| | | | | 8 | | | | |
| 5 | | | | 3 | | | | 1 |
| 9 | 3 | | 7 | | 4 | | 5 | 6 |

图11-17

| | | | | | | | | |
|---|---|---|---|---|---|---|---|---|
| 3 | 1 | 9 | 6 | 2 | 7 | 8 | 4 | 5 |
| 8 | 2 | 6 | 4 | 5 | 3 | 1 | 7 | 9 |
| 7 | 4 | 5 | 8 | 9 | 1 | 6 | 3 | 2 |
| 4 | 8 | 3 | 2 | 6 | 9 | 5 | 1 | 7 |
| 1 | 9 | 2 | 3 | 7 | 5 | 4 | 6 | 8 |
| 6 | 5 | 7 | 1 | 4 | 8 | 9 | 2 | 3 |
| 2 | 7 | 1 | 5 | 8 | 6 | 3 | 9 | 4 |
| 5 | 6 | 4 | 9 | 3 | 2 | 7 | 8 | 1 |
| 9 | 3 | 8 | 7 | 1 | 4 | 2 | 5 | 6 |

图11-18

## 2. 目的数标线法

目的数就是要在某空格中填的数字。所谓目的数标线法，就是从某一个预想的目的数出发引出标线，把这些标线集中到某宫、某行、某列，然后在其中排除不允许该目的数存在的格子，而将目的数落实到正确的格子中。要有效地找到预想的数字应位于的空格。

（1）目的数集中到某宫　在此，我们从简单到复杂来进行分析。

例1：在图11-19中，第三宫中有1个已知数字1，第六宫中有5个非1的已知数。从第三宫中的1向第六宫引一标线，根据数独的规则，即可排除在第六宫中第六列为1的可能，则得到（4，8）格中的数字为1。

在图11-19中，第一宫中有2个非1的已知数，从第四宫、第七宫中的1向第一宫引标线，即可得到（1，2）格中的数字为1。

例2：图11-20相对比较复杂一些，因为它涉及数个交叉的宫区。从第六宫、第八宫中的1向第九宫中引标线，则可找到（8，7）格中的数字为1。从第二宫、第四宫、第七宫中的1向第一宫中引标线，得到（1，2）格中的数字为1。

例3：如图11-21所示，已知数字1在第三宫，要找的目的数在第七宫，乍看起来，似乎毫无关联，但是通过一个转折，则可以把它们联系起来。先从第三宫的1向第九宫引标线，表示第九宫中第九列3个小格子中的数字不可能为1。那么，1必定出现在第九宫的（8，7）格或（8，8）格中。既然如此，就可以把这隐形的1显现出来，由此引一条标线到第七宫，表明在第七宫中第八行的3个空格中也不能为1，那么，只有（7，1）格中的数字为1。

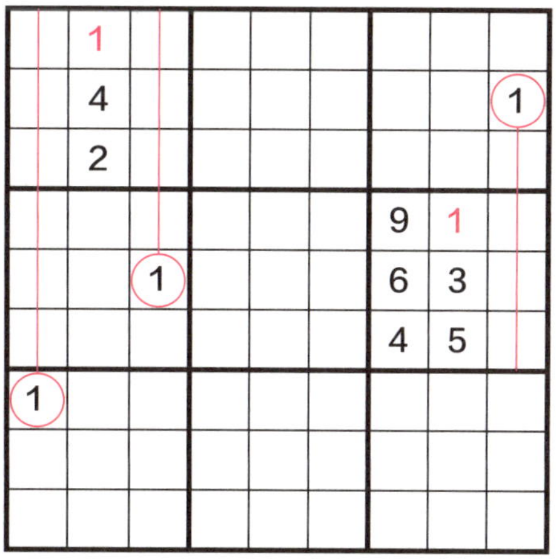

图11-19

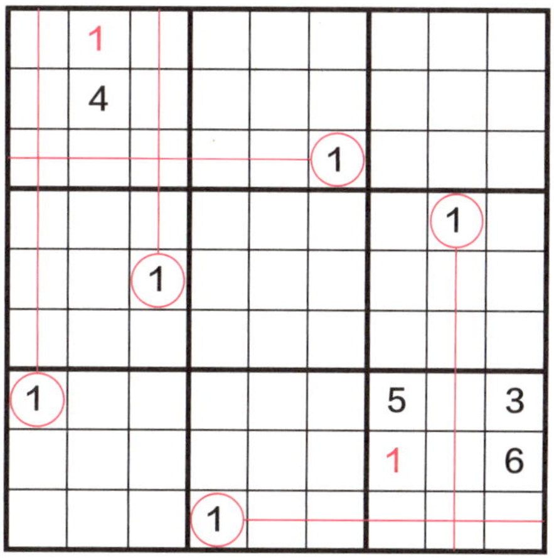

图11-20

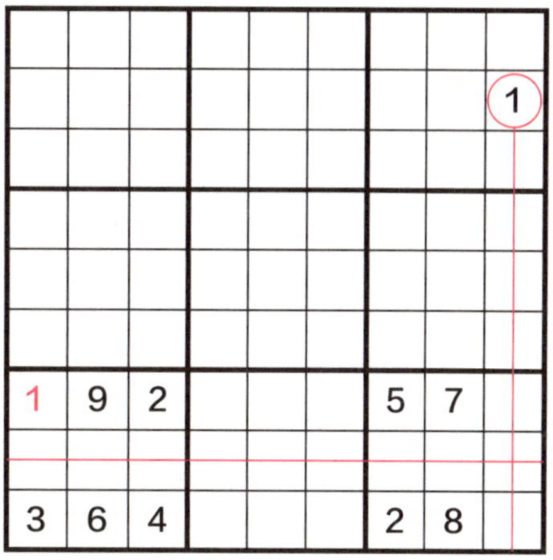

图11-21

**例4：** 再来看图11-22，它经过两次转折，涉及4个宫，它比图11-21多1个转折在第一宫上，即第一宫中第二行不能为1，则该宫的第二列必定有1，从该列引出标线到第七宫，加上从第九宫中引来的标线，表明（7，1）格中的数字为1。

一般而言，使用已知数标注法来寻找目的数，最好先从已知数最多的那个数开始。这样，找目的数就更容易些。当然，这也不是绝对的，因为有的数独虽然已知数很多，但布局却往往设下陷阱，未必能达到预想的效果。现以图11-23为实例来加以说明。

**例5：** 在图11-23中，已知数字1是比较多的数，共有6个，尚缺3个。即把1作为预想的目的数，从有1的6个宫中向没有1的3个宫中分别引标线，以期找到1在这3个宫中的准确位置。

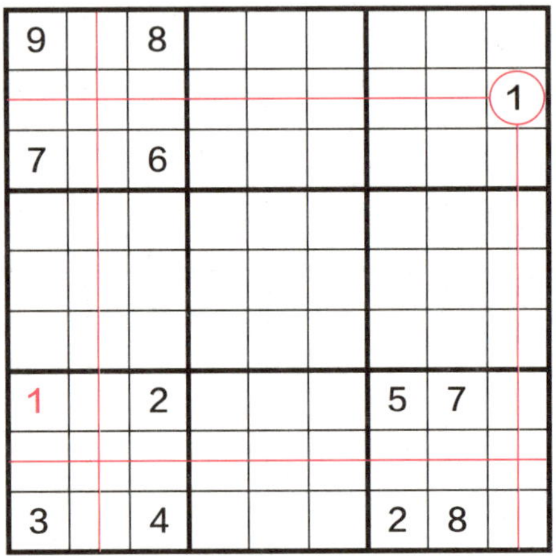


图11-22

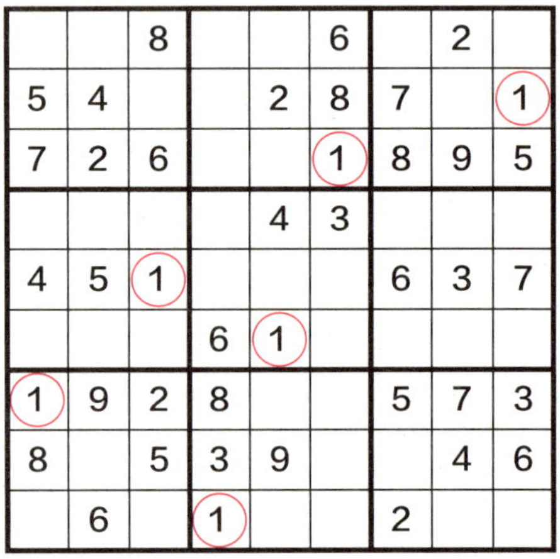


图11-23

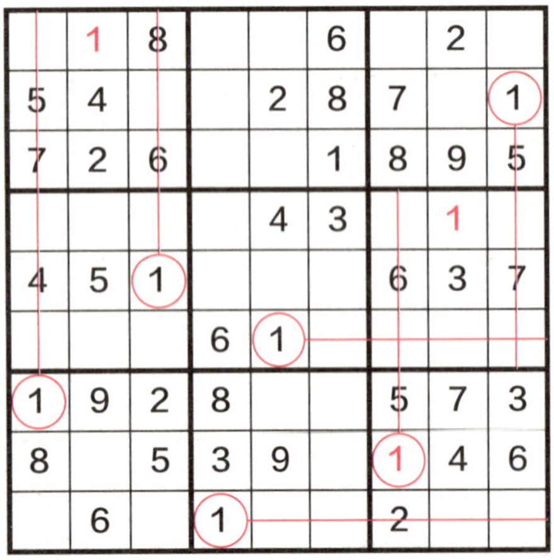


图11-24

在引标线时，可以遵循从简单到复杂的顺序来进行。即有的引一根标线，有的要引多根标线才能达到目的。先从第八宫开始，从第九行引标线到第九宫，这样，在第九宫中，（9，8）格和（9，9）格中不能为1，所以只有（8，7）格中的数字为1。再从（8，7）格中的1引一标线到第六宫，并从第三宫和第五宫中的1分别引标线到第六宫，这样，在第六宫中，（4，7）格、（4，9）格、（6，7）格、（6，8）格和（6，9）格都不能为1，所以只有（4，8）格中的数字是1。再从第四宫和第七宫中的1出发，分别引两条标线到第一宫，这样，在第一宫中（1，1）格和（2，3）格不能为1，则（1，2）格中的数字为1，如图11-24所示。至此，9个宫中的1的位置全部确定。该数独的最终答案如图11-25所示。

| | | | | | | | | |
|---|---|---|---|---|---|---|---|---|
| 9 | 1 | 8 | 7 | 5 | 6 | 3 | 2 | 4 |
| 5 | 4 | 3 | 9 | 2 | 8 | 7 | 6 | 1 |
| 7 | 2 | 6 | 4 | 3 | 1 | 8 | 9 | 5 |
| 6 | 8 | 7 | 5 | 4 | 3 | 9 | 1 | 2 |
| 4 | 5 | 1 | 2 | 8 | 9 | 6 | 3 | 7 |
| 2 | 3 | 9 | 6 | 1 | 7 | 4 | 5 | 8 |
| 1 | 9 | 2 | 8 | 6 | 4 | 5 | 7 | 3 |
| 8 | 7 | 5 | 3 | 9 | 2 | 1 | 4 | 6 |
| 3 | 6 | 4 | 1 | 7 | 5 | 2 | 8 | 9 |

图11-25

| | | | | | | | | |
|---|---|---|---|---|---|---|---|---|
| | 1 | | | | | | 8 | |
| 5 | | | 2 | | 7 | | | 6 |
| | | 7 | 1 | | 8 | 4 | | |
| | 3 | 8 | 5 | | 4 | 9 | 7 | |
| | | | | | | | | |
| | 4 | 5 | 6 | | 9 | 2 | 3 | |
| | | 2 | 8 | | 1 | 5 | | |
| 8 | | | 9 | | 6 | | | 2 |
| | 7 | | | | | | 4 | |

图11-26

（2）目的数标线集中到某行、某列　将目的数集中到某行、某列有时很难找，需要具有敏锐的眼光和丰富的经验才能做到。

例1：图11-26所示为目的数标线集中到某行的例子。把8作为目的数，从（1，8）格和（3，6）格中的8向第二行引标线，显然，该行的（2，5）格、（2，7）格和（2，8）格中的数字不能为8，因为（4，3）格有数字8，所以，只有（2，2）格中的数字为8。

同理，在第五行中，因为第四宫和第五宫中都有数字4，在（9，8）格和（3，7）格中也有数字4，在第五行的（5，1）格、（5，2）格、（5，3）格、（5，4）格、（5，5）格、（5，6）格、（5，7）格和（5，8）格中都不能为4，因此，只有（5，9）格中才能是数字4，如图11-27所示。

该题的最终答案如图11-28所示。

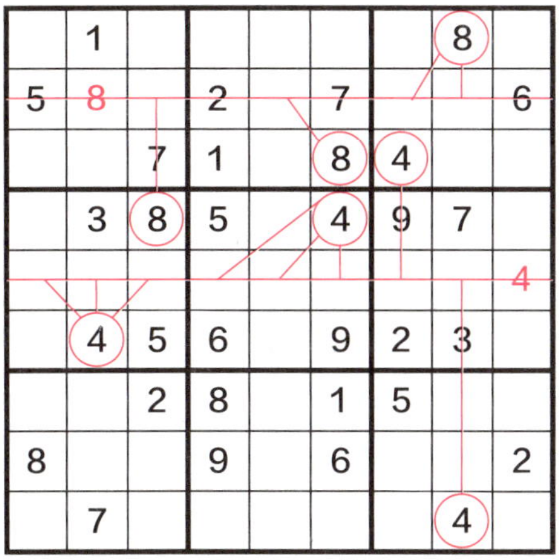

图11-27

| | | | | | | | | |
|---|---|---|---|---|---|---|---|---|
| 2 | 1 | 9 | 4 | 6 | 5 | 3 | 8 | 7 |
| 5 | 8 | 4 | 2 | 3 | 7 | 1 | 9 | 6 |
| 3 | 6 | 7 | 1 | 9 | 8 | 4 | 2 | 5 |
| 6 | 3 | 8 | 5 | 2 | 4 | 9 | 7 | 1 |
| 9 | 2 | 1 | 7 | 8 | 3 | 6 | 5 | 4 |
| 7 | 4 | 5 | 6 | 1 | 9 | 2 | 3 | 8 |
| 4 | 9 | 2 | 8 | 7 | 1 | 5 | 6 | 3 |
| 8 | 5 | 3 | 9 | 4 | 6 | 7 | 1 | 2 |
| 1 | 7 | 6 | 3 | 5 | 2 | 8 | 4 | 9 |

图11-28

例2：图11-29是将目的数标线集中到某列的例子。先看第六列，该列有5个空格，将目的数8从（4，3）格、（6，8）格、（7，2）格和（9，9）格分别引标线到第六列，如图11-30所示。表示该列的（4，6）格、（6，6）格、（7，6）格和（9，6）格中的数字都不能为8，所以（5，6）格中的数字为8。最终答案如图11-31所示。

| | | | | | | | | |
|---|---|---|---|---|---|---|---|---|
| 9 | | | 2 | | 6 | | | 7 |
| | | 4 | 9 | | 7 | 1 | | |
| | 1 | | 8 | | 4 | | 9 | |
| 1 | 4 | 8 | | | | 7 | 2 | 3 |
| | | | | | | | | |
| 2 | 5 | 6 | | | | 4 | 8 | 9 |
| | 8 | | 3 | | | | 6 | |
| | | 3 | 7 | | 9 | 2 | | |
| 4 | | 2 | 5 | | | | | 8 |

图11-29

| | | | | | | | | |
|---|---|---|---|---|---|---|---|---|
| 9 | | | 2 | | 6 | | | 7 |
| | | 4 | 9 | | 7 | 1 | | |
| | 1 | | 8 | | 4 | | 9 | |
| 1 | 4 | 8 | | | | 7 | 2 | 3 |
| | | | | | 8 | | | |
| 2 | 5 | 6 | | | | 4 | 8 | 9 |
| | 8 | | 3 | | | | 6 | |
| | | 3 | 7 | | 9 | 2 | | |
| 4 | | 2 | 5 | | | | | 8 |

图11-30

## 3. 被筛数和目的数综合标线法

对于比较简单的一般数独题，通常可以通过单一的被筛数标线法或目的数标线法，就能找出某空格的答案。但是，对于比较难的数独题，在很多情况下，使用以上单一的标线法后，还会留下若干个待定的空格。此时，就需要综合这两种标线法，来排除其他未定空格，从而找出其中待定的空格中的数字。

另外，在使用目的数标线法时，可能在某行、某列、某宫出现两个空格，不能确定目的数到底落在哪个空格上，也要用到被筛数标线法来确定答案。这就是说，要综合用到以上两种标线法。

| | | | | | | | | |
|---|---|---|---|---|---|---|---|---|
| 9 | 3 | 5 | 2 | 1 | 6 | 8 | 4 | 7 |
| 8 | 2 | 4 | 9 | 5 | 7 | 1 | 3 | 6 |
| 6 | 1 | 7 | 8 | 3 | 4 | 5 | 9 | 2 |
| 1 | 4 | 8 | 6 | 9 | 5 | 7 | 2 | 3 |
| 3 | 7 | 9 | 4 | 2 | 8 | 6 | 5 | 1 |
| 2 | 5 | 6 | 1 | 7 | 3 | 4 | 8 | 9 |
| 7 | 8 | 1 | 3 | 4 | 2 | 9 | 6 | 5 |
| 5 | 6 | 3 | 7 | 8 | 9 | 2 | 1 | 4 |
| 4 | 9 | 2 | 5 | 6 | 1 | 3 | 7 | 8 |

图11-31

（1）综合筛选法确定目的数　在图11-32中，由于第七行中已有9、2、3、1、4、6这6个数字，尚缺5、7、8这3个数字，但还不能确定各在哪一格。此时，可用目的数标线法来找出线索。可以发现，第二宫、第四宫和第六宫中都有7，我们可以用7作目的数，向第五宫引标线，可以得到（5，6）格中的数字为7，如图11-33所示。自然得知（7，6）格中的数字不可能是5、7，所以（7，6）格中的目的数为8。同样，从第五列中的7向第七行引标线，得到（7，5）格中的数字不能为7，只能为5，因而在（7，4）格中的数字为7。此题的最终答案如图11-34所示。

| | | | | | | | | |
|---|---|---|---|---|---|---|---|---|
| 2 | 8 | | 9 | | | | 5 | |
| | | 9 | 4 | 7 | | | 8 | 1 |
| 4 | 7 | 1 | | | | 3 | | 2 |
| | 9 | | | | 4 | | | 7 |
| | 5 | 2 | 8 | | | 4 | | |
| 1 | | 7 | | | 5 | | 2 | |
| 9 | 2 | 3 | | | | 1 | 4 | 6 |
| | | | | 6 | 9 | | | 5 |
| | 6 | | | | 1 | | 3 | |

图11-32

| | | | | | | | | |
|---|---|---|---|---|---|---|---|---|
| 2 | 8 | | 9 | | | | 5 | |
| | | 9 | 4 | 7 | | | 8 | 1 |
| 4 | 7 | 1 | | | | 3 | | 2 |
| | 9 | | | | 4 | | | 7 |
| | 5 | 2 | 8 | | 7 | 4 | | |
| 1 | | 7 | | | 5 | | 2 | |
| 9 | 2 | 3 | | | | 1 | 4 | 6 |
| | | | | 6 | 9 | | | 5 |
| | 6 | | | | 1 | | 3 | |

图11-33

| | | | | | | | | |
|---|---|---|---|---|---|---|---|---|
| 2 | 8 | 6 | 9 | 1 | 3 | 7 | 5 | 4 |
| 5 | 3 | 9 | 4 | 7 | 2 | 6 | 8 | 1 |
| 4 | 7 | 1 | 5 | 8 | 6 | 3 | 9 | 2 |
| 3 | 9 | 8 | 1 | 2 | 4 | 5 | 6 | 7 |
| 6 | 5 | 2 | 8 | 3 | 7 | 4 | 1 | 9 |
| 1 | 4 | 7 | 6 | 9 | 5 | 8 | 2 | 3 |
| 9 | 2 | 3 | 7 | 5 | 8 | 1 | 4 | 6 |
| 8 | 1 | 4 | 3 | 6 | 9 | 2 | 7 | 5 |
| 7 | 6 | 5 | 2 | 4 | 1 | 9 | 3 | 8 |

图11-34

（2）用设定法来判别目的数　使用目的数标线法时，有时会出现2个或2个以上的空格，不能确定目的数到底在哪一格。此时可采用设定法来判别。而在设定中往往又要用到被筛数标线法。

如图11-35所示，采用目的数标线法，将目的数3从第六宫、第九宫引向第三宫，此时（2，9）格、（3，9）格中必有1个格中的数字为3。如图11-36所示，那么，到底哪个格中的数字为3呢？此时，可先假设1个数来试解。

| | | | | | | | | |
|---|---|---|---|---|---|---|---|---|
| | 5 | 3 | 8 | | | | | 1 |
| | 2 | | 1 | | | | 5 | |
| 6 | 1 | | | | 5 | | | |
| | | | | | | | 3 | |
| | | | 6 | | 8 | 2 | | |
| 5 | | | | | | | | 9 |
| 4 | 6 | 1 | | 8 | 9 | 3 | | |
| 2 | 8 | 9 | | 3 | 6 | | | |
| 3 | 7 | 5 | 2 | | | 9 | 8 | 6 |

图11-35

| | | | | | | | | |
|---|---|---|---|---|---|---|---|---|
| | 5 | 3 | 8 | | | | | 1 |
| | 2 | | 1 | | | | 5 | 3? |
| 6 | 1 | | | | 5 | | | 3? |
| | | | | | | | 3 | |
| | | | 6 | | 8 | 2 | | |
| 5 | | | | | | | | 9 |
| 4 | 6 | 1 | | 8 | 9 | 3 | | |
| 2 | 8 | 9 | | 3 | 6 | | | |
| 3 | 7 | 5 | 2 | | | 9 | 8 | 6 |

图11-36

第一步：先假设（2，9）格中数字为3，如图11-37所示。用目的数标线法，从第一宫、第三宫和第八宫中的3向第二宫中引标线，得到（3，4）格中的数字为3。从第二宫、第六宫、第八宫中的3向第五宫中引标线，得到（6，6）格中的数字为3。又从第一宫、第五宫、第六宫和第七宫中的3向第四宫中引标线，得到（5，2）格中的数字为3。

第二步：再看第二列，该列中已有数字5、2、1、3、6、8、7，尚缺4和9两个数。因为第六行中已有数字9，所以（4，2）格中的数字应为9，（6，2）格中的数字应为4，如图11-38所示。

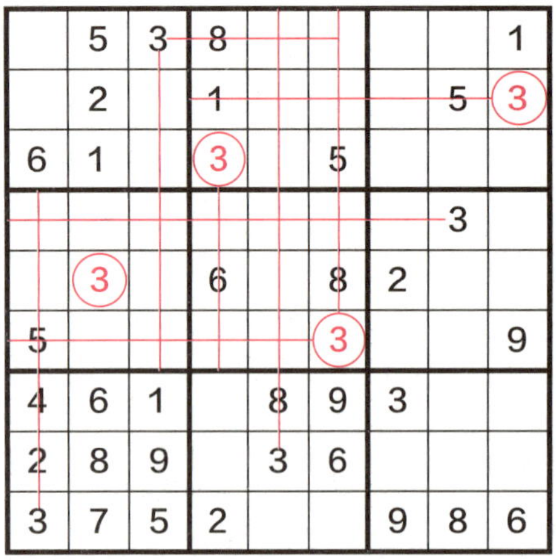

图11-37

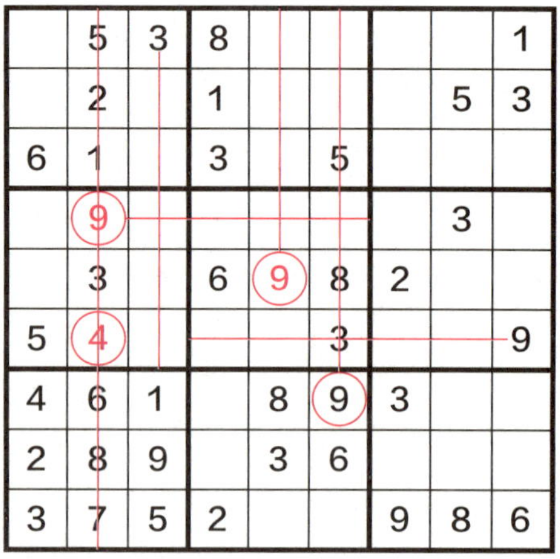

图11-38

从第四宫和第六宫中的9分别向第五宫中引标线，得到（5，5）格中的数字为9。至此，从第五宫和第八宫中的9向第二宫中引标线，发现第二宫的空格中的数字不允许为9，而现有的已知数也没有9，这就出现了不合理的结果：第二宫中没有数字9。由此可知，原来我们假设的（2，9）格中的数字为3是错误的。

| | | | | | | | | |
|---|---|---|---|---|---|---|---|---|
| 7 | 5 | 3 | 8 | 2 | 4 | 6 | 9 | 1 |
| 9 | 2 | 4 | 1 | 6 | 3 | 7 | 5 | 8 |
| 6 | 1 | 8 | 9 | 7 | 5 | 4 | 2 | 3 |
| 8 | 9 | 6 | 4 | 5 | 2 | 1 | 3 | 7 |
| 1 | 3 | 7 | 6 | 9 | 8 | 2 | 4 | 5 |
| 5 | 4 | 2 | 3 | 1 | 7 | 8 | 6 | 9 |
| 4 | 6 | 1 | 5 | 8 | 9 | 3 | 7 | 2 |
| 2 | 8 | 9 | 7 | 3 | 6 | 5 | 1 | 4 |
| 3 | 7 | 5 | 2 | 4 | 1 | 9 | 8 | 6 |

图11-39

第三步：正确的结论是（3，9）格中的数字为3。此题的最终答案如图11-39所示。

设定法是一种不得已而为之的最终法宝。常见的假设法是在某格有2个允许数时采用。一般是先假设其中1个是对的，然后按此数继续往下解题，解到一定程度时，若发现有不合理现象，即不符合数独规则的情况，如某行、某列、某宫有重复的数字或有缺失的数字等，此时，就可以断定假设是错误的。因此，可以判定正确的数字应该出现在另一个格子中。

## 三、排除法

### 1. 数找格——自找出路

（1）显性“数找格” 这是一种最常见的方法。如图11-40所示，根据数独的性质，由第八宫和第九宫中的6，可知在第七宫中，6位于中间的一行。同时，由第一宫和第四宫中的6，可知在第七宫中，6位于第七宫的（8，2）格中，这就是显性“数找格”。

（2）隐性“数找格” 如何在图11-40中找出第三宫中数字6的位置？在第三宫中已有数字4和5，在第八列中已有数字2、9、7，在第一行中已有数字3、1、8。数字6的位置必须要保证它所在的行、列、宫中没有出现过数字6，所以数字6只能出现在第一行与第八列相关的（1，8）格中。

## 2. 格找数——“九缺一”

（1）显性“格找数” 如图11-41所示，找出（8，2）格中应填入的数字。在第八行中已有数字3、6、8，在第二列中已有数字5、2、7、1，在第七宫中已有数字4、3、1，将这3组数字放在一起进行排列，发现缺数字9，所以（8，2）格中的数字应是9。

（2）隐性“格找数” 在图11-41中，试找出第三宫的中央格（2，8）中应填入的数字。先看第二行，在第二宫的第二行的上、下两行已有数字5、4、3和1、8、6，那么，在第二行上的数字除了已有的5以外，还有2、7、9（第二宫第二行中应有的数字）；同理，在第八列中，除了有数字8以外，还有1、3、6（在第六宫的中间一列中应有的数字）这3个数字。将5、2，7、9，8、1，3、6这4组数字进行排列，发现缺数字4，所以（2，8）格中的数字应是4。

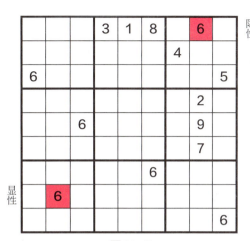

隐性

| | | | | | | | | |
|---|---|---|---|---|---|---|---|---|
| | | | 3 | 1 | 8 | | 6 | |
| | | | | | | 4 | | |
| 6 | | | | | | | | 5 |
| | | | | | | | 2 | |
| | | 6 | | | | | 9 | |
| | | | | | | | 7 | |
| | | | | | 6 | | | |
| | 6 | | | | | | | |
| | | | | | | | | 6 |

显性

图11-40

隐性

| | | | | | | | | |
|---|---|---|---|---|---|---|---|---|
| | | | 5 | 4 | 3 | | | |
| | 5 | | | | | | 4 | |
| | | | 1 | 8 | 6 | | | |
| | 2 | | | | | 8 | | 9 |
| | 7 | | | | | 4 | | 7 |
| | | | | | | 2 | | 5 |
| 4 | | | | | | | | |
| | 9 | 3 | | 6 | | | 8 | |
| | 1 | | | | | | | |

显性

图11-41

# 第三节　本章练习题

11-1

| | | | | | | | | |
|---|---|---|---|---|---|---|---|---|
| 3 | | 9 | | | | 1 | 4 | |
| 4 | | | 3 | 6 | | 7 | | |
| | 7 | | | | | | 8 | 9 |
| | | | 8 | 2 | | 5 | | 3 |
| | 3 | | 1 | | 5 | 6 | 9 | |
| 5 | | 8 | | 3 | | | | |
| 8 | | | 9 | | | | 7 | |
| | | 6 | | 8 | 2 | | | 5 |
| | 9 | 7 | | | | 8 | | 1 |

11-2

| | | | | | | | | |
|---|---|---|---|---|---|---|---|---|
| | | | | | | 9 | 6 | 4 |
| | 1 | | 2 | | | | 7 | |
| | | | 6 | 3 | 8 | | | |
| | 2 | | | 5 | | | | 8 |
| 9 | | 8 | 3 | | 4 | 7 | | |
| 6 | | | | 1 | | | 5 | |
| | | | 7 | 6 | 2 | 3 | 9 | |
| | 7 | | | | 5 | | | |
| 1 | 6 | 2 | | | | | | |

11-3

| | | | | | | | | |
|---|---|---|---|---|---|---|---|---|
| 3 | 7 | | | | | 9 | | 6 |
| | 5 | | | | 6 | | | 2 |
| | 1 | | 9 | 2 | | | 8 | |
| 2 | 4 | | | | 3 | | 6 | |
| | | | | 5 | | | | |
| | | | 6 | | | | 1 | |
| | 9 | | 3 | 6 | 1 | | 5 | |
| 8 | | | 7 | | 5 | | 3 | |
| 6 | | | 2 | | | | 9 | 1 |

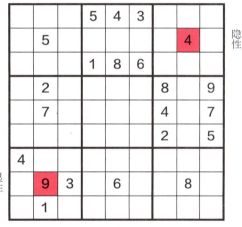

11-4

| | | | | | | | | |
|---|---|---|---|---|---|---|---|---|
| | 5 | 3 | | | 1 | | 8 | |
| | | 1 | 9 | | 3 | 2 | 7 | |
| 4 | | | | | 8 | | | |
| 7 | 2 | | 4 | | 6 | | | |
| | 1 | | | | | | 4 | |
| | | 6 | 3 | | 2 | | 9 | 1 |
| | | | | | | | | 4 |
| | 9 | 5 | 8 | | | 1 | | |
| | 8 | | 5 | | | 3 | 2 | |

11-5

| | | | | | | | | |
|---|---|---|---|---|---|---|---|---|
| | | 1 | | | | | 9 | |
| 2 | 8 | | | | 1 | | 7 | |
| 4 | | | | 9 | | | 2 | 3 |
| | | 7 | | 6 | 2 | | 3 | |
| | | | 5 | | 3 | | 4 | |
| 9 | 6 | | 1 | 4 | | | | 5 |
| 7 | | | | 8 | | | | 4 |
| | 3 | | 4 | 1 | | | 8 | 5 |
| | 1 | | | | | 9 | | |

11-6

| | | | | | | | | |
|---|---|---|---|---|---|---|---|---|
| | | 2 | 4 | | | | | 3 |
| | | | 3 | | 7 | | | |
| | 6 | 7 | | 5 | | 2 | 1 | |
| | | | 7 | | | | 2 | 1 |
| | 8 | | 6 | 9 | | | 4 | |
| 6 | 2 | | | | 3 | | | |
| | 9 | 5 | | 8 | | 7 | | |
| | | | 1 | | 5 | | | |
| 8 | | | | | 6 | | | 2 |

11-7

| | | | | | | | | |
|---|---|---|---|---|---|---|---|---|
| 8 | | | | | | 7 | | 9 |
| 2 | | | | 3 | 5 | | 6 | |
| | 6 | 5 | 4 | 8 | | 3 | | |
| | | | | | 2 | 1 | 7 | 8 |
| | 2 | | 1 | | | | 4 | |
| 1 | 8 | 4 | 3 | | | | | |
| | | 1 | | 5 | 6 | 2 | 8 | |
| | | | 2 | 7 | | | | 1 |
| 9 | | | | | | | | 5 |

11-8

| | | | | | | | | |
|---|---|---|---|---|---|---|---|---|
| | 8 | | 1 | 3 | | | | |
| | 3 | | | | 5 | 1 | | 7 |
| | | | | | | 8 | | 9 |
| 7 | | 4 | 6 | | 3 | 2 | | |
| 2 | 9 | | 4 | | | | 8 | 3 |
| | | 8 | | | 2 | 7 | | 5 |
| 5 | | 6 | | 9 | | | | |
| 4 | | 9 | 2 | | | | 5 | |
| | | | | 7 | 4 | | | |

11-9

| | | | | | | | | |
|---|---|---|---|---|---|---|---|---|
| 4 | | | | | 8 | | 6 | |
| 1 | 6 | | 9 | | | | | |
| | 9 | | 3 | | | 1 | | 8 |
| | | 2 | | 8 | | 6 | 4 | |
| 5 | | | | 9 | | | | 1 |
| | 7 | 3 | | 2 | | 8 | | |
| 3 | | 1 | | | | | 5 | 4 |
| 7 | | | | | 4 | | | |
| | 4 | | 7 | | | | | 3 |

11-10

| | | | | | | | | |
|---|---|---|---|---|---|---|---|---|
| 9 | | | | | 2 | 1 | 8 | |
| 8 | | | | | 7 | | | |
| 6 | 3 | | 1 | 4 | | 9 | | 5 |
| | | | | 3 | | | 4 | |
| | | 7 | 4 | 2 | 1 | 3 | | |
| | 6 | | | 7 | | | | |
| 7 | | | | 8 | | | 5 | 6 |
| | | | | | | | | 3 |
| | 8 | 4 | 9 | 5 | | | | 7 |

11-11

| | | | | | | | | |
|---|---|---|---|---|---|---|---|---|
| | | | | 8 | | | 7 | |
| 3 | | 2 | | | 9 | | | 5 |
| 1 | 5 | | | | 6 | | 8 | |
| | | 5 | | | 2 | 4 | | |
| | 7 | | | 9 | | | | |
| | | 9 | 6 | | | 2 | | 7 |
| | 6 | | 1 | | | | 3 | 8 |
| 7 | | 8 | 5 | | | 9 | | 1 |
| | | | | 3 | | | | |

11-12

| | | | | | | | | |
|---|---|---|---|---|---|---|---|---|
| | 5 | 7 | 8 | 1 | | | | 4 |
| | | 2 | | | | | | 6 |
| | 4 | | 2 | 7 | | | | 3 |
| 5 | | | | | 7 | | | 8 |
| | | | 1 | | 4 | | | |
| 4 | | 8 | 3 | | | | 1 | |
| 7 | | | | 4 | 3 | | 9 | |
| 8 | | | | | | 7 | | |
| 1 | | | | 6 | 8 | 4 | 3 | |

11-13

| | | | | | | | | |
|---|---|---|---|---|---|---|---|---|
| | | 9 | | | | 6 | 1 | 3 |
| | | 1 | | 6 | 8 | | | |
| 3 | | | | | 4 | | | |
| 9 | | 3 | | 1 | | | 8 | |
| | 1 | 8 | | 4 | | 5 | 9 | |
| | 7 | | | 5 | | 1 | | 6 |
| | | | 6 | | | 3 | | |
| | | | 9 | 8 | | 4 | | |
| 2 | 9 | 6 | | | | 7 | | |

11-14

| | | | | | | | | |
|---|---|---|---|---|---|---|---|---|
| 9 | | | | | 1 | | | |
| 1 | 4 | | 8 | | 9 | 5 | | |
| 7 | | | | | 4 | 9 | | 8 |
| | 3 | 9 | | | | | | |
| | | | 2 | 7 | 3 | | 4 | |
| | | | | | | 8 | | 1 |
| 4 | | 8 | 1 | | | | | 7 |
| | | 7 | 5 | | | | 8 | 6 |
| | | | 3 | | | | | 2 |

11-15

| | | | | | | | | |
|---|---|---|---|---|---|---|---|---|
| | | 3 | | 4 | | | 5 | 8 |
| | 1 | | 6 | 3 | | | | |
| 2 | 4 | | | | | | 1 | 9 |
| 3 | | 8 | | | 1 | 4 | | 2 |
| | | | 3 | | 7 | 9 | | |
| 5 | | 7 | 9 | | | 8 | | |
| 4 | | | | | | | 8 | 3 |
| | | | | 1 | 8 | | 4 | |
| 7 | | | | 5 | | 2 | | |

11-16

| | | | | | | | | |
|---|---|---|---|---|---|---|---|---|
| 1 | 6 | | | | | | | 9 |
| | 9 | | | 3 | | | 8 | |
| 3 | | | 5 | | 1 | 2 | | |
| | 2 | | | | 3 | | 1 | |
| | | 7 | | 6 | 2 | 8 | | |
| | 5 | | 1 | | | | 6 | |
| | 3 | | 6 | | 4 | 5 | | 1 |
| | 4 | | | 7 | | | | |
| 9 | | | | | | | 3 | 7 |

11-17

| | | | | | | | | |
|---|---|---|---|---|---|---|---|---|
| | 4 | | | | | | | 1 |
| | | | | 1 | 3 | 7 | | 4 |
| | 6 | 5 | 7 | | | | 9 | |
| | | | 8 | | | | 3 | 7 |
| 8 | 1 | | | 7 | | | 5 | 6 |
| 3 | 5 | | | | | | | |
| | 9 | | | | | 3 | 8 | |
| 2 | | 1 | 9 | 4 | | | | |
| 6 | | | | | | | 4 | |

11-18

| | | | | | | | | |
|---|---|---|---|---|---|---|---|---|
| 8 | | 2 | | | | 4 | 3 | |
| | 1 | 7 | 4 | 2 | | | | |
| | | | 1 | | | | | 8 |
| | | | | 4 | 1 | 6 | | 2 |
| 5 | | 6 | | 8 | | | | 7 |
| 1 | | 9 | 2 | 7 | | | 5 | |
| 4 | 7 | | | | | | | |
| | | | | 5 | 3 | 9 | 7 | |
| | 6 | | | | | | | 5 |

11-19

| | | | | | | | | |
|---|---|---|---|---|---|---|---|---|
| | 4 | 8 | | | | | | 5 |
| 2 | | | 7 | | 3 | | 6 | |
| | | | | | 8 | | 1 | |
| | | 3 | | 9 | | | 5 | |
| 4 | | 6 | | 5 | | 9 | | 8 |
| | 7 | | | 6 | | 3 | | |
| | 8 | 7 | 1 | | | | | |
| 5 | | | 2 | | 9 | | | 6 |
| 1 | | | 6 | | | 7 | 4 | |

11-20

| | | | | | | | | |
|---|---|---|---|---|---|---|---|---|
| | 9 | | 4 | | | | | 5 |
| | | | | | 3 | 4 | 2 | 6 |
| | | | 5 | | | | 9 | |
| | | | | 8 | 6 | 5 | 3 | |
| 5 | | 9 | | 1 | | | 6 | 8 |
| | 8 | | 2 | 4 | | | | |
| | 7 | | | | | 8 | | |
| 8 | 1 | 5 | 6 | | 2 | 3 | 4 | |
| 2 | | | | | 9 | | 7 | |

11-21

| | | | | | | | | |
|---|---|---|---|---|---|---|---|---|
| | 9 | | | 5 | 1 | 8 | | |
| | 2 | | | | | 4 | 9 | |
| 3 | | 4 | | 2 | 6 | | | |
| | | | | 9 | 3 | | | 1 |
| 5 | | | 6 | | 4 | | 3 | 8 |
| | | | 1 | 8 | | | | |
| | | | | 6 | | | | 2 |
| | 7 | 3 | | | | | 5 | 4 |
| | 5 | 6 | 8 | 4 | | | 1 | |

11-22

| | | | | | | | | |
|---|---|---|---|---|---|---|---|---|
| 4 | 7 | | 6 | | | | 9 | |
| | | | | | 5 | 3 | 2 | 7 |
| 5 | | | | 9 | 2 | | | 8 |
| | 8 | | | 3 | | 7 | | |
| | 1 | | | | | | 3 | |
| | | 3 | | 2 | 1 | | 4 | |
| 1 | | | 3 | | | | | |
| 9 | 6 | 7 | 4 | | | | | |
| | 4 | | | | 6 | | 8 | 1 |

11-23

| | | | | | | | | |
|---|---|---|---|---|---|---|---|---|
| | | | 8 | | 3 | | 4 | 9 |
| | | 3 | | 6 | | | | |
| 6 | 8 | 9 | 4 | 2 | | 7 | | |
| 3 | 2 | 5 | 9 | | | | | |
| | 1 | | | 8 | | 3 | | |
| | | | | | 7 | 5 | 1 | 2 |
| | | 2 | | | | 9 | 6 | 4 |
| | 7 | | | 3 | 4 | | 2 | |
| | 6 | | 2 | | 1 | | | |

11-24

| | | | | | | | | |
|---|---|---|---|---|---|---|---|---|
| | 2 | 1 | | 8 | | 3 | | |
| | | 4 | | | | | 2 | 8 |
| | | 7 | 3 | | | | 1 | 4 |
| | | 6 | | | 1 | | 3 | 9 |
| | | | 7 | 6 | 4 | | | |
| 4 | | | 5 | | | | | 1 |
| 3 | 6 | | | | | 1 | | |
| 2 | 7 | | | 1 | | 9 | | |
| | | 8 | | 3 | | 2 | 7 | |

11-25

| | | | | | | | | |
|---|---|---|---|---|---|---|---|---|
| 1 | | | | 4 | 2 | 6 | 5 | |
| | 2 | | | | | | | 3 |
| | | 4 | 6 | | | | | 8 |
| | | | | 3 | 9 | 2 | | |
| | | | 8 | | 1 | | | 6 |
| | | 2 | 4 | 5 | | | | |
| 9 | 1 | | 5 | | 3 | 7 | | |
| 3 | | | | | | | | |
| | 4 | 6 | 9 | 8 | | | | 5 |

11-26

| | | | | | | | | |
|---|---|---|---|---|---|---|---|---|
| 5 | | 1 | 9 | | | | 6 | |
| | | 2 | | | 5 | 7 | | |
| 7 | 4 | | | 8 | | | 2 | |
| 2 | | | | 4 | 1 | 3 | | |
| | 7 | | | | | | | |
| | 5 | 6 | 8 | 7 | | | | 9 |
| 9 | | | | 6 | 3 | | 1 | 5 |
| | | 3 | 1 | | | 9 | | |
| | 1 | | | | 4 | 2 | | 8 |

11-27

| | | | | | | | | |
|---|---|---|---|---|---|---|---|---|
| 7 | | | | | 2 | 4 | 3 | |
| | | 1 | | | 6 | | 9 | |
| 2 | 4 | | | | 9 | 8 | | |
| | | | | | | 6 | 7 | |
| | 2 | | | 4 | | | 5 | 1 |
| | 1 | 8 | 9 | | 5 | | | |
| 4 | | | 8 | | | | 2 | 7 |
| | 7 | | 5 | | | 1 | | |
| | 9 | 2 | 3 | 6 | | | | |

11-28

| | | | | | | | | |
|---|---|---|---|---|---|---|---|---|
| 4 | | 8 | | 6 | | 7 | 9 | |
| | | | | | | | | 6 |
| | | | 7 | | 8 | | 4 | 2 |
| | 2 | 4 | 1 | | | | 5 | 7 |
| | 8 | | | | 3 | | 6 | |
| 1 | 7 | | | | | 9 | 8 | |
| 9 | 6 | | 3 | | 5 | | | |
| | | | | | 1 | | | |
| | 4 | | | 9 | | 1 | | 5 |

11-29

| | | | | | | | | |
|---|---|---|---|---|---|---|---|---|
| | | 3 | | 6 | | | | |
| | | 6 | 9 | | | | 4 | 1 |
| | | 5 | 8 | | 7 | | | |
| | | | | | | | 3 | 8 |
| 2 | 6 | | 1 | 3 | 4 | | | 9 |
| | 9 | | | | 8 | | | |
| | | | 6 | | 9 | 3 | 7 | |
| 7 | 5 | | | | 2 | 4 | | |
| | | 4 | | 5 | | 8 | | |

11-30

| | | | | | | | | |
|---|---|---|---|---|---|---|---|---|
| 2 | | 9 | | 8 | | | | |
| 3 | 6 | | 4 | | | | 9 | |
| | | | | | | 2 | | 3 |
| | | 7 | | 4 | 2 | 9 | | |
| | 3 | | | | | | 8 | |
| | | 1 | 5 | | | 4 | | |
| 7 | | 2 | | | 3 | | | |
| | 4 | 8 | | | 5 | | 7 | 6 |
| | | | | 1 | | 8 | | 5 |

11-31

| | | | | | | | | |
|---|---|---|---|---|---|---|---|---|
| 4 | | | | | | | | |
| | 9 | | 6 | | | 1 | | 5 |
| | 6 | | 8 | | 5 | 4 | | 7 |
| | | 2 | 5 | | | | | 6 |
| | 5 | | | 6 | | | 2 | |
| 6 | | | | | 9 | 3 | | |
| 9 | | 8 | 2 | | 4 | | 1 | |
| 3 | | | | | 1 | | 9 | |
| | | 4 | | 3 | | 8 | | 2 |

11-32

| | | | | | | | | |
|---|---|---|---|---|---|---|---|---|
| | | 8 | | | | 2 | | |
| | 1 | 4 | 7 | 2 | | 6 | 3 | |
| 7 | | | | | 5 | | | |
| 5 | | 6 | | | 9 | | 4 | |
| | | | | 3 | | | | |
| | 4 | | 2 | | | 1 | | 8 |
| | | | 1 | | | | 2 | 9 |
| | 9 | 5 | | | 7 | 3 | | |
| | | 3 | | 5 | | 8 | | |

11-33

| | | | | | | | | |
|---|---|---|---|---|---|---|---|---|
| | | | 7 | | | | | 4 |
| | | | 2 | | | 1 | 5 | |
| 5 | 7 | 9 | | | 3 | | | |
| | | 5 | | | 4 | 2 | 3 | |
| 6 | 9 | | | 2 | | | 7 | 1 |
| | 4 | 8 | 1 | | | | | |
| | | | 6 | 7 | | 8 | 2 | 3 |
| | 6 | 2 | | | 5 | | | |
| 1 | | | | | | | | |

11-34

| | | | | | | | | |
|---|---|---|---|---|---|---|---|---|
| | | 9 | 1 | | 5 | 2 | | |
| | | 4 | | | | | | 3 |
| 3 | 1 | | 7 | | | | | |
| | | | | 6 | | 4 | 8 | |
| 9 | | | 2 | 1 | | | 5 | 7 |
| | 8 | 5 | | 9 | | | | |
| | | | | | 2 | | 7 | |
| 4 | 5 | | | | | 3 | | |
| | | 7 | 9 | | 6 | 5 | | 1 |

11-35

| | | | | | | | | |
|---|---|---|---|---|---|---|---|---|
| | | | | 9 | 1 | 8 | 7 | |
| | | | 3 | 5 | | 1 | | 6 |
| 2 | | 6 | | | 7 | 9 | | |
| 4 | | | | 3 | | | | |
| | 9 | | | | 8 | | 5 | |
| | | | 1 | 2 | | | 9 | 3 |
| | | 8 | 9 | | | 5 | | 7 |
| 3 | | 5 | | 8 | | | | |
| | | 1 | 4 | 7 | | | 6 | |

11-36

| | | | | | | | | |
|---|---|---|---|---|---|---|---|---|
| | 8 | 1 | | | 7 | | | |
| | | | 2 | | | 3 | | 6 |
| 6 | | | | 9 | 3 | | | 7 |
| 1 | | 5 | | 3 | | 8 | | |
| | | | 6 | 5 | | | | |
| | | 7 | | 4 | | 6 | | 1 |
| 2 | | | 9 | 7 | | | 3 | |
| 5 | | 9 | | | 4 | | | |
| | 4 | | | 1 | | 2 | 7 | |

11-37

| | | | | | | | | |
|---|---|---|---|---|---|---|---|---|
| | | | 5 | | 1 | | 3 | 9 |
| | | 3 | | | 6 | | 8 | |
| 6 | | 5 | | | | | | 2 |
| 5 | | 1 | | | 8 | | 4 | |
| | | | | 5 | 2 | | | |
| | 4 | | 6 | | | 7 | | |
| 7 | | | | | | 4 | | 8 |
| | 9 | | 8 | | 7 | 2 | | |
| 4 | 3 | | 1 | 2 | | | | |

11-38

| | | | | | | | | |
|---|---|---|---|---|---|---|---|---|
| 3 | | 2 | | | 7 | 6 | | |
| | | | 9 | | 8 | | | 3 |
| | 9 | | 2 | | | 5 | | 7 |
| 6 | 3 | | | | | | | |
| | | | 3 | 7 | 9 | | 1 | |
| | | | | | | | 7 | 8 |
| 5 | | 4 | | | | | 6 | |
| | | | 8 | | 2 | | | |
| | | 6 | 1 | | | 2 | | 9 |

11-39

| | | | | | | | | |
|---|---|---|---|---|---|---|---|---|
| | 7 | | | | 5 | 2 | | 6 |
| 1 | | | | | | 9 | | |
| 2 | 3 | | 1 | | | 5 | | |
| | | | | | 8 | 7 | 6 | 3 |
| 8 | | | | 5 | | | | 1 |
| | 1 | 3 | | | | | 2 | |
| | | 1 | 7 | | 3 | | 5 | 4 |
| | | 8 | | | | | | 9 |
| 3 | | 7 | 4 | | | | 8 | |

11-40

| | | | | | | | | |
|---|---|---|---|---|---|---|---|---|
| | | 5 | | 4 | | 2 | | 1 |
| 7 | | 1 | | 9 | | 6 | | |
| | | 4 | | | 3 | | 8 | |
| | | | 9 | | | | 3 | |
| | | 8 | 7 | 2 | 5 | 9 | | |
| | 9 | | | | 1 | 8 | | 7 |
| | 7 | | 2 | | | 3 | | |
| | | 3 | | | | 5 | | 4 |
| | | 2 | | 8 | | 1 | | |

11-41

| | | | | | | | | |
|---|---|---|---|---|---|---|---|---|
| 5 | | | | 4 | | 8 | | 9 |
| | 9 | 2 | | | | | | 1 |
| 3 | | | 9 | 8 | 5 | 6 | | |
| | 5 | 1 | | | 8 | | | |
| | | | | 9 | | | | |
| | | | 7 | | | 3 | | 6 |
| | | 8 | 4 | | 7 | | | 2 |
| 2 | | | | | | 7 | 1 | |
| 9 | | 6 | | 1 | 3 | | | 5 |

11-42

| | | | | | | | | |
|---|---|---|---|---|---|---|---|---|
| | | | 3 | | | | | 9 |
| | 7 | 6 | | | 5 | 1 | | 8 |
| 3 | | 8 | | 7 | | | 6 | |
| | | | | 6 | | | | 3 |
| 9 | | 4 | | 1 | | 2 | | 7 |
| 8 | | | | 2 | | 6 | | |
| | 5 | 7 | | 3 | 8 | 9 | | 2 |
| 1 | | 9 | 7 | | | 5 | 8 | |
| | | | 6 | | | | | 1 |

11-43

| | | | | | | | | |
|---|---|---|---|---|---|---|---|---|
| 6 | | | | 5 | | | 8 | 2 |
| | | 8 | | | 7 | 9 | | |
| | 9 | 7 | 4 | | 3 | | | |
| 8 | 3 | | | | 9 | | 2 | |
| | | | | | | | | |
| | | | 2 | | | | 5 | 3 |
| | | | 7 | | 8 | 6 | 9 | |
| | | 6 | 5 | | | 3 | | |
| 5 | | | | 4 | | | | 7 |

11-44

| | | | | | | | | |
|---|---|---|---|---|---|---|---|---|
| 2 | | 8 | | | | | | 4 |
| | 3 | | 2 | 8 | 9 | | 6 | 1 |
| | 9 | | | | | 8 | | |
| | | | | | 8 | 4 | | 2 |
| 9 | | | | 2 | | | | 3 |
| 6 | | 5 | 7 | | | | | |
| | | | | | | 7 | | |
| 5 | 7 | | 3 | 6 | | | 1 | |
| 3 | | | | 1 | | 9 | | 5 |

11-45

| | | | | | | | | |
|---|---|---|---|---|---|---|---|---|
| 6 | | | | 3 | 9 | 8 | 1 | 2 |
| | | | 6 | | | | 5 | 4 |
| | | 4 | | | 5 | | | |
| | 9 | | | 8 | | 4 | | |
| | 6 | | | | | | 7 | |
| 4 | | 7 | | 1 | | | 8 | |
| | | | 3 | | | 9 | | |
| 1 | 3 | | | | 2 | | | 7 |
| 8 | 5 | 6 | 7 | | 4 | | | |

11-46

| | | | | | | | | |
|---|---|---|---|---|---|---|---|---|
| | | 9 | 5 | | | 3 | | 7 |
| | | | 6 | 9 | 8 | | | |
| | 8 | 2 | | | 7 | | | |
| 7 | | | 8 | | | 5 | | |
| 6 | 3 | | | 5 | | | 7 | 4 |
| | | 1 | | 4 | | | | 2 |
| 8 | | | 4 | | | 1 | 2 | |
| | | | 9 | 3 | 1 | | | |
| 3 | | 7 | | | | 6 | | |

11-47

| | | | | | | | | |
|---|---|---|---|---|---|---|---|---|
| 7 | | | | | 9 | | 2 | 5 |
| | 8 | | 1 | | | | | 3 |
| | | 3 | | 5 | 8 | 6 | 9 | |
| | 7 | | 6 | | 3 | 5 | | |
| | | | 2 | | | | | 4 |
| | 3 | 2 | | | 4 | | 1 | |
| | 1 | 9 | 5 | 4 | | 2 | | |
| 8 | | | | | 2 | 1 | | |
| | 2 | | 9 | | | | | 7 |

11-48

| | | | | | | | | |
|---|---|---|---|---|---|---|---|---|
| 7 | | 2 | | 8 | | | | |
| | 3 | | | 1 | | | | 4 |
| | | 8 | 6 | | | | 9 | 1 |
| | 6 | | 1 | | 9 | 3 | | 2 |
| 5 | | | | | | | 7 | |
| | 4 | | 3 | | 7 | | | |
| | | | | | 5 | | | |
| 2 | | | 7 | | | 4 | | 8 |
| 1 | | 5 | | 6 | | | | 3 |

11-49

| | | | | | | | | |
|---|---|---|---|---|---|---|---|---|
| | | | 4 | | 5 | | | |
| 8 | | 6 | | | | | | |
| | | 1 | | | 8 | 4 | 9 | 6 |
| | 7 | 3 | 2 | | | 8 | 5 | |
| | | | | | | 2 | | 3 |
| | | | 8 | | 6 | | | |
| | 3 | | 7 | | | 6 | | 5 |
| 7 | | | 6 | | 9 | | | 2 |
| 5 | | 8 | | | 3 | | 4 | 9 |

11-50

| | | | | | | | | |
|---|---|---|---|---|---|---|---|---|
| | | 7 | 4 | 5 | | | | |
| | 2 | 4 | | 1 | | 8 | | 9 |
| | | 8 | | 7 | 9 | 4 | | |
| | 9 | 6 | | | 1 | | | 3 |
| 7 | | | | 2 | | | | 1 |
| 2 | | | | | | 9 | 8 | |
| | | 1 | 8 | 4 | | 2 | | |
| 8 | | | | 3 | | 6 | 1 | |
| | | | | | 5 | | 4 | |

11-51

| | | | | | | | | |
|---|---|---|---|---|---|---|---|---|
| | | | 1 | | | 8 | 2 | |
| | 1 | | 7 | 4 | 6 | | | 3 |
| | 9 | 3 | | | | | 7 | |
| | | | | | | 5 | 4 | |
| 7 | | | 5 | 3 | 1 | 2 | | |
| | 6 | 2 | | | | | | |
| 9 | | | | | | 7 | 1 | 5 |
| 1 | | | 9 | | 2 | | | 6 |
| | 8 | 5 | 6 | | | | | |

11-52

| | | | | | | | | |
|---|---|---|---|---|---|---|---|---|
| | 5 | 7 | 6 | | 4 | | 3 | 2 |
| | 2 | | | | | 1 | | 6 |
| | 9 | | | 2 | 5 | | | |
| | | 9 | 5 | | | | | 7 |
| 7 | 1 | | | 4 | | 2 | | 5 |
| 6 | | | 1 | | 2 | 8 | | |
| 5 | | | 2 | 3 | | | 7 | |
| 4 | 8 | 3 | | | | | | |
| | 7 | | | | 1 | 6 | 8 | |

11-53

| | | | | | | | | |
|---|---|---|---|---|---|---|---|---|
| | | 1 | 4 | | | | | 6 |
| 4 | 8 | | | 5 | | | 1 | |
| 5 | | | | | 6 | 7 | | |
| | | 7 | 5 | | | 6 | | 1 |
| | 6 | 5 | | 4 | | 3 | 9 | |
| 1 | | 8 | | | 9 | 4 | | |
| | | 2 | 1 | | | 8 | | 7 |
| | 1 | 4 | 9 | 6 | | 2 | 5 | |
| 8 | | 3 | | | 4 | 1 | | |

11-54

| | | | | | | | | |
|---|---|---|---|---|---|---|---|---|
| | | 5 | | 1 | | 9 | | 7 |
| 6 | 4 | | | 2 | | | | |
| | | 2 | 8 | | 9 | 6 | | |
| | 5 | | 3 | | | | 8 | |
| 4 | | | | 5 | 8 | | | |
| | 9 | | 1 | | | | 3 | |
| | | 1 | 2 | | 3 | 4 | | |
| 2 | 7 | | | | | | | 1 |
| | | 8 | | 9 | | 7 | | 2 |

11-55

| | | | | | | | | |
|---|---|---|---|---|---|---|---|---|
| | 9 | | 8 | 4 | 3 | 1 | | |
| 5 | 7 | 4 | | 1 | | | 8 | |
| | | | 2 | | | 9 | 6 | |
| | 2 | 5 | | 6 | | | 7 | |
| 9 | | | | | | 4 | | |
| 8 | | 3 | | | 4 | | 2 | 6 |
| | | | | | 5 | 3 | | |
| | | 9 | | | 2 | | | |
| 2 | 3 | 6 | 1 | 8 | | | | 5 |

11-56

| | | | | | | | | |
|---|---|---|---|---|---|---|---|---|
| 1 | 6 | | 8 | | | 3 | 5 | |
| 3 | 4 | | | | 6 | | | |
| | | | | | 1 | | 2 | 4 |
| | | 5 | 4 | | 7 | 8 | 3 | |
| 4 | | 8 | 2 | | | | 7 | 6 |
| | | | | | 5 | | | 9 |
| | 2 | 6 | 9 | | | 7 | | 1 |
| 7 | | | | 2 | | 9 | | |
| 9 | | 1 | 7 | | | | | 5 |

11-57

| | | | | | | | | |
|---|---|---|---|---|---|---|---|---|
| 8 | 5 | 7 | 1 | | | 3 | 4 | 2 |
| | 6 | 4 | 7 | 8 | | | 1 | |
| 1 | | | 3 | | 5 | 8 | | |
| 9 | | | | | | 4 | | |
| | 4 | | 9 | 5 | 1 | | 6 | |
| | | 5 | | | 8 | 2 | | 1 |
| | | 1 | 6 | | | | | 7 |
| | 9 | | | 1 | | | 5 | |
| 4 | 3 | 6 | | | 7 | 1 | 2 | 8 |

11-58

| | | | | | | | | |
|---|---|---|---|---|---|---|---|---|
| 5 | | | 9 | | 7 | 1 | | |
| | 4 | 6 | | | 3 | | | |
| 2 | | | 6 | | | | 9 | 8 |
| 6 | 5 | | | 8 | | | | 3 |
| | | | | | | 5 | 8 | |
| | 9 | | | 3 | 4 | | | 1 |
| 1 | | | 4 | 5 | | | 3 | 2 |
| | 7 | 2 | | | 1 | | | |
| 8 | | | 7 | | 2 | 9 | | |

11-59

| | | | | | | | | |
|---|---|---|---|---|---|---|---|---|
| 8 | | 3 | 9 | 5 | | | | 1 |
| | | | | 4 | | 2 | | 6 |
| | 4 | 2 | | | 3 | 8 | | |
| | 3 | | 6 | | | | | 2 |
| | | | 5 | | 8 | 1 | | |
| 7 | 5 | | 4 | | | | 8 | 3 |
| | 1 | 5 | | | 4 | 7 | | |
| | | | | 7 | | 5 | | 9 |
| 2 | | 9 | 1 | | | | | 4 |

11-60

| | | | | | | | | |
|---|---|---|---|---|---|---|---|---|
| 1 | | | | | 2 | 8 | | 7 |
| | 6 | | | 1 | 4 | 2 | 5 | |
| | | 4 | 8 | | 3 | 1 | | |
| 4 | | | | | 1 | | | 6 |
| | 5 | | | 8 | | | 1 | |
| | | 6 | 5 | | | 7 | | |
| 5 | | | | | 7 | 6 | | 1 |
| | 4 | | | 6 | 5 | 3 | 9 | |
| | | 9 | 1 | | 8 | 4 | | |

# 第十二章

| | | | | | | | | |
|---|---|---|---|---|---|---|---|---|
| 1 | 2 | 4 | 8 | 7 | 9 | 3 | 6 | 5 |
| 3 | 8 | 6 | 5 | 4 | 2 | 1 | 9 | 7 |
| 5 | 9 | 7 | 3 | 1 | 6 | 8 | 2 | 4 |
| 7 | 3 | 2 | 4 | 9 | 1 | 6 | 5 | 8 |
| 9 | 4 | 5 | 7 | 6 | 8 | 2 | 1 | 3 |
| 6 | 1 | 8 | 2 | 3 | 5 | 4 | 7 | 9 |
| 8 | 5 | 3 | 6 | 2 | 7 | 9 | 4 | 1 |
| 2 | 7 | 1 | 9 | 8 | 4 | 5 | 3 | 6 |
| 4 | 6 | 9 | 1 | 5 | 3 | 7 | 8 | 2 |

# 九字（9×9）对角线数独

# 第一节　九字对角线数独的性质

九字对角线数独是在九字标准数独的基础上增加了一些额外的条件与要求，如两条对角线上的9个小方格中的数字1～9不重复。

如图12-1所示，九字对角线数独的规则：

1. 每行9个小方格中的数字，1 ~ 9不重复；
2. 每列9个小方格中的数字，1 ~ 9不重复；
3. 9个3×3九宫格中的数字，1 ~ 9不重复；
4. 两条对角线上的9个小方格中的数字，1 ~ 9不重复。

| | | | | | | | | |
|---|---|---|---|---|---|---|---|---|
| 1 | 2 | 4 | 8 | 7 | 9 | 3 | 6 | 5 |
| 3 | 8 | 6 | 5 | 4 | 2 | 1 | 9 | 7 |
| 5 | 9 | 7 | 3 | 1 | 6 | 8 | 2 | 4 |
| 7 | 3 | 2 | 4 | 9 | 1 | 6 | 5 | 8 |
| 9 | 4 | 5 | 7 | 6 | 8 | 2 | 1 | 3 |
| 6 | 1 | 8 | 2 | 3 | 5 | 4 | 7 | 9 |
| 8 | 5 | 3 | 6 | 2 | 7 | 9 | 4 | 1 |
| 2 | 7 | 1 | 9 | 8 | 4 | 5 | 3 | 6 |
| 4 | 6 | 9 | 1 | 5 | 3 | 7 | 8 | 2 |

图12-1

# 第二节　解题方法与技巧

九字对角线数独的解题方法与九字标准数独的解题方法相似，只是要多考虑一下对角线的因素，正因为有这一条件的限制，所以对角线数独的解题要比标准数独稍容易些。但是，一般对角线数独要求的已知数也相对比标准数独要少一些。为了保证数独答案的唯一性，在九字标准数独中，已知数不得少于17个，而对角线数独中的已知数就可以少于17个。

例1：如图12-2所示为九字对角线数独谜题，解题方法和步骤如下。

第一步：在从左上角至右下角的这条对角线上，共有9、5、6、1、8这个5个数字，尚缺2、3、4、7这4个数字。我们可以从这条对角线上寻找突破口。先看（7，7）格，在第七列中已有数字9、2、3、7；在第七行上已有8，6。将这条对角线上已有的9、5、6、1、8，第七列上已有的9、2、3、7和第七行上已有的8、6这3组数字放在一起发现尚缺数字4，则4便是（7，7）格中的唯一数。

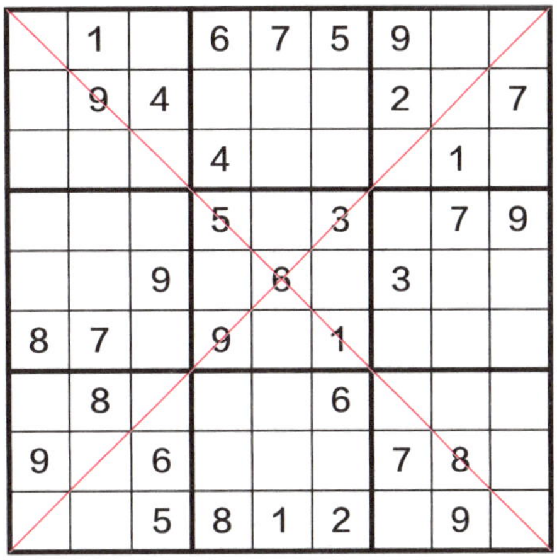

图12-2

第二步：接下来看（9，9）格，在从左上角至右下角的这条对角线上尚缺2、3、7这3个数字。由于在第九列中已有7，在第九行上已有2，所以（9，9）格中只能是3。

第三步：再看（1，1）格中的允许数为2、7，由于在第一行中已7，所以（1，1）格中应为2，而在（3，3）格中应为7，如图12-3所示。

这是从对角线入手来解题的方法，接下来可用一般的解题方法继续解题，在此就不再详细介绍了。但是，不是解所有的对角线数独题都是先从对角线入手，而是要根据所给的数独题进行具体分析，找出突破口，有时则是中间的求解过程中用到此法。此题的最终答案如图12-4所示。

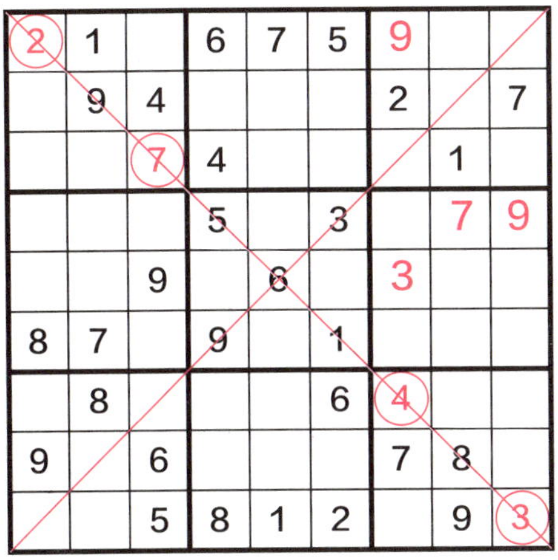

图12-3

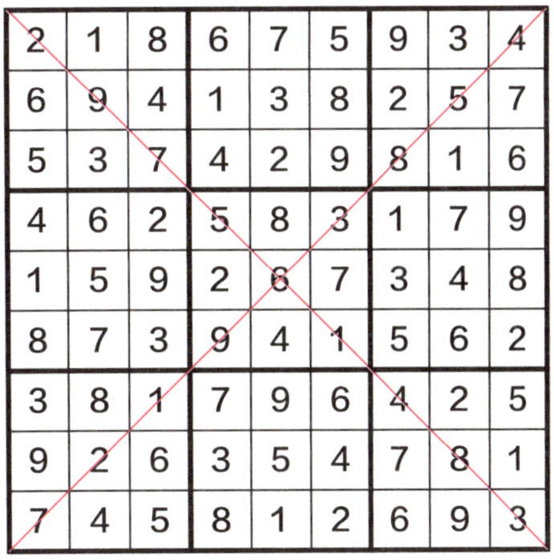

图12-4

例2：图12-5是一个非常有趣的对角线数独的例子。它的特点是有18个已知数，而且都集中在下半部。

第一步：采用从目的数作标线的方法，从第六宫、第七宫和第八宫中的1向第九宫中引标线，得到（7，9）格中的数字为1，如图12-6所示。

第二步：采用前述的方法，找到第七宫、第九宫的其他空格中的数字。利用对角线数独的性质来找其他格中的数字。先看（6，4）格，它位于第六行，在该行中有7、3、8、1、

| | | | | | | | | |
|---|---|---|---|---|---|---|---|---|
| | | | | | | | | |
| | | | | | | | | |
| | | | | | | | | |
| | | | | | | | | |
| | | | | | | | | |
| 7 | | 3 | | 8 | | 1 | | 5 |
| | 8 | | 9 | | 7 | | 6 | |
| 5 | | 1 | | 3 | | 9 | | 7 |
| | 4 | | 2 | | 1 | | 3 | |

图12-5

| | | | | | | | | |
|---|---|---|---|---|---|---|---|---|
| | | | | | | | | |
| | | | | | | | | |
| | | | | | | | | |
| | | | | | | | | |
| | | | | | | | | |
| 7 | | 3 | | 8 | | 1 | | 5 |
| | 8 | | 9 | | 7 | | 6 | 1 |
| 5 | | 1 | | 3 | | 9 | | 7 |
| | 4 | | 2 | | 1 | | 3 | |

图12-6

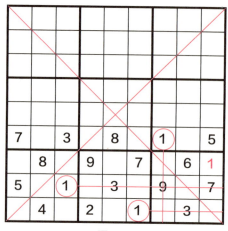

5共5个数字，同时，它又位于1条对角线上，而在这条对角线上有2、6、9这3个数字，所以可在（6，4）格上排除以上这8个数字，从而得到唯一数4。接下来再看（1，9）格，这一格位于第九列，而在这一列上有5、1、7、8这4个数字。同时，这一格又在一条对角线上，而该对角线上有4、2、6、9这4个数字，从而（1，9）格中得到数字3，如图12-7所示。

第三步：下面的解法就不一一赘述了。最终答案如图12-8所示。[提示：先求出两条对角线上的数字，运算比较麻烦一些。根据第六行、第四列和从右上角至左下角的对角线上3组数字，得到（6，4）格中应填入数字4，然后求出（6，2）格、（6，6）格和（6，8）格中的数字2、6、9，由于（7，8）格中有数字6，（8，8）格中有数字2，则（6，8）格中应填入数字9。再看（6,2）格和（6,6）尚缺2个数字，由于第二列中有数字6，则（6，6）格中应填入数字6，（6，2）格中应填入数字2。由第一列和从左上角至右下角的对角线上两组数字可得到（1，1）格中应填入数字1。同理，由第九列和从右上角至左下角的对角线上两组数字，得到（1，9）格中应填入数字3。从第五列和两条对角线上的3组数字，得到（5，5）格中应填入数字7。往下先求出两条对角线上的数字后，逐步求解。]

| | | | | | | | | |
|---|---|---|---|---|---|---|---|---|
| | | | | | | | | 3 |
| | | | | | | | | |
| | | | | | | | | |
| | | | | | | | | |
| | | | | | | | | |
| 7 | | 3 | 4 | 8 | | 1 | | 5 |
| 3 | 8 | 2 | 9 | 5 | 7 | 4 | 6 | 1 |
| 5 | 6 | 1 | | 3 | | 9 | 2 | 7 |
| 9 | 4 | 7 | 2 | 6 | 1 | 5 | 3 | 8 |

图12-7

| | | | | | | | | |
|---|---|---|---|---|---|---|---|---|
| 1 | 7 | 4 | 6 | 9 | 8 | 2 | 5 | 3 |
| 2 | 9 | 8 | 5 | 4 | 3 | 7 | 1 | 6 |
| 6 | 3 | 5 | 7 | 1 | 2 | 8 | 4 | 9 |
| 8 | 1 | 9 | 3 | 2 | 5 | 6 | 7 | 4 |
| 4 | 5 | 6 | 1 | 7 | 9 | 3 | 8 | 2 |
| 7 | 2 | 3 | 4 | 8 | 6 | 1 | 9 | 5 |
| 3 | 8 | 2 | 9 | 5 | 7 | 4 | 6 | 1 |
| 5 | 6 | 1 | 8 | 3 | 4 | 9 | 2 | 7 |
| 9 | 4 | 7 | 2 | 6 | 1 | 5 | 3 | 8 |

图12-8

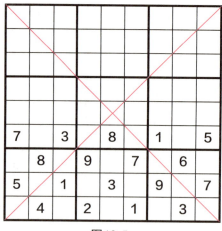

# 第三节 本章练习题

12-1

| | | | | | | | | |
|---|---|---|---|---|---|---|---|---|
| | | | | 5 | 2 | | | |
| 2 | | 4 | | | | 7 | 3 | |
| | | | | | | | 6 | 1 |
| | 5 | | | | 1 | 8 | | 9 |
| 1 | 9 | | 3 | 4 | 7 | | | |
| | | | | | | 4 | | 3 |
| 8 | | | | 9 | | 1 | 2 | 6 |
| 9 | | 2 | | 3 | | | | 4 |
| | | | 5 | | | | | |

12-2

| | | | | | | | | |
|---|---|---|---|---|---|---|---|---|
| | 5 | | 8 | | 4 | | 7 | |
| 8 | | 3 | 2 | | | | | |
| | 2 | | | | | | | 1 |
| 2 | | | | | | 7 | | |
| | 9 | 5 | 7 | | | 2 | | |
| | 1 | 4 | | 9 | | | | |
| | 3 | | 1 | 5 | | 9 | | |
| 9 | | 1 | 4 | | | | 6 | 8 |
| | 8 | | 6 | | | | 4 | |

12-3

| | | | | | | | | |
|---|---|---|---|---|---|---|---|---|
| | | 6 | 5 | 9 | | | 7 | |
| | | 4 | 8 | | | | 6 | 3 |
| 9 | | | | | | | | 2 |
| | | | 3 | | 2 | 7 | | 6 |
| | 6 | | | | 9 | | | 1 |
| 7 | | 1 | 4 | | | | 3 | |
| 1 | | | | | | | | |
| | 7 | | | 8 | 4 | | 9 | 5 |
| | | 8 | | | 6 | | 1 | |

12-4

| | | | | | | | | |
|---|---|---|---|---|---|---|---|---|
| 3 | | 7 | | | | | | |
| | | | | 2 | 4 | | | |
| 5 | | 9 | | | | 4 | | 3 |
| | 1 | 5 | | | 3 | | | |
| | | | | 8 | | | 7 | 6 |
| 9 | | | 2 | | | | | |
| | 8 | | | 1 | | 5 | 3 | |
| 1 | | | | 9 | 2 | | | 7 |
| | 9 | | 8 | | | | | 2 |

12-5

| | | | | | | | | |
|---|---|---|---|---|---|---|---|---|
| | 6 | | 8 | | 2 | 1 | | 7 |
| 3 | | 7 | | | | | | |
| | 5 | | 6 | | 4 | | 8 | |
| | | | | | | 5 | | |
| 4 | | | 2 | 6 | 3 | 9 | | |
| 8 | | 1 | | | | | 7 | 6 |
| | | | | | | 4 | | |
| 6 | | 9 | 1 | | 8 | | | 5 |
| | 2 | | 4 | | | | 6 | |

12-6

| | | | | | | | | |
|---|---|---|---|---|---|---|---|---|
| 5 | | 1 | | | | | 9 | |
| | | | 9 | | | 1 | | 8 |
| 4 | | 6 | | | | | | |
| | 3 | | | | 9 | | 8 | 6 |
| | | | | 3 | 4 | | 2 | |
| 2 | | 9 | | | | | | |
| | | | | | | 9 | | 3 |
| | | | 7 | 6 | | | | |
| 7 | 2 | | | | | 5 | | 1 |

12-7

| | | | | | | | | |
|---|---|---|---|---|---|---|---|---|
| | | 5 | 6 | | | | | 7 |
| | 3 | 7 | | 1 | | 6 | | |
| | | | | 8 | 7 | | 9 | |
| | 8 | | 1 | | 5 | | 6 | |
| | 9 | 6 | | | | 3 | | 2 |
| | | | 2 | | 9 | 4 | | |
| | | | | 7 | | 5 | | |
| | | | | | 1 | | | |
| | 7 | 1 | | 5 | | | | |

12-8

| | | | | | | | | |
|---|---|---|---|---|---|---|---|---|
| 4 | | 2 | | | | | 9 | 6 |
| | 8 | 6 | | 3 | 4 | | | 2 |
| | | | | | 2 | 7 | | |
| | 4 | | 6 | 8 | | | | |
| 2 | | 9 | 5 | | 7 | | 3 | |
| | 7 | 3 | | | | | | 1 |
| 6 | | | 7 | | 1 | | | 5 |
| | | | | | 8 | | | |
| 9 | 5 | | | | | 8 | | 3 |

12-9

| | | | | | | | | |
|---|---|---|---|---|---|---|---|---|
| | | 4 | | 5 | | | 8 | 9 |
| | | | 9 | | | 5 | | |
| | | 8 | 4 | 2 | | | | |
| | 5 | | | | 1 | | 2 | 4 |
| 2 | | 3 | | 7 | | | 1 | |
| | | | | | 9 | | 3 | |
| | | | | 3 | | 4 | | |
| | 8 | 1 | | | | | | |
| 3 | | 9 | 5 | 8 | 4 | | | 2 |

12-10

| | | | | | | | | |
|---|---|---|---|---|---|---|---|---|
| 9 | 1 | | 5 | | | | | 2 |
| | | | 2 | | 7 | 8 | | |
| 8 | | 7 | 6 | | | | | 9 |
| | | | 1 | 4 | | 7 | 3 | |
| | 6 | | | | 8 | | | |
| 7 | 9 | | | 6 | | | 1 | |
| | 3 | | | | | | 2 | |
| | | | 4 | 2 | | | | |
| 1 | | | | 7 | | 9 | 4 | 3 |

12-11

| | | | | | | | | |
|---|---|---|---|---|---|---|---|---|
| 2 | | | | | | | | 9 |
| | | 9 | | | 2 | 5 | 4 | |
| 1 | | | 5 | | 8 | | 6 | |
| | | 5 | | 6 | | 3 | | |
| 8 | 9 | | 4 | | 7 | | | |
| | 7 | 1 | | | | | 9 | 5 |
| | | | | | | | | |
| | 8 | | | 4 | | 9 | | 3 |
| 3 | | 7 | 8 | | | 6 | | 1 |

12-12

| | | | | | | | | |
|---|---|---|---|---|---|---|---|---|
| 5 | | 4 | 8 | | | | | 1 |
| | 7 | | | 5 | | | 4 | 3 |
| | | | | 2 | | | | |
| | 9 | | 3 | 7 | | 6 | | |
| 2 | | | | | 9 | 1 | 5 | |
| | | 7 | | | | | | |
| | | 9 | | | | | | |
| | 6 | | | 1 | 2 | 3 | 9 | |
| | 8 | | 9 | | | | | 2 |

12-13

| | | | | | | | | |
|---|---|---|---|---|---|---|---|---|
| 5 | | 6 | | | 3 | | 7 | 4 |
| | | | | 7 | | | | 8 |
| 9 | | 2 | 8 | 6 | | 1 | | |
| | | | | | 2 | | 3 | |
| | 9 | 3 | | | | 5 | | 7 |
| | 2 | 5 | | | 1 | | | |
| | 1 | | 6 | | 9 | | | |
| 8 | | | | | | 4 | 6 | |
| | 3 | | | | | 7 | | |

12-14

| | | | | | | | | |
|---|---|---|---|---|---|---|---|---|
| | | 6 | | | | 1 | 8 | 4 |
| | | | 2 | | 7 | | | 6 |
| | | 1 | | | | 2 | | |
| 8 | | | | 4 | 1 | | 3 | 7 |
| 5 | 9 | | 7 | | 6 | | | |
| | | | | 9 | | 6 | | |
| | 8 | 5 | 6 | | | 3 | 4 | |
| 1 | | | | 2 | 3 | | | |
| | | 4 | | 5 | | 7 | | |

12-15

| | | | | | | | | |
|---|---|---|---|---|---|---|---|---|
| 7 | | | | 5 | | | | 6 |
| | 4 | | | 7 | | 5 | | |
| | | | | 1 | | 4 | 8 | |
| 6 | | | | | | 9 | | 2 |
| 1 | 2 | | | | 5 | | 7 | 4 |
| | | | 1 | | 6 | | 3 | |
| 4 | | | 7 | | | | | |
| | 9 | | 4 | | | 3 | | |
| 3 | | | | 9 | | | | 1 |

12-16

| | | | | | | | | |
|---|---|---|---|---|---|---|---|---|
| | 6 | | 4 | | 1 | 2 | | |
| 9 | | 5 | | | 3 | | 1 | |
| | 7 | | | | 8 | | 4 | |
| | 3 | | | | | 7 | | |
| | | | 1 | 6 | 9 | 3 | | |
| 4 | | 2 | | | | | 5 | |
| | | | | 7 | | 8 | | |
| 6 | | 3 | 2 | | 4 | | | 7 |
| | 1 | 9 | 8 | | | | 6 | |

12-17

| | | | | | | | | |
|---|---|---|---|---|---|---|---|---|
| 4 | | | | | | | | 2 |
| | | | 2 | | 1 | 6 | | |
| 6 | | 1 | | 5 | | 3 | | |
| | 6 | | | 3 | | 1 | 5 | |
| | 7 | | 1 | | 6 | | | |
| | | | | 7 | | | 9 | |
| | | | | 9 | | | | |
| 7 | | | 3 | 2 | | | | 8 |
| 9 | | 2 | | | | | | 5 |

12-18

| | | | | | | | | |
|---|---|---|---|---|---|---|---|---|
| 9 | 7 | | | | | | | 3 |
| | | | 9 | 6 | | 4 | | |
| 8 | | 6 | | | | 2 | | |
| | | 8 | 4 | | | | 3 | |
| 4 | 6 | | | | | | | 2 |
| | | | 7 | 3 | | | | 6 |
| | | 4 | | 2 | | 7 | | 9 |
| | | 2 | 3 | | 8 | | | |
| 1 | | | | 4 | | | | 8 |

12-19

| | | | | | | | | |
|---|---|---|---|---|---|---|---|---|
| 8 | 2 | | | | | | 3 | 6 |
| | | | | 9 | 8 | | | 1 |
| | 3 | | | | 1 | 5 | | |
| | | 2 | 6 | 4 | | | | |
| 1 | | | 7 | | | | 9 | |
| | 5 | 9 | | | | | 6 | |
| 6 | | | 5 | | 2 | | | 7 |
| | | | | | 4 | | | |
| 3 | 7 | | | 8 | | 4 | | 9 |

12-20

| | | | | | | | | |
|---|---|---|---|---|---|---|---|---|
| 5 | | | 1 | 4 | | | | |
| | 3 | | | 5 | 9 | | 6 | 7 |
| | 8 | | | | 7 | | 1 | |
| | | | 7 | | 5 | 9 | 2 | |
| | 6 | 7 | | | | | | 3 |
| | | 3 | 2 | | 8 | 1 | | |
| | | | | 7 | | | | 9 |
| | 9 | | 3 | | | | 4 | |
| | | 8 | | | | 5 | | |

12-21

| | | | | | | | | |
|---|---|---|---|---|---|---|---|---|
| 3 | | | | | | | | 2 |
| | | 2 | 1 | | | | | |
| 9 | | | 5 | | 7 | 4 | 8 | |
| | | | | 8 | | | 7 | |
| 7 | 2 | | | | 4 | | | |
| | 4 | | | | | 6 | 2 | 5 |
| | | 8 | | | | 7 | | |
| | | 3 | 9 | 6 | | | | |
| 1 | | | 7 | | 2 | 8 | | 9 |

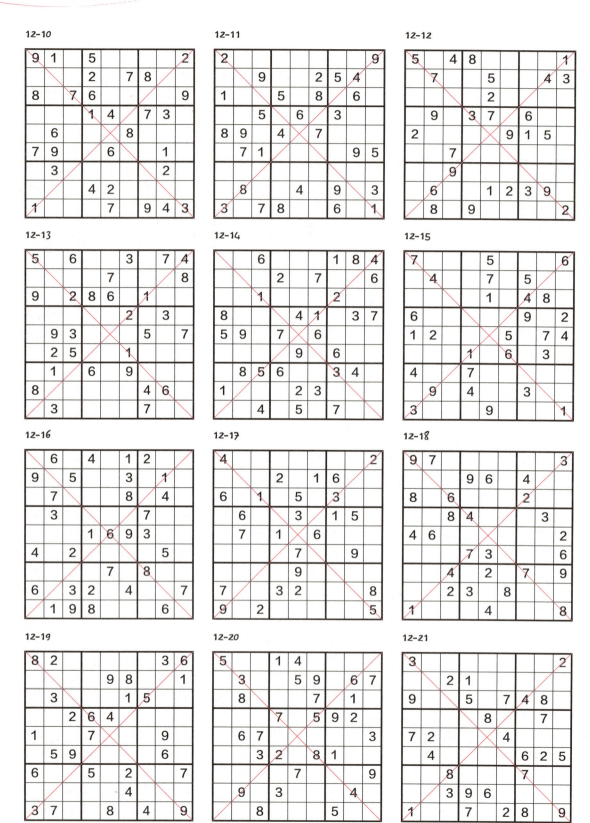

12-22

| | | | | | | | | |
|---|---|---|---|---|---|---|---|---|
| 1 | | 4 | | | | | | 3 |
| | | 3 | | | 1 | 7 | 8 | |
| | | | 7 | | 4 | | 6 | |
| 8 | | | | 6 | | 9 | | |
| 4 | | | 8 | | 5 | | | |
| | 5 | 2 | | | | | 3 | 7 |
| | | | | 9 | | 4 | | |
| | | | | 8 | | | 5 | |
| 9 | | 5 | 4 | | | 6 | | 2 |

12-23

| | | | | | | | | |
|---|---|---|---|---|---|---|---|---|
| | | | | 9 | 5 | | | |
| | 1 | | | | 8 | | 4 | |
| 4 | | 3 | | | | 7 | | |
| 6 | 2 | | | | 3 | | | 8 |
| 5 | | 9 | 8 | | | 1 | | 7 |
| 1 | | | | 4 | | 2 | | 6 |
| | | 5 | | 8 | | 9 | | |
| | 8 | | | 7 | | 6 | 2 | |
| | | | | 5 | | | | |

12-24

| | | | | | | | | |
|---|---|---|---|---|---|---|---|---|
| | | | 4 | | 2 | 7 | | 5 |
| 1 | | 2 | | | | | | |
| | | 7 | 6 | | 3 | 1 | | 4 |
| | | 4 | | | | | 6 | |
| 6 | | | | | 8 | | | |
| | | | 7 | 4 | | 2 | 8 | |
| | | | | 7 | | | | 1 |
| | 8 | | | 9 | | | 5 | |
| | 5 | | | | | 3 | | 8 |

12-25

| | | | | | | | | |
|---|---|---|---|---|---|---|---|---|
| | 5 | | | 6 | | | | 2 |
| 8 | | 3 | 7 | | | 6 | 9 | |
| | 2 | | 5 | | | | | |
| | 1 | 4 | | 9 | 3 | | | |
| | | | 6 | | 7 | 2 | 1 | |
| 2 | | 8 | | 4 | | 7 | | |
| 4 | | | | | 1 | | | |
| | | | 3 | | 4 | | | |
| 5 | 8 | | | 7 | | | | 3 |

12-26

| | | | | | | | | |
|---|---|---|---|---|---|---|---|---|
| 1 | | | | 4 | 2 | | | 6 |
| | 5 | | 3 | 7 | | 8 | | |
| | 3 | | | | 9 | 4 | 5 | |
| | | 8 | 6 | 5 | | | | |
| 9 | | | | | | 1 | 7 | 5 |
| | 4 | 7 | 1 | | | | | |
| | | | | | | | | |
| | | | | 2 | | | 4 | |
| 3 | | 4 | | 1 | 6 | | | 7 |

12-27

| | | | | | | | | |
|---|---|---|---|---|---|---|---|---|
| | 7 | | 6 | | | | | |
| 6 | | | 5 | | | 4 | | |
| | | | | 3 | | 9 | | 2 |
| | 4 | | 7 | 9 | | 8 | | 1 |
| | | 7 | | 6 | | | | |
| 8 | 2 | | | 1 | | | | 4 |
| 9 | 3 | | 2 | | 6 | | 5 | |
| 1 | | | | | 3 | 7 | | 6 |
| | | | 4 | | | 2 | 9 | |

12-28

| | | | | | | | | |
|---|---|---|---|---|---|---|---|---|
| 5 | 4 | | | | 9 | | | |
| | | | | | | 1 | | |
| | | 6 | | 8 | | 2 | | |
| 3 | 8 | | | 1 | 6 | | 2 | 5 |
| | 2 | 1 | 8 | | 5 | 7 | | |
| 9 | | | | 7 | | | | 4 |
| | 5 | 4 | | 6 | 1 | 3 | | 7 |
| | 1 | | 7 | 5 | | | | |
| | | 2 | | | | | 6 | |

12-29

| | | | | | | | | |
|---|---|---|---|---|---|---|---|---|
| 3 | 5 | | 1 | | | | 7 | 9 |
| | | | | 6 | | 8 | | |
| | | 6 | 7 | | | 1 | | |
| | | 4 | 8 | | | 2 | 9 | |
| 8 | 6 | | | 7 | | | | 1 |
| 7 | | | 5 | 9 | | | | 6 |
| 9 | | 8 | | 1 | 7 | 5 | | |
| | | | 9 | | 4 | | 2 | |
| 2 | | 5 | | 8 | | | | 4 |

12-30

| | | | | | | | | |
|---|---|---|---|---|---|---|---|---|
| 9 | | 7 | | | | | 1 | 6 |
| | | | | 9 | | 4 | | 3 |
| 4 | | | | 8 | | 5 | | |
| | | 2 | | | | 1 | 8 | |
| 8 | | | | | 4 | | 9 | |
| | | 5 | | 7 | 6 | | | |
| | | 4 | 9 | | 2 | | | |
| 7 | | | 5 | | | 3 | | |
| 3 | | | | 1 | | | | 8 |

12-31

| | | | | | | | | |
|---|---|---|---|---|---|---|---|---|
| | | | | 3 | | | 7 | |
| | 4 | 8 | | | 2 | | 6 | |
| 5 | | | | | | | | 2 |
| 6 | | | 8 | | 5 | | 9 | |
| | | 7 | | | | | | 4 |
| | 3 | | 2 | | | 6 | | 1 |
| 8 | | | 3 | 7 | | | 2 | |
| 1 | 9 | | | 6 | | 8 | 3 | |
| 7 | | | | | | | | 5 |

12-32

| | | | | | | | | |
|---|---|---|---|---|---|---|---|---|
| 9 | | | | 8 | | | 2 | 1 |
| | | | 2 | | | | | |
| 3 | | 6 | | | 5 | | 4 | |
| | | 7 | | 4 | 3 | | | |
| 5 | 1 | | | | 8 | | | |
| | 8 | | | | | 6 | 1 | |
| | | 4 | | 2 | | | | 6 |
| | | 9 | 3 | 6 | | 1 | | |
| 2 | | | 5 | | | 4 | | 3 |

12-33

| | | | | | | | | |
|---|---|---|---|---|---|---|---|---|
| 2 | | | 7 | | | | | 3 |
| | 5 | | 3 | | | 6 | | |
| 6 | | 4 | | | 9 | | 7 | |
| 3 | 6 | | | 5 | | 4 | 1 | |
| | 8 | | | | 6 | | | |
| 4 | | | | 8 | | 7 | | |
| 5 | | | 2 | | | | 3 | 4 |
| | | | 5 | | | | | |
| 9 | | | | 4 | 8 | 2 | | 1 |

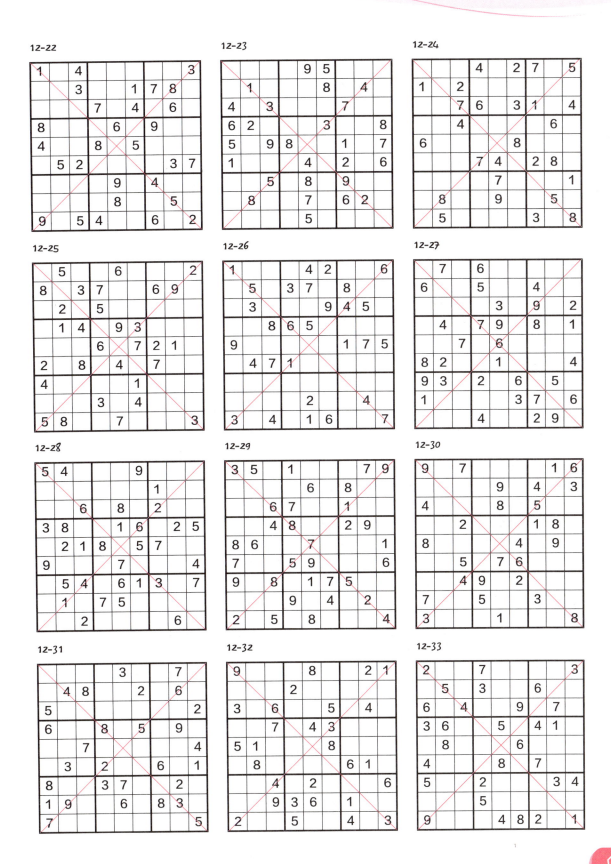

12-34

| | | | | | | | | |
|---|---|---|---|---|---|---|---|---|
| | | | 8 | 7 | | 9 | 2 | |
| | 2 | 1 | | | | | 4 | |
| | | 9 | 4 | 1 | | 7 | | |
| | | 2 | 5 | | | | 7 | 4 |
| 5 | 7 | | | | | | | 9 |
| | | | 3 | | | 1 | 8 | |
| | | 5 | 7 | 9 | | 3 | | |
| | 8 | | | | | | 1 | |
| | | | | 5 | 1 | | | 8 |

12-35

| | | | | | | | | |
|---|---|---|---|---|---|---|---|---|
| | 5 | | 4 | | | 1 | | |
| | | 4 | 3 | | | | 5 | 6 |
| 1 | 2 | | | 5 | | | 9 | |
| 4 | | | 5 | | 1 | 9 | | 2 |
| 6 | | | | 2 | | | | 3 |
| 7 | | 2 | 6 | | 8 | | | 1 |
| | 3 | | | 8 | | | 7 | 5 |
| 5 | 4 | | | | 3 | 6 | | 8 |
| | | | 7 | | 5 | | 3 | |

12-36

| | | | | | | | | |
|---|---|---|---|---|---|---|---|---|
| 5 | | | 1 | | | 9 | | |
| 3 | | | | | | | 8 | |
| | | 7 | | | 3 | 6 | | 2 |
| 7 | 4 | | | | | 2 | | 5 |
| 8 | 5 | | | 1 | | | 9 | |
| | | 6 | | 2 | 4 | | | 8 |
| 6 | | 3 | 4 | | 2 | 8 | 1 | |
| | 7 | | | | | | | 6 |
| | | 5 | 7 | | 1 | | 4 | 9 |

12-37

| | | | | | | | | |
|---|---|---|---|---|---|---|---|---|
| 7 | | | 4 | | | | | |
| | | 2 | | 3 | 1 | | | |
| | | | | | 5 | | 7 | |
| | | | 3 | | 7 | 1 | | |
| | 5 | | | 6 | | | 4 | 7 |
| 4 | | 9 | | | | | 8 | |
| | | 1 | | | | | 3 | 8 |
| 2 | | 8 | 9 | 5 | | | | |
| | 9 | | 1 | | 6 | 4 | 2 | |

12-38

| | | | | | | | | |
|---|---|---|---|---|---|---|---|---|
| | | 8 | | 7 | 9 | 1 | | 2 |
| 2 | | | 8 | 4 | | | | |
| 4 | | | | | | | 5 | 3 |
| 6 | 3 | | | | 7 | 5 | 1 | |
| | | | | 6 | | | | |
| 1 | 9 | | | | 3 | | | 4 |
| | 8 | | 9 | | | | 2 | 5 |
| 9 | | | | 5 | | 3 | | |
| 3 | 2 | | 4 | | | | 6 | 7 |

12-39

| | | | | | | | | |
|---|---|---|---|---|---|---|---|---|
| 5 | | 7 | | | | | | 1 |
| | | 1 | | | 2 | | | |
| | | | | | 7 | | | 2 |
| | | | 9 | | 5 | | | |
| | 7 | | | 6 | | 1 | 8 | |
| 8 | 5 | 3 | | | | | 4 | |
| | | | | | | | 9 | 4 |
| 1 | | 4 | 3 | | | | | |
| 9 | 3 | | 2 | | 6 | 8 | 1 | |

12-40

| | | | | | | | | |
|---|---|---|---|---|---|---|---|---|
| 9 | | 1 | 2 | | 8 | | | 7 |
| | | 7 | | | | | | |
| | | | 5 | | | 8 | 9 | 3 |
| | | | 6 | 2 | | | 1 | |
| | 1 | 6 | | 5 | | | 2 | 9 |
| | | 4 | | 3 | 7 | | | |
| | | | | | | | | 8 |
| 7 | | 8 | 4 | | 6 | | | |
| 6 | | | 3 | | | | | 1 |

12-41

| | | | | | | | | |
|---|---|---|---|---|---|---|---|---|
| 3 | | | 7 | 4 | | | | 6 |
| | | | 3 | | 2 | | | 7 |
| | 1 | | | | | | | |
| | 6 | 8 | | 7 | | | | |
| 2 | | | 9 | | 4 | | 7 | |
| | 3 | 4 | | 2 | | 8 | 9 | |
| | 8 | | 6 | 3 | | | | |
| | | 9 | | | 1 | | 2 | 8 |
| 1 | 4 | | | | | | 6 | 5 |

12-42

| | | | | | | | | |
|---|---|---|---|---|---|---|---|---|
| 9 | | 4 | | | | | 3 | 6 |
| | | | 4 | 3 | | | 8 | |
| | 5 | | | | 7 | | | |
| | 2 | | | 8 | 5 | 9 | 7 | |
| 4 | | | 7 | | 3 | | | |
| | 8 | 6 | | 4 | | | | |
| | | 7 | 8 | 2 | | | 6 | |
| 8 | | | 5 | 9 | | | | |
| 2 | | 9 | | | | | 1 | 5 |

| | | | | | | | | |
|---|---|---|---|---|---|---|---|---|
| 9 | | | 5 | | | 4 | | 8 |
| 7 | 1 | | | 8 | | | 3 | |
| | | 2 | | | 7 | 1 | | 6 |
| 2 | | | 7 | | 4 | 6 | | 9 |
| | 9 | | | 5 | | | 4 | |
| | | 1 | 9 | | 8 | | | 3 |
| 1 | | 7 | 8 | | 6 | 3 | | |
| | 2 | | | 7 | | | 6 | 1 |
| 6 | | 9 | | | 5 | | | 4 |

# 第十三章

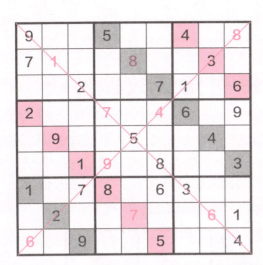

# 九字（9×9）折断对角线数独

# 第一节　九字折断对角线数独性质

九字折断对角线数独是在九字对角线数独的基础上增加了4条折断对角线的限制，解题会更为快捷、方便。如图13-1所示，图中只画出向左倾斜的两条折断对角线（向右倾斜的两条折断对角线在图中未画出），一条是2-6-7-5-9-4与3-8-1；另一条8-1-3-6-7-2与9-4-5。在4条折断对角线上的9个小方格中的数字，1～9不重复。

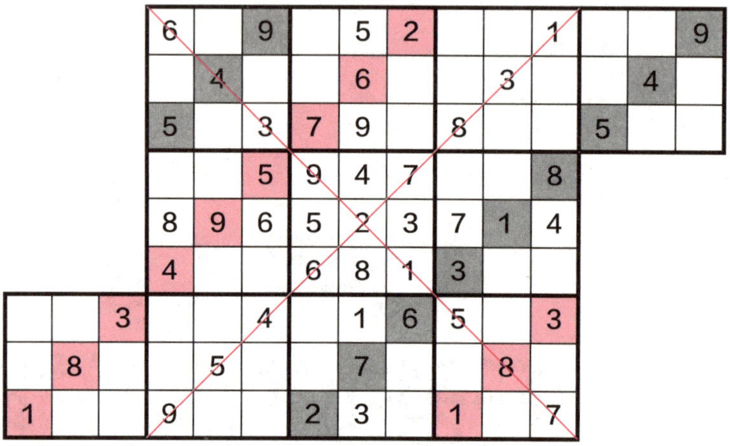

图13-1

九字折断对角线数独规则：

1. 每行9个小方格中的数字，1～9不重复；
2. 每列9个小方格中的数字，1～9不重复；
3. 9个3×3的九宫格中的数字，1～9不重复；
4. 两条对角线上的9个小方格中的数字，1～9不重复；
5. 4条折断对角线上的9个小方格中的数字，1～9不重复。

# 第二节　解题方法与技巧

如图13-2所示，解题时应灵活运用对角线、折断对角线和标准数独的规则进行解题。

第一步：根据折断对角线上9个小方格中的数字，1～9不重复的规则，在1条折断对角线（右斜）2-9-1-8-5与4-3-6中是“九缺一”的情况，故应在（8，5）格中应填入数字7；同理，在5-7-6-4-3与1-2-9中也是“九缺一”的情况，故在（2，5）格中应填入数字8，如图13-3所示。

| | | | | | | | | |
|---|---|---|---|---|---|---|---|---|
| 9 | | | 5 | | | 4 | | |
| 7 | | | | | | | 3 | |
| | | 2 | | | 7 | 1 | | 6 |
| 2 | | | | | | 6 | | 9 |
| | 9 | | | 5 | | | 4 | |
| | | 1 | | | 8 | | | 3 |
| 1 | | 7 | 8 | | 6 | 3 | | |
| | 2 | | | | | | | 1 |
| | | 9 | | | 5 | | | 4 |

图13-2

| | | | | | | | | |
|---|---|---|---|---|---|---|---|---|
| 9 | | | 5 | | | 4 | | 8 |
| 7 | 1 | | | 8 | | | 3 | |
| | | 2 | | | 7 | 1 | | 6 |
| 2 | | | 7 | | 4 | 6 | | 9 |
| | 9 | | | 5 | | | 4 | |
| | | 1 | 9 | | 8 | | | 3 |
| 1 | | 7 | 8 | | 6 | 3 | | |
| | 2 | | | 7 | | | 6 | 1 |
| 6 | | 9 | | | 5 | | | 4 |

图13-3

第二步：在从右上角至左下角的对角线中，已有3、1、5、7、2这5个数字，尚缺4、6、8、9这4个数字。在第9列中已有4、6、9这3个数，所以在（1，9）格中应填入数字8；在第9行中已有数字4、9，故（9，1）格中应填入数字6。同理，在（4，6）格中应填入数4，在（6，4）格中应填入数字9。

第三步：在从左上角至右下角的对角线中已有9、2、5、8、3、4这6个数字，尚缺1、6、7这3个数字，在第八行中已有数字1、7，故在（8，8）格中应填入数字6；在（2，2）格中应填入数字1（因第二行中已有数字7）；在（4，4）格中应填入数字7。

| | | | | | | | | |
|---|---|---|---|---|---|---|---|---|
| 9 | 6 | 3 | 5 | 2 | 1 | 4 | 7 | 8 |
| 7 | 1 | 4 | 6 | 8 | 9 | 2 | 3 | 5 |
| 8 | 5 | 2 | 3 | 4 | 7 | 1 | 9 | 6 |
| 2 | 8 | 5 | 7 | 3 | 4 | 6 | 1 | 9 |
| 3 | 9 | 6 | 1 | 5 | 2 | 8 | 4 | 7 |
| 4 | 7 | 1 | 9 | 6 | 8 | 5 | 2 | 3 |
| 1 | 4 | 7 | 8 | 9 | 6 | 3 | 5 | 2 |
| 5 | 2 | 8 | 4 | 7 | 3 | 9 | 6 | 1 |
| 6 | 3 | 9 | 2 | 1 | 5 | 7 | 8 | 4 |

图13-4

第四步：接下来，按照标准数独的解题方法继续解题，详细解法在此就不再赘述了。最终答案如图13-4所示。

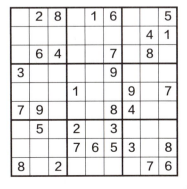

## 第三节　本章练习题

13-1

| | | | | | | | | |
|---|---|---|---|---|---|---|---|---|
| 9 | | 1 | 4 | | | | | |
| | 7 | 6 | | 9 | 5 | 3 | | |
| 8 | | | | | | 5 | 1 | |
| 3 | 2 | | | | | | 9 | 4 |
| 4 | 8 | | 7 | 3 | | | | |
| | | | 9 | | 8 | 2 | 7 | |
| 6 | | | | | 9 | | | 5 |
| | 1 | 3 | | | | | | |
| | 9 | 2 | | 5 | 1 | | 8 | |

13-2

| | | | | | | | | |
|---|---|---|---|---|---|---|---|---|
| 8 | | | 1 | | | 7 | 6 | |
| 6 | | 1 | | | 7 | | | |
| | | | 4 | | | 5 | | 9 |
| | | | 6 | 4 | | 9 | 5 | |
| 4 | 8 | | 5 | | 3 | | | |
| | | | | 9 | | 8 | 3 | |
| 5 | | 6 | | 7 | 9 | | | 3 |
| | 3 | 2 | | 6 | 1 | | | |
| | | | | 5 | | | 2 | 7 |

13-3

| | | | | | | | | |
|---|---|---|---|---|---|---|---|---|
| | 2 | 8 | | 1 | 6 | | | 5 |
| | | | | | | | 4 | 1 |
| | 6 | 4 | | | 7 | | 8 | |
| 3 | | | | | 9 | | | |
| | | | 1 | | | 9 | | 7 |
| 7 | 9 | | | | 8 | 4 | | |
| | 5 | | 2 | | 3 | | | |
| | | | 7 | 6 | 5 | 3 | | 8 |
| 8 | | 2 | | | | | 7 | 6 |

13-4

| | | | | | | | | |
|---|---|---|---|---|---|---|---|---|
| 1 | 8 | | | 2 | | | | |
| | 5 | | 9 | 6 | | | | 1 |
| 7 | | | 5 | | | 6 | | 2 |
| | 7 | | | | | 2 | | 4 |
| | | 8 | 7 | 4 | | 5 | 3 | |
| | 2 | 5 | | | | | 8 | |
| | | 2 | | | 9 | 7 | | |
| 3 | | | 1 | | | 4 | | 6 |
| | | 1 | | | 4 | | 5 | |

13-5

| | | | | | | | | |
|---|---|---|---|---|---|---|---|---|
| 2 | | 1 | 7 | 4 | | | | |
| | | | | 2 | 5 | | 7 | 4 |
| | 9 | | | | | 5 | | |
| | 6 | | | | 8 | | 2 | |
| 7 | | | 4 | | | | 5 | |
| | | | | | 1 | | 4 | 9 |
| 8 | | 3 | 6 | | | | | |
| | | | | 8 | | | 6 | 1 |
| | 2 | | | 5 | | 7 | 3 | |

13-6

| | | | | | | | | |
|---|---|---|---|---|---|---|---|---|
| | 6 | | | 7 | 3 | | | 1 |
| | 1 | | 5 | | | | 3 | 8 |
| | 8 | 5 | | | 6 | 4 | | |
| 5 | | 8 | | | 2 | 7 | | |
| | | | 3 | | | 1 | | 5 |
| 2 | | 1 | 9 | 5 | | | | |
| | | | | | | 3 | | |
| 8 | | | | 6 | 1 | | 7 | |
| 6 | 4 | | 7 | | | 5 | | |

13-7

| | | | | | | | | |
|---|---|---|---|---|---|---|---|---|
| 7 | | | | | | 2 | | 4 |
| | | 6 | 8 | | 1 | | | |
| | | 3 | 6 | 4 | | 1 | | 7 |
| | | | | | 6 | | 7 | |
| | 9 | | | 5 | 4 | | | |
| 8 | | 1 | | | | | 2 | 5 |
| 6 | | 9 | | | | | | 1 |
| | | | 9 | | | 7 | | |
| | 7 | | 5 | 1 | | | | 6 |

13-8

| | | | | | | | | |
|---|---|---|---|---|---|---|---|---|
| 2 | 3 | | | | | | | 1 |
| | | | 6 | 8 | | | 7 | |
| | 5 | | | | | 8 | | 9 |
| 6 | | 5 | | | | 9 | | 2 |
| | | | 7 | | | | | |
| 4 | | 1 | 2 | | 8 | | | 7 |
| 1 | | | | | | 7 | 5 | |
| | | 7 | 4 | 3 | | 2 | 9 | |
| 3 | 8 | | | | 5 | 6 | | |

13-9

| | | | | | | | | |
|---|---|---|---|---|---|---|---|---|
| 6 | | | 1 | | | 2 | | 7 |
| | | 9 | 4 | | | | | |
| 5 | 3 | | 9 | | 2 | 8 | | 6 |
| | | 2 | | | | | 6 | 1 |
| | 5 | | | 3 | 7 | | 8 | |
| 4 | | | | | 5 | | | 3 |
| | | | | | 6 | 4 | | |
| | 4 | | | 9 | | | 7 | 2 |
| | 6 | 7 | | 8 | | 1 | 5 | |

13-10

| | | | | | | | | |
|---|---|---|---|---|---|---|---|---|
| 7 | | | | | | | 4 | |
| | | 8 | 4 | | 7 | | | 1 |
| 6 | 1 | | | | 2 | 9 | | 5 |
| 4 | 6 | | | | | | 9 | |
| | | | | 1 | 5 | | 8 | 4 |
| | 5 | | | | 6 | 1 | | 3 |
| | 8 | 5 | | 7 | | | 1 | 2 |
| | | | 8 | | 3 | 7 | | |
| | 3 | | | 9 | | 4 | 6 | |

13-11

| | | | | | | | | |
|---|---|---|---|---|---|---|---|---|
| | 9 | | 4 | | | 2 | | |
| | | | 3 | | | | 1 | 5 |
| 1 | | 3 | | | 9 | | | 6 |
| | | 2 | | 8 | | | 7 | |
| | 5 | | | | | 8 | | 3 |
| 4 | 6 | | | 3 | | | 9 | 1 |
| | 4 | | 7 | | | | | |
| | | | | | 8 | 4 | | 7 |
| 9 | | 5 | 6 | 1 | | | 8 | |

13-12

| | | | | | | | | |
|---|---|---|---|---|---|---|---|---|
| | 9 | | 6 | | | | 5 | 3 |
| 3 | | 5 | | 2 | | | | |
| | 4 | | | | 1 | | 8 | |
| | | | | | | | 4 | |
| 9 | 8 | 4 | | 5 | | | | |
| | | | | 9 | 8 | 6 | | 5 |
| | | 1 | | 8 | | 7 | | 6 |
| 6 | | 2 | | | 3 | | | 8 |
| | 5 | | 2 | | | 3 | | |

13-13

| | | | | | | | | |
|---|---|---|---|---|---|---|---|---|
| | | 9 | | | 6 | 7 | | |
| 5 | | 8 | | | 7 | | | |
| | | 2 | | | 5 | 6 | | 4 |
| | | | 5 | 9 | 1 | 4 | 6 | |
| | 1 | | | | | | | |
| 8 | | 6 | | | | | 2 | 9 |
| | 8 | | | 7 | 4 | | | 2 |
| 7 | | 3 | | | | 8 | | |
| | 9 | | 2 | 6 | | | 3 | 7 |

13-14

| | | | | | | | | |
|---|---|---|---|---|---|---|---|---|
| 8 | | | | | 1 | 3 | 7 | |
| | | 7 | 9 | | | 1 | | |
| 6 | | | | 4 | 3 | | | 8 |
| 7 | 5 | | | | 8 | | | 2 |
| | | | 6 | | 5 | | | 3 |
| | | 4 | | | | | 6 | |
| | 4 | 3 | | 9 | | 6 | | |
| | 6 | | 3 | | 4 | | 2 | |
| | | 2 | | 5 | | | | 1 |

13-15

| | | | | | | | | |
|---|---|---|---|---|---|---|---|---|
| | 7 | | | | 5 | | 8 | |
| | | | | 4 | | 7 | | 9 |
| | 9 | | | 6 | | | 3 | |
| 8 | 4 | | 7 | | 6 | 1 | | |
| | | | | 9 | | | | 8 |
| | | 5 | | | | 9 | | |
| | 6 | 1 | | 3 | | | | |
| 9 | | | | | | | | 5 |
| 7 | 2 | | 1 | 5 | | 8 | 4 | |

13-16

| | | | | | | | | |
|---|---|---|---|---|---|---|---|---|
| 7 | | | | | | | | 2 |
| | | | 3 | | 5 | 1 | 4 | 6 |
| 6 | | 4 | | | | | 3 | |
| | 4 | | | 3 | | 6 | 7 | |
| 5 | | | 9 | | 4 | 8 | | |
| | 8 | 2 | | 5 | | | | |
| | 2 | 6 | | | 7 | | | |
| | 3 | | 6 | 8 | | 7 | | |
| 9 | | 5 | 1 | | | | | 8 |

13-17

| | | | | | | | | |
|---|---|---|---|---|---|---|---|---|
| | | | 8 | | | | 9 | |
| | | 8 | | 2 | | | | |
| | 6 | 1 | | 4 | | 2 | | 5 |
| 1 | | | 9 | | | | | |
| | 4 | 5 | | 8 | | | 6 | |
| | | | | | 2 | 4 | 1 | |
| 3 | 8 | | 2 | | 5 | 7 | | |
| | | 7 | | 9 | | 8 | | 2 |
| 5 | | | 1 | | 8 | 9 | 3 | |

13-18

| | | | | | | | | |
|---|---|---|---|---|---|---|---|---|
| | 2 | | 1 | | 6 | 9 | | |
| | | | | 4 | 5 | | | |
| 4 | 1 | | | 9 | | | | 2 |
| 7 | | | 3 | 8 | | | | 5 |
| | 5 | | | 1 | | | 9 | |
| 9 | | | 5 | | | | | |
| | 9 | | | | | 8 | | |
| | | | | 3 | 8 | | | |
| 2 | | 5 | 7 | 6 | 1 | | 4 | |

13-19

| | | | | | | | | |
|---|---|---|---|---|---|---|---|---|
| 3 | | 9 | 4 | | 2 | | | |
| | | 7 | | | | | 4 | 5 |
| 5 | | | 7 | | | 8 | | 3 |
| 2 | 6 | 5 | | | | | | |
| | | 3 | 5 | | 6 | 7 | 8 | |
| 1 | | | | | 9 | 6 | | 2 |
| | 4 | | 6 | | 3 | | | 8 |
| 8 | | | 1 | 7 | | 3 | | 9 |
| 9 | | 6 | | | | | | 7 |

13-20

| | | | | | | | | |
|---|---|---|---|---|---|---|---|---|
| 1 | | 6 | | | 9 | | | 2 |
| | 4 | 5 | | | 7 | | 3 | 8 |
| | | | | 2 | | 7 | | |
| | | 4 | | 6 | 5 | | 1 | |
| 7 | 8 | | | | 3 | | | 6 |
| | | | 1 | | | 3 | | 9 |
| | 2 | 8 | | 4 | | 6 | | 3 |
| 3 | | | 8 | | | 1 | 7 | |
| | | | | | | | | |

13-21

| | | | | | | | | |
|---|---|---|---|---|---|---|---|---|
| 8 | 9 | | | | 5 | | | |
| | | 3 | 6 | 8 | | 5 | | 2 |
| | | 7 | | | | 9 | 6 | |
| 3 | | | | | 8 | 6 | | |
| | | | | 3 | | | | 1 |
| 1 | | 9 | | | 6 | 4 | 2 | |
| 5 | 7 | | | 6 | | | | |
| | 2 | | 1 | 5 | | 3 | 4 | 6 |
| 6 | | | | | | 7 | 1 | |

13-22

| | | | | | | | | |
|---|---|---|---|---|---|---|---|---|
| 9 | 2 | | | 1 | | | 6 | |
| | | | 6 | 5 | | 2 | 8 | |
| | | 6 | 3 | | | | 9 | 1 |
| 6 | | 4 | | | 7 | | | |
| | | | 8 | 4 | | | | 6 |
| 7 | | 3 | | | 5 | | 2 | 8 |
| | 7 | | | 9 | | | | |
| 4 | | | | 2 | 3 | | | 5 |
| 2 | | 9 | | | 4 | 6 | | 7 |

13-23

| | | | | | | | | |
|---|---|---|---|---|---|---|---|---|
| 8 | | 2 | | 6 | | 1 | | |
| | | | | | | 3 | 7 | |
| | 3 | 7 | | 9 | 1 | | 2 | |
| | | | 9 | | | 6 | | 4 |
| | | 8 | | | | 5 | | 2 |
| 2 | | 9 | 8 | | 6 | | | |
| | 9 | | 4 | 1 | | | 3 | |
| 7 | | 3 | | | | 8 | 4 | 1 |
| | 8 | | | 7 | 2 | | | |

13-24

| | | | | | | | | |
|---|---|---|---|---|---|---|---|---|
| 9 | | | | 6 | | 7 | 2 | |
| | | 4 | | 5 | 7 | | 8 | 9 |
| | | 6 | | | | | 4 | 1 |
| 6 | | 7 | 2 | | 9 | 1 | | |
| | | | 3 | | 6 | 5 | | 2 |
| 4 | | 3 | | | | | | 8 |
| 3 | | | 5 | | 1 | | | |
| | | | 9 | | | | | 3 |
| 1 | | 9 | | | 4 | | 5 | |

13-25

| | | | | | | | | |
|---|---|---|---|---|---|---|---|---|
| | | | 2 | | | 3 | 9 | |
| 9 | 6 | | | 8 | | 5 | 4 | |
| 8 | 2 | | | | | | | 1 |
| 5 | | | 9 | 4 | | | | 7 |
| 4 | | 1 | | 2 | | | 3 | |
| 3 | | | 7 | | | | | |
| | 3 | | | | | 4 | | 5 |
| | | | | | 4 | | | 6 |
| 1 | | 7 | | 6 | 2 | | 8 | |

13-26

| | | | | | | | | |
|---|---|---|---|---|---|---|---|---|
| | | 3 | | 7 | 1 | 2 | | |
| | | 5 | | | | | 8 | 7 |
| | 1 | | 5 | | | | | |
| | 6 | 7 | | 2 | | | | 8 |
| | | 9 | | | | 5 | 4 | |
| 2 | | | 9 | | 3 | | | |
| | 8 | | 6 | | 9 | 7 | | 4 |
| 4 | | 1 | | 5 | | 9 | | 3 |
| 3 | | 6 | | | 7 | | | 5 |

13-27

| | | | | | | | | |
|---|---|---|---|---|---|---|---|---|
| | | | | | 3 | | | 1 |
| | 8 | 7 | | | 5 | 3 | | 4 |
| | | | | | | | | |
| | | | | 6 | 7 | | 2 | |
| 5 | 4 | | | | 9 | 7 | | |
| 6 | | | 2 | | | | 8 | |
| | | 4 | | 8 | | 6 | | 9 |
| 9 | | 3 | 4 | | | 2 | 5 | |
| 8 | | 5 | 3 | | 6 | | | |

13-28

| | | | | | | | | |
|---|---|---|---|---|---|---|---|---|
| 4 | 3 | | 5 | | 7 | 2 | | |
| | 2 | 9 | | 4 | | | 5 | 1 |
| | | | | | | | 6 | |
| 9 | | | | | 4 | 6 | | 5 |
| 5 | | 7 | | 9 | | | 3 | |
| | 4 | | | | 6 | | 1 | |
| 7 | 5 | | 8 | 6 | | | | 3 |
| | | | 2 | | | 9 | 8 | 6 |
| | | | | | 1 | | 2 | |

13-29

| | | | | | | | | |
|---|---|---|---|---|---|---|---|---|
| | | 1 | | 4 | 9 | | | 6 |
| 6 | | | | 2 | | | 7 | |
| | | 7 | 8 | | 3 | 5 | | |
| 9 | 6 | | 5 | | 8 | | | |
| | | | | 9 | | 8 | | 3 |
| | | 5 | | | | 6 | 4 | |
| 8 | | | 6 | | 2 | | | |
| | | 9 | 3 | | | | 6 | 1 |
| | 2 | | | | 4 | 7 | | 8 |

13-30

| | | | | | | | | |
|---|---|---|---|---|---|---|---|---|
| | | 9 | | 8 | | | 1 | 6 |
| | 3 | 4 | 7 | | | | | 2 |
| 6 | | | 9 | | 1 | 3 | | |
| | | 2 | | | 4 | | | |
| 9 | 5 | | 3 | | | 6 | | 1 |
| | 1 | | | 7 | | | 8 | 9 |
| | | 1 | | | | 9 | | |
| 2 | | | 4 | 1 | | | 7 | |
| | | 5 | | | | | | 4 |

13-31

| | | | | | | | | |
|---|---|---|---|---|---|---|---|---|
| | | 6 | 2 | | | | | 7 |
| 3 | | 8 | | | 9 | | | |
| | | 1 | | | | 5 | | 4 |
| 1 | 7 | | | | | | | 9 |
| | 9 | | | 2 | | | | |
| | | | 9 | 4 | | 2 | | |
| | 8 | 3 | | | 4 | 6 | | |
| | | | 8 | | 6 | 9 | | |
| 4 | | | 1 | 5 | | | 7 | |

13-32

| | | | | | | | | |
|---|---|---|---|---|---|---|---|---|
| 2 | 4 | 6 | | | 9 | 7 | | |
| | | | | | | | 3 | 5 |
| | 9 | | 8 | | | | | 2 |
| 8 | | 5 | | | | 6 | | 3 |
| | | | | | | | | |
| 7 | | | | 3 | 6 | | | |
| | 3 | | | 6 | 8 | | | |
| | | | 7 | | | 8 | 1 | |
| 6 | | 1 | 2 | 4 | | | | |

13-33

| | | | | | | | | |
|---|---|---|---|---|---|---|---|---|
| 5 | | | 7 | | 1 | | | |
| | | 6 | | | | 2 | | |
| | | 9 | | | | | | 8 |
| | 3 | | | | 6 | 8 | 1 | |
| 4 | | | 1 | 7 | | | 6 | |
| 6 | 8 | | | | | | | 4 |
| | | | | 5 | | 4 | 7 | 2 |
| | 9 | | | 2 | 4 | | | |
| | | 5 | | | | | 3 | |

13-34

| | | | | | | | | |
|---|---|---|---|---|---|---|---|---|
| | | 2 | | 8 | | | | 6 |
| | | | | 1 | 7 | | 5 | |
| 8 | | 5 | | | | | 2 | 1 |
| 3 | 6 | | 7 | 9 | | | | |
| | | | | 3 | | 4 | | 9 |
| | 4 | 7 | | | | 6 | 8 | |
| 4 | | | | 2 | 1 | 8 | | |
| | | | 9 | | 5 | | | |
| | | 6 | | | 8 | | | 4 |

| | | | | | | | | |
|---|---|---|---|---|---|---|---|---|
| 9 | 3 | 7 | 4 | 6 | 5 | 2 | 1 | 8 |
| 8 | 2 | 1 | 7 | 9 | 3 | 5 | 4 | 6 |
| 6 | 5 | 4 | 1 | 8 | 2 | 3 | 7 | 9 |
| 1 | 4 | 2 | 8 | 7 | 9 | 6 | 5 | 3 |
| 3 | 6 | 5 | 2 | 1 | 4 | 9 | 8 | 7 |
| 7 | 9 | 8 | 5 | 3 | 6 | 4 | 2 | 1 |
| 5 | 8 | 6 | 3 | 2 | 1 | 7 | 9 | 4 |
| 4 | 7 | 9 | 6 | 5 | 8 | 1 | 3 | 2 |
| 2 | 1 | 3 | 9 | 4 | 7 | 8 | 6 | 5 |

# 九字（9×9）“王”字数独

# 第一节　九字“王”字数独的性质

“王”字数独有9个关节点，“王”字的三横有3个起始点和3个终止点，1竖与3横有3个交点。在九字“王”字数独中，有9格“王”1个，5格“王”1个，7格“王”9个。

九字“王”字数独的规则：

1.每行9个小方格中的数字，1 ~ 9不重复；

2.每列9个小方格中的数字，1 ~ 9不重复；

3. 9个3×3的九宫格内9个小方格中的数字，1 ~ 9不重复；

4.两条对角线上9个小方格中的数字，1 ~ 9不重复；

5.四条折断对角线上9个小方格中的数字，1 ~ 9不重复；

6. 1个9格“王”的9个小方格中的数字，1 ~ 9不重复（图14-1）；

7. 1个5格“王”的9个小方格中的数字，1 ~ 9不重复（图14-2）；

8. 9个7格“王”的9个小方格中的数字，1 ~ 9不重复（图14-3、图14-4）。

| | | | | | | | | |
|---|---|---|---|---|---|---|---|---|
| 2 | 5 | 1 | 4 | 7 | 9 | 3 | 6 | 8 |
| 9 | 4 | 6 | 8 | 3 | 5 | 1 | 2 | 7 |
| 7 | 8 | 3 | 6 | 1 | 2 | 5 | 9 | 4 |
| 8 | 3 | 7 | 1 | 2 | 6 | 9 | 4 | 5 |
| 5 | 1 | 2 | 7 | 9 | 4 | 6 | 8 | 3 |
| 4 | 6 | 9 | 3 | 5 | 8 | 2 | 7 | 1 |
| 6 | 9 | 4 | 5 | 8 | 3 | 7 | 1 | 2 |
| 3 | 7 | 8 | 2 | 6 | 1 | 4 | 5 | 9 |
| 1 | 2 | 5 | 9 | 4 | 7 | 8 | 3 | 6 |

图14-1

| | | | | | | | | |
|---|---|---|---|---|---|---|---|---|
| 9 | 4 | 5 | 3 | 6 | 8 | 7 | 1 | 2 |
| 6 | 8 | 3 | 1 | 2 | 7 | 4 | 5 | 9 |
| 2 | 7 | 1 | 5 | 9 | 4 | 8 | 3 | 6 |
| 1 | 2 | 6 | 4 | 7 | 9 | 5 | 8 | 3 |
| 7 | 9 | 4 | 8 | 3 | 5 | 2 | 6 | 1 |
| 3 | 5 | 8 | 6 | 1 | 2 | 9 | 4 | 7 |
| 8 | 3 | 7 | 2 | 5 | 1 | 6 | 9 | 4 |
| 5 | 1 | 2 | 9 | 4 | 6 | 3 | 7 | 8 |
| 4 | 6 | 9 | 7 | 8 | 3 | 1 | 2 | 5 |

图14-2

| | | | | | | | | |
|---|---|---|---|---|---|---|---|---|
| 5 | 2 | 8 | 1 | 7 | 4 | 3 | 9 | 6 |
| 4 | 3 | 9 | 6 | 5 | 2 | 8 | 1 | 7 |
| 7 | 6 | 1 | 9 | 8 | 3 | 2 | 4 | 5 |
| 6 | 1 | 7 | 8 | 3 | 9 | 4 | 5 | 2 |
| 2 | 8 | 5 | 7 | 4 | 1 | 9 | 6 | 3 |
| 3 | 9 | 4 | 5 | 2 | 6 | 1 | 7 | 8 |
| 9 | 4 | 3 | 2 | 6 | 5 | 7 | 8 | 1 |
| 1 | 7 | 6 | 3 | 9 | 8 | 5 | 2 | 4 |
| 8 | 5 | 2 | 4 | 1 | 7 | 6 | 3 | 9 |

图14-3

| | | | | | | | | |
|---|---|---|---|---|---|---|---|---|
| 3 | 6 | 1 | 2 | 5 | 9 | 4 | 7 | 8 |
| 8 | 4 | 5 | 1 | 3 | 7 | 9 | 2 | 6 |
| 7 | 9 | 2 | 6 | 8 | 4 | 5 | 1 | 3 |
| 9 | 2 | 7 | 8 | 4 | 6 | 1 | 3 | 5 |
| 6 | 1 | 3 | 5 | 9 | 2 | 7 | 8 | 4 |
| 4 | 5 | 8 | 3 | 7 | 1 | 2 | 6 | 9 |
| 5 | 8 | 4 | 7 | 1 | 3 | 6 | 9 | 2 |
| 2 | 7 | 9 | 4 | 6 | 8 | 3 | 5 | 1 |
| 1 | 3 | 6 | 9 | 2 | 5 | 8 | 4 | 7 |

图14-4

# 第二节　解题方法与技巧

“王”字数独给出的条件很多，在解题时需要灵活、巧妙地运用，不能死搬硬套地先用哪些条件，后用哪些条件。现就图14-5的解题方法作一简要的介绍。

第一步：如图14-6所示，先采用目的数综合标线法，从第四宫、第七宫中的7向第一宫中引标线，得到（1，3）格中的数字是7；从第二宫、第四宫和第八宫中的2向第五宫中引标线，得到（5，4）格的数字是2。

| | | | | | | | | |
|---|---|---|---|---|---|---|---|---|
| 9 | | | | 6 | | | | 8 |
| | 2 | 1 | 7 | | | 5 | | 6 |
| | 5 | 4 | 1 | | 2 | | | |
| | | 2 | | | 9 | | | 3 |
| | 6 | | | | | | 8 | 7 |
| 7 | | | 5 | | 6 | | | |
| | 8 | | | 2 | | 7 | | |
| | 7 | 9 | | | | 1 | 3 | |
| | | | | 4 | | 8 | 6 | |

图14-5

| | | | | | | | | |
|---|---|---|---|---|---|---|---|---|
| 9 | | 7 | | 6 | | | | 8 |
| | 2 | 1 | 7 | | | 5 | | 6 |
| | 5 | 4 | 1 | | 2 | | | |
| | | 2 | | | 9 | | | 3 |
| | 6 | | 2 | | | | 8 | 7 |
| 7 | | | 5 | | 6 | | | |
| | 8 | | | 2 | | 7 | | |
| | 7 | 9 | | | | 1 | 3 | |
| | | | | 4 | | 8 | 6 | |

图14-6

第二步：再看图14-7，从第二宫、第七宫和第九宫中的7向第八宫引标线，得到（9，6）格中的数字应是7；从第一宫、第二宫、第六宫和第九宫中的7向第三宫引标线，得到（3，8）格中的数字应是7；从第一宫、第三宫和第五宫中的5向第二宫中引标线，得到（1，6）格中的数字应是5；从第二宫、第四宫、第六宫和第八宫中的7向第五宫中引标线，得到（4，5）格中的数字应是7。

第三步：现在来看第一宫的（1，2）格，在第一行中已有9、7、6、5、8这5个数字，在第一宫中已有9、7、2、1、5、4这6个数字，将这两组数字组合后，尚缺3，因此（1，2）格中的数字应为3。

第四步：再看第七宫的（9，2）格，在第二列中已有3、2、5、6、8、7这6个数字，在第九行中有4、7、8、6这4个数字，在第七宫中已有8、7、9这3个数字，将这3组数字放在一起，尚缺数字1，故（9，2）格中的数字应为1。

第五步：由第二宫、第七宫和第九宫中的1分别向第八宫中引标线，得到（7，6）格中的数字应为1。

第六步：在第一宫中尚缺8、6这两个数字，由于第二行中已有数字6，故（2，1）格中的数字应为8，（3，1）格中的数字应为6。

第七步：由第一宫和第九宫中的6向第七宫中引标线，得到（7，3）格中的数字应为6。

第八步：根据“王”字数独性质，在7格“王”的9个小方格中的数字，是“九缺一”，得到（7，9）格中的数字应为4。

以下的解题步骤就不再详述了。最终答案如图14-8所示。

| | | | | | | | | |
|---|---|---|---|---|---|---|---|---|
| 9 | 3 | 7 | | 6 | 5 | | | 8 |
| 8 | 2 | 1 | 7 | | | 5 | | 6 |
| 6 | 5 | 4 | 1 | | 2 | | 7 | |
| | | 2 | | 7 | 9 | | | 3 |
| | 6 | | 2 | | | | 8 | 7 |
| 7 | | | 5 | | 6 | | | |
| | 8 | 6 | | 2 | 1 | 7 | | 4 |
| | 7 | 9 | | | | 1 | 3 | |
| | 1 | | | 4 | 7 | 8 | 6 | |

图14-7

| | | | | | | | | |
|---|---|---|---|---|---|---|---|---|
| 9 | 3 | 7 | 4 | 6 | 5 | 2 | 1 | 8 |
| 8 | 2 | 1 | 7 | 9 | 3 | 5 | 4 | 6 |
| 6 | 5 | 4 | 1 | 8 | 2 | 3 | 7 | 9 |
| 1 | 4 | 2 | 8 | 7 | 9 | 6 | 5 | 3 |
| 3 | 6 | 5 | 2 | 1 | 4 | 9 | 8 | 7 |
| 7 | 9 | 8 | 5 | 3 | 6 | 4 | 2 | 1 |
| 5 | 8 | 6 | 3 | 2 | 1 | 7 | 9 | 4 |
| 4 | 7 | 9 | 6 | 5 | 8 | 1 | 3 | 2 |
| 2 | 1 | 3 | 9 | 4 | 7 | 8 | 6 | 5 |

图14-8

# 第三节　本章练习题

14-1

| | | | | | | | | |
|---|---|---|---|---|---|---|---|---|
| 4 | | 7 | | | | 6 | | 5 |
| | | 3 | | | | 1 | | |
| | | 8 | 7 | 4 | 1 | | 3 | |
| 2 | | 6 | 1 | | | 9 | | |
| | | | | | | 5 | | |
| 3 | | 4 | | 2 | 5 | | | |
| 8 | 3 | | | 6 | | 7 | 2 | |
| | | 5 | 2 | | 7 | | | 8 |
| 1 | | | | 8 | | 4 | | |

14-2

| | | | | | | | | |
|---|---|---|---|---|---|---|---|---|
| | 3 | | | 7 | | | 6 | 9 |
| 4 | | | 9 | | | 8 | | |
| 7 | | 2 | 6 | 8 | | 3 | | |
| | 2 | 7 | 8 | 1 | 6 | | 5 | 3 |
| | 8 | 5 | | | | | 9 | |
| 1 | | | | | 9 | | | |
| | 4 | | 3 | | | | | 2 |
| | | 9 | 1 | | | | | 4 |
| | 5 | | | 2 | 7 | | 1 | 6 |

14-3

| | | | | | | | | |
|---|---|---|---|---|---|---|---|---|
| | 6 | 3 | | 7 | | | | |
| | | | | | | 6 | | 5 |
| 2 | | 8 | 3 | 5 | | | 1 | |
| | | 4 | 2 | | | 7 | | |
| 3 | 5 | | | 6 | | | 4 | |
| | | 9 | | 8 | 1 | 5 | | 3 |
| | 2 | 7 | 6 | | | | | |
| | 8 | | | 1 | 3 | | | 9 |
| | | | 7 | | | 8 | 6 | 4 |

14-4

| | | | | | | | | |
|---|---|---|---|---|---|---|---|---|
| 2 | | | | 3 | 4 | 5 | | 9 |
| | | | 8 | | 7 | 4 | | 6 |
| 7 | | 5 | | | | | | |
| | | | | 2 | 6 | | 1 | |
| | 8 | | | 4 | | | 9 | |
| 1 | 3 | | 5 | | 8 | 2 | | 4 |
| | 9 | | | | 5 | 6 | | 2 |
| | 7 | 4 | 2 | | | | | 8 |
| 8 | | | | 1 | 3 | | | 7 |

14-5

| | | | | | | | | |
|---|---|---|---|---|---|---|---|---|
| | | 8 | 1 | 7 | | | | 9 |
| | | 6 | | | | 4 | | 7 |
| | 4 | 5 | 6 | | 2 | | | |
| | | | 9 | | | | 1 | |
| | 8 | 2 | | 4 | | 6 | | 5 |
| 1 | | 9 | | 3 | 8 | 2 | | |
| 6 | | | | 8 | | | 4 | |
| 5 | 7 | | 2 | 6 | | 1 | 3 | |
| | | 3 | | | 7 | | 5 | |

14-6

| | | | | | | | | |
|---|---|---|---|---|---|---|---|---|
| | 1 | | | 7 | 9 | | 5 | |
| 7 | | 6 | | 2 | | | | 8 |
| 2 | | | | | 1 | | 6 | |
| | | 4 | 1 | | | | | |
| 3 | | | | 6 | 7 | 2 | 4 | |
| | 7 | 8 | | | 2 | | | 3 |
| 5 | | | 2 | 4 | | | 9 | |
| | 8 | | 9 | | 3 | 6 | 7 | 5 |
| 1 | 3 | | | | | | | |

14-7

| | | | | | | | | |
|---|---|---|---|---|---|---|---|---|
| | | | | 7 | | | 5 | |
| 4 | | | 3 | | 5 | 1 | | 9 |
| | 1 | 2 | | 4 | | | 3 | |
| | | 5 | | 8 | | 3 | | |
| 9 | | | 7 | | 2 | 5 | 4 | |
| 8 | 7 | | | | | | | 1 |
| 7 | 4 | | | 3 | | 9 | | 2 |
| 2 | | | 8 | | 4 | | 7 | |
| | 6 | 9 | 1 | | | | | |

14-8

| | | | | | | | | |
|---|---|---|---|---|---|---|---|---|
| | 2 | | | 7 | | | 3 | |
| 7 | 1 | | 3 | | 6 | 2 | | 5 |
| | | | | 5 | | | 8 | |
| | 4 | 6 | | | | | 5 | 8 |
| | | | 5 | | 7 | 4 | | |
| 8 | 7 | | 6 | 1 | | | | 9 |
| 3 | 8 | | 4 | 6 | | | 1 | 2 |
| | 5 | | | | 9 | | | |
| 2 | | 1 | | 3 | | 5 | | 6 |

14-9

| | | | | | | | | |
|---|---|---|---|---|---|---|---|---|
| 8 | | | | 7 | | | | 5 |
| | | 3 | 2 | | 8 | | | |
| 9 | 6 | | | 5 | | | 8 | 2 |
| | | 6 | | | | | | |
| | | 2 | 9 | | 7 | | | |
| 1 | | | 8 | 2 | | | 7 | 9 |
| 3 | 5 | | | | | 9 | | 7 |
| | 7 | | 1 | | 5 | | 2 | 4 |
| | 4 | | | 9 | | | 1 | |

14-10

| | | | | | | | | |
|---|---|---|---|---|---|---|---|---|
| 2 | | | | 1 | | 8 | | |
| 9 | | 1 | | | 3 | 7 | | 4 |
| | 7 | | 4 | | | | 5 | |
| 7 | | 3 | | | | | 2 | |
| | | 2 | | 7 | 6 | 3 | | 8 |
| 8 | | | | 3 | 5 | | 4 | |
| | 9 | | | 5 | | | | 6 |
| | 3 | 7 | 8 | | 9 | 2 | | |
| | | 4 | 7 | | | 9 | 8 | |

14-11

| | | | | | | | | |
|---|---|---|---|---|---|---|---|---|
| 8 | 1 | | 3 | | 2 | | | 5 |
| | | | | | | 1 | 7 | |
| | 9 | 4 | 7 | 8 | | | 3 | 6 |
| | | 6 | | | | | | |
| 9 | | | | 3 | 7 | | 6 | 4 |
| | 7 | | | 4 | 5 | | 1 | |
| | 3 | | 5 | | | | 8 | 1 |
| | | 5 | | | 6 | | | 2 |
| 1 | 6 | 8 | | 2 | | 4 | 5 | |

14-12

| | | | | | | | | |
|---|---|---|---|---|---|---|---|---|
| 6 | | 5 | 8 | | 7 | | | 9 |
| | | | | | | 7 | | |
| 3 | | 2 | 4 | | 6 | | 5 | |
| | | 3 | 9 | | | | | |
| 1 | | | | 7 | 8 | 4 | | 2 |
| | | 9 | | | 5 | | 3 | |
| 4 | 9 | | 1 | | 2 | 3 | | 6 |
| | | | | 4 | | 8 | | |
| 5 | 6 | | 7 | | | | 2 | |

14-13

| | | | | | | | | |
|---|---|---|---|---|---|---|---|---|
| 1 | 8 | | 4 | | 5 | 3 | | 9 |
| | 4 | 6 | | | | | | |
| | | | | 9 | | 6 | 7 | |
| 5 | 3 | | 9 | | | 7 | 4 | |
| 8 | | | | | 4 | 2 | | |
| | | 9 | 3 | | | | | 5 |
| 6 | | | 2 | | 3 | 8 | | 1 |
| 3 | | 5 | 1 | | | | | |
| | | | 5 | | | 9 | | 2 |

14-14

| | | | | | | | | |
|---|---|---|---|---|---|---|---|---|
| | | | 5 | 2 | | | 7 | 3 |
| 2 | 6 | | 7 | | 4 | | 8 | |
| 3 | 4 | | | 9 | | | 5 | |
| | | | | 4 | 7 | | 9 | 5 |
| 4 | | 1 | | | | | | |
| | 8 | | | 6 | 3 | | 1 | |
| | | | 3 | 8 | | 2 | | 1 |
| | | 3 | 6 | | | | | |
| 1 | 2 | 6 | | 7 | | 9 | | 8 |

14-15

| | | | | | | | | |
|---|---|---|---|---|---|---|---|---|
| | | 7 | | | 5 | 4 | | 9 |
| | | | | 3 | 2 | | | |
| | 5 | 1 | 8 | | | | 7 | |
| | | 2 | 9 | | 8 | 7 | 3 | |
| 8 | | | | | 1 | | | |
| 4 | 6 | | | 2 | | | | 5 |
| | | 4 | | | 3 | 8 | | 1 |
| 1 | | 5 | 4 | | | | | |
| | | | 5 | | 6 | 9 | | 2 |

14-16

| | | | | | | | | |
|---|---|---|---|---|---|---|---|---|
| 3 | 8 | | 2 | | 1 | 6 | | |
| 7 | | | | | | | 9 | 3 |
| | | 5 | 9 | | 8 | | | |
| 5 | 2 | 6 | 4 | 9 | | | | 8 |
| | | 4 | | | | | | 5 |
| | | | | 5 | | 3 | | 9 |
| 1 | | | 8 | 6 | 5 | 9 | | 2 |
| | 5 | | | | | | 7 | |
| | | 3 | | 1 | 4 | | 8 | |

14-17

| | | | | | | | | |
|---|---|---|---|---|---|---|---|---|
| | 7 | | | 5 | 1 | 8 | 9 | 4 |
| | | 9 | 4 | | 7 | | | |
| | 4 | 2 | | 3 | | | 1 | |
| | | 5 | | | 9 | 1 | | 7 |
| 7 | 3 | | 5 | | | | | |
| 8 | | | | | 4 | 2 | | 3 |
| 9 | | 8 | | | 6 | | | 2 |
| | | 4 | 8 | | | | 7 | 9 |
| | | | | 2 | | | | |

14-18

| | | | | | | | | |
|---|---|---|---|---|---|---|---|---|
| | 2 | | | 6 | | | 5 | |
| | | | 5 | | 7 | | 9 | |
| 4 | | | | 3 | | 1 | | |
| | 4 | | | 7 | | 9 | | 8 |
| 7 | | | 1 | | 9 | 4 | | |
| 8 | | 1 | | | | 3 | 2 | |
| 1 | 8 | | | 9 | | | 3 | 2 |
| | | | 3 | | 6 | | 7 | |
| 2 | 6 | | | | 8 | | 4 | |

14-19

| | | | | | | | | |
|---|---|---|---|---|---|---|---|---|
| 3 | | 2 | | | 6 | | | 8 |
| | | | 2 | | | | 3 | 7 |
| | 6 | | 9 | 8 | | | | 4 |
| | 1 | 7 | | | 9 | 2 | | 5 |
| | 2 | | 7 | | 4 | 9 | | 1 |
| 4 | | | | 5 | | | | |
| | 8 | | | | 1 | 7 | | 3 |
| | 7 | | | 9 | | | | 2 |
| | 3 | 5 | | 4 | | | | |

14-20

| | | | | | | | | |
|---|---|---|---|---|---|---|---|---|
| | 7 | | | 8 | 1 | | 3 | |
| 8 | | 6 | | | 2 | | | 5 |
| | | | 4 | | | 1 | 6 | |
| 3 | | 2 | 9 | | 5 | | 1 | |
| | | 9 | | 7 | | | | 3 |
| | 8 | | | | 6 | 5 | 9 | |
| | 9 | | | 2 | | | | 6 |
| | 3 | 7 | 5 | | 4 | 9 | | 1 |
| | | 5 | | 1 | | | | |

14-21

| | | | | | | | | |
|---|---|---|---|---|---|---|---|---|
| 7 | | 4 | | 2 | 8 | 6 | | 9 |
| | | | | | 5 | 8 | | |
| | 8 | | 1 | | | | | |
| | | 5 | 9 | | 1 | | | 2 |
| 1 | | | | | 3 | 5 | | |
| | | 9 | 7 | | | 3 | | 8 |
| | 9 | 6 | | 4 | | 1 | | 3 |
| 3 | | | | | 9 | | 2 | 4 |
| 4 | | | 8 | 3 | | | | 5 |

14-22

| | | | | | | | | |
|---|---|---|---|---|---|---|---|---|
| 3 | | | | 9 | | | | 6 |
| | | 2 | | | | 1 | 5 | |
| 6 | | | 5 | 3 | | 4 | | |
| 7 | 6 | | 1 | | | | | 2 |
| | | 1 | 4 | | 5 | 6 | 9 | |
| 2 | | | 9 | | | 3 | 1 | |
| 4 | 2 | | | | | | | |
| | | | | 1 | 9 | | 8 | |
| | | | 8 | 4 | | 7 | 6 | 5 |

14-23

| | | | | | | | | |
|---|---|---|---|---|---|---|---|---|
| 3 | | 4 | | 5 | 8 | | 1 | 9 |
| 9 | | | | | | | 3 | |
| | | 7 | 1 | | 3 | | | 6 |
| | | 5 | 9 | | 1 | 4 | | 2 |
| | | | | | | | | |
| | 1 | | 7 | | | | 5 | |
| | | 6 | | 4 | 7 | 5 | | |
| | 5 | | | | | 6 | | 4 |
| | 3 | | 8 | 6 | | 9 | | |

14-24

| | | | | | | | | |
|---|---|---|---|---|---|---|---|---|
| 7 | | | | 8 | 4 | 9 | | 6 |
| | | | 3 | | 9 | | 5 | |
| 6 | | 3 | 5 | | | | | 8 |
| | | 9 | 1 | | 3 | | | 2 |
| 5 | | 1 | | | | 6 | | 4 |
| 2 | | | 9 | | 6 | 3 | | |
| | | 8 | | | 7 | 5 | 4 | 1 |
| | 7 | 6 | 4 | 1 | | | | |
| | | | 8 | | | | 6 | 9 |

14-25

| | | | | | | | | |
|---|---|---|---|---|---|---|---|---|
| | 7 | 3 | 8 | | 1 | | 9 | |
| 1 | | | | | | 3 | | 5 |
| 5 | | | 9 | | 2 | | | |
| | 6 | 5 | | 2 | 9 | 1 | 8 | |
| | | 2 | | 1 | | | 4 | 6 |
| 8 | | | | 7 | 4 | | | |
| | 1 | | 7 | 4 | | 5 | 3 | 2 |
| | | | 2 | | | 8 | | |
| 3 | | 7 | | | 5 | | | |

14-26

| | | | | | | | | |
|---|---|---|---|---|---|---|---|---|
| 3 | 8 | | 2 | | 1 | 7 | | |
| 6 | | | | | | | | 3 |
| | | 5 | 9 | | 8 | 1 | | |
| 5 | 2 | | 4 | 7 | | 9 | | |
| 7 | 3 | | | | | 2 | 6 | |
| | | | | 5 | | | 4 | |
| 1 | | 7 | 8 | 9 | 5 | 6 | | |
| | | 8 | | | | | | 1 |
| | 6 | | 7 | | | 5 | | |

14-27

| | | | | | | | | |
|---|---|---|---|---|---|---|---|---|
| | | | 8 | | 1 | | 9 | |
| 4 | | 9 | | | | 1 | | 5 |
| 5 | | 6 | 9 | | 2 | 7 | | |
| | | | 4 | | | | | 7 |
| | 3 | 2 | | | | | | |
| 8 | | | 6 | 7 | | 2 | 5 | 1 |
| 9 | | | 7 | 3 | | | | |
| | | 1 | | | | 8 | | |
| 3 | 2 | | 1 | | 5 | 4 | 6 | |

14-28

| | | | | | | | | |
|---|---|---|---|---|---|---|---|---|
| | | 3 | | | 9 | | | |
| | | | | 2 | 7 | 1 | | |
| 2 | 7 | 5 | | | | | 6 | 4 |
| | 2 | | | | | | 8 | |
| | 5 | | 8 | 6 | | 2 | | |
| 6 | 3 | | | 9 | | | 1 | 7 |
| 5 | | 7 | | | | 4 | | |
| | | | 9 | 1 | | | | |
| | 4 | | | 5 | | 8 | 2 | 3 |

14-29

| | | | | | | | | |
|---|---|---|---|---|---|---|---|---|
| | | 8 | | | 4 | | | 9 |
| 9 | 1 | | 8 | | | | 2 | |
| | | | | | 1 | 3 | | |
| | | 7 | 9 | | 6 | | | 3 |
| | 8 | 5 | | 4 | | 7 | 9 | |
| | 3 | | 5 | | 8 | | | |
| 3 | | 1 | | | 5 | 6 | | |
| | | 4 | 1 | | | 5 | | 8 |
| | | | | 2 | | | | 7 |

14-30

| | | | | | | | | |
|---|---|---|---|---|---|---|---|---|
| 5 | | | 6 | | | 7 | | |
| | 9 | | | 2 | | 1 | | |
| 2 | | 8 | | 5 | | 9 | 6 | |
| 8 | 2 | | 1 | | 5 | 3 | 9 | |
| | | 1 | | 6 | | | | 8 |
| 6 | | | | 8 | 2 | | | |
| 9 | | 7 | | | 8 | 4 | 5 | |
| | 8 | | | 1 | | | | |
| | 4 | | 7 | | | | 2 | 3 |

| | | | | | | | | |
|---|---|---|---|---|---|---|---|---|
| 8 | 6 | 7 | 5 | 9 | 1 | 2 | 3 | 4 |
| 9 | 1 | 5 | 3 | 4 | 2 | 6 | 7 | 8 |
| 4 | 2 | 3 | 7 | 8 | 6 | 1 | 5 | 9 |
| 3 | 4 | 2 | 6 | 7 | 8 | 9 | 1 | 5 |
| 7 | 8 | 6 | 1 | 5 | 9 | 4 | 2 | 3 |
| 5 | 9 | 1 | 2 | 3 | 4 | 8 | 6 | 7 |
| 1 | 5 | 9 | 4 | 2 | 3 | 7 | 8 | 6 |
| 2 | 3 | 4 | 8 | 6 | 7 | 5 | 9 | 1 |
| 6 | 7 | 8 | 9 | 1 | 5 | 3 | 4 | 2 |

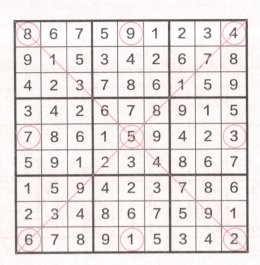

# 九字（9×9）中心对称互补数独

# 第一节　九字中心对称互补数独的性质

所谓中心对称互补数独是指九字数独的中心（5，5）格中的数字为5，以它为中心，呈对称的两个小方格中的数字之和等于10。

九字中心对称互补数独的规则：

1. 每行9个小方格中的数字，1 ～ 9不重复；
2. 每列9个小方格中的数字，1 ～ 9不重复；
3. 9个3×3的九宫格中的数字，1 ～ 9不重复；
4. 两条对角线上9个小方格中的数字，1 ～ 9不重复；
5. 四条折断对角线上9个小方格中的数字，1 ～ 9不重复；
6. 以中央格（5，5）为对称点，对称的两个小方格中的数字为互补，即对称的两个小方格中的数字之和均为10（图15-1）。

| | | | | | | | | |
|---|---|---|---|---|---|---|---|---|
| 8 | 6 | 7 | 5 | 9 | 1 | 2 | 3 | 4 |
| 9 | 1 | 5 | 3 | 4 | 2 | 6 | 7 | 8 |
| 4 | 2 | 3 | 7 | 8 | 6 | 1 | 5 | 9 |
| 3 | 4 | 2 | 6 | 7 | 8 | 9 | 1 | 5 |
| 7 | 8 | 6 | 1 | 5 | 9 | 4 | 2 | 3 |
| 5 | 9 | 1 | 2 | 3 | 4 | 8 | 6 | 7 |
| 1 | 5 | 9 | 4 | 2 | 3 | 7 | 8 | 6 |
| 2 | 3 | 4 | 8 | 6 | 7 | 5 | 9 | 1 |
| 6 | 7 | 8 | 9 | 1 | 5 | 3 | 4 | 2 |

图15-1

# 第二节　解题方法与技巧

如图15-2所示是中心对称互补数独的1个谜题，题中仅有19个数字，解题时，应先找出对称格中的互补数，这样就有了35个已知数了，如图15-3所示。然后再按标准数独性质来解题。最终答案如图15-4所示。

| | | | | | | | | |
|---|---|---|---|---|---|---|---|---|
| | | 9 | | | | 3 | | |
| | 7 | | | 2 | 3 | | | |
| | | 4 | | | | | | 6 |
| | | 6 | | 3 | | | | |
| | 4 | | | 5 | | | | |
| 5 | | | | | | | 2 | |
| | 2 | | | | | | | |
| 9 | | | | | 6 | | | 4 |
| | | | | | | 1 | | 9 |

图15-2

| | | | | | | | | |
|---|---|---|---|---|---|---|---|---|
| 1 | | 9 | | | | 3 | | |
| 6 | 7 | | 4 | 2 | 3 | | | 1 |
| | | 4 | | | | | 8 | 6 |
| | 8 | 6 | | 3 | | | | 5 |
| | 4 | | | 5 | | | 6 | |
| 5 | | | | 7 | | 4 | 2 | |
| 4 | 2 | | | | | 6 | | |
| 9 | | | 7 | 8 | 6 | | 3 | 4 |
| | | 7 | | | | 1 | | 9 |

图15-3

| | | | | | | | | |
|---|---|---|---|---|---|---|---|---|
| 1 | 5 | 9 | 8 | 6 | 7 | 3 | 4 | 2 |
| 6 | 7 | 8 | 4 | 2 | 3 | 5 | 9 | 1 |
| 2 | 3 | 4 | 9 | 1 | 5 | 7 | 8 | 6 |
| 7 | 8 | 6 | 2 | 3 | 4 | 9 | 1 | 5 |
| 3 | 4 | 2 | 1 | 5 | 9 | 8 | 6 | 7 |
| 5 | 9 | 1 | 6 | 7 | 8 | 4 | 2 | 3 |
| 4 | 2 | 3 | 5 | 9 | 1 | 6 | 7 | 8 |
| 9 | 1 | 5 | 7 | 8 | 6 | 2 | 3 | 4 |
| 8 | 6 | 7 | 3 | 4 | 2 | 1 | 5 | 9 |

图15-4

## 第三节　本章练习题

15-1

| | | | | | | | | |
|---|---|---|---|---|---|---|---|---|
| 6 | | 7 | | 2 | | | 5 | |
| | | | 7 | | | | | |
| | | | | | | | | 6 |
| | | | | | 6 | | | |
| | 2 | | | | | | | 7 |
| | | | | | | | 9 | 5 |
| | | | 1 | | | | | 8 |
| | | 6 | 2 | | | | | |
| | | 1 | | | | | | |

15-2

| | | | | | | | | |
|---|---|---|---|---|---|---|---|---|
| | 9 | | 5 | 3 | | | | |
| | | 2 | | 4 | | | | |
| | | | | | | | | |
| | | | | 1 | | | | |
| | | | | | 3 | | 2 | |
| | 6 | | | | | 5 | 3 | |
| 1 | | | | | 9 | | | 3 |
| | | | 2 | | | | | |
| 9 | 4 | | | | | 6 | | |

15-3

| | | | | | | | | |
|---|---|---|---|---|---|---|---|---|
| | | | | | | | | |
| | | | | | | | | |
| 7 | | 2 | | 1 | | 6 | | |
| | | | 3 | | | | 6 | |
| 8 | 1 | 3 | | | | | | |
| 5 | | | | 2 | | 1 | | |
| | | | | | | | | |
| | 2 | | | | 8 | | | |
| 3 | | 1 | 4 | | | | | 9 |

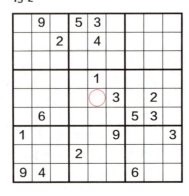

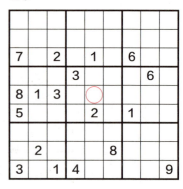

15-4

| | | | | | | | | |
|---|---|---|---|---|---|---|---|---|
| | | 3 | | | 4 | 9 | | |
| | | | 8 | | | | | |
| | | | | | | | 1 | |
| | | | | 2 | | | | 1 |
| 3 | 1 | | | ○ | | 2 | | |
| | | | | | 3 | 5 | 6 | |
| 2 | | 7 | | 1 | | | | 6 |
| | | | | | | | 8 | |
| | | | | | | | | |

15-5

| | | | | | | | | |
|---|---|---|---|---|---|---|---|---|
| 6 | 2 | | | | | | | |
| | | 5 | 9 | | | | | |
| | | | | | 2 | | | 7 |
| | 8 | | | | | | 3 | |
| 1 | | | | ○ | 7 | | | |
| | | | | 9 | | 6 | | |
| | | 7 | | | | | | |
| 4 | | | | | | | | |
| 2 | | | | | 5 | 9 | | |

15-6

| | | | | | | | | |
|---|---|---|---|---|---|---|---|---|
| | | | 8 | | | 1 | | 9 |
| | | 1 | 4 | | | 6 | | |
| | 8 | | | | | | | |
| | | 5 | 2 | | | | 8 | |
| | 6 | | | ○ | | | | |
| | | | | 7 | | | | 1 |
| | 7 | | | | 1 | 4 | | |
| | | | 7 | 8 | | | | |
| | | | | | | | | 7 |

15-7

| | | | | | | | | |
|---|---|---|---|---|---|---|---|---|
| | 5 | | | | | | | |
| 9 | | | | | 8 | | | |
| 3 | | | | | 5 | | | 9 |
| | | | 3 | | | | 6 | |
| | 1 | 3 | | ○ | | | | |
| | | | | 2 | | 1 | | 8 |
| | 3 | | | | 6 | | | |
| | | | | | | | | |
| 7 | | 2 | | 1 | | 6 | | |

15-8

| | | | | | | | | |
|---|---|---|---|---|---|---|---|---|
| | | | 6 | | | | | |
| | 6 | | | 1 | | | 2 | 9 |
| | 3 | | | | 2 | | | |
| | | 8 | 7 | 2 | | | | |
| 9 | | | | ○ | | | 3 | |
| 6 | | | | | | | 9 | |
| 4 | | | | | | | | |
| | | | | | | | | 5 |
| | | 9 | | | | 3 | | |

15-9

| | | | | | | | | |
|---|---|---|---|---|---|---|---|---|
| | | 1 | | | | 3 | | |
| | | 8 | | | 6 | | | 7 |
| | | | 7 | | | 8 | | |
| | 3 | | | 4 | | 5 | | |
| | | 4 | | ○ | 2 | | | |
| | | | | | | | | 1 |
| | | | | | | 7 | 1 | |
| | | | | | 1 | | | 5 |
| | 4 | | 5 | | | | | |

15-10

| | | | | | | | | |
|---|---|---|---|---|---|---|---|---|
| 2 | | | | | 9 | | | 6 |
| | | | | | 8 | | | |
| | | | | | 4 | | 5 | |
| | 6 | | | 3 | | | | |
| | | 4 | | ○ | | | 8 | |
| | | | | | | 2 | | |
| | | 1 | | 8 | | 3 | | |
| | | | | 4 | 3 | | | 9 |
| | | 2 | | | | | | |

15-11

| | | | | | | | | |
|---|---|---|---|---|---|---|---|---|
| 6 | | 9 | | | 5 | 7 | | 1 |
| | | | 1 | | | | | |
| | | | | | | | | |
| | 7 | | | | | 5 | | 2 |
| | | | 2 | ○ | | | | |
| | | | | 4 | | | | |
| | | | | | | | | 6 |
| 7 | | 1 | 6 | | | 8 | | |
| | | | | | 2 | | | |

15-12

| | | | | | | | | |
|---|---|---|---|---|---|---|---|---|
| | 5 | | | 4 | | | | |
| | | | | | 1 | 5 | | |
| 2 | | | | 3 | | | | 4 |
| 9 | 8 | | | | | | 3 | |
| | | | | ○ | | 8 | | |
| | | | 4 | | | | | |
| | | | | | 3 | 4 | | |
| | | | | 8 | | | | |
| | | 9 | | | | 3 | | |

15-13

| | | | | | | | | |
|---|---|---|---|---|---|---|---|---|
| | | | | | | 1 | | |
| | | | | | 2 | | | |
| 8 | | | 5 | | | | | |
| | 9 | | | 3 | | | | |
| 7 | | | | ○ | 9 | | 2 | |
| | | | 6 | | | | | |
| 6 | | | | | | | | |
| | | 4 | | | 7 | 5 | | |
| | 5 | | | 2 | | 7 | | 6 |

15-14

| | | | | | | | | |
|---|---|---|---|---|---|---|---|---|
| | | | 6 | | | | | |
| | | | | | 3 | | | |
| 4 | | | | | | | | 8 |
| | 6 | | | 3 | | | | |
| 3 | | | | ○ | 1 | | | |
| | 1 | | | | | 2 | | |
| | | 3 | | 1 | 9 | | | |
| | | 5 | | | | | | |
| | 8 | | | | | | 5 | 1 |

15-15

| | | | | | | | | |
|---|---|---|---|---|---|---|---|---|
| 7 | | | | | | 3 | | |
| | | | | 9 | | | | |
| | 3 | | | 7 | | 8 | | |
| | | | | | 7 | | | 5 |
| 4 | | | 8 | ○ | | 9 | | |
| | 2 | | | | | | | |
| | | | 9 | | | 4 | | |
| | | 9 | | | 4 | | | |
| 1 | | | 2 | | | 6 | | |

15-16

| | | | | | | | | |
|---|---|---|---|---|---|---|---|---|
| | | | | 4 | | | | |
| | 3 | | | | | | 1 | |
| | | | | | | | | 3 |
| 4 | | | | 7 | | | | |
| | | 7 | | | 9 | | 4 | |
| 9 | | 5 | 2 | | | | 8 | |
| | | 6 | 9 | | | 2 | | |
| | | | | | | | | |
| 3 | | | 8 | | | | | 9 |

15-17

| | | | | | | | | |
|---|---|---|---|---|---|---|---|---|
| | | | 1 | | | | | |
| 6 | | | | | | | | 5 |
| | 9 | 4 | | | 7 | 2 | | |
| | | | | | 4 | | | 7 |
| | 8 | | 7 | | | 1 | | |
| | | | | 1 | | | | 8 |
| | 4 | | | | | | | |
| | 3 | | | | | | 9 | |
| | | | | 8 | | | | |

15-18

| | | | | | | | | |
|---|---|---|---|---|---|---|---|---|
| | | | 9 | | | | | |
| 5 | | | 7 | | | | 8 | 9 |
| | | | 6 | | | | 2 | |
| | | 5 | | | | 8 | | |
| | | | 4 | | | | | |
| 7 | | | | 8 | | | | 4 |
| 3 | | | 5 | | | | | 2 |
| | | | | 9 | | | | |
| | | 6 | | | | 9 | | |

15-19

| | | | | | | | | |
|---|---|---|---|---|---|---|---|---|
| | | | | | | | | 1 |
| | | | 4 | | | | | |
| | | 4 | | | 9 | | | |
| | | | | | | | 2 | |
| | | 9 | | | 8 | | | 4 |
| 5 | | | 7 | | | | | |
| | | 8 | | 7 | | | 3 | |
| | | 1 | | 9 | | 5 | | |
| | | 3 | | 2 | | | | 7 |

15-20

| | | | | | | | | |
|---|---|---|---|---|---|---|---|---|
| | | | 1 | | | | | |
| 5 | | | | | | | 2 | 1 |
| | | | 4 | | | | 8 | |
| | | 5 | | | | 2 | | |
| | 7 | | 6 | | | | | |
| 3 | | | | 2 | | | | 6 |
| 7 | | | 5 | | | | | 8 |
| | | | | 1 | | | | |
| | | 4 | | | | 1 | | |

15-21

| | | | | | | | | |
|---|---|---|---|---|---|---|---|---|
| 4 | | | | | | | 1 | |
| | | | | 2 | | | | |
| | | | | | 8 | 7 | | |
| | 2 | 6 | | 9 | | | 7 | |
| | | | | | | 2 | 6 | 1 |
| | | | | | | | | |
| 7 | | | | 6 | | 9 | | 8 |
| | 1 | | 4 | | | 5 | | |
| 8 | | | 3 | | | 1 | | |

15-22

| | | | | | | | | |
|---|---|---|---|---|---|---|---|---|
| | | | | 8 | | 6 | | |
| | 9 | | | | | | 3 | |
| | | | | | | | 4 | |
| 8 | | | | 1 | | 5 | | |
| | | 1 | | | | | 8 | |
| 7 | | | 4 | | | | | |
| | | 2 | 7 | | | 4 | 9 | |
| 5 | | | | | | | | |
| | | | | | 1 | | | |

15-23

| | | | | | | | | |
|---|---|---|---|---|---|---|---|---|
| | | | | | | | 1 | |
| | | | | 7 | 1 | | 8 | |
| | | 7 | | | 8 | | | |
| | | | | | | | | 8 |
| | 1 | | | | 2 | 6 | | |
| | | 5 | 3 | | | | | |
| | | 1 | | | 5 | | | |
| | | | | | | 1 | 4 | |
| 6 | | | | 1 | 4 | | | |

15-24

| | | | | | | | | |
|---|---|---|---|---|---|---|---|---|
| | | | | | | | 4 | 3 |
| | | | | | | | | |
| | | 2 | | 1 | | 6 | | |
| | 8 | | | | 2 | | | 9 |
| | 4 | | 9 | | | 7 | | |
| | 9 | | | 7 | | | | 4 |
| 3 | | | | | | | | |
| | 1 | | | 8 | | | 3 | 2 |
| | | | | 4 | | | | |

15-25

| | | | | | | | | |
|---|---|---|---|---|---|---|---|---|
| 1 | | 9 | | | | | | |
| | | 4 | 6 | | | 9 | | |
| | | | | | 5 | | 2 | |
| | 2 | | | | | 5 | | |
| | | | 9 | | | 3 | 4 | |
| | | | | 3 | | | | |
| | | 6 | | | | | | |
| | | | 3 | 2 | | | | |
| 3 | | | | | 8 | | 5 | |

15-26

| | | | | | | | | |
|---|---|---|---|---|---|---|---|---|
| | | 4 | | 3 | | | | |
| | | 2 | | | | | 7 | 5 |
| 7 | | | 1 | | 6 | | | |
| | | | | | | | | |
| | | | | | 3 | 1 | | 6 |
| 2 | | 1 | 8 | | | | | |
| | | | | | | 7 | 5 | |
| | | | 2 | 6 | | | 9 | |
| | | 8 | | | | | | |

15-27

| | | | | | | | | |
|---|---|---|---|---|---|---|---|---|
| 9 | | | | | 4 | | | 3 |
| | | 5 | 8 | | | 7 | | |
| | | | | | | | | |
| | | 1 | | 2 | | | | |
| 2 | | | | | | 3 | 1 | |
| | 6 | | | | 3 | | | |
| 4 | | 6 | | 1 | | 2 | | 7 |
| | 8 | | | | | | | |
| | | | | | 5 | | | |

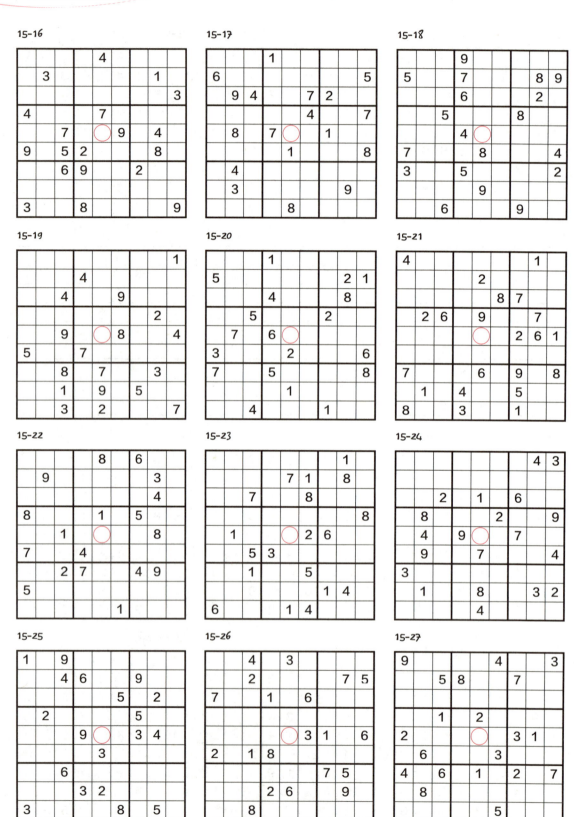

15-28

| | | | | | | | | |
|---|---|---|---|---|---|---|---|---|
| | | 2 | | | | 4 | 9 | |
| 5 | | | | | | | | |
| | | | 6 | | 1 | | | |
| 8 | 4 | | | 1 | | | | |
| | | | | ○ | | 9 | 8 | |
| 7 | | | 4 | | | | | |
| | 5 | | | 8 | | | | |
| | 9 | | | | | | 3 | |
| | | | | | 3 | | | |

15-29

| | | | | | | | | |
|---|---|---|---|---|---|---|---|---|
| | | 3 | | | 5 | 9 | | |
| | | | | 9 | | | | |
| 2 | | | | | | | | 4 |
| | 9 | 2 | | 8 | | | | 6 |
| | 3 | | | ○ | 4 | | | 9 |
| | | | | | 7 | | | |
| | | | 2 | | | | 3 | |
| | 2 | | | | 3 | | 6 | |
| | | | | | | | | |

15-30

| | | | | | | | | |
|---|---|---|---|---|---|---|---|---|
| 1 | | | 4 | | | | | |
| | | | 8 | | 7 | 5 | | |
| | | 8 | | | | | | |
| | 4 | | | | | | 1 | |
| | | | 1 | ○ | | | | 3 |
| | | | | 3 | | 8 | | |
| 8 | | | | 9 | | | | 4 |
| | | | | | | | | |
| 4 | | 3 | | | | | 5 | |

15-31

| | | | | | | | | |
|---|---|---|---|---|---|---|---|---|
| | | 7 | | | 2 | | 5 | |
| | | | | | | | | |
| 4 | | | 5 | | | | | 8 |
| | | 1 | | | 8 | | 2 | |
| | | | | ○ | 9 | | 6 | |
| | | 6 | | 3 | | | | 5 |
| | | | 9 | | | 7 | | |
| | 7 | | | | | | 9 | |
| | | | | 6 | | | | |

15-32

| | | | | | | | | |
|---|---|---|---|---|---|---|---|---|
| | | | | 9 | | 7 | | |
| | | | 2 | | | 5 | | |
| 9 | 5 | | | | | | | |
| | | | | 7 | | | | |
| | | | 9 | ○ | | | | 7 |
| | 6 | 8 | | | | | 9 | |
| | 8 | | | | 4 | | | |
| | | | 7 | | | | | |
| 2 | | | | | | 8 | | 6 |

15-33

| | | | | | | | | |
|---|---|---|---|---|---|---|---|---|
| 3 | | | | | | | | |
| | 1 | | | | | | 3 | |
| | | | | 4 | | | | 1 |
| | 8 | | | | 2 | | | 9 |
| | 4 | 3 | | ○ | | | | |
| | | | | 7 | | | | 4 |
| | 5 | | | | | | | 3 |
| 8 | | | | | | | | |
| | | 2 | 5 | 1 | | 6 | | |

15-34

| | | | | | | | | |
|---|---|---|---|---|---|---|---|---|
| | 7 | | | | 8 | | | |
| | 4 | | | | | | 8 | |
| | | | 4 | | | | | |
| 4 | | | | 2 | | | 1 | |
| 1 | | | | ○ | | 2 | 7 | |
| | | | 3 | | | | | |
| | | 1 | | | | 7 | | |
| | | 7 | | 1 | | | | |
| 6 | | | | | | | | 8 |

| | | | | | | | | |
|---|---|---|---|---|---|---|---|---|
| 5 | 8 | 3 | 4 | 9 | 1 | 7 | 2 | 6 |
| 2 | 4 | 7 | 5 | 8 | 6 | 3 | 1 | 9 |
| 9 | 1 | 6 | 2 | 7 | 3 | 4 | 8 | 5 |
| 8 | 7 | 9 | 1 | 6 | 2 | 5 | 4 | 3 |
| 4 | 3 | 2 | 9 | 5 | 8 | 1 | 6 | 7 |
| 1 | 6 | 5 | 3 | 4 | 7 | 2 | 9 | 8 |
| 7 | 2 | 1 | 8 | 3 | 9 | 6 | 5 | 4 |
| 6 | 9 | 4 | 7 | 2 | 5 | 8 | 3 | 1 |
| 3 | 5 | 8 | 6 | 1 | 4 | 9 | 7 | 2 |

# 第十六章

# 九字（9×9）密码数独

# 第一节　九字密码数独的性质

所谓密码数独，就是指在标准数独的基础上加上某种密码。这种密码就是预先设定的暗号。所设暗号的形式多种多样，而且在数独中所用的暗号一般是1～9中的数字，当然选作暗号的这些数字之间必须具有一定的规律，因此，在解题时，就必须从这个暗号入手，才能顺利解题。

密码数独的规则与标准数独相同：
1. 每行9个小方格中的数字，1～9不重复；
2. 每列9个小方格中的数字，1～9不重复；
3. 9个3×3的九宫格中的数字，1～9不重复。

# 第二节　解题方法与技巧

## 一、密码的暗号是“三阶幻方”

所谓“三阶幻方”，是指在数独中有一宫（即3×3的某个九宫格）内，每行、每列和两条对角线上的3个数字之和相等，且等于15。如图16-1所示，我们观察发现第五宫为“三阶幻方”，只有了解幻方的数学知识，才能破解密码而顺利解题。

解题方法与步骤如下。

第一步：从第四行、第四列和第五列中的1向第五宫中引标线，得到（5，6）格中应填入数字1。再根据幻方原理，得到（4，6）格中的数字=15−6−1=8，（4，5）格中的数字=15−4−8=3，（5，4）格中的数字=15−5−1=9，（6，4）格中的数字=15−4−9=2，（6，5）格中的数字=15−3−5=7，如图16-2所示。

第二步：在第一行中已有6、3、4、7、8、2、1这7个数字，尚缺5和9，采用“二筛一”法，得到（1，4）格中应填入5（因第四列中已有数字9），（1，5）格中应填入数字9。同理，在第九行中已有7、5、8、1、2、4、3这7个数字，尚缺6、9，采用“二筛一”法，得到（9，5）格中应填入数字6，（9，6）格中应填入数字9，如图16-3所示。

第三步：此后按照九字标准数独常规解法，得到最终答案如图16-4所示。

| | | | | | | | | |
|---|---|---|---|---|---|---|---|---|
| 6 | 3 | 4 | | | 7 | 8 | 2 | 1 |
| | 9 | | | 1 | | | 5 | |
| 1 | | | 6 | | | 7 | | |
| 5 | | | 4 | | | 1 | | |
| | 4 | | | 5 | | | 6 | |
| | | 9 | | | 6 | | | 4 |
| | | 1 | | | 5 | | | 8 |
| | 6 | | | 8 | | | 1 | |
| 7 | 5 | 8 | 1 | | | 2 | 4 | 3 |

图16-1

| | | | | | | | | |
|---|---|---|---|---|---|---|---|---|
| 6 | 3 | 4 | | | 7 | 8 | 2 | 1 |
| | 9 | | | 1 | | | 5 | |
| 1 | | | 6 | | | 7 | | |
| 5 | | | 4 | 3 | 8 | 1 | | |
| | 4 | | 9 | 5 | 1 | | 6 | |
| | | 9 | 2 | 7 | 6 | | | 4 |
| | | 1 | | | 5 | | | 8 |
| | 6 | | | 8 | | | 1 | |
| 7 | 5 | 8 | 1 | | | 2 | 4 | 3 |

图16-2

| | | | | | | | | |
|---|---|---|---|---|---|---|---|---|
| 6 | 3 | 4 | 5 | 9 | 7 | 8 | 2 | 1 |
| | 9 | | | 1 | | | 5 | |
| 1 | | | 6 | | | 7 | | |
| 5 | | | 4 | 3 | 8 | 1 | | |
| | 4 | | 9 | 5 | 1 | | 6 | |
| | | 9 | 2 | 7 | 6 | | | 4 |
| | | 1 | | | 5 | | | 8 |
| | 6 | | | 8 | | | 1 | |
| 7 | 5 | 8 | 1 | 6 | 9 | 2 | 4 | 3 |

图16-3

| | | | | | | | | |
|---|---|---|---|---|---|---|---|---|
| 6 | 3 | 4 | 5 | 9 | 7 | 8 | 2 | 1 |
| 2 | 9 | 7 | 8 | 1 | 3 | 4 | 5 | 6 |
| 1 | 8 | 5 | 6 | 2 | 4 | 7 | 3 | 9 |
| 5 | 7 | 6 | 4 | 3 | 8 | 1 | 9 | 2 |
| 8 | 4 | 2 | 9 | 5 | 1 | 3 | 6 | 7 |
| 3 | 1 | 9 | 2 | 7 | 6 | 5 | 8 | 4 |
| 9 | 2 | 1 | 3 | 4 | 5 | 6 | 7 | 8 |
| 4 | 6 | 3 | 7 | 8 | 2 | 9 | 1 | 5 |
| 7 | 5 | 8 | 1 | 6 | 9 | 2 | 4 | 3 |

图16-4

## 二、密码的暗号是“在某行或某列有1 ～ 9的自然序列”

如图16-5所示，我们观察发现，第五列中有1～9的自然序列，解题方法与步骤如下：

第一步：如图16-6所示，先将第五列填入1～9自然序列。

第二步：从第七行、第八行中的2向第九宫中引标线，得到（9，9）格中应填入数字2。由第五行、第六行和第二列中的8向第四宫中引标线，得到（4，1）格应填入数字8。由第二行、第九列中的8向第三宫中引标线，得到（3，8）格中应填入数字8。由第八列、第九列中的8向第九宫中引标线，得到（8，7）格中应填入数字8。由第七行、第八行和第一列中的8向第七宫中引标线，得到（9，3）格中应填入数字8。由第七列、第八列中的7向第六宫引标线，得到（5，9）格中应填入数字7。由第六列的9向第五宫中引标线，得到（5,4）格中应填入数字9。由第一列、第二列中的2向第四宫中引标线，得到（5,3）格中应填入数字2，如图16-7所示。

第三步：下面解题过程省略，最终答案如图16-8所示。

| | | | | | | | | |
|---|---|---|---|---|---|---|---|---|
| | 8 | | | 9 | | 7 | 2 | |
| 2 | | 7 | | | | | | |
| | 1 | | 2 | | 3 | 4 | | |
| | | 9 | 1 | | | | | 3 |
| | | | | 5 | 8 | | | |
| | | 5 | 3 | | | | | 8 |
| | 2 | | 8 | | 9 | 6 | | |
| 6 | | 4 | | | | | | |
| | 5 | | | 1 | | 9 | 7 | |

图16-5

| | | | | | | | | |
|---|---|---|---|---|---|---|---|---|
| | 8 | | | 9 | | 7 | 2 | |
| 2 | | 7 | | 8 | | | | |
| | 1 | | 2 | 7 | 3 | 4 | | |
| | | 9 | 1 | 6 | | | | 3 |
| | | | | 5 | 8 | | | |
| | | 5 | 3 | 4 | | | | 8 |
| | 2 | | 8 | 3 | 9 | 6 | | |
| 6 | | 4 | | 2 | | | | |
| | 5 | | | 1 | | 9 | 7 | |

图16-6

| | | | | | | | | |
|---|---|---|---|---|---|---|---|---|
| | 8 | | | 9 | | 7 | 2 | |
| 2 | | 7 | | 8 | | | | |
| | 1 | | 2 | 7 | 3 | 4 | 8 | |
| 8 | | 9 | 1 | 6 | | | | 3 |
| | | 2 | 9 | 5 | 8 | | | 7 |
| | | 5 | 3 | 4 | | | | 8 |
| | 2 | | 8 | 3 | 9 | 6 | | |
| 6 | | 4 | | 2 | | 8 | | |
| | 5 | 8 | | 1 | | 9 | 7 | 2 |

图16-7

| | | | | | | | | |
|---|---|---|---|---|---|---|---|---|
| 5 | 8 | 3 | 4 | 9 | 1 | 7 | 2 | 6 |
| 2 | 4 | 7 | 5 | 8 | 6 | 3 | 1 | 9 |
| 9 | 1 | 6 | 2 | 7 | 3 | 4 | 8 | 5 |
| 8 | 7 | 9 | 1 | 6 | 2 | 5 | 4 | 3 |
| 4 | 3 | 2 | 9 | 5 | 8 | 1 | 6 | 7 |
| 1 | 6 | 5 | 3 | 4 | 7 | 2 | 9 | 8 |
| 7 | 2 | 1 | 8 | 3 | 9 | 6 | 5 | 4 |
| 6 | 9 | 4 | 7 | 2 | 5 | 8 | 3 | 1 |
| 3 | 5 | 8 | 6 | 1 | 4 | 9 | 7 | 2 |

图16-8

# 第三节　本章练习题

16-1

| | | | | | | | | |
|---|---|---|---|---|---|---|---|---|
| | 7 | 9 | | 1 | | 5 | | |
| | | | | | | | 4 | 6 |
| | | 6 | 8 | | 9 | 2 | | |
| 8 | | | 3 | | | | 5 | |
| | | | | 5 | 8 | | | |
| 3 | | | 1 | | | | 9 | |
| | | 4 | 2 | | 3 | 1 | | |
| | | | | | | | 7 | 2 |
| | 2 | | | 9 | | 8 | | |

16-2

| | | | | | | | | |
|---|---|---|---|---|---|---|---|---|
| 3 | 8 | | 9 | | 5 | | | 1 |
| | | | | | | 2 | | 6 |
| 2 | | 4 | | 3 | | 8 | | |
| 8 | | 3 | 6 | | | | | |
| | | | | | | 1 | | |
| | 7 | | | | | | 8 | 3 |
| 5 | | 1 | | | | 7 | | |
| | | | | | 7 | 5 | | 9 |
| 9 | 2 | | 1 | | | | | 4 |

16-3

| | | | | | | | | |
|---|---|---|---|---|---|---|---|---|
| | | 2 | 1 | | | 8 | | 7 |
| 8 | | 3 | | | 4 | 1 | | |
| | 1 | 4 | | 6 | | 2 | 5 | |
| 5 | | | | | 6 | 7 | | |
| | 8 | | | 5 | | | 1 | |
| | | 1 | 4 | | | | | 6 |
| 1 | | 8 | | | 9 | 4 | | |
| | | 7 | 5 | | | 6 | | 1 |
| | 6 | 5 | | 4 | | 3 | 9 | |

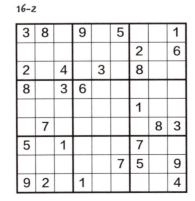

16-4

| | | | | | | | | |
|---|---|---|---|---|---|---|---|---|
| 7 | | 4 | | | | 6 | | 9 |
| 2 | | | | | | | | 7 |
| | | | 3 | | 8 | | | |
| 8 | | 1 | | | | 2 | | 5 |
| | 2 | | | | | | 6 | |
| | 7 | | 9 | | 5 | | 4 | |
| 9 | | | | 5 | | | | 1 |
| | | 3 | | 8 | | 9 | | |
| | | 2 | 1 | | 3 | 8 | | |

16-5

| | | | | | | | | |
|---|---|---|---|---|---|---|---|---|
| | 8 | 3 | | 1 | | | | 4 |
| 1 | | 4 | 5 | 2 | | | 6 | |
| | | 2 | | 8 | 7 | 1 | | |
| | | 1 | | | 6 | | 9 | |
| 8 | | | 1 | | | | 5 | |
| | 5 | | | 7 | | | 1 | |
| | 1 | 8 | | 4 | | | | 9 |
| 6 | | 5 | 9 | 3 | | | 4 | |
| | | 7 | | 6 | 1 | 5 | | |

16-6

| | | | | | | | | |
|---|---|---|---|---|---|---|---|---|
| 1 | | | 4 | | | 5 | | |
| | | 6 | 9 | 5 | 1 | | | 4 |
| | 4 | | | | 6 | | 9 | |
| | | 5 | | 1 | | | | 9 |
| 8 | 1 | 2 | | | 7 | 6 | 4 | 3 |
| 7 | | | 6 | | | 1 | | |
| | | | | 8 | | | | 6 |
| | 8 | | | | 5 | | 1 | |
| 2 | 3 | 4 | 1 | | | 7 | 8 | 5 |

16-7

| | | | | | | | | |
|---|---|---|---|---|---|---|---|---|
| 4 | | 2 | | | 6 | | | 1 |
| | 5 | | 1 | | | 8 | | |
| | | 6 | | 7 | | | 5 | |
| 5 | | | | 6 | 1 | | | 7 |
| | 4 | | 9 | 3 | | 6 | | 5 |
| | | 9 | | 4 | | | 1 | 8 |
| 1 | | | | 8 | 7 | | | 2 |
| | 6 | | 5 | 2 | | 1 | | 4 |
| | | 4 | | 1 | | | 8 | 3 |

16-8

| | | | | | | | | |
|---|---|---|---|---|---|---|---|---|
| | 1 | | 7 | | 9 | | | 5 |
| | | | | | | 6 | 4 | |
| 9 | | 8 | | | 6 | | | 2 |
| | | 3 | | 8 | | | 5 | |
| 8 | 5 | | | | | | | |
| | | 1 | | 3 | | | 9 | |
| 3 | | 2 | | | 4 | | | 1 |
| | | | | | | 2 | 7 | |
| | 9 | | 2 | | 7 | | | 8 |

16-9

| | | | | | | | | |
|---|---|---|---|---|---|---|---|---|
| 7 | | 8 | | | 1 | 2 | | |
| | 5 | 2 | | 6 | | 4 | 1 | |
| | | 1 | 4 | | | 3 | | 8 |
| | | 7 | 6 | | 8 | | | 5 |
| | 1 | | | 5 | | | 8 | |
| 6 | | | | | 4 | 1 | | |
| 1 | | 6 | | | 5 | 7 | | |
| 8 | 9 | 3 | | 4 | | 5 | 6 | |
| | | 4 | 9 | | | 8 | | 1 |

16-10

| | | | | | | | | |
|---|---|---|---|---|---|---|---|---|
| | | 4 | 8 | | 1 | 9 | | |
| | 9 | 3 | 5 | 6 | | | 4 | |
| 1 | | 6 | 7 | | | | | 5 |
| 6 | | | 1 | | | | 9 | |
| | 1 | | | 8 | | | 5 | |
| | | 7 | | | 5 | 6 | 1 | |
| | | 1 | 3 | | 8 | 4 | | |
| | 5 | 2 | 4 | 1 | | | 6 | |
| 7 | | 8 | 2 | | | | | 1 |

16-11

| | | | | | | | | |
|---|---|---|---|---|---|---|---|---|
| 4 | 3 | 6 | | | 7 | 1 | 2 | 8 |
| | 9 | | | 1 | | | 5 | |
| | | 1 | 6 | | | | | 7 |
| 9 | | | 2 | | | 4 | | |
| | 4 | | 9 | 5 | 1 | | 6 | |
| | | 5 | | | | | | 1 |
| 8 | 5 | 7 | 1 | | | 3 | 4 | 2 |
| | 6 | | | 8 | | | 1 | |
| 1 | | | 3 | | 5 | 8 | | |

16-12

| | | | | | | | | |
|---|---|---|---|---|---|---|---|---|
| 1 | | | 9 | | 7 | | 5 | |
| | | | | | | 6 | | 4 |
| | 8 | 9 | 6 | | | | 2 | |
| | 3 | | | 8 | | | | 5 |
| 5 | | 8 | | | | | | |
| | 1 | | | 3 | | | | 9 |
| | 2 | 3 | 4 | | | | 1 | |
| | | | | | 1 | 2 | | 7 |
| 9 | | | | | 2 | | 8 | |

| | | | | | | | | |
|---|---|---|---|---|---|---|---|---|
| 5 | 8 | 3 | 4 | 9 | 1 | 7 | 2 | 6 |
| 2 | 4 | 7 | 5 | 8 | 6 | 3 | 1 | 9 |
| 9 | 1 | 6 | 2 | 7 | 3 | 4 | 8 | 5 |
| 8 | 7 | 9 | 1 | 6 | 2 | 5 | 4 | 3 |
| 4 | 3 | 2 | 9 | 5 | 8 | 1 | 6 | 7 |
| 1 | 6 | 5 | 3 | 4 | 7 | 2 | 9 | 8 |
| 7 | 2 | 1 | 8 | 3 | 9 | 6 | 5 | 4 |
| 6 | 9 | 4 | 7 | 2 | 5 | 8 | 3 | 1 |
| 3 | 5 | 8 | 6 | 1 | 4 | 9 | 7 | 2 |

# 第十七章

# 九字（9×9）连体数独

# 第一节　九字连体数独的性质

所谓连体数独，就是将两个及以上的数独连在一起的数独。连体的方式多种多样，形态也是多样化的：常见的是双连体，就是将2个数独通过1个九宫格叠合连在一起；还有3个数独通过2个九宫格连在一起的；有4个数独通过3个或4个九宫格连在一起的；有5个数独通过4个九宫格连在一起的；有6个数独通过5个九宫格连在一起的；有7个数独通过6个九宫格连在一起的；有8个数独通过7个九宫格连在一起的；有9个数独通过8个九宫格连在一起的。

现以双连体数独为例，介绍连体数独的结构和解题方法，如图17-1所示。

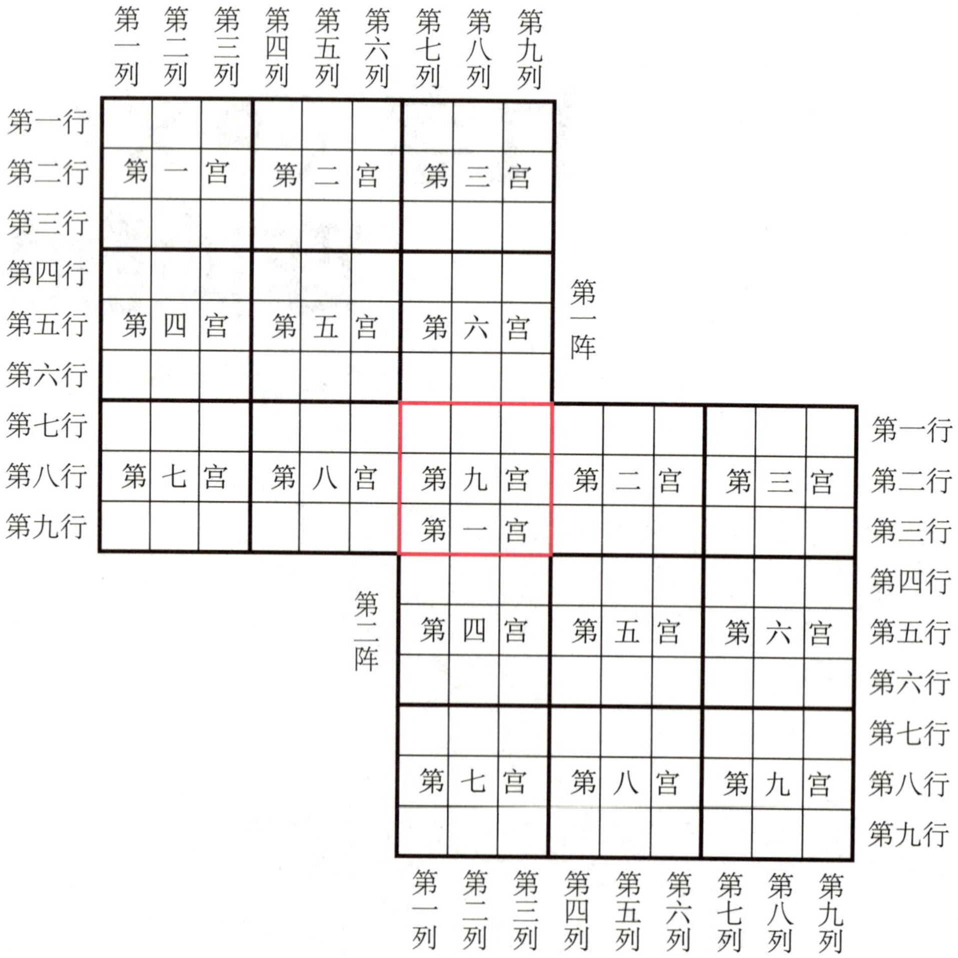


图17-1

对连体的每个数独而言，具有下列规则。

1. 每行9个小方格中的数字，1 ~ 9不重复；
2. 每列9个小方格中的数字，1 ~ 9不重复；
3. 9个3×3的九宫格中9个小方格内的数字，1 ~ 9不重复（异形数独除外）；
4. 两个数独重叠的那个宫，服从构成连体的两个数独的规则。

## 第二节　解题方法与技巧

现以图17-2为例来介绍双连体数独的解题方法与技巧，其他多连体数独的解题方法与此相类似。

第一步：先看双连体数独的叠合宫部分。该宫属于两个数独共有，由第一阵的第三宫与第七宫和第二阵的第二宫与第四宫中的5向叠合宫中引标线，得到该宫的（1，2）格中应填入数字5。由第一阵的第六宫、第七宫和第二阵的第七宫中的3向叠合宫中引标线，得到该宫的（2，3）格中应填入数字3。由第一阵的第七宫和第二阵的第二宫和第七宫中的7向叠合宫中引标线，得到该宫的（2，1）格中应填入数字7。由第一阵第六宫和第八宫中的1向叠合宫中引标线，得到该宫的（1，1）格中应填入数字1。由第一阵的第三宫中的2向该叠合宫中引标线，得到该宫的（3，2）格中应填入数字2。剩下该宫的（3，3）格是“九缺一”，故得到（3，3）格中应填入数字4，如图17-3所示。

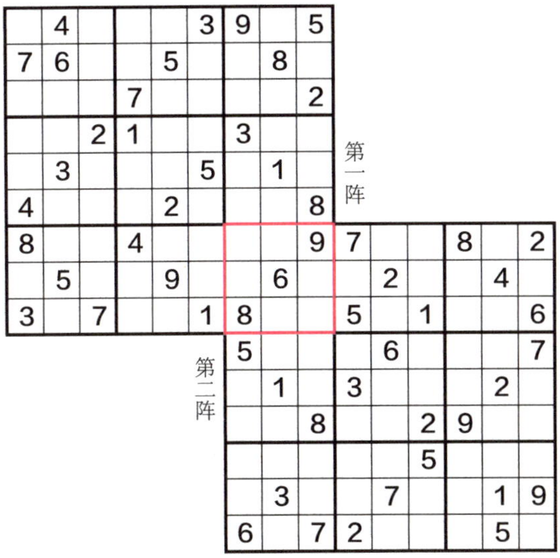

图17-2

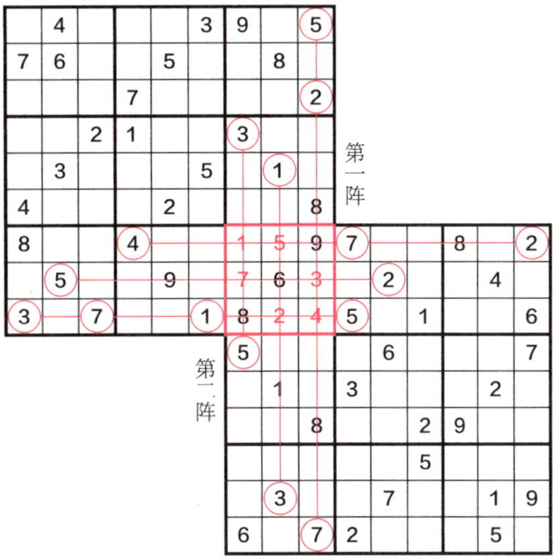

图17-3

第二步：利用这个叠合宫中的数字来找出其他宫中的数字，如图17-4所示。先看第二阵的第七宫。因为该宫所在第二阵的第八行、第一列和第二列中都有1，所以，第二阵的（7，3）格的数字应为1。再看第一阵的第八宫，由第一阵的第二宫、第七宫和第九宫中的3向第八宫中引标线，得到（7，5）格中的数字是3。同理，在第二阵第二宫的（1，6）格中应填入数字6。

第三步：在第一阵中，由第六宫和第九宫中的1向第三宫引标线，得（2，9）格中的数字为1。同理，在第一阵中，由第三宫、第五宫和第九宫中的5向第六宫中引标线，得到（6，7）格中的数字应为5。在第一阵中，由第三宫、第四宫、第五宫和第九宫中的2向第六宫中引标线，得（5，7）格中数字应为2。还是在第一阵中，由第四宫和第九宫中的4向第六宫中引标线，得到（4，8）格中的数字应为4，如图17-4所示。

第四步：采用上述同样的解题方法，可以继续进行下去，在此就不再赘述了，最终答案如图17-5所示。

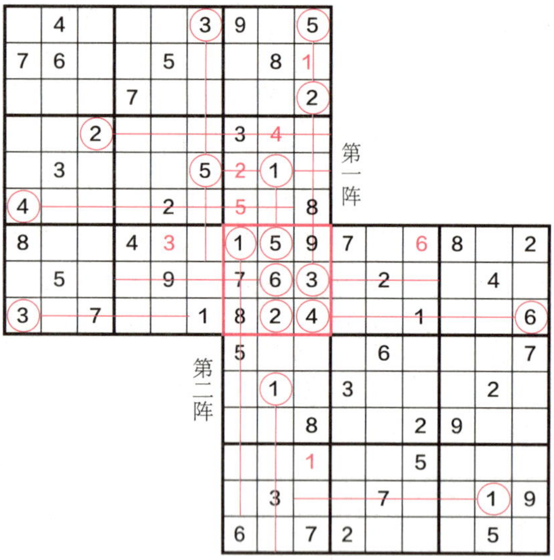

图17-4

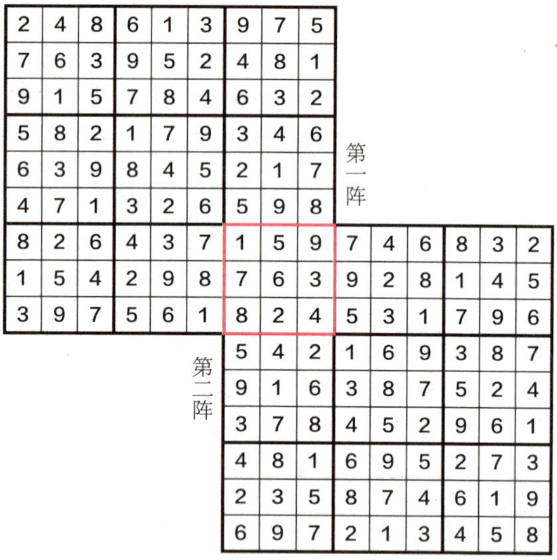

图17-5

# 第三节　本章练习题

## 一、双连体数独

17-1

第一阵　第二阵

| | | | | | | | | | | | | | | |
|---|---|---|---|---|---|---|---|---|---|---|---|---|---|---|
| 6 | | | | 2 | | | | 4 | | | | | | |
| | | | 4 | | 5 | | | | | | | | | |
| 8 | 3 | | | | | | 9 | 2 | | | | | | |
| | | | | | | | | | | | | | | |
| 2 | 4 | | 1 | | 6 | | 8 | 5 | | | | | | |
| 3 | 1 | | 5 | | 9 | | 6 | 7 | | | | | | |
| 9 | | | | 8 | | 6 | | 1 | | 7 | | 2 | | |
| 1 | 8 | | | | | | 4 | 3 | 2 | | | 8 | 5 | 7 |
| | 5 | | 9 | | 1 | | | | | 3 | | 1 | | |
| | | | | | | | 7 | 9 | | 2 | | 4 | 1 | |
| | | | | | | | | | 1 | | 3 | | | 2 |
| | | | | | | 8 | | | 7 | | 9 | | | |
| | | | | | | 2 | | | | 1 | | | | 3 |
| | | | | | | | | 5 | | 9 | | 6 | | 4 |
| | | | | | | 4 | 9 | 6 | | | | | | |

17-2

第一阵　第二阵

| | | | | | | | | | | | | | | |
|---|---|---|---|---|---|---|---|---|---|---|---|---|---|---|
| | | | 3 | | 8 | | 2 | | | | | | | |
| | 6 | 4 | | 5 | | 7 | | | | | | | | |
| | | | | 7 | | 5 | 9 | | | | | | | |
| | | 6 | | | | 4 | | | | | | | | |
| | 4 | | 9 | | 5 | 8 | | 2 | | | | | | |
| 3 | | 8 | | | 4 | | 5 | 6 | | | | | | |
| | 1 | | 4 | | 3 | 2 | | 9 | | 4 | 1 | 8 | | 6 |
| | 9 | 7 | | 2 | | | 6 | | | 9 | | | 2 | |
| | | 3 | 6 | 9 | | | | | | | 8 | 3 | | |
| | | | | | | | | | | 1 | | | | |
| | | | | | | | 2 | 3 | 9 | 5 | | | | 4 |
| | | | | | | 4 | | | | | 6 | 5 | 7 | |
| | | | | | | 7 | | 6 | 5 | 8 | | 9 | | 3 |
| | | | | | | | | 2 | 4 | | | | | 5 |
| | | | | | | | 3 | | | 7 | | | 8 | |

17-3

第一阵　第二阵

| | | | | | | | | | | | | | | |
|---|---|---|---|---|---|---|---|---|---|---|---|---|---|---|
| | | 2 | 1 | | 8 | | 3 | 9 | | | | | | |
| 5 | 8 | | | | 3 | | 6 | 4 | | | | | | |
| 7 | | | 6 | | | 1 | | | | | | | | |
| 9 | | | 2 | | 4 | | | 1 | | | | | | |
| | 2 | 5 | | | | | | 3 | | | | | | |
| 8 | | | | | | 6 | 7 | | | | | | | |
| 3 | 7 | | 9 | | 1 | 5 | | | | 2 | | | 1 | 9 |
| | | | | | 6 | | | 8 | | | 9 | 6 | | 7 |
| 1 | 4 | | 3 | | | | 2 | 7 | 8 | | | | 5 | |
| | | | | | | 2 | | | | | | | | 1 |
| | | | | | | | 6 | | 9 | | 5 | 3 | 8 | |
| | | | | | | | 5 | 1 | 2 | | 3 | | 4 | |
| | | | | | | 6 | 3 | | | 8 | | | | 4 |
| | | | | | | | 8 | | | | 6 | 7 | 3 | |
| | | | | | | 1 | | 9 | 5 | | | 2 | | |

17-4

第一阵　第二阵

| | | | | | | | | | | | | | | |
|---|---|---|---|---|---|---|---|---|---|---|---|---|---|---|
| 8 | 6 | | | | | | 1 | | | | | | | |
| | 7 | | 1 | | 8 | 3 | | 4 | | | | | | |
| | | | 7 | 2 | | | 5 | | | | | | | |
| 4 | | | | | | | | 9 | | | | | | |
| | | 6 | 3 | 7 | 9 | 8 | | | | | | | | |
| | | 2 | 4 | 8 | | 5 | | | | | | | | |
| | 3 | | | | | 6 | 2 | 1 | | | | 5 | | |
| | 5 | | | 1 | 7 | | 9 | | 5 | | 7 | | | 1 |
| | | 4 | 6 | | 3 | | 8 | | 2 | | | | | |
| | | | | | | 5 | 7 | | | 9 | | | 1 | 4 |
| | | | | | | | | | | | | 2 | 9 | 5 |
| | | | | | | 9 | 4 | 2 | | | | | | |
| | | | | | | | | 9 | 4 | | 5 | | 3 | 2 |
| | | | | | | | | | | | 6 | | 8 | |
| | | | | | | 3 | 6 | | 1 | | 8 | | 5 | 9 |

17-5

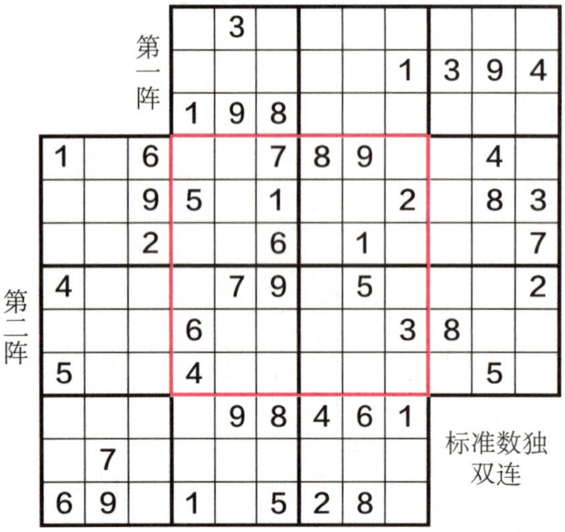


17-6

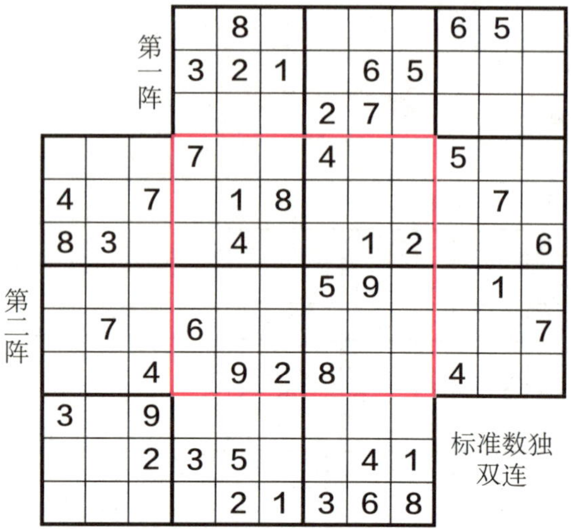


17-7

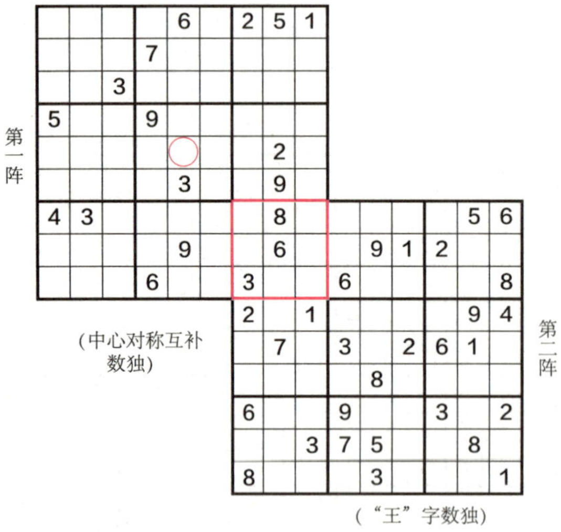


17-8

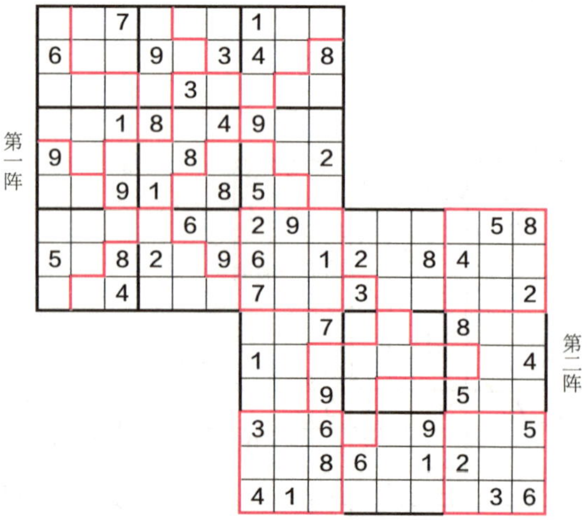

## 二、三连体数独

17-9

第一阵

| | | | | | | | | |
|---|---|---|---|---|---|---|---|---|
| | | 4 | 9 | | 5 | 6 | | |
| 6 | 5 | | | | | 2 | 1 | 9 |
| | | | | | | | 3 | |
| 1 | | 6 | | | | 7 | | 5 |
| | | | | 5 | 6 | | | |
| | | | 4 | 9 | | | | |
| | | 5 | 8 | | 1 | 4 | | 2 |
| | 8 | | | | | | 5 | 6 |
| 4 | 3 | 9 | | | | | | |

第二阵

| | | | | | | | | |
|---|---|---|---|---|---|---|---|---|
| 4 | | 2 | 8 | | 3 | 1 | | 6 |
| | 5 | 6 | | 1 | | | 9 | |
| | | | | | 2 | | | |
| 8 | | | 4 | | 5 | | | 3 |
| | 3 | | | | | | | |
| | | | | | | | 6 | |
| 2 | | 7 | 1 | | 6 | 3 | | 9 |
| | | | 5 | | | | | |
| | 1 | | | 8 | | 7 | 2 | |

第三阵

| | | | | | | | | |
|---|---|---|---|---|---|---|---|---|
| 3 | | 9 | | 1 | | | | |
| | | | 7 | | 2 | | 9 | |
| 7 | 2 | | | | | 8 | | |
| 5 | | | | | | | | 8 |
| | 1 | | 8 | | 5 | 6 | 7 | |
| | 7 | 2 | 9 | | 1 | | 5 | |
| | | | | 9 | | 1 | | |
| | | 7 | | | | 4 | | |
| | 4 | | 2 | | 3 | | 8 | |

17-10

第一阵

| | | | | | | | | |
|---|---|---|---|---|---|---|---|---|
| | 9 | | 1 | 4 | 5 | | 8 | |
| 1 | | | | | | | | 6 |
| | | 4 | | 9 | | | | |
| | | 9 | | | | 7 | | |
| | 2 | | | 8 | | | 5 | 9 |
| 6 | 8 | | | 5 | | | 4 | |
| | 1 | | 8 | 6 | 4 | 9 | | |
| | | | | 7 | | | 6 | |
| 3 | | | | | | | 1 | |

第二阵

| | | | | | | | | |
|---|---|---|---|---|---|---|---|---|
| 9 | | | | | 6 | | | 2 |
| | 6 | | | 3 | | | 9 | |
| | 1 | | | | | | 3 | 7 |
| 1 | | | | | | | | 8 |
| | 3 | 2 | | 5 | | | 6 | |
| | 8 | | | 4 | | 5 | 1 | |
| 5 | | | 3 | | | | | 1 |
| 6 | 2 | | | | | | 7 | |
| | 4 | | | 8 | | | 2 | |

第三阵

| | | | | | | | | |
|---|---|---|---|---|---|---|---|---|
| | | 1 | 2 | | 5 | | 7 | |
| | 7 | | | 6 | | 9 | 4 | |
| | 2 | | | | | | | 5 |
| | | | 8 | | 9 | | | |
| | | 4 | | | | 8 | | |
| | | 9 | | | | 6 | | |
| | 1 | | 9 | | 6 | | 2 | |
| 6 | | | | | | | | 1 |
| | 9 | 2 | | 7 | | | 6 | 8 |

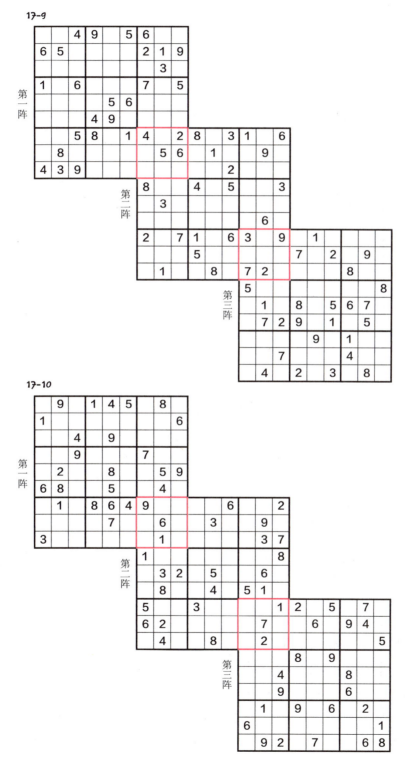

17-11

| | | | | | | | | | | | | | | | | | | | | |
|---|---|---|---|---|---|---|---|---|---|---|---|---|---|---|---|---|---|---|---|---|
| | | | | | | | 2 | | 3 | 6 | | | 8 | | | | | | | |
| | | | | | | 3 | | | | 7 | | | 2 | 1 | | | | | | |
| | | | | | | | | 9 | | 5 | | | | 7 | | | | | | |
| | | | | | | | | 8 | 2 | 3 | 6 | | 4 | 5 | | | | | | |
| | | | | | | | 6 | | 7 | | | | 9 | | | | | | | |
| | | | | | | 5 | 7 | | | | | | 6 | | | | | | | |
| | | 4 | | | | | 1 | | | | 8 | | 5 | 4 | | 9 | | | 6 | |
| | | 1 | 7 | | 5 | | 8 | | | 1 | | 9 | | | | 2 | 1 | | | 3 |
| 2 | 6 | | | | | 9 | | | | 4 | | 2 | | | 4 | | | 5 | | 7 |
| | 3 | | | 2 | | | | | | | | | 8 | | | | | | 3 | |
| 5 | | 8 | | | | | 7 | 9 | | | | 6 | | 1 | 2 | | 4 | | | |
| | 2 | | 1 | | 7 | 3 | 6 | | | | | 4 | | | | | | 1 | 8 | 2 |
| | | 2 | | | | 1 | | | | | | 5 | | 7 | 6 | | | | | 8 |
| 9 | | 5 | 3 | | 6 | | | 4 | | | | | | 3 | 1 | | 7 | | | |
| 1 | | | 8 | | 2 | | 5 | 6 | | | | | | | | | 2 | 6 | | 5 |

17-12

| | | | | | | | | | | | | | | | | | | | | |
|---|---|---|---|---|---|---|---|---|---|---|---|---|---|---|---|---|---|---|---|---|
| | | | | | | 2 | | 5 | 4 | | 6 | | 7 | | | | | | | |
| | | | | | | | 6 | 7 | 8 | | 5 | | | | | | | | | |
| | | | | | | | | | 1 | | 3 | | 2 | | | | | | | |
| | | | | | | 9 | 5 | 1 | | | 7 | 4 | | 6 | | | | | | |
| | | | | | | | | | | | | 7 | | | | | | | | |
| | | | | | | | 4 | | 9 | 8 | | | | 2 | | | | | | |
| 6 | | 4 | | | | 3 | | | 7 | | | | | | | | | 6 | 1 | |
| | | | | 2 | | 6 | | | | 4 | | 3 | | 1 | 7 | | 5 | | 8 | |
| | 7 | | 3 | | 1 | | 9 | | | | | 2 | 6 | | | 8 | | 9 | | |
| | | 7 | | | | 1 | | 9 | | | | | 3 | 6 | | | | | | |
| 9 | | 1 | 5 | | | | | | | | | 5 | | | | | 3 | 2 | 7 | 9 |
| | 2 | | | 4 | | | 8 | 5 | | | | | 2 | | 1 | | 7 | | | |
| 7 | 4 | | 2 | | | | 5 | 6 | | | | | | 2 | | 7 | | 1 | | |
| 2 | | | 8 | | 6 | | | 7 | | | | | | 5 | 3 | | 6 | | 2 | |
| 5 | | 8 | 4 | | 7 | | 3 | 1 | | | | | | | | 9 | | | 5 | |

17-13

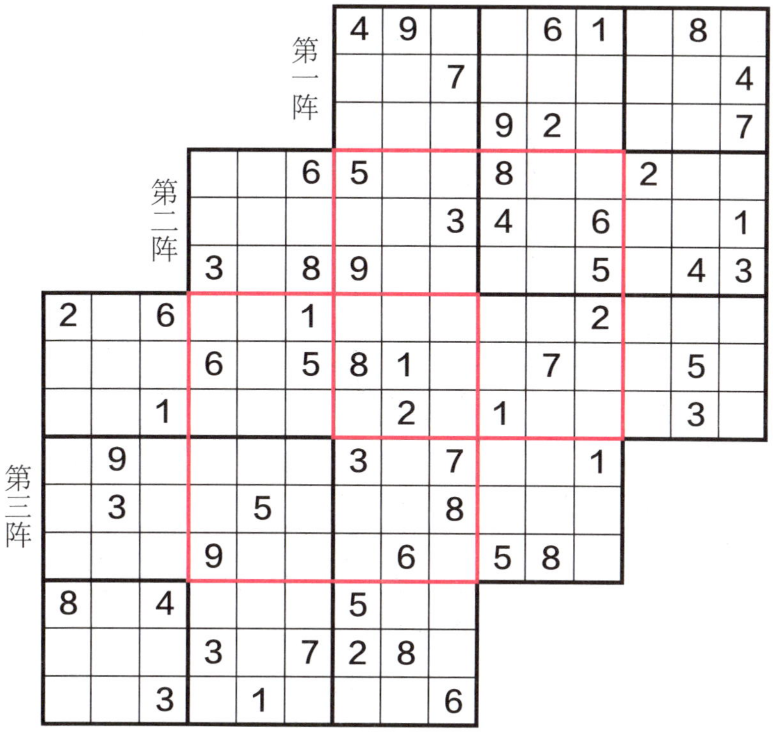

17-14

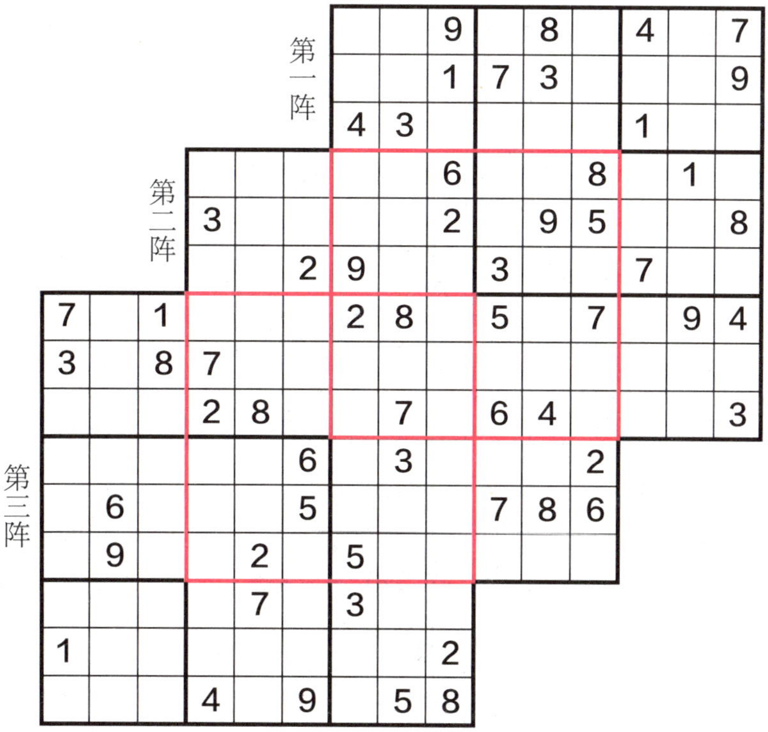

## 三、四连体数独

17-15

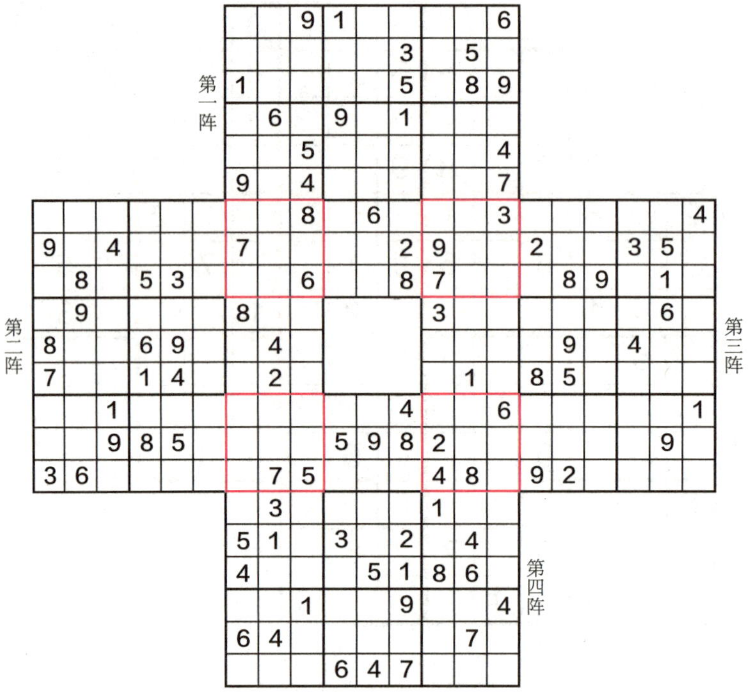


17-16

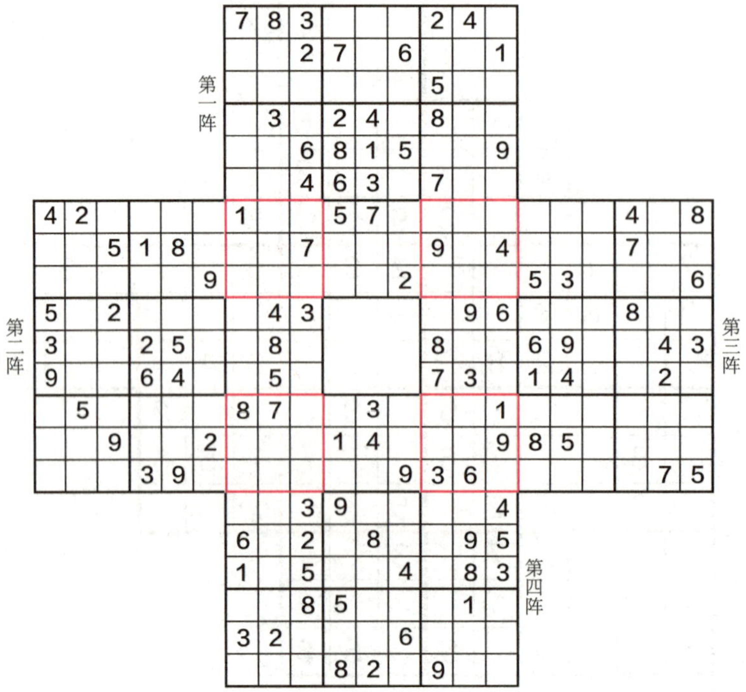

17-17

第一阵 第二阵 第三阵 第四阵

| | | | | | | | | | | | | | | | | | | | | |
|---|---|---|---|---|---|---|---|---|---|---|---|---|---|---|---|---|---|---|---|---|
| | | | | | | 9 | 8 | | | | | | 3 | | | | | | | |
| | | | | | | | | 2 | | 7 | | | 8 | | | | | | | |
| | | | | | | | | 5 | 8 | | | | | 7 | | | | | | |
| | | | | | | | | | | | | | | | | | | | | |
| | | | | | | | 7 | | | 5 | 9 | | | 4 | | | | | | |
| | | | | | | | 4 | | | 8 | 3 | | | 2 | | | | | | |
| 9 | | | | | | | | 4 | | | | 7 | | 5 | | 4 | 3 | 8 | | |
| | 5 | | | 4 | 3 | | | | 7 | | | | 6 | | | | | | | 9 |
| | 3 | | 2 | 9 | | | | 6 | | 3 | 1 | | | | 5 | | | | | |
| 8 | | 6 | | 1 | 9 | 3 | 7 | | | | | | 1 | 7 | 9 | | | | 2 | 4 |
| | | 5 | | 2 | | | 4 | | | | | | | | 8 | | | 9 | | |
| | | 3 | | | 4 | | 8 | | | | | 5 | | | | | | | | |
| 3 | | | | | | 5 | | | | | | 2 | | | | 3 | 6 | 5 | | 8 |
| | | | 9 | | 7 | | 1 | 3 | 2 | | | | 8 | 6 | | | | | | |
| | 6 | | | 3 | 5 | | | 7 | | | 9 | | | | | | | | 4 | 7 |
| | | | | | | | | | | | | | | 8 | | | | | | |
| | | | | | | | | 8 | | | 7 | | 1 | | | | | | | |
| | | | | | | | | 1 | | 8 | 4 | | | 7 | | | | | | |
| | | | | | | 9 | | | | | | 3 | | | | | | | | |
| | | | | | | | | | | 3 | | | 2 | | | | | | | |
| | | | | | | | 8 | | 5 | | | | 4 | 9 | | | | | | |

17-18

第一阵 第二阵 第三阵 第四阵

| | | | | | | | | | | | | | | | | | | | | |
|---|---|---|---|---|---|---|---|---|---|---|---|---|---|---|---|---|---|---|---|---|
| | | | | | | 8 | | | | 7 | 9 | | 1 | | | | | | | |
| | | | | | | | | 6 | 5 | | | | 8 | | | | | | | |
| | | | | | | | 7 | 9 | | 1 | | | 6 | | | | | | | |
| | | | | | | | 6 | | | 2 | | 9 | | | | | | | | |
| | | | | | | | 4 | | | | | 6 | | 7 | | | | | | |
| | | | | | | | 5 | | 8 | | 6 | | | | | | | | | |
| | | 3 | | | 9 | 1 | | | | | | | | | | | | | 1 | |
| 1 | | 5 | | | | | | | 2 | | 1 | | | | 1 | 9 | | | | 2 |
| | 9 | | 1 | | | 5 | | 4 | | | 7 | 1 | | 2 | 6 | 4 | 5 | | | |
| 8 | | | 9 | 7 | 3 | | | 6 | | | | 2 | | | | | 1 | | 9 | 6 |
| | | 6 | 2 | 4 | 5 | | | | | | | 5 | | 4 | 9 | | 2 | | 3 | |
| 7 | | | | | | | 3 | 5 | | | | | | | | 5 | | 7 | | |
| | | 8 | | | 1 | | | 2 | | | | | | 9 | 7 | 2 | | 4 | 5 | |
| | | 9 | | 6 | 4 | | | | 9 | 6 | 5 | | | 8 | | | | 3 | | |
| 3 | | 4 | | 5 | | 8 | | | | | 4 | | | | 3 | 6 | 4 | | | 9 |
| | | | | | | 2 | | | 3 | 7 | | | 4 | | | | | | | |
| | | | | | | 9 | | | 6 | 5 | | | | | | | | | | |
| | | | | | | | 1 | | | | | 3 | | | | | | | | |
| | | | | | | | | 5 | 4 | 1 | 6 | | | 3 | | | | | | |
| | | | | | | | | 3 | | | | | | 6 | | | | | | |
| | | | | | | 6 | | | | | 3 | 1 | | | | | | | | |

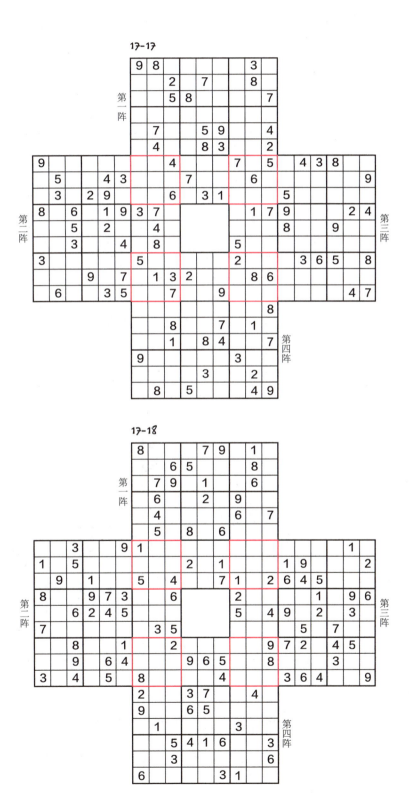

17-19

第一阵　第二阵　第三阵　第四阵

| | | | | | | | | | | | | | | | | | |
|---|---|---|---|---|---|---|---|---|---|---|---|---|---|---|---|---|---|
| | | | 5 | | | | | 3 | | 1 | | | | | | | |
| | | | 4 | | | | 6 | | 3 | | 2 | | | | | | |
| | | | 1 | | 7 | | 4 | 5 | | | | | | | | | |
| | | | 8 | | | 3 | | | 2 | 9 | | | | 4 | | | |
| | | | | | 6 | 7 | | | | 3 | | | | | | | 8 |
| | | | | 7 | | | 1 | | 6 | | 8 | 1 | | 7 | | | 2 |
| | | 3 | 6 | 1 | | | 7 | | | | | 9 | 1 | | 4 | | |
| | | 9 | | | 8 | | | 1 | | 6 | | 4 | | 8 | | | |
| | 1 | 4 | | | | | 2 | 8 | 4 | 7 | | | | | 5 | | |
| 6 | | | | | | | | 2 | 9 | 8 | 4 | | | | | 3 | |
| | | | 5 | | 1 | 9 | | 6 | | 1 | | | | 3 | | 9 | 6 |
| 8 | | | 2 | | 9 | | | | | | | | 8 | | | 7 | |
| | 4 | | | 8 | 2 | | 6 | | 8 | | 3 | | 2 | 7 | | | |
| | 5 | | | | | | | 7 | | | | 3 | 9 | | | | |
| | | | 4 | 7 | | 8 | | | 4 | | | | | | | | |
| | | | | | | | | | | 4 | 9 | | 3 | | | | |
| | | | | | | 5 | 2 | | 6 | | | 9 | | | | | |
| | | | | | | | | | | 7 | | 1 | | | | | |

17-20

第一阵　第二阵　第三阵　第四阵

| | | | | | | | | | | | | | | | | | |
|---|---|---|---|---|---|---|---|---|---|---|---|---|---|---|---|---|---|
| | | | 8 | 2 | | | 9 | | 6 | | | | | | | | |
| | | | | | | | | | 9 | 7 | 3 | | | | | | |
| | | | 7 | | | | 5 | | | | 2 | | | | | | |
| | | | | 7 | 4 | | 6 | | | | 1 | 8 | | 7 | | | |
| | | | 9 | | | | | 1 | | 8 | 6 | 9 | | 2 | | | 3 |
| | | | 6 | | | 4 | 3 | | | | | | | | 9 | 1 | |
| 2 | | | | 8 | | | | | | | 4 | | | 3 | | | 9 |
| | | | 3 | 4 | | 6 | 7 | | 1 | | 8 | 6 | | | 3 | 7 | 4 |
| 3 | | | | | 2 | | | 8 | 7 | | | 1 | 4 | | | 2 | |
| | 5 | 3 | | | 6 | 1 | 8 | | 6 | | 2 | 7 | | | | 9 | 1 |
| | 4 | | | 1 | 5 | | 2 | | | 1 | | | | 6 | | | |
| | | 8 | | | 3 | | | | | | | | 8 | | 5 | 4 | |
| | 7 | | 6 | | | | | 4 | | 9 | | | | | | | |
| 8 | | | | 7 | | | | | | | | | 7 | 8 | | | |
| 4 | 1 | 5 | 2 | | | | | 6 | 5 | | | 1 | | 3 | | | |
| | | | | | | 9 | 4 | 3 | | | | | | | | | |
| | | | | | | | 1 | | 7 | | | 5 | | 4 | | | |
| | | | | | | | | | | 8 | 6 | | | 9 | | | |

## 四、五连体数独

17-21

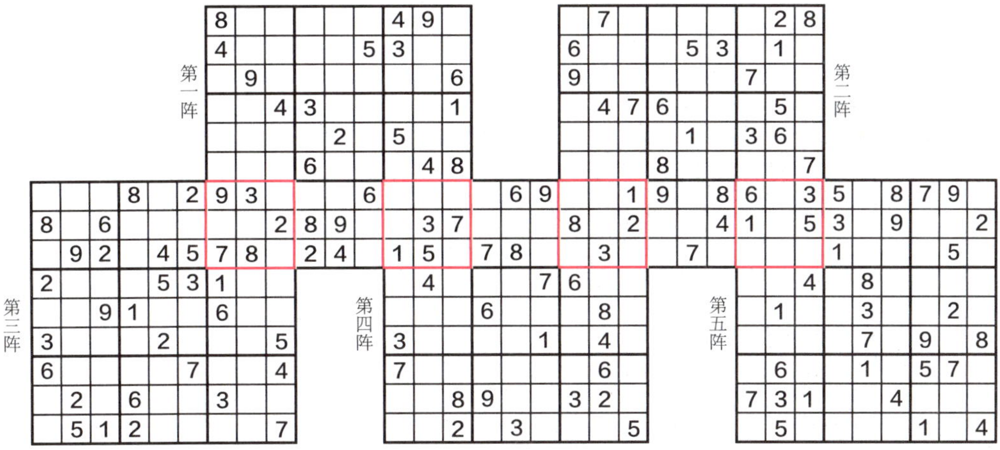


17-22

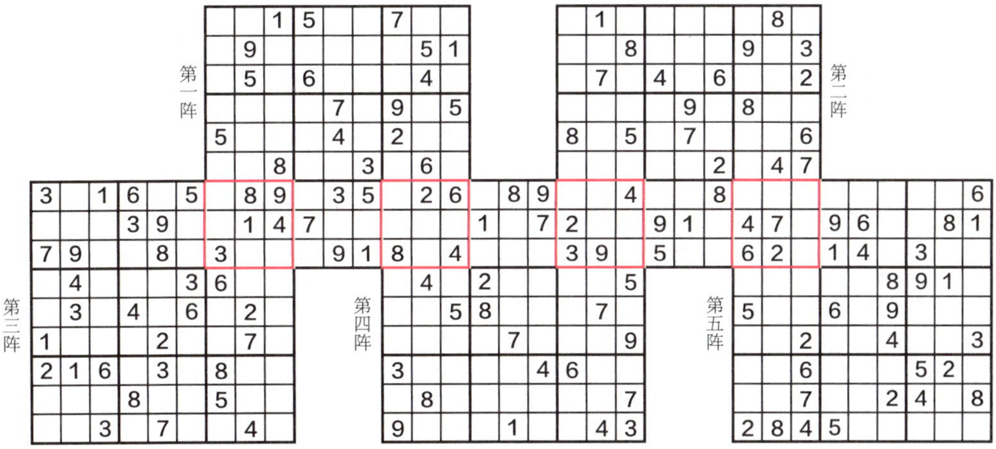


17-23

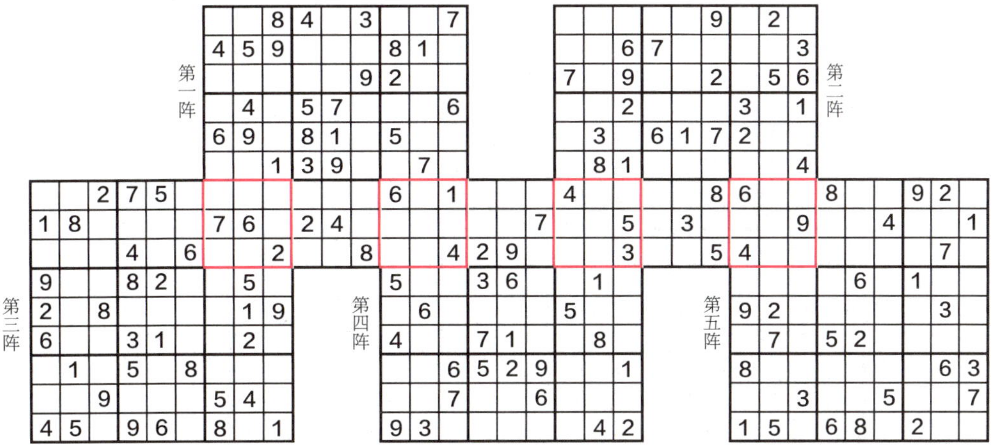

17-24

| | | | | | | | | | | | | | | | | | | | | |
|---|---|---|---|---|---|---|---|---|---|---|---|---|---|---|---|---|---|---|---|---|
| 2 | 3 | | | | 8 | | | 4 | | | | 5 | | | | | 4 | 8 | 1 | |
| | | 9 | 1 | | | 2 | | | | | | | 4 | 7 | | | | 6 | | 2 |
| | | | 4 | | | | 7 | | | | | | 9 | | 6 | 8 | | | | |
| 9 | 1 | | | | 5 | | 2 | 7 | | | | | | 5 | | | 9 | | | 6 |
| | | | | 8 | | 5 | | | | | | | 6 | | | | | 7 | | |
| 8 | 5 | | 6 | | 7 | | | 1 | | | | | | 2 | | | 8 | | | 9 |
| | | | 8 | | | 7 | | 2 | | | 8 | | | 1 | 9 | 4 | | 2 | | |
| | | 1 | | | | 3 | 9 | | 1 | 6 | | 2 | 7 | | | | | 9 | | 1 |
| 7 | 2 | | | | 9 | | | | 5 | | | | | | | | | | 6 | |
| | | | | | | | | 6 | | | | | | | | | | | | |
| | | | | | | | 3 | | 4 | 5 | | 8 | | | | | | | | |
| | | | | | | | | | | | | | | 3 | | | | | | |
| | 9 | | | 6 | | | | | | 2 | | | | | | | | 4 | 9 | 3 |
| 4 | 5 | | | | 8 | 1 | 6 | | 8 | 3 | | 4 | 2 | | 8 | 1 | | | 5 | |
| | | 7 | 5 | | | | | 9 | | | 1 | | 6 | 5 | | | | | | 8 |
| | | | | | 5 | | | 4 | | | | | | | 4 | | 9 | | | |
| 5 | 8 | | 9 | | 4 | | 7 | 6 | | | | 7 | 5 | | | | | 1 | 6 | |
| | | | | | 1 | | | 8 | | | | | | | | 6 | 5 | | | |
| | | 9 | 4 | | | | | | | | | | | 3 | | | | | | |
| 8 | 2 | | | | 9 | | | 1 | | | | 6 | | | 9 | 5 | | | 4 | |
| 6 | | | | 1 | | 3 | | | | | | 2 | 9 | 1 | | | | 6 | | 5 |

第一阵 第二阵 第三阵 第四阵 第五阵

17-25

| | | | | | | | | | | | | | | | | | | | | |
|---|---|---|---|---|---|---|---|---|---|---|---|---|---|---|---|---|---|---|---|---|
| 6 | | 7 | | | | 3 | | 2 | | | | 9 | | | | | | | | 1 |
| | | | 6 | 8 | 2 | | | | | | | | | 6 | 8 | | 2 | 9 | | |
| | | 1 | | 7 | | 5 | | 6 | | | | | 4 | 7 | 5 | | | | 2 | |
| | 5 | | 9 | | 8 | | | 1 | | | | | | | 1 | | 9 | | | |
| 2 | | | 5 | | 1 | | 6 | | | | | | | | 6 | | 3 | | | |
| 8 | | | | | | | | 5 | | | | | 7 | 1 | | | | 3 | 5 | |
| | | | 1 | 4 | 7 | | 5 | | 3 | | 4 | 7 | 6 | | 9 | | 4 | 1 | | |
| | | 8 | | | | 6 | | 7 | | 9 | | | | 4 | | | | | | 6 |
| 1 | | 9 | | 5 | | | 2 | | | 6 | | | 9 | | | | 5 | 4 | 7 | |
| | | | | | | | | 2 | 6 | | 3 | | | | | | | | | |
| | | | | | | | 8 | | 7 | | 1 | 9 | | 6 | | | | | | |
| | | | | | | | | 4 | | | | 8 | | | | | | | | |
| | 6 | 8 | | | | 2 | | | | 7 | | | | 3 | 1 | | | 9 | | |
| 4 | | 9 | 1 | | 3 | | 7 | 8 | 1 | | 6 | | 4 | | 8 | | 6 | | | 7 |
| | | | | | | | 3 | | | 2 | | | 1 | | 2 | | 4 | | | |
| 6 | | | 7 | | 8 | | | | | | | | 3 | | | 1 | | | 5 | |
| | | | 4 | | 5 | | | 3 | | | | | 5 | | | 2 | | | 8 | |
| 1 | | | | 2 | | | | 5 | | | | 9 | | | | 5 | | | | 1 |
| 7 | | 5 | 9 | | 1 | 3 | | 2 | | | | 7 | | | 9 | | 1 | 2 | | 3 |
| | 9 | 3 | | | | 4 | 1 | | | | | | | 8 | | | 7 | 6 | | |
| | | | | | | | | | | | | 3 | | | 5 | | 2 | | | |

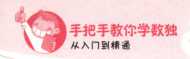

第一阵 第二阵 第三阵 第四阵 第五阵

17-26

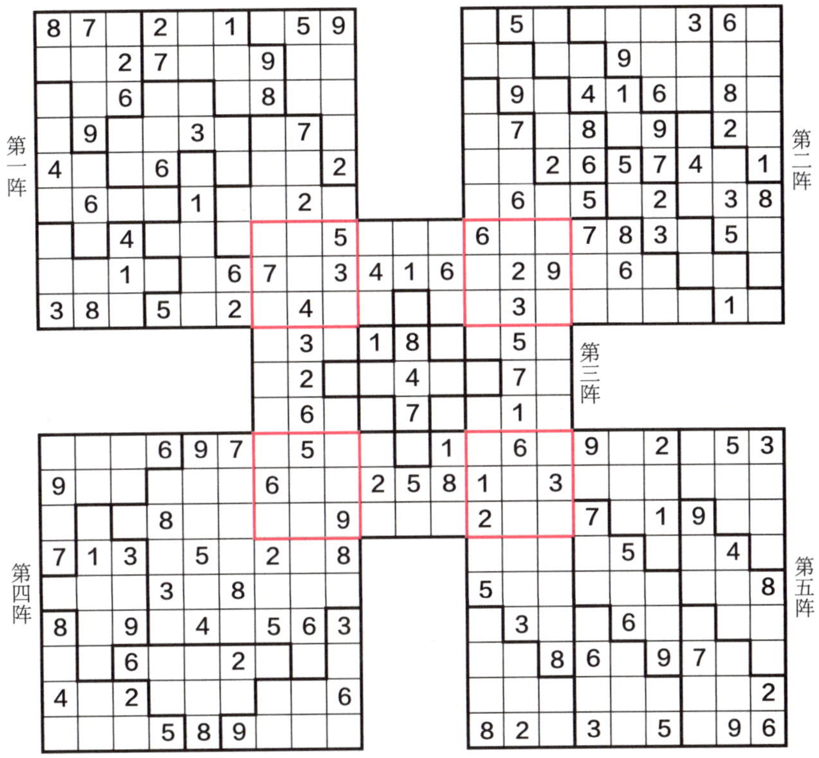


17-27

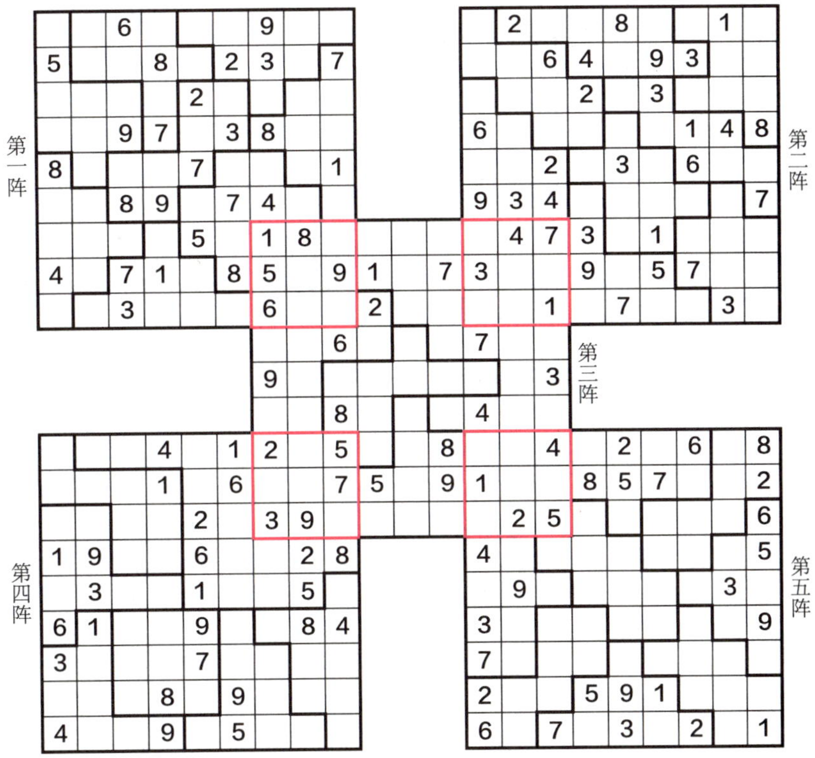

## 五、六连体数独

17-28

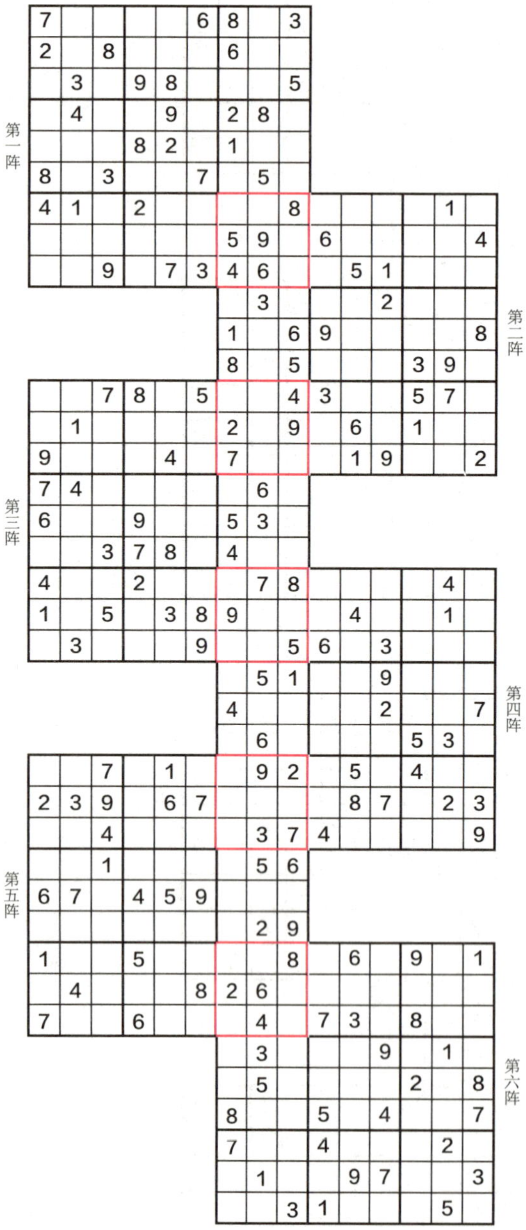


17-29

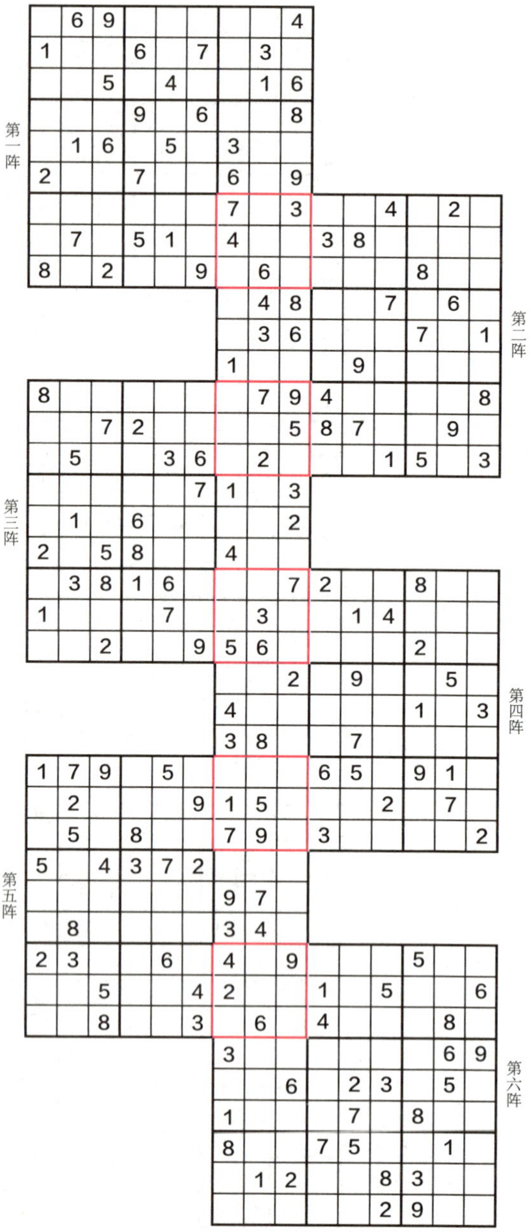

## 六、七连体数独

17-30

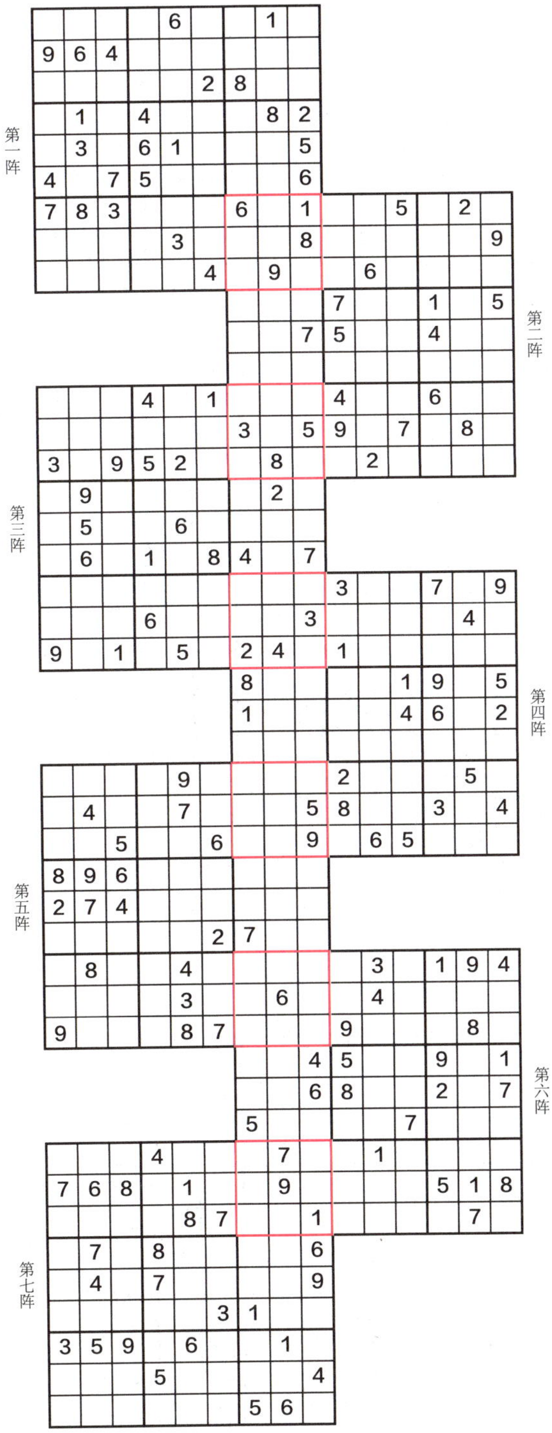


17-31

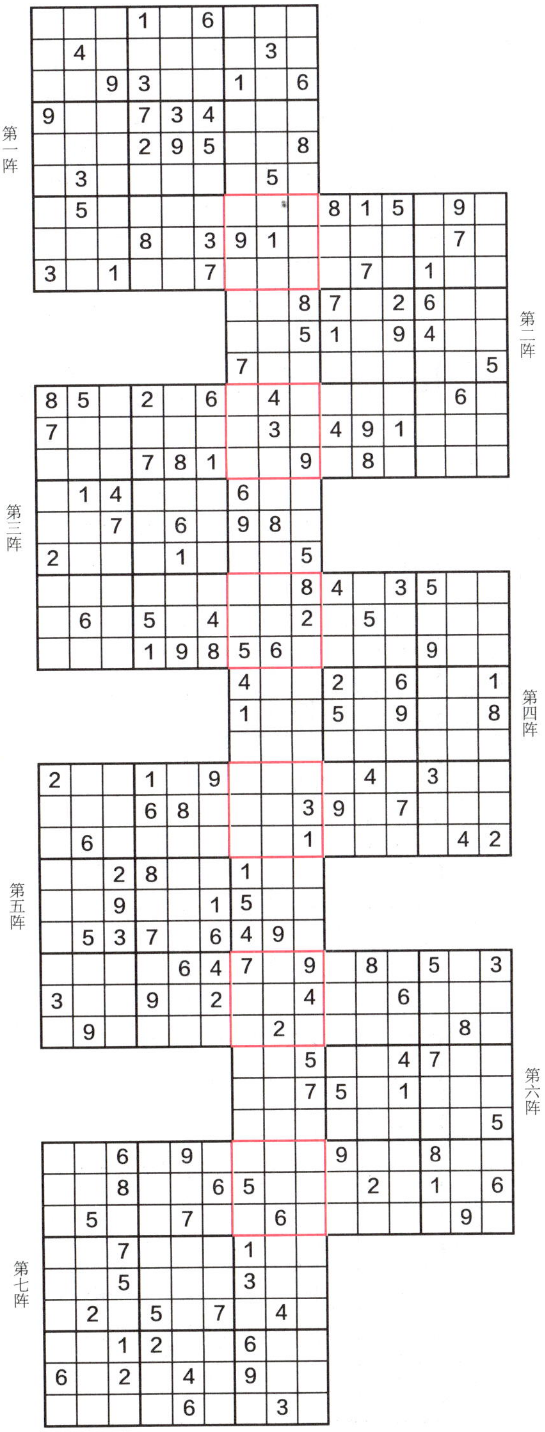

## 七、八连体数独

17-32

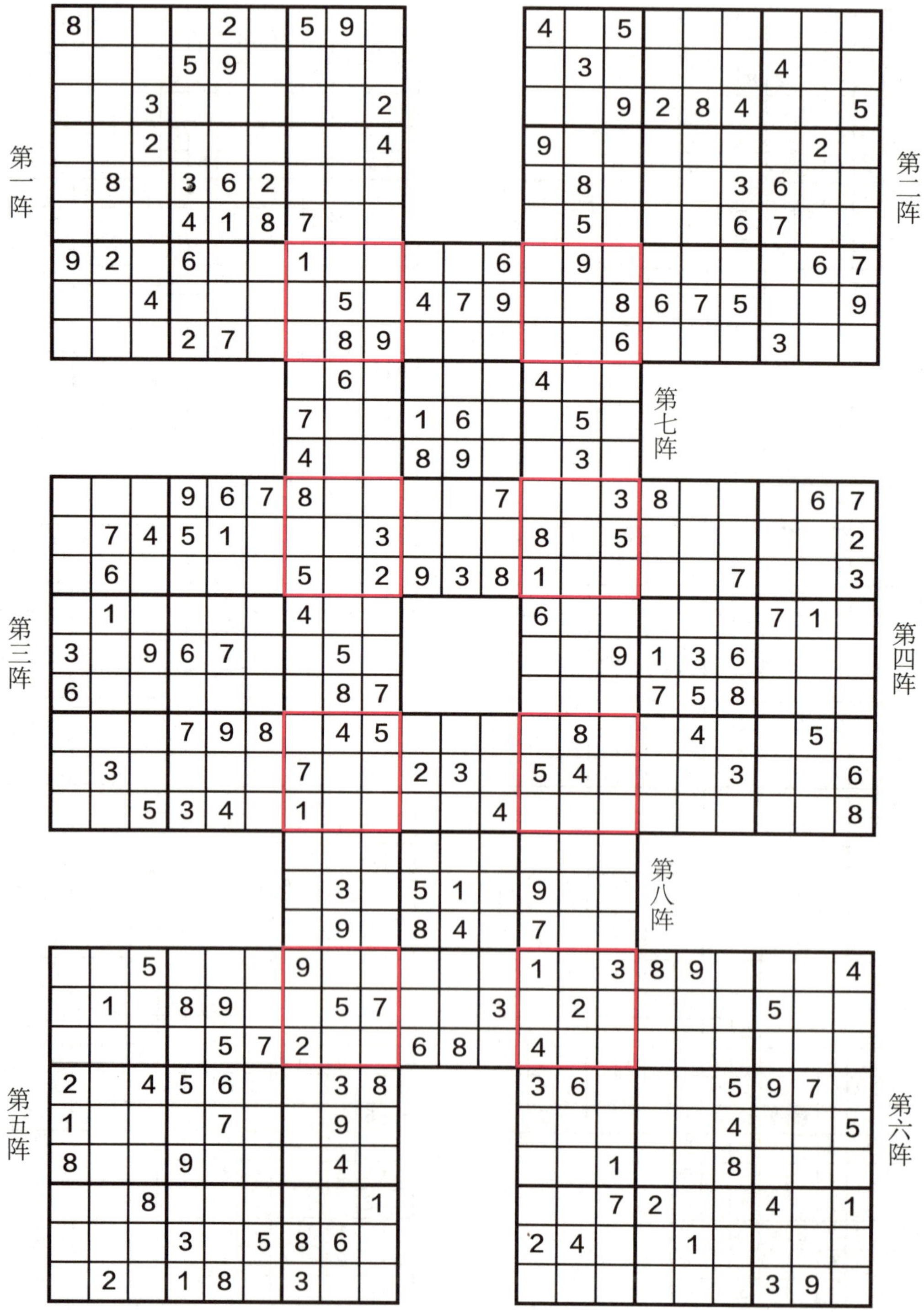

17-33

第一阵 第二阵 第三阵 第四阵 第五阵 第六阵 第七阵 第八阵

| | | | | | | | | | | | | | | | | | | | | |
|---|---|---|---|---|---|---|---|---|---|---|---|---|---|---|---|---|---|---|---|---|
| 7 | | 3 | | | | | | | | | | 1 | | | | | 2 | | | |
| | | | | 1 | | | 9 | | | | | | 7 | | | 3 | | 6 | 2 | 9 |
| 9 | | | | | 6 | 7 | | 3 | | | | | 3 | 2 | | | | | | |
| 4 | 9 | 1 | 6 | | | | | | | | | 6 | | | | | 4 | | 1 | |
| 8 | 6 | 2 | | | | | | 5 | | | | 3 | | | | | 5 | | 4 | |
| | | | | 9 | | | 2 | | | | | | | 7 | 9 | | | | | |
| | | | | 2 | | | | 9 | 5 | 7 | 2 | | 6 | 1 | | 7 | | 5 | 3 | 4 |
| 5 | | 9 | | | | 6 | 7 | | | | | | 4 | | | | 1 | | | |
| | | 4 | 9 | | 7 | | | | | 4 | | 7 | | | 4 | 5 | | | | |
| | | | | | | | | 5 | 4 | | 8 | 3 | | | | | | | | |
| | | | | | | | | 2 | 7 | | 6 | 1 | | | | | | | | |
| | | | | | | 4 | | | | | | | | 2 | | | | | | |
| 8 | | 3 | 5 | 2 | | | 1 | | | | | | 3 | | | 9 | | | | |
| | | | 4 | | | | 9 | | 1 | 6 | 7 | | 2 | 8 | | 1 | | | 5 | |
| 4 | 5 | 7 | | | | 8 | | 6 | | 5 | | | | | 4 | 5 | | | | 6 |
| 5 | | 4 | | 7 | 1 | 3 | | | | | | | 7 | | | | | 1 | 4 | 8 |
| | | | | | 4 | 6 | 5 | | | | | | | | | | | 3 | 6 | 5 |
| | | | 8 | | | | | 2 | | | | | | 4 | 8 | | 5 | | | |
| | | | 1 | | | | | 5 | 1 | | 9 | 2 | | | | 4 | | | 1 | |
| 2 | | 1 | | 3 | | | | 8 | | 2 | | | | 1 | | 6 | | | | |
| 7 | 6 | 5 | | | | 2 | 3 | | | | | 6 | | 9 | 3 | | | 2 | | |
| | | | | | | 1 | | | 8 | | 3 | | | 7 | | | | | | |
| | | | | | | 7 | | | 2 | | 6 | | | 5 | | | | | | |
| | | | | | | | | | | | | | | | | | | | | |
| 7 | | 6 | 8 | | | 3 | | | | 1 | | 9 | | | | | 3 | | | |
| 3 | 5 | | | | | | | 9 | 6 | | 4 | | 7 | | | | | | | |
| | | | | 3 | | | | 7 | | | | | 1 | 8 | | 2 | | 7 | | 6 |
| 5 | | | | | 8 | 7 | | | | | | | | | | 3 | | | 2 | |
| | | 7 | | | 6 | 2 | | | | | | | 8 | | | | | | 6 | |
| 4 | | 3 | | 2 | 9 | 1 | 6 | | | | | 4 | | 1 | 5 | | 7 | | 3 | |
| | 3 | 1 | | | | 4 | | 6 | | | | 2 | | 9 | | | | 8 | | |
| 6 | | 8 | 9 | | | | | 1 | | | | | | | 7 | | 1 | | | |
| | | | | 6 | | | 8 | | | | | | 5 | | | 8 | 2 | | | 9 |

## 八、九连体数独

17-34

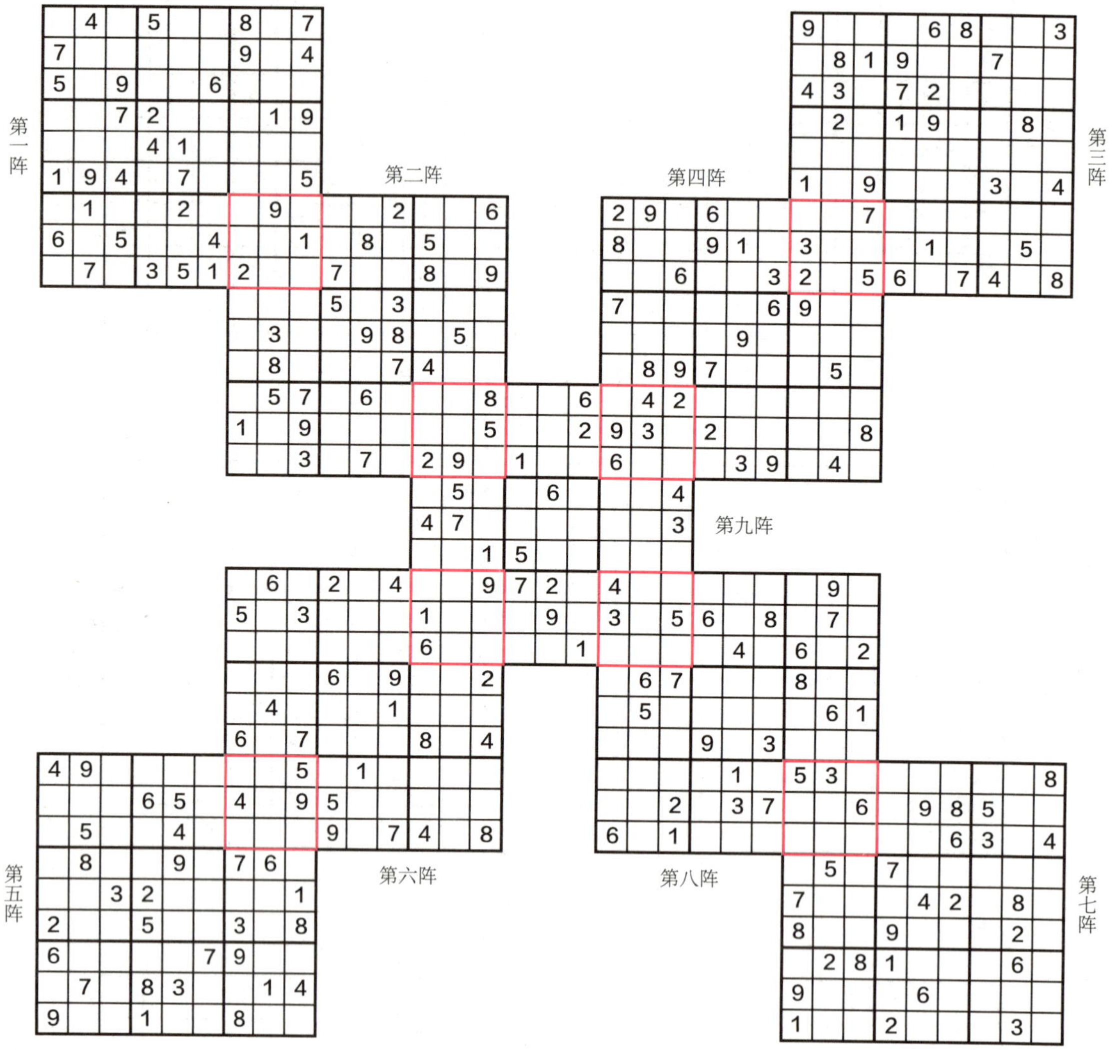

17-35

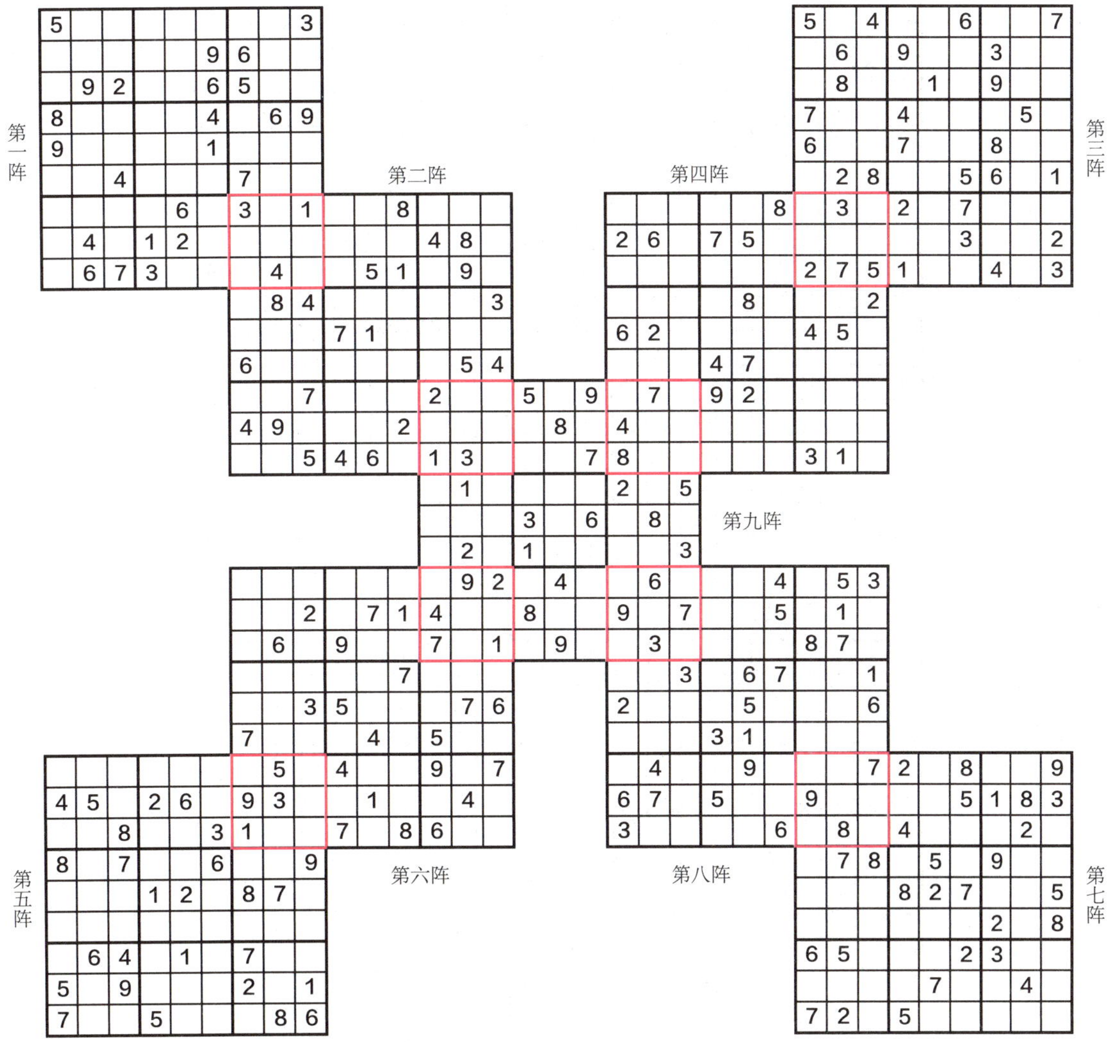

17-36

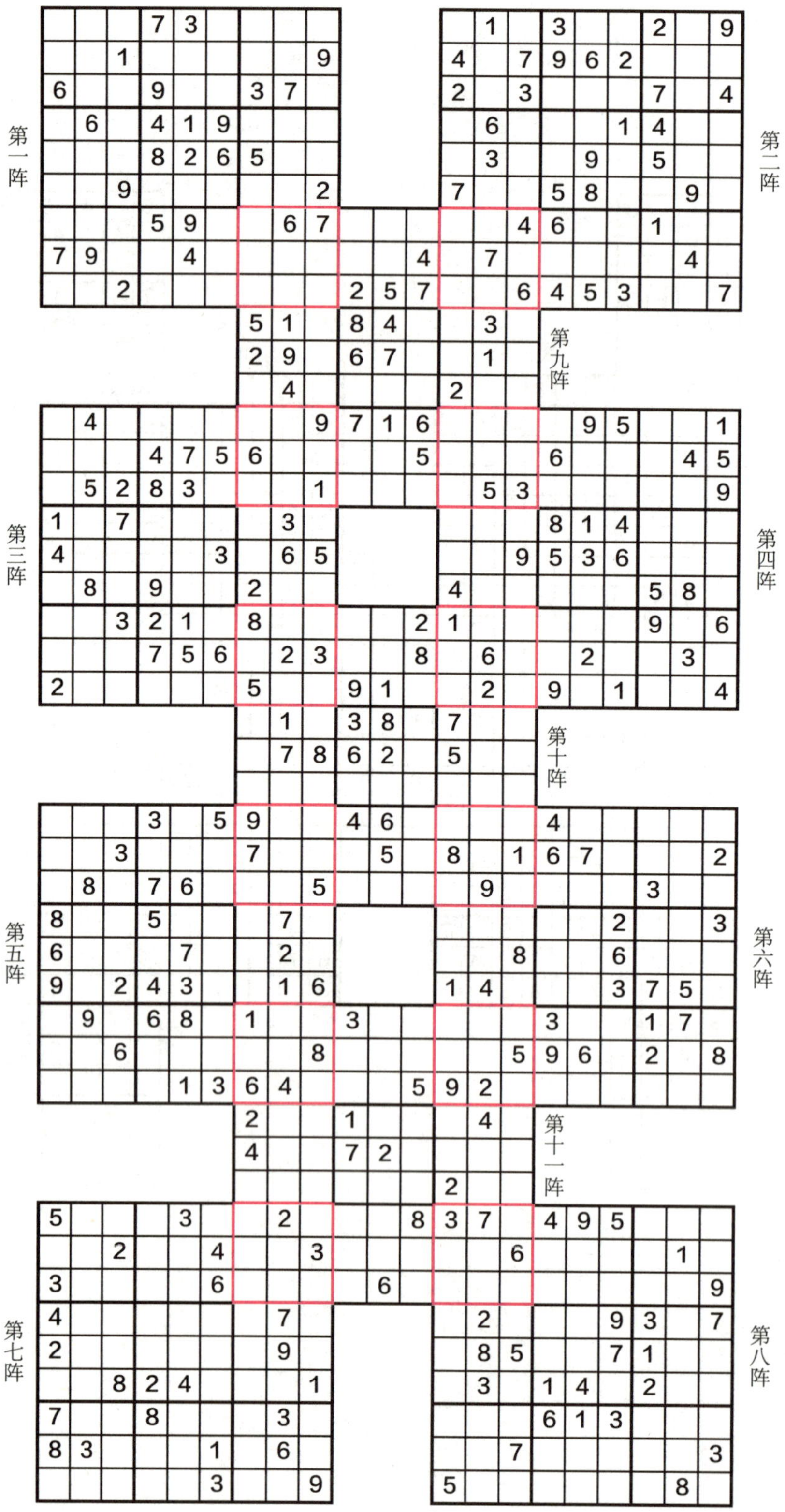

17-37

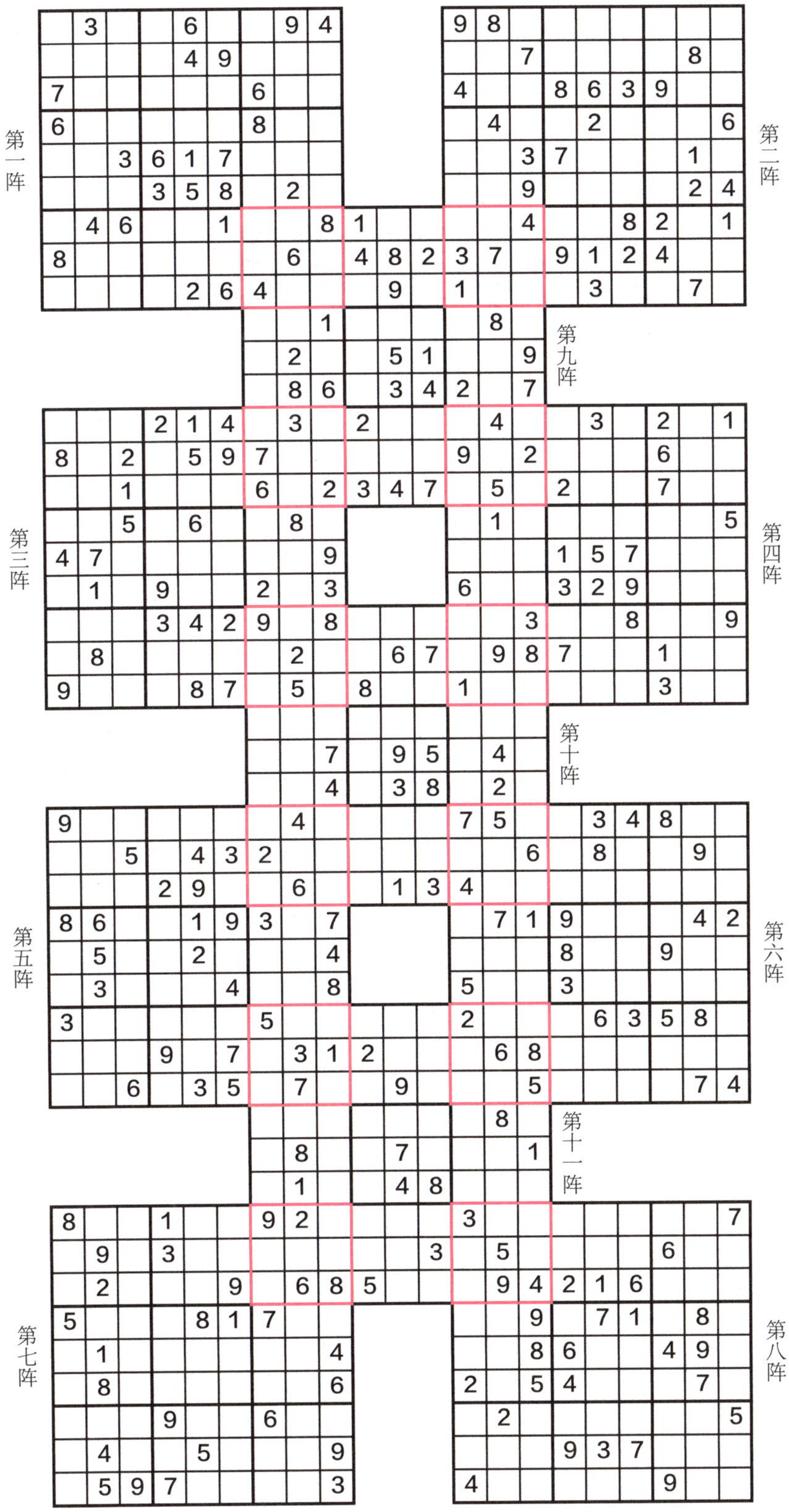

# 练习题答案

# 第一章 练习题答案

1-1

| | | | |
|---|---|---|---|
| 3 | 4 | 2 | 1 |
| 1 | 2 | 4 | 3 |
| 4 | 3 | 1 | 2 |
| 2 | 1 | 3 | 4 |

1-2

| | | | |
|---|---|---|---|
| 3 | 4 | 1 | 2 |
| 2 | 1 | 4 | 3 |
| 4 | 3 | 2 | 1 |
| 1 | 2 | 3 | 4 |

1-3

| | | | |
|---|---|---|---|
| 1 | 4 | 3 | 2 |
| 3 | 2 | 1 | 4 |
| 2 | 3 | 4 | 1 |
| 4 | 1 | 2 | 3 |

1-4

| | | | |
|---|---|---|---|
| 4 | 3 | 2 | 1 |
| 2 | 1 | 4 | 3 |
| 1 | 2 | 3 | 4 |
| 3 | 4 | 1 | 2 |

1-5

| | | | |
|---|---|---|---|
| 3 | 2 | 4 | 1 |
| 1 | 4 | 2 | 3 |
| 2 | 3 | 1 | 4 |
| 4 | 1 | 3 | 2 |

1-6

| | | | |
|---|---|---|---|
| 2 | 1 | 3 | 4 |
| 4 | 3 | 1 | 2 |
| 1 | 2 | 4 | 3 |
| 3 | 4 | 2 | 1 |

1-7

| | | | |
|---|---|---|---|
| 4 | 2 | 1 | 3 |
| 1 | 3 | 4 | 2 |
| 3 | 1 | 2 | 4 |
| 2 | 4 | 3 | 1 |

1-8

| | | | |
|---|---|---|---|
| 2 | 4 | 1 | 3 |
| 3 | 1 | 4 | 2 |
| 4 | 2 | 3 | 1 |
| 1 | 3 | 2 | 4 |

1-9

| | | | |
|---|---|---|---|
| 1 | 4 | 2 | 3 |
| 3 | 2 | 4 | 1 |
| 4 | 1 | 3 | 2 |
| 2 | 3 | 1 | 4 |

1-10

| | | | |
|---|---|---|---|
| 4 | 3 | 1 | 2 |
| 1 | 2 | 4 | 3 |
| 2 | 1 | 3 | 4 |
| 3 | 4 | 2 | 1 |

1-11

| | | | |
|---|---|---|---|
| 2 | 1 | 3 | 4 |
| 4 | 3 | 1 | 2 |
| 1 | 2 | 4 | 3 |
| 3 | 4 | 2 | 1 |

1-12

| | | | |
|---|---|---|---|
| 3 | 2 | 4 | 1 |
| 1 | 4 | 2 | 3 |
| 2 | 3 | 1 | 4 |
| 4 | 1 | 3 | 2 |

1-13

| | | | |
|---|---|---|---|
| 1 | 2 | 4 | 3 |
| 3 | 4 | 2 | 1 |
| 2 | 1 | 3 | 4 |
| 4 | 3 | 1 | 2 |

1-14

| | | | |
|---|---|---|---|
| 4 | 3 | 1 | 2 |
| 2 | 1 | 3 | 4 |
| 3 | 4 | 2 | 1 |
| 1 | 2 | 4 | 3 |

1-15

| | | | |
|---|---|---|---|
| 2 | 4 | 1 | 3 |
| 3 | 1 | 4 | 2 |
| 4 | 2 | 3 | 1 |
| 1 | 3 | 2 | 4 |

1-16

| | | | |
|---|---|---|---|
| 3 | 4 | 2 | 1 |
| 1 | 2 | 4 | 3 |
| 4 | 3 | 1 | 2 |
| 2 | 1 | 3 | 4 |

1-17

| | | | |
|---|---|---|---|
| 1 | 4 | 2 | 3 |
| 3 | 2 | 4 | 1 |
| 4 | 1 | 3 | 2 |
| 2 | 3 | 1 | 4 |

1-18

| | | | |
|---|---|---|---|
| 2 | 1 | 3 | 4 |
| 4 | 3 | 1 | 2 |
| 1 | 2 | 4 | 3 |
| 3 | 4 | 2 | 1 |

1-19

| | | | |
|---|---|---|---|
| 4 | 1 | 3 | 2 |
| 2 | 3 | 1 | 4 |
| 1 | 4 | 2 | 3 |
| 3 | 2 | 4 | 1 |

1-20

| | | | |
|---|---|---|---|
| 3 | 2 | 1 | 4 |
| 4 | 1 | 2 | 3 |
| 2 | 3 | 4 | 1 |
| 1 | 4 | 3 | 2 |

1-21

| | | | |
|---|---|---|---|
| 1 | 3 | 2 | 4 |
| 4 | 2 | 3 | 1 |
| 3 | 1 | 4 | 2 |
| 2 | 4 | 1 | 3 |

1-22

| | | | |
|---|---|---|---|
| 3 | 2 | 4 | 1 |
| 1 | 4 | 2 | 3 |
| 2 | 3 | 1 | 4 |
| 4 | 1 | 3 | 2 |

1-23

| | | | |
|---|---|---|---|
| 4 | 3 | 1 | 2 |
| 2 | 1 | 3 | 4 |
| 3 | 4 | 2 | 1 |
| 1 | 2 | 4 | 3 |

1-24

| | | | |
|---|---|---|---|
| 2 | 1 | 3 | 4 |
| 4 | 3 | 1 | 2 |
| 1 | 2 | 4 | 3 |
| 3 | 4 | 2 | 1 |

## 第二章　练习题答案

2-1

| | | | |
|---|---|---|---|
| 3 | 4 | 1 | 2 |
| 2 | 1 | 4 | 3 |
| 4 | 2 | 3 | 1 |
| 1 | 3 | 2 | 4 |

2-2

| | | | |
|---|---|---|---|
| 3 | 2 | 1 | 4 |
| 4 | 1 | 2 | 3 |
| 1 | 4 | 3 | 2 |
| 2 | 3 | 4 | 1 |

2-3

| | | | |
|---|---|---|---|
| 2 | 3 | 4 | 1 |
| 1 | 4 | 3 | 2 |
| 3 | 1 | 2 | 4 |
| 4 | 2 | 1 | 3 |

2-4

| | | | |
|---|---|---|---|
| 2 | 1 | 3 | 4 |
| 4 | 3 | 2 | 1 |
| 3 | 4 | 1 | 2 |
| 1 | 2 | 4 | 3 |

2-5

| | | | |
|---|---|---|---|
| 1 | 2 | 3 | 4 |
| 4 | 3 | 2 | 1 |
| 2 | 4 | 1 | 3 |
| 3 | 1 | 4 | 2 |

2-6

| | | | |
|---|---|---|---|
| 1 | 3 | 4 | 2 |
| 2 | 4 | 1 | 3 |
| 4 | 2 | 3 | 1 |
| 3 | 1 | 2 | 4 |

2-7

| | | | |
|---|---|---|---|
| 2 | 3 | 4 | 1 |
| 4 | 1 | 2 | 3 |
| 1 | 4 | 3 | 2 |
| 3 | 2 | 1 | 4 |

2-8

| | | | |
|---|---|---|---|
| 3 | 2 | 4 | 1 |
| 1 | 4 | 3 | 2 |
| 4 | 1 | 2 | 3 |
| 2 | 3 | 1 | 4 |

2-9

| | | | |
|---|---|---|---|
| 4 | 1 | 3 | 2 |
| 2 | 3 | 1 | 4 |
| 1 | 4 | 2 | 3 |
| 3 | 2 | 4 | 1 |

2-10

| | | | |
|---|---|---|---|
| 3 | 1 | 4 | 2 |
| 2 | 4 | 3 | 1 |
| 4 | 2 | 1 | 3 |
| 1 | 3 | 2 | 4 |

2-11

| | | | |
|---|---|---|---|
| 1 | 2 | 4 | 3 |
| 3 | 4 | 2 | 1 |
| 4 | 1 | 3 | 2 |
| 2 | 3 | 1 | 4 |

2-12

| | | | |
|---|---|---|---|
| 4 | 3 | 1 | 2 |
| 1 | 2 | 3 | 4 |
| 2 | 1 | 4 | 3 |
| 3 | 4 | 2 | 1 |

2-13

| | | | |
|---|---|---|---|
| 4 | 1 | 2 | 3 |
| 3 | 2 | 1 | 4 |
| 2 | 3 | 4 | 1 |
| 1 | 4 | 3 | 2 |

2-14

| | | | |
|---|---|---|---|
| 4 | 3 | 1 | 2 |
| 2 | 1 | 3 | 4 |
| 1 | 4 | 2 | 3 |
| 3 | 2 | 4 | 1 |

2-15

| | | | |
|---|---|---|---|
| 3 | 4 | 1 | 2 |
| 2 | 1 | 4 | 3 |
| 1 | 2 | 3 | 4 |
| 4 | 3 | 2 | 1 |

2-16

| | | | |
|---|---|---|---|
| 3 | 2 | 4 | 1 |
| 1 | 4 | 2 | 3 |
| 4 | 3 | 1 | 2 |
| 2 | 1 | 3 | 4 |

2-17

| | | | |
|---|---|---|---|
| 2 | 4 | 1 | 3 |
| 1 | 3 | 4 | 2 |
| 3 | 1 | 2 | 4 |
| 4 | 2 | 3 | 1 |

2-18

| | | | |
|---|---|---|---|
| 1 | 2 | 4 | 3 |
| 3 | 4 | 1 | 2 |
| 4 | 3 | 2 | 1 |
| 2 | 1 | 3 | 4 |

2-19

| | | | |
|---|---|---|---|
| 2 | 1 | 3 | 4 |
| 4 | 3 | 1 | 2 |
| 3 | 2 | 4 | 1 |
| 1 | 4 | 2 | 3 |

2-20

| | | | |
|---|---|---|---|
| 1 | 3 | 2 | 4 |
| 4 | 2 | 3 | 1 |
| 3 | 4 | 1 | 2 |
| 2 | 1 | 4 | 3 |

2-21

| | | | |
|---|---|---|---|
| 1 | 4 | 2 | 3 |
| 3 | 2 | 4 | 1 |
| 2 | 1 | 3 | 4 |
| 4 | 3 | 1 | 2 |

2-22

| | | | |
|---|---|---|---|
| 2 | 3 | 1 | 4 |
| 4 | 1 | 3 | 2 |
| 1 | 4 | 2 | 3 |
| 3 | 2 | 4 | 1 |

2-23

| | | | |
|---|---|---|---|
| 4 | 1 | 2 | 3 |
| 3 | 2 | 1 | 4 |
| 1 | 3 | 4 | 2 |
| 2 | 4 | 3 | 1 |

2-24

| | | | |
|---|---|---|---|
| 4 | 2 | 3 | 1 |
| 3 | 1 | 4 | 2 |
| 1 | 3 | 2 | 4 |
| 2 | 4 | 1 | 3 |

# 第三章 练习题答案

3-1

| | | | |
|---|---|---|---|
| 4 | 3 | 1 | 2 |
| 1 | 2 | 4 | 3 |
| 2 | 1 | 3 | 4 |
| 3 | 4 | 2 | 1 |

3-2

| | | | |
|---|---|---|---|
| 3 | 4 | 1 | 2 |
| 2 | 1 | 4 | 3 |
| 4 | 3 | 2 | 1 |
| 1 | 2 | 3 | 4 |

3-3

| | | | |
|---|---|---|---|
| 4 | 3 | 1 | 2 |
| 2 | 1 | 3 | 4 |
| 3 | 4 | 2 | 1 |
| 1 | 2 | 4 | 3 |

3-4

| | | | |
|---|---|---|---|
| 1 | 3 | 4 | 2 |
| 2 | 4 | 3 | 1 |
| 3 | 1 | 2 | 4 |
| 4 | 2 | 1 | 3 |

3-5

| | | | |
|---|---|---|---|
| 3 | 4 | 1 | 2 |
| 1 | 2 | 3 | 4 |
| 2 | 1 | 4 | 3 |
| 4 | 3 | 2 | 1 |

3-6

| | | | |
|---|---|---|---|
| 1 | 4 | 3 | 2 |
| 3 | 2 | 1 | 4 |
| 2 | 3 | 4 | 1 |
| 4 | 1 | 2 | 3 |

3-7

| | | | |
|---|---|---|---|
| 3 | 1 | 4 | 2 |
| 4 | 2 | 3 | 1 |
| 2 | 4 | 1 | 3 |
| 1 | 3 | 2 | 4 |

3-8

| | | | |
|---|---|---|---|
| 1 | 3 | 4 | 2 |
| 4 | 2 | 1 | 3 |
| 2 | 4 | 3 | 1 |
| 3 | 1 | 2 | 4 |

3-9

| | | | |
|---|---|---|---|
| 4 | 1 | 3 | 2 |
| 2 | 3 | 1 | 4 |
| 1 | 4 | 2 | 3 |
| 3 | 2 | 4 | 1 |

3-10

| | | | |
|---|---|---|---|
| 4 | 1 | 3 | 2 |
| 3 | 2 | 4 | 1 |
| 2 | 3 | 1 | 4 |
| 1 | 4 | 2 | 3 |

3-11

| | | | |
|---|---|---|---|
| 1 | 4 | 3 | 2 |
| 2 | 3 | 4 | 1 |
| 4 | 1 | 2 | 3 |
| 3 | 2 | 1 | 4 |

3-12

| | | | |
|---|---|---|---|
| 1 | 4 | 3 | 2 |
| 3 | 2 | 1 | 4 |
| 2 | 3 | 4 | 1 |
| 4 | 1 | 2 | 3 |

3-13

| | | | |
|---|---|---|---|
| 3 | 2 | 4 | 1 |
| 4 | 1 | 3 | 2 |
| 1 | 4 | 2 | 3 |
| 2 | 3 | 1 | 4 |

3-14

| | | | |
|---|---|---|---|
| 2 | 3 | 4 | 1 |
| 1 | 4 | 3 | 2 |
| 3 | 2 | 1 | 4 |
| 4 | 1 | 2 | 3 |

3-15

| | | | |
|---|---|---|---|
| 3 | 2 | 4 | 1 |
| 1 | 4 | 2 | 3 |
| 2 | 3 | 1 | 4 |
| 4 | 1 | 3 | 2 |

3-16

| | | | |
|---|---|---|---|
| 4 | 2 | 3 | 1 |
| 1 | 3 | 2 | 4 |
| 2 | 4 | 1 | 3 |
| 3 | 1 | 4 | 2 |

3-17

| | | | |
|---|---|---|---|
| 2 | 3 | 4 | 1 |
| 4 | 1 | 2 | 3 |
| 1 | 4 | 3 | 2 |
| 3 | 2 | 1 | 4 |

3-18

| | | | |
|---|---|---|---|
| 4 | 3 | 2 | 1 |
| 2 | 1 | 4 | 3 |
| 1 | 2 | 3 | 4 |
| 3 | 4 | 1 | 2 |

3-19

| | | | |
|---|---|---|---|
| 2 | 4 | 3 | 1 |
| 3 | 1 | 2 | 4 |
| 1 | 3 | 4 | 2 |
| 4 | 2 | 1 | 3 |

3-20

| | | | |
|---|---|---|---|
| 4 | 2 | 3 | 1 |
| 3 | 1 | 4 | 2 |
| 1 | 3 | 2 | 4 |
| 2 | 4 | 1 | 3 |

3-21

| | | | |
|---|---|---|---|
| 3 | 4 | 2 | 1 |
| 1 | 2 | 4 | 3 |
| 4 | 3 | 1 | 2 |
| 2 | 1 | 3 | 4 |

3-22

| | | | |
|---|---|---|---|
| 3 | 4 | 2 | 1 |
| 2 | 1 | 3 | 4 |
| 1 | 2 | 4 | 3 |
| 4 | 3 | 1 | 2 |

3-23

| | | | |
|---|---|---|---|
| 4 | 3 | 2 | 1 |
| 1 | 2 | 3 | 4 |
| 3 | 4 | 1 | 2 |
| 2 | 1 | 4 | 3 |

3-24

| | | | |
|---|---|---|---|
| 4 | 3 | 2 | 1 |
| 2 | 1 | 4 | 3 |
| 1 | 2 | 3 | 4 |
| 3 | 4 | 1 | 2 |

## 第四章　练习题答案

4-1

| | | | |
|---|---|---|---|
| 1 | 4 | 2 | 3 |
| 3 | 2 | 4 | 1 |
| 2 | 3 | 1 | 4 |
| 4 | 1 | 3 | 2 |

4-2

| | | | |
|---|---|---|---|
| 2 | 1 | 3 | 4 |
| 4 | 3 | 2 | 1 |
| 3 | 4 | 1 | 2 |
| 1 | 2 | 4 | 3 |

4-3

| | | | |
|---|---|---|---|
| 4 | 2 | 3 | 1 |
| 1 | 3 | 4 | 2 |
| 3 | 1 | 2 | 4 |
| 2 | 4 | 1 | 3 |

4-4

| | | | |
|---|---|---|---|
| 2 | 3 | 1 | 4 |
| 4 | 1 | 2 | 3 |
| 1 | 4 | 3 | 2 |
| 3 | 2 | 4 | 1 |

4-5

| | | | |
|---|---|---|---|
| 3 | 4 | 2 | 1 |
| 1 | 2 | 3 | 4 |
| 2 | 1 | 4 | 3 |
| 4 | 3 | 1 | 2 |

4-6

| | | | |
|---|---|---|---|
| 3 | 1 | 4 | 2 |
| 2 | 4 | 3 | 1 |
| 4 | 2 | 1 | 3 |
| 1 | 3 | 2 | 4 |

4-7

| | | | |
|---|---|---|---|
| 4 | 1 | 3 | 2 |
| 2 | 3 | 4 | 1 |
| 3 | 2 | 1 | 4 |
| 1 | 4 | 2 | 3 |

4-8

| | | | |
|---|---|---|---|
| 1 | 2 | 4 | 3 |
| 3 | 4 | 1 | 2 |
| 4 | 3 | 2 | 1 |
| 2 | 1 | 3 | 4 |

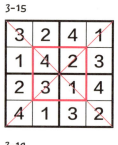

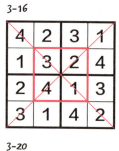

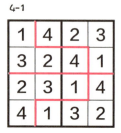

4-9

| | | | |
|---|---|---|---|
| 2 | 1 | 3 | 4 |
| 3 | 4 | 1 | 2 |
| 1 | 2 | 4 | 3 |
| 4 | 3 | 2 | 1 |

4-10

| | | | |
|---|---|---|---|
| 1 | 3 | 4 | 2 |
| 2 | 4 | 1 | 3 |
| 4 | 2 | 3 | 1 |
| 3 | 1 | 2 | 4 |

4-11

| | | | |
|---|---|---|---|
| 2 | 4 | 1 | 3 |
| 3 | 1 | 2 | 4 |
| 1 | 3 | 4 | 2 |
| 4 | 2 | 3 | 1 |

4-12

| | | | |
|---|---|---|---|
| 4 | 3 | 1 | 2 |
| 1 | 2 | 3 | 4 |
| 3 | 4 | 2 | 1 |
| 2 | 1 | 4 | 3 |

4-13

| | | | |
|---|---|---|---|
| 3 | 2 | 4 | 1 |
| 4 | 1 | 2 | 3 |
| 1 | 4 | 3 | 2 |
| 2 | 3 | 1 | 4 |

4-14

| | | | |
|---|---|---|---|
| 3 | 2 | 4 | 1 |
| 1 | 4 | 2 | 3 |
| 4 | 1 | 3 | 2 |
| 2 | 3 | 1 | 4 |

4-15

| | | | |
|---|---|---|---|
| 3 | 1 | 2 | 4 |
| 4 | 2 | 3 | 1 |
| 2 | 4 | 1 | 3 |
| 1 | 3 | 4 | 2 |

4-16

| | | | |
|---|---|---|---|
| 1 | 2 | 3 | 4 |
| 4 | 3 | 1 | 2 |
| 2 | 1 | 4 | 3 |
| 3 | 4 | 2 | 1 |

4-17

| | | | |
|---|---|---|---|
| 2 | 3 | 1 | 4 |
| 1 | 4 | 2 | 3 |
| 3 | 2 | 4 | 1 |
| 4 | 1 | 3 | 2 |

4-18

| | | | |
|---|---|---|---|
| 4 | 2 | 3 | 1 |
| 1 | 3 | 4 | 2 |
| 3 | 1 | 2 | 4 |
| 2 | 4 | 1 | 3 |

4-19

| | | | |
|---|---|---|---|
| 1 | 3 | 2 | 4 |
| 4 | 2 | 3 | 1 |
| 2 | 4 | 1 | 3 |
| 3 | 1 | 4 | 2 |

4-20

| | | | |
|---|---|---|---|
| 2 | 4 | 3 | 1 |
| 1 | 3 | 4 | 2 |
| 3 | 1 | 2 | 4 |
| 4 | 2 | 1 | 3 |

4-21

| | | | |
|---|---|---|---|
| 1 | 3 | 4 | 2 |
| 4 | 2 | 1 | 3 |
| 3 | 1 | 2 | 4 |
| 2 | 4 | 3 | 1 |

4-22

| | | | |
|---|---|---|---|
| 3 | 1 | 4 | 2 |
| 2 | 4 | 1 | 3 |
| 4 | 2 | 3 | 1 |
| 1 | 3 | 2 | 4 |

4-23

| | | | |
|---|---|---|---|
| 4 | 2 | 1 | 3 |
| 3 | 1 | 2 | 4 |
| 1 | 3 | 4 | 2 |
| 2 | 4 | 3 | 1 |

4-24

| | | | |
|---|---|---|---|
| 3 | 4 | 1 | 2 |
| 2 | 1 | 3 | 4 |
| 4 | 3 | 2 | 1 |
| 1 | 2 | 4 | 3 |

4-25

| | | | |
|---|---|---|---|
| 2 | 4 | 1 | 3 |
| 1 | 3 | 2 | 4 |
| 4 | 2 | 3 | 1 |
| 3 | 1 | 4 | 2 |

4-26

| | | | |
|---|---|---|---|
| 3 | 1 | 2 | 4 |
| 2 | 4 | 3 | 1 |
| 1 | 3 | 4 | 2 |
| 4 | 2 | 1 | 3 |

4-27

| | | | |
|---|---|---|---|
| 3 | 2 | 1 | 4 |
| 1 | 4 | 2 | 3 |
| 2 | 3 | 4 | 1 |
| 4 | 1 | 3 | 2 |

4-28

| | | | |
|---|---|---|---|
| 4 | 3 | 2 | 1 |
| 1 | 2 | 3 | 4 |
| 2 | 1 | 4 | 3 |
| 3 | 4 | 1 | 2 |

4-29

| | | | |
|---|---|---|---|
| 1 | 4 | 3 | 2 |
| 2 | 3 | 1 | 4 |
| 3 | 2 | 4 | 1 |
| 4 | 1 | 2 | 3 |

4-30

| | | | |
|---|---|---|---|
| 1 | 4 | 2 | 3 |
| 2 | 3 | 4 | 1 |
| 3 | 2 | 1 | 4 |
| 4 | 1 | 3 | 2 |

4-31

| | | | |
|---|---|---|---|
| 1 | 4 | 3 | 2 |
| 3 | 2 | 4 | 1 |
| 2 | 3 | 1 | 4 |
| 4 | 1 | 2 | 3 |

4-32

| | | | |
|---|---|---|---|
| 2 | 1 | 4 | 3 |
| 3 | 4 | 1 | 2 |
| 4 | 3 | 2 | 1 |
| 1 | 2 | 3 | 4 |

4-33

| | | | |
|---|---|---|---|
| 4 | 2 | 3 | 1 |
| 3 | 1 | 4 | 2 |
| 2 | 4 | 1 | 3 |
| 1 | 3 | 2 | 4 |

4-34

| | | | |
|---|---|---|---|
| 3 | 2 | 1 | 4 |
| 4 | 1 | 3 | 2 |
| 1 | 4 | 2 | 3 |
| 2 | 3 | 4 | 1 |

4-35

| | | | |
|---|---|---|---|
| 3 | 2 | 1 | 4 |
| 1 | 4 | 2 | 3 |
| 4 | 1 | 3 | 2 |
| 2 | 3 | 4 | 1 |

4-36

| | | | |
|---|---|---|---|
| 4 | 3 | 1 | 2 |
| 2 | 1 | 4 | 3 |
| 1 | 2 | 3 | 4 |
| 3 | 4 | 2 | 1 |

# 第五章 练习题答案

5-1

| | | | | | |
|---|---|---|---|---|---|
| 2 | 4 | 1 | 3 | | |
| 3 | 1 | 4 | 2 | | |
| 1 | 2 | 3 | 4 | 1 | 2 |
| 4 | 3 | 2 | 1 | 4 | 3 |
| | | 1 | 2 | 3 | 4 |
| | | 4 | 3 | 2 | 1 |

5-2

| | | | | | |
|---|---|---|---|---|---|
| 1 | 4 | 2 | 3 | | |
| 2 | 3 | 4 | 1 | | |
| 3 | 2 | 1 | 4 | 2 | 3 |
| 4 | 1 | 3 | 2 | 1 | 4 |
| | | 2 | 3 | 4 | 1 |
| | | 4 | 1 | 3 | 2 |

5-3

| | | | | | |
|---|---|---|---|---|---|
| 2 | 3 | 4 | 1 | | |
| 4 | 1 | 3 | 2 | | |
| 1 | 4 | 2 | 3 | 4 | 1 |
| 3 | 2 | 1 | 4 | 3 | 2 |
| | | 4 | 1 | 2 | 3 |
| | | 3 | 2 | 1 | 4 |

5-4

| | | | | | |
|---|---|---|---|---|---|
| 4 | 3 | 2 | 1 | | |
| 1 | 2 | 3 | 4 | | |
| 3 | 1 | 4 | 2 | 3 | 1 |
| 2 | 4 | 1 | 3 | 4 | 2 |
| | | 3 | 1 | 2 | 4 |
| | | 2 | 4 | 1 | 3 |

5-5

| | | | | | |
|---|---|---|---|---|---|
| 1 | 3 | 2 | 4 | | |
| 2 | 4 | 3 | 1 | | |
| 4 | 2 | 1 | 3 | 4 | 2 |
| 3 | 1 | 4 | 2 | 3 | 1 |
| | | 2 | 4 | 1 | 3 |
| | | 3 | 1 | 2 | 4 |

5-6

| | | | | | |
|---|---|---|---|---|---|
| 1 | 2 | 3 | 4 | | |
| 4 | 3 | 1 | 2 | | |
| 3 | 4 | 2 | 1 | 3 | 4 |
| 2 | 1 | 4 | 3 | 2 | 1 |
| | | 3 | 4 | 1 | 2 |
| | | 1 | 2 | 4 | 3 |

5-7

| | | | | | |
|---|---|---|---|---|---|
| 1 | 4 | 3 | 2 | | |
| 2 | 3 | 1 | 4 | | |
| 3 | 2 | 4 | 1 | 3 | 2 |
| 4 | 1 | 2 | 3 | 4 | 1 |
| | | 3 | 2 | 1 | 4 |
| | | 1 | 4 | 2 | 3 |

5-8

| | | | | | |
|---|---|---|---|---|---|
| 2 | 3 | 4 | 1 | | |
| 1 | 4 | 3 | 2 | | |
| 3 | 1 | 2 | 4 | 3 | 1 |
| 4 | 2 | 1 | 3 | 2 | 4 |
| | | 3 | 1 | 4 | 2 |
| | | 4 | 2 | 1 | 3 |

5-9

| | | | | | |
|---|---|---|---|---|---|
| 4 | 2 | 1 | 3 | | |
| 1 | 3 | 2 | 4 | | |
| 3 | 1 | 4 | 2 | 1 | 3 |
| 2 | 4 | 3 | 1 | 2 | 4 |
| | | 2 | 3 | 4 | 1 |
| | | 1 | 4 | 3 | 2 |

5-10

| | | | | | |
|---|---|---|---|---|---|
| 4 | 2 | 1 | 3 | | |
| 3 | 1 | 2 | 4 | | |
| 1 | 4 | 3 | 2 | 4 | 1 |
| 2 | 3 | 4 | 1 | 2 | 3 |
| | | 1 | 4 | 3 | 2 |
| | | 2 | 3 | 1 | 4 |

5-11

| | | | | | |
|---|---|---|---|---|---|
| 1 | 2 | 4 | 3 | | |
| 4 | 3 | 2 | 1 | | |
| 3 | 4 | 1 | 2 | 4 | 3 |
| 2 | 1 | 3 | 4 | 2 | 1 |
| | | 4 | 3 | 1 | 2 |
| | | 2 | 1 | 3 | 4 |

5-12

| | | | | | |
|---|---|---|---|---|---|
| 4 | 3 | 1 | 2 | | |
| 2 | 1 | 3 | 4 | | |
| 1 | 2 | 4 | 3 | 1 | 2 |
| 3 | 4 | 2 | 1 | 3 | 4 |
| | | 1 | 2 | 4 | 3 |
| | | 3 | 4 | 2 | 1 |

5-13

| | | | | | |
|---|---|---|---|---|---|
| 2 | 4 | 1 | 3 | | |
| 3 | 1 | 4 | 2 | | |
| 1 | 2 | 3 | 4 | 1 | 2 |
| 4 | 3 | 2 | 1 | 4 | 3 |
| | | 4 | 2 | 3 | 1 |
| | | 1 | 3 | 2 | 4 |

5-14

| | | | | | |
|---|---|---|---|---|---|
| 4 | 3 | 2 | 1 | | |
| 1 | 2 | 4 | 3 | | |
| 2 | 1 | 3 | 4 | 2 | 1 |
| 3 | 4 | 1 | 2 | 4 | 3 |
| | | 2 | 3 | 1 | 4 |
| | | 4 | 1 | 3 | 2 |

5-15

| | | | | | |
|---|---|---|---|---|---|
| 2 | 1 | 4 | 3 | | |
| 4 | 3 | 1 | 2 | | |
| 3 | 4 | 2 | 1 | 4 | 3 |
| 1 | 2 | 3 | 4 | 1 | 2 |
| | | 4 | 3 | 2 | 1 |
| | | 1 | 2 | 3 | 4 |

5-16

| | | | | | |
|---|---|---|---|---|---|
| 2 | 3 | 4 | 1 | | |
| 4 | 1 | 3 | 2 | | |
| 1 | 4 | 2 | 3 | 1 | 4 |
| 3 | 2 | 1 | 4 | 3 | 2 |
| | | 4 | 1 | 2 | 3 |
| | | 3 | 2 | 4 | 1 |

5-17

| | | | | | | | |
|---|---|---|---|---|---|---|---|
| 2 | 4 | 1 | 3 | | | | |
| 3 | 1 | 4 | 2 | | | | |
| 1 | 2 | 3 | 4 | 1 | 2 | | |
| 4 | 3 | 2 | 1 | 4 | 3 | | |
| | | 4 | 2 | 3 | 1 | 4 | 2 |
| | | 1 | 3 | 2 | 4 | 3 | 1 |
| | | | | 4 | 2 | 1 | 3 |
| | | | | 1 | 3 | 2 | 4 |

5-18

| | | | | | | | |
|---|---|---|---|---|---|---|---|
| | | | | 4 | 3 | 2 | 1 |
| | | | | 1 | 2 | 3 | 4 |
| | | 4 | 3 | 2 | 1 | 4 | 3 |
| | | 1 | 2 | 3 | 4 | 1 | 2 |
| 2 | 4 | 3 | 1 | 4 | 2 | | |
| 1 | 3 | 2 | 4 | 1 | 3 | | |
| 3 | 1 | 4 | 2 | | | | |
| 4 | 2 | 1 | 3 | | | | |

5-19

| | | | | | | | |
|---|---|---|---|---|---|---|---|
| 4 | 2 | 3 | 1 | | | | |
| 3 | 1 | 2 | 4 | | | | |
| 1 | 3 | 4 | 2 | 1 | 3 | | |
| 2 | 4 | 1 | 3 | 2 | 4 | | |
| | | 3 | 1 | 4 | 2 | 1 | 3 |
| | | 2 | 4 | 3 | 1 | 4 | 2 |
| | | | | 1 | 3 | 2 | 4 |
| | | | | 2 | 4 | 3 | 1 |

5-20

| | | | | | | | |
|---|---|---|---|---|---|---|---|
| | | | | 4 | 3 | 2 | 1 |
| | | | | 1 | 2 | 4 | 3 |
| | | 4 | 3 | 2 | 1 | 3 | 4 |
| | | 1 | 2 | 3 | 4 | 1 | 2 |
| 1 | 3 | 2 | 4 | 1 | 3 | | |
| 2 | 4 | 3 | 1 | 4 | 2 | | |
| 4 | 2 | 1 | 3 | | | | |
| 3 | 1 | 4 | 2 | | | | |

5-21

| | | | | | | | |
|---|---|---|---|---|---|---|---|
| 1 | 2 | 3 | 4 | | | | |
| 4 | 3 | 1 | 2 | | | | |
| 3 | 4 | 2 | 1 | 4 | 3 | | |
| 2 | 1 | 4 | 3 | 1 | 2 | | |
| | | 3 | 4 | 2 | 1 | 4 | 3 |
| | | 1 | 2 | 3 | 4 | 2 | 1 |
| | | | | 1 | 2 | 3 | 4 |
| | | | | 4 | 3 | 1 | 2 |

5-22

| | | | | | | | |
|---|---|---|---|---|---|---|---|
| | | | | 2 | 3 | 4 | 1 |
| | | | | 1 | 4 | 3 | 2 |
| | | 2 | 3 | 4 | 1 | 2 | 3 |
| | | 1 | 4 | 3 | 2 | 1 | 4 |
| 2 | 4 | 3 | 1 | 2 | 4 | | |
| 3 | 1 | 4 | 2 | 1 | 3 | | |
| 1 | 3 | 2 | 4 | | | | |
| 4 | 2 | 1 | 3 | | | | |

5-23

| | | | | | | | |
|---|---|---|---|---|---|---|---|
| 4 | 2 | 1 | 3 | | | | |
| 1 | 3 | 2 | 4 | | | | |
| 3 | 1 | 4 | 2 | 1 | 3 | | |
| 2 | 4 | 3 | 1 | 2 | 4 | | |
| | | 2 | 3 | 4 | 1 | 3 | 2 |
| | | 1 | 4 | 3 | 2 | 4 | 1 |
| | | | | 2 | 3 | 1 | 4 |
| | | | | 1 | 4 | 2 | 3 |

5-24

| | | | | | | | |
|---|---|---|---|---|---|---|---|
| | | | | 2 | 3 | 1 | 4 |
| | | | | 4 | 1 | 3 | 2 |
| | | 4 | 3 | 1 | 2 | 4 | 3 |
| | | 2 | 1 | 3 | 4 | 2 | 1 |
| 4 | 3 | 1 | 2 | 4 | 3 | | |
| 1 | 2 | 3 | 4 | 2 | 1 | | |
| 2 | 1 | 4 | 3 | | | | |
| 3 | 4 | 2 | 1 | | | | |

5-25

| | | | | | | | |
|---|---|---|---|---|---|---|---|
| 3 | 2 | 1 | 4 | | | | |
| 4 | 1 | 2 | 3 | | | | |
| 1 | 3 | 4 | 2 | 1 | 3 | | |
| 2 | 4 | 3 | 1 | 2 | 4 | | |
| | | 1 | 4 | 3 | 2 | 4 | 1 |
| | | 2 | 3 | 4 | 1 | 2 | 3 |
| | | | | 2 | 3 | 1 | 4 |
| | | | | 1 | 4 | 3 | 2 |

5-26

| | | | | | | | |
|---|---|---|---|---|---|---|---|
| | | | | 1 | 4 | 2 | 3 |
| | | | | 3 | 2 | 1 | 4 |
| | | 4 | 1 | 2 | 3 | 4 | 1 |
| | | 3 | 2 | 4 | 1 | 3 | 2 |
| 4 | 1 | 2 | 3 | 1 | 4 | | |
| 2 | 3 | 1 | 4 | 3 | 2 | | |
| 1 | 4 | 3 | 2 | | | | |
| 3 | 2 | 4 | 1 | | | | |

5-27

| | | | | | | | |
|---|---|---|---|---|---|---|---|
| 1 | 4 | 3 | 2 | | | | |
| 2 | 3 | 4 | 1 | | | | |
| 4 | 2 | 1 | 3 | 4 | 2 | | |
| 3 | 1 | 2 | 4 | 3 | 1 | | |
| | | 4 | 2 | 1 | 3 | 4 | 2 |
| | | 3 | 1 | 2 | 4 | 1 | 3 |
| | | | | 4 | 2 | 3 | 1 |
| | | | | 3 | 1 | 2 | 4 |

5-28

| | | | | | | | |
|---|---|---|---|---|---|---|---|
| | | | | 2 | 1 | 4 | 3 |
| | | | | 4 | 3 | 2 | 1 |
| | | 4 | 1 | 3 | 2 | 1 | 4 |
| | | 3 | 2 | 1 | 4 | 3 | 2 |
| 1 | 4 | 2 | 3 | 4 | 1 | | |
| 2 | 3 | 1 | 4 | 2 | 3 | | |
| 4 | 2 | 3 | 1 | | | | |
| 3 | 1 | 4 | 2 | | | | |

5-29

| | | | | | | | | | |
|---|---|---|---|---|---|---|---|---|---|
| 1 | 4 | 2 | 3 | | | | | | |
| 3 | 2 | 4 | 1 | | | | | | |
| 2 | 3 | 1 | 4 | 2 | 3 | | | | |
| 4 | 1 | 3 | 2 | 4 | 1 | | | | |
| | | 2 | 3 | 1 | 4 | 2 | 3 | | |
| | | 4 | 1 | 3 | 2 | 4 | 1 | | |
| | | | | 2 | 3 | 1 | 4 | 2 | 3 |
| | | | | 4 | 1 | 3 | 2 | 4 | 1 |
| | | | | | | 2 | 3 | 1 | 4 |
| | | | | | | 4 | 1 | 3 | 2 |

5-30

| | | | | | | | | | |
|---|---|---|---|---|---|---|---|---|---|
| | | | | | | 2 | 3 | 4 | 1 |
| | | | | | | 1 | 4 | 3 | 2 |
| | | | | 1 | 3 | 4 | 2 | 1 | 3 |
| | | | | 2 | 4 | 3 | 1 | 2 | 4 |
| | | 1 | 4 | 3 | 2 | 1 | 4 | | |
| | | 2 | 3 | 4 | 1 | 2 | 3 | | |
| 1 | 3 | 4 | 2 | 1 | 3 | | | | |
| 2 | 4 | 3 | 1 | 2 | 4 | | | | |
| 3 | 1 | 2 | 4 | | | | | | |
| 4 | 2 | 1 | 3 | | | | | | |

5-31

| | | | | | | | | | |
|---|---|---|---|---|---|---|---|---|---|
| 3 | 1 | 4 | 2 | | | | | | |
| 4 | 2 | 1 | 3 | | | | | | |
| 2 | 4 | 3 | 1 | 4 | 2 | | | | |
| 1 | 3 | 2 | 4 | 3 | 1 | | | | |
| | | 4 | 2 | 1 | 3 | 4 | 2 | | |
| | | 1 | 3 | 2 | 4 | 3 | 1 | | |
| | | | | 3 | 2 | 1 | 4 | 3 | 2 |
| | | | | 4 | 1 | 2 | 3 | 1 | 4 |
| | | | | | | 3 | 2 | 4 | 1 |
| | | | | | | 4 | 1 | 2 | 3 |

5-32

| | | | | | | | | | |
|---|---|---|---|---|---|---|---|---|---|
| | | | | | | 2 | 4 | 1 | 3 |
| | | | | | | 3 | 1 | 4 | 2 |
| | | | | 2 | 1 | 4 | 3 | 2 | 1 |
| | | | | 3 | 4 | 1 | 2 | 3 | 4 |
| | | 3 | 1 | 4 | 2 | 3 | 1 | | |
| | | 2 | 4 | 1 | 3 | 2 | 4 | | |
| 3 | 4 | 1 | 2 | 3 | 4 | | | | |
| 2 | 1 | 4 | 3 | 2 | 1 | | | | |
| 1 | 2 | 3 | 4 | | | | | | |
| 4 | 3 | 2 | 1 | | | | | | |

5-33

| | | | | | | | | | |
|---|---|---|---|---|---|---|---|---|---|
| 3 | 2 | 1 | 4 | | | | | | |
| 4 | 1 | 2 | 3 | | | | | | |
| 1 | 3 | 4 | 2 | 1 | 3 | | | | |
| 2 | 4 | 3 | 1 | 2 | 4 | | | | |
| | | 1 | 4 | 3 | 2 | 1 | 4 | | |
| | | 2 | 3 | 4 | 1 | 2 | 3 | | |
| | | | | 1 | 3 | 4 | 2 | 1 | 3 |
| | | | | 2 | 4 | 3 | 1 | 2 | 4 |
| | | | | | | 1 | 4 | 3 | 2 |
| | | | | | | 2 | 3 | 4 | 1 |

5-34

| | | | | | | | | | |
|---|---|---|---|---|---|---|---|---|---|
| | | | | | | 1 | 4 | 3 | 2 |
| | | | | | | 3 | 2 | 4 | 1 |
| | | | | 1 | 4 | 2 | 3 | 1 | 4 |
| | | | | 3 | 2 | 4 | 1 | 2 | 3 |
| | | 2 | 1 | 4 | 3 | 1 | 2 | | |
| | | 4 | 3 | 2 | 1 | 3 | 4 | | |
| 4 | 1 | 3 | 2 | 1 | 4 | | | | |
| 3 | 2 | 1 | 4 | 3 | 2 | | | | |
| 2 | 3 | 4 | 1 | | | | | | |
| 1 | 4 | 2 | 3 | | | | | | |

5-35

| | | | | | | | | | |
|---|---|---|---|---|---|---|---|---|---|
| 4 | 2 | 1 | 3 | | | | | | |
| 3 | 1 | 2 | 4 | | | | | | |
| 2 | 3 | 4 | 1 | 3 | 2 | | | | |
| 1 | 4 | 3 | 2 | 1 | 4 | | | | |
| | | 2 | 3 | 4 | 1 | 3 | 2 | | |
| | | 1 | 4 | 2 | 3 | 4 | 1 | | |
| | | | | 3 | 2 | 1 | 4 | 3 | 2 |
| | | | | 1 | 4 | 2 | 3 | 4 | 1 |
| | | | | | | 4 | 2 | 1 | 3 |
| | | | | | | 3 | 1 | 2 | 4 |

5-36

| | | | | | | | | | |
|---|---|---|---|---|---|---|---|---|---|
| | | | | | | 1 | 4 | 2 | 3 |
| | | | | | | 3 | 2 | 4 | 1 |
| | | | | 1 | 2 | 4 | 3 | 1 | 2 |
| | | | | 4 | 3 | 2 | 1 | 3 | 4 |
| | | 1 | 2 | 3 | 4 | 1 | 2 | | |
| | | 4 | 3 | 2 | 1 | 3 | 4 | | |
| 4 | 2 | 3 | 1 | 4 | 2 | | | | |
| 1 | 3 | 2 | 4 | 1 | 3 | | | | |
| 3 | 1 | 4 | 2 | | | | | | |
| 2 | 4 | 1 | 3 | | | | | | |

# 第六章 练习题答案

6-1

| | | | | |
|---|---|---|---|---|
| 1 | 5 | 4 | 3 | 2 |
| 3 | 2 | 1 | 5 | 4 |
| 5 | 4 | 3 | 2 | 1 |
| 2 | 1 | 5 | 4 | 3 |
| 4 | 3 | 2 | 1 | 5 |

6-2

| | | | | |
|---|---|---|---|---|
| 1 | 5 | 2 | 3 | 4 |
| 3 | 4 | 1 | 5 | 2 |
| 5 | 2 | 3 | 4 | 1 |
| 4 | 1 | 5 | 2 | 3 |
| 2 | 3 | 4 | 1 | 5 |

6-3

| | | | | |
|---|---|---|---|---|
| 2 | 4 | 5 | 3 | 1 |
| 3 | 1 | 2 | 4 | 5 |
| 4 | 5 | 3 | 1 | 2 |
| 1 | 2 | 4 | 5 | 3 |
| 5 | 3 | 1 | 2 | 4 |

6-4

| | | | | |
|---|---|---|---|---|
| 4 | 2 | 5 | 3 | 1 |
| 3 | 1 | 4 | 2 | 5 |
| 2 | 5 | 3 | 1 | 4 |
| 1 | 4 | 2 | 5 | 3 |
| 5 | 3 | 1 | 4 | 2 |

6-5

| | | | | |
|---|---|---|---|---|
| 2 | 4 | 1 | 3 | 5 |
| 3 | 5 | 2 | 4 | 1 |
| 4 | 1 | 3 | 5 | 2 |
| 5 | 2 | 4 | 1 | 3 |
| 1 | 3 | 5 | 2 | 4 |

6-6

| | | | | |
|---|---|---|---|---|
| 4 | 2 | 1 | 3 | 5 |
| 3 | 5 | 4 | 2 | 1 |
| 2 | 1 | 3 | 5 | 4 |
| 5 | 4 | 2 | 1 | 3 |
| 1 | 3 | 5 | 4 | 2 |

6-7

| | | | | |
|---|---|---|---|---|
| 5 | 1 | 4 | 3 | 2 |
| 3 | 2 | 5 | 1 | 4 |
| 1 | 4 | 3 | 2 | 5 |
| 2 | 5 | 1 | 4 | 3 |
| 4 | 3 | 2 | 5 | 1 |

6-8

| | | | | |
|---|---|---|---|---|
| 5 | 1 | 2 | 3 | 4 |
| 3 | 4 | 5 | 1 | 2 |
| 1 | 2 | 3 | 4 | 5 |
| 4 | 5 | 1 | 2 | 3 |
| 2 | 3 | 4 | 5 | 1 |

6-9

| | | | | |
|---|---|---|---|---|
| 3 | 1 | 2 | 4 | 5 |
| 4 | 5 | 3 | 1 | 2 |
| 1 | 2 | 4 | 5 | 3 |
| 5 | 3 | 1 | 2 | 4 |
| 2 | 4 | 5 | 3 | 1 |

6-10

| | | | | |
|---|---|---|---|---|
| 2 | 1 | 5 | 4 | 3 |
| 4 | 3 | 2 | 1 | 5 |
| 1 | 5 | 4 | 3 | 2 |
| 3 | 2 | 1 | 5 | 4 |
| 5 | 4 | 3 | 2 | 1 |

6-11

| | | | | |
|---|---|---|---|---|
| 2 | 1 | 3 | 5 | 4 |
| 5 | 4 | 2 | 1 | 3 |
| 1 | 3 | 5 | 4 | 2 |
| 4 | 2 | 1 | 3 | 5 |
| 3 | 5 | 4 | 2 | 1 |

6-12

| | | | | |
|---|---|---|---|---|
| 3 | 1 | 4 | 5 | 2 |
| 5 | 2 | 3 | 1 | 4 |
| 1 | 4 | 5 | 2 | 3 |
| 2 | 3 | 1 | 4 | 5 |
| 4 | 5 | 2 | 3 | 1 |

6-13

| | | | | |
|---|---|---|---|---|
| 4 | 1 | 2 | 5 | 3 |
| 5 | 3 | 4 | 1 | 2 |
| 1 | 2 | 5 | 3 | 4 |
| 3 | 4 | 1 | 2 | 5 |
| 2 | 5 | 3 | 4 | 1 |

6-14

| | | | | |
|---|---|---|---|---|
| 5 | 3 | 1 | 4 | 2 |
| 4 | 2 | 5 | 3 | 1 |
| 3 | 1 | 4 | 2 | 5 |
| 2 | 5 | 3 | 1 | 4 |
| 1 | 4 | 2 | 5 | 3 |

6-15

| | | | | |
|---|---|---|---|---|
| 4 | 1 | 5 | 2 | 3 |
| 2 | 3 | 4 | 1 | 5 |
| 1 | 5 | 2 | 3 | 4 |
| 3 | 4 | 1 | 5 | 2 |
| 5 | 2 | 3 | 4 | 1 |

6-16

| | | | | |
|---|---|---|---|---|
| 1 | 3 | 5 | 2 | 4 |
| 2 | 4 | 1 | 3 | 5 |
| 3 | 5 | 2 | 4 | 1 |
| 4 | 1 | 3 | 5 | 2 |
| 5 | 2 | 4 | 1 | 3 |

6-17

| | | | | |
|---|---|---|---|---|
| 2 | 1 | 4 | 3 | 5 |
| 3 | 5 | 2 | 1 | 4 |
| 1 | 4 | 3 | 5 | 2 |
| 5 | 2 | 1 | 4 | 3 |
| 4 | 3 | 5 | 2 | 1 |

6-18

| | | | | |
|---|---|---|---|---|
| 4 | 1 | 5 | 3 | 2 |
| 3 | 2 | 4 | 1 | 5 |
| 1 | 5 | 3 | 2 | 4 |
| 2 | 4 | 1 | 5 | 3 |
| 5 | 3 | 2 | 4 | 1 |

6-19

| | | | | |
|---|---|---|---|---|
| 5 | 1 | 2 | 3 | 4 |
| 3 | 4 | 5 | 1 | 2 |
| 1 | 2 | 3 | 4 | 5 |
| 4 | 5 | 1 | 2 | 3 |
| 2 | 3 | 4 | 5 | 1 |

6-20

| | | | | |
|---|---|---|---|---|
| 5 | 1 | 3 | 4 | 2 |
| 4 | 2 | 5 | 1 | 3 |
| 1 | 3 | 4 | 2 | 5 |
| 2 | 5 | 1 | 3 | 4 |
| 3 | 4 | 2 | 5 | 1 |

6-21

| | | | | |
|---|---|---|---|---|
| 5 | 4 | 1 | 3 | 2 |
| 3 | 2 | 5 | 4 | 1 |
| 4 | 1 | 3 | 2 | 5 |
| 2 | 5 | 4 | 1 | 3 |
| 1 | 3 | 2 | 5 | 4 |

6-22

| | | | | |
|---|---|---|---|---|
| 4 | 5 | 1 | 3 | 2 |
| 3 | 2 | 4 | 5 | 1 |
| 5 | 1 | 3 | 2 | 4 |
| 2 | 4 | 5 | 1 | 3 |
| 1 | 3 | 2 | 4 | 5 |

6-23

| | | | | |
|---|---|---|---|---|
| 5 | 2 | 1 | 4 | 3 |
| 4 | 3 | 5 | 2 | 1 |
| 2 | 1 | 4 | 3 | 5 |
| 3 | 5 | 2 | 1 | 4 |
| 1 | 4 | 3 | 5 | 2 |

6-24

| | | | | |
|---|---|---|---|---|
| 2 | 4 | 1 | 5 | 3 |
| 5 | 3 | 2 | 4 | 1 |
| 4 | 1 | 5 | 3 | 2 |
| 3 | 2 | 4 | 1 | 5 |
| 1 | 5 | 3 | 2 | 4 |

6-25

| | | | | |
|---|---|---|---|---|
| 4 | 5 | 1 | 2 | 3 |
| 2 | 3 | 4 | 5 | 1 |
| 5 | 1 | 2 | 3 | 4 |
| 3 | 4 | 5 | 1 | 2 |
| 1 | 2 | 3 | 4 | 5 |

6-26

| | | | | |
|---|---|---|---|---|
| 2 | 5 | 1 | 3 | 4 |
| 3 | 4 | 2 | 5 | 1 |
| 5 | 1 | 3 | 4 | 2 |
| 4 | 2 | 5 | 1 | 3 |
| 1 | 3 | 4 | 2 | 5 |

6-27

| | | | | |
|---|---|---|---|---|
| 5 | 3 | 1 | 2 | 4 |
| 2 | 4 | 5 | 3 | 1 |
| 3 | 1 | 2 | 4 | 5 |
| 4 | 5 | 3 | 1 | 2 |
| 1 | 2 | 4 | 5 | 3 |

6-28

| | | | | |
|---|---|---|---|---|
| 3 | 2 | 1 | 5 | 4 |
| 5 | 4 | 3 | 2 | 1 |
| 2 | 1 | 5 | 4 | 3 |
| 4 | 3 | 2 | 1 | 5 |
| 1 | 5 | 4 | 3 | 2 |

6-29

| | | | | |
|---|---|---|---|---|
| 4 | 2 | 1 | 3 | 5 |
| 3 | 5 | 4 | 2 | 1 |
| 2 | 1 | 3 | 5 | 4 |
| 5 | 4 | 2 | 1 | 3 |
| 1 | 3 | 5 | 4 | 2 |

6-30

| | | | | |
|---|---|---|---|---|
| 2 | 3 | 1 | 4 | 5 |
| 4 | 5 | 2 | 3 | 1 |
| 3 | 1 | 4 | 5 | 2 |
| 5 | 2 | 3 | 1 | 4 |
| 1 | 4 | 5 | 2 | 3 |

6-31

| | | | | |
|---|---|---|---|---|
| 3 | 4 | 1 | 2 | 5 |
| 2 | 5 | 3 | 4 | 1 |
| 4 | 1 | 2 | 5 | 3 |
| 5 | 3 | 4 | 1 | 2 |
| 1 | 2 | 5 | 3 | 4 |

6-32

| | | | | |
|---|---|---|---|---|
| 2 | 5 | 3 | 1 | 4 |
| 1 | 4 | 2 | 5 | 3 |
| 5 | 3 | 1 | 4 | 2 |
| 4 | 2 | 5 | 3 | 1 |
| 3 | 1 | 4 | 2 | 5 |

6-33

| | | | | |
|---|---|---|---|---|
| 2 | 5 | 4 | 1 | 3 |
| 1 | 3 | 2 | 5 | 4 |
| 5 | 4 | 1 | 3 | 2 |
| 3 | 2 | 5 | 4 | 1 |
| 4 | 1 | 3 | 2 | 5 |

6-34

| | | | | |
|---|---|---|---|---|
| 2 | 4 | 5 | 1 | 3 |
| 1 | 3 | 2 | 4 | 5 |
| 4 | 5 | 1 | 3 | 2 |
| 3 | 2 | 4 | 5 | 1 |
| 5 | 1 | 3 | 2 | 4 |

6-35

| | | | | |
|---|---|---|---|---|
| 3 | 5 | 2 | 1 | 4 |
| 1 | 4 | 3 | 5 | 2 |
| 5 | 2 | 1 | 4 | 3 |
| 4 | 3 | 5 | 2 | 1 |
| 2 | 1 | 4 | 3 | 5 |

6-36

| | | | | |
|---|---|---|---|---|
| 3 | 2 | 4 | 1 | 5 |
| 1 | 5 | 3 | 2 | 4 |
| 2 | 4 | 1 | 5 | 3 |
| 5 | 3 | 2 | 4 | 1 |
| 4 | 1 | 5 | 3 | 2 |

6-37

| | | | | |
|---|---|---|---|---|
| 3 | 4 | 5 | 1 | 2 |
| 1 | 2 | 3 | 4 | 5 |
| 4 | 5 | 1 | 2 | 3 |
| 2 | 3 | 4 | 5 | 1 |
| 5 | 1 | 2 | 3 | 4 |

6-38

| | | | | |
|---|---|---|---|---|
| 4 | 2 | 5 | 1 | 3 |
| 1 | 3 | 4 | 2 | 5 |
| 2 | 5 | 1 | 3 | 4 |
| 3 | 4 | 2 | 5 | 1 |
| 5 | 1 | 3 | 4 | 2 |

6-39

| | | | | |
|---|---|---|---|---|
| 4 | 5 | 3 | 1 | 2 |
| 1 | 2 | 4 | 5 | 3 |
| 5 | 3 | 1 | 2 | 4 |
| 2 | 4 | 5 | 3 | 1 |
| 3 | 1 | 2 | 4 | 5 |

6-40

| | | | | |
|---|---|---|---|---|
| 4 | 3 | 2 | 1 | 5 |
| 1 | 5 | 4 | 3 | 2 |
| 3 | 2 | 1 | 5 | 4 |
| 5 | 4 | 3 | 2 | 1 |
| 2 | 1 | 5 | 4 | 3 |

# 第七章 练习题答案

7-1

| | | | | |
|---|---|---|---|---|
| 5 | 1 | 3 | 4 | 2 |
| 4 | 2 | 5 | 1 | 3 |
| 1 | 3 | 4 | 2 | 5 |
| 2 | 5 | 1 | 3 | 4 |
| 3 | 4 | 2 | 5 | 1 |

7-2

| | | | | |
|---|---|---|---|---|
| 5 | 1 | 3 | 2 | 4 |
| 2 | 4 | 5 | 1 | 3 |
| 1 | 3 | 2 | 4 | 5 |
| 4 | 5 | 1 | 3 | 2 |
| 3 | 2 | 4 | 5 | 1 |

7-3

| | | | | |
|---|---|---|---|---|
| 2 | 1 | 3 | 5 | 4 |
| 5 | 4 | 2 | 1 | 3 |
| 1 | 3 | 5 | 4 | 2 |
| 4 | 2 | 1 | 3 | 5 |
| 3 | 5 | 4 | 2 | 1 |

7-4

| | | | | |
|---|---|---|---|---|
| 2 | 1 | 3 | 4 | 5 |
| 4 | 5 | 2 | 1 | 3 |
| 1 | 3 | 4 | 5 | 2 |
| 5 | 2 | 1 | 3 | 4 |
| 3 | 4 | 5 | 2 | 1 |

7-5

| | | | | |
|---|---|---|---|---|
| 2 | 5 | 3 | 4 | 1 |
| 4 | 1 | 2 | 5 | 3 |
| 5 | 3 | 4 | 1 | 2 |
| 1 | 2 | 5 | 3 | 4 |
| 3 | 4 | 1 | 2 | 5 |

7-6

| | | | | |
|---|---|---|---|---|
| 2 | 5 | 3 | 1 | 4 |
| 1 | 4 | 2 | 5 | 3 |
| 5 | 3 | 1 | 4 | 2 |
| 4 | 2 | 5 | 3 | 1 |
| 3 | 1 | 4 | 2 | 5 |

7-7

| | | | | |
|---|---|---|---|---|
| 1 | 5 | 3 | 2 | 4 |
| 2 | 4 | 1 | 5 | 3 |
| 5 | 3 | 2 | 4 | 1 |
| 4 | 1 | 5 | 3 | 2 |
| 3 | 2 | 4 | 1 | 5 |

7-8

| | | | | |
|---|---|---|---|---|
| 1 | 5 | 3 | 4 | 2 |
| 4 | 2 | 1 | 5 | 3 |
| 5 | 3 | 4 | 2 | 1 |
| 2 | 1 | 5 | 3 | 4 |
| 3 | 4 | 2 | 1 | 5 |

7-9

| | | | | |
|---|---|---|---|---|
| 4 | 5 | 3 | 1 | 2 |
| 1 | 2 | 4 | 5 | 3 |
| 5 | 3 | 1 | 2 | 4 |
| 2 | 4 | 5 | 3 | 1 |
| 3 | 1 | 2 | 4 | 5 |

7-10

| | | | | |
|---|---|---|---|---|
| 4 | 5 | 3 | 2 | 1 |
| 2 | 1 | 4 | 5 | 3 |
| 5 | 3 | 2 | 1 | 4 |
| 1 | 4 | 5 | 3 | 2 |
| 3 | 2 | 1 | 4 | 5 |

7-11

| | | | | |
|---|---|---|---|---|
| 2 | 4 | 3 | 5 | 1 |
| 5 | 1 | 2 | 4 | 3 |
| 4 | 3 | 5 | 1 | 2 |
| 1 | 2 | 4 | 3 | 5 |
| 3 | 5 | 1 | 2 | 4 |

7-12

| | | | | |
|---|---|---|---|---|
| 2 | 4 | 3 | 1 | 5 |
| 1 | 5 | 2 | 4 | 3 |
| 4 | 3 | 1 | 5 | 2 |
| 5 | 2 | 4 | 3 | 1 |
| 3 | 1 | 5 | 2 | 4 |

7-13

| | | | | |
|---|---|---|---|---|
| 1 | 4 | 3 | 5 | 2 |
| 5 | 2 | 1 | 4 | 3 |
| 4 | 3 | 5 | 2 | 1 |
| 2 | 1 | 4 | 3 | 5 |
| 3 | 5 | 2 | 1 | 4 |

7-14

| | | | | |
|---|---|---|---|---|
| 1 | 4 | 3 | 2 | 5 |
| 2 | 5 | 1 | 4 | 3 |
| 4 | 3 | 2 | 5 | 1 |
| 5 | 1 | 4 | 3 | 2 |
| 3 | 2 | 5 | 1 | 4 |

7-15

| | | | | |
|---|---|---|---|---|
| 5 | 4 | 3 | 1 | 2 |
| 1 | 2 | 5 | 4 | 3 |
| 4 | 3 | 1 | 2 | 5 |
| 2 | 5 | 4 | 3 | 1 |
| 3 | 1 | 2 | 5 | 4 |

7-16

| | | | | |
|---|---|---|---|---|
| 5 | 4 | 3 | 2 | 1 |
| 2 | 1 | 5 | 4 | 3 |
| 4 | 3 | 2 | 1 | 5 |
| 1 | 5 | 4 | 3 | 2 |
| 3 | 2 | 1 | 5 | 4 |

7-17

| | | | | |
|---|---|---|---|---|
| 3 | 4 | 5 | 1 | 2 |
| 1 | 2 | 3 | 4 | 5 |
| 4 | 5 | 1 | 2 | 3 |
| 2 | 3 | 4 | 5 | 1 |
| 5 | 1 | 2 | 3 | 4 |

7-18

| | | | | |
|---|---|---|---|---|
| 3 | 5 | 4 | 1 | 2 |
| 1 | 2 | 3 | 5 | 4 |
| 5 | 4 | 1 | 2 | 3 |
| 2 | 3 | 5 | 4 | 1 |
| 4 | 1 | 2 | 3 | 5 |

7-19

| | | | | |
|---|---|---|---|---|
| 3 | 1 | 4 | 5 | 2 |
| 5 | 2 | 3 | 1 | 4 |
| 1 | 4 | 5 | 2 | 3 |
| 2 | 3 | 1 | 4 | 5 |
| 4 | 5 | 2 | 3 | 1 |

7-20

| | | | | |
|---|---|---|---|---|
| 3 | 4 | 1 | 5 | 2 |
| 5 | 2 | 3 | 4 | 1 |
| 4 | 1 | 5 | 2 | 3 |
| 2 | 3 | 4 | 1 | 5 |
| 1 | 5 | 2 | 3 | 4 |

7-21

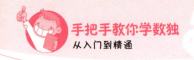

| | | | | |
|---|---|---|---|---|
| 3 | 5 | 1 | 4 | 2 |
| 4 | 2 | 3 | 5 | 1 |
| 5 | 1 | 4 | 2 | 3 |
| 2 | 3 | 5 | 1 | 4 |
| 1 | 4 | 2 | 3 | 5 |

7-22

| | | | | |
|---|---|---|---|---|
| 3 | 1 | 5 | 4 | 2 |
| 4 | 2 | 3 | 1 | 5 |
| 1 | 5 | 4 | 2 | 3 |
| 2 | 3 | 1 | 5 | 4 |
| 5 | 4 | 2 | 3 | 1 |

7-23

| | | | | |
|---|---|---|---|---|
| 3 | 2 | 5 | 4 | 1 |
| 4 | 1 | 3 | 2 | 5 |
| 2 | 5 | 4 | 1 | 3 |
| 1 | 3 | 2 | 5 | 4 |
| 5 | 4 | 1 | 3 | 2 |

7-24

| | | | | |
|---|---|---|---|---|
| 3 | 5 | 2 | 4 | 1 |
| 4 | 1 | 3 | 5 | 2 |
| 5 | 2 | 4 | 1 | 3 |
| 1 | 3 | 5 | 2 | 4 |
| 2 | 4 | 1 | 3 | 5 |

7-25

| | | | | |
|---|---|---|---|---|
| 3 | 4 | 2 | 5 | 1 |
| 5 | 1 | 3 | 4 | 2 |
| 4 | 2 | 5 | 1 | 3 |
| 1 | 3 | 4 | 2 | 5 |
| 2 | 5 | 1 | 3 | 4 |

7-26

| | | | | |
|---|---|---|---|---|
| 3 | 5 | 1 | 2 | 4 |
| 2 | 4 | 3 | 5 | 1 |
| 5 | 1 | 2 | 4 | 3 |
| 4 | 3 | 5 | 1 | 2 |
| 1 | 2 | 4 | 3 | 5 |

7-27

| | | | | |
|---|---|---|---|---|
| 3 | 1 | 5 | 2 | 4 |
| 2 | 4 | 3 | 1 | 5 |
| 1 | 5 | 2 | 4 | 3 |
| 4 | 3 | 1 | 5 | 2 |
| 5 | 2 | 4 | 3 | 1 |

7-28

| | | | | |
|---|---|---|---|---|
| 3 | 5 | 2 | 1 | 4 |
| 1 | 4 | 3 | 5 | 2 |
| 5 | 2 | 1 | 4 | 3 |
| 4 | 3 | 5 | 2 | 1 |
| 2 | 1 | 4 | 3 | 5 |

7-29

| | | | | |
|---|---|---|---|---|
| 3 | 2 | 5 | 1 | 4 |
| 1 | 4 | 3 | 2 | 5 |
| 2 | 5 | 1 | 4 | 3 |
| 4 | 3 | 2 | 5 | 1 |
| 5 | 1 | 4 | 3 | 2 |

7-30

| | | | | |
|---|---|---|---|---|
| 3 | 1 | 2 | 5 | 4 |
| 5 | 4 | 3 | 1 | 2 |
| 1 | 2 | 5 | 4 | 3 |
| 4 | 3 | 1 | 2 | 5 |
| 2 | 5 | 4 | 3 | 1 |

7-31

| | | | | |
|---|---|---|---|---|
| 3 | 2 | 1 | 5 | 4 |
| 5 | 4 | 3 | 2 | 1 |
| 2 | 1 | 5 | 4 | 3 |
| 4 | 3 | 2 | 1 | 5 |
| 1 | 5 | 4 | 3 | 2 |

7-32

| | | | | |
|---|---|---|---|---|
| 5 | 1 | 2 | 3 | 4 |
| 3 | 4 | 5 | 1 | 2 |
| 1 | 2 | 3 | 4 | 5 |
| 4 | 5 | 1 | 2 | 3 |
| 2 | 3 | 4 | 5 | 1 |

7-33

| | | | | |
|---|---|---|---|---|
| 4 | 1 | 2 | 3 | 5 |
| 3 | 5 | 4 | 1 | 2 |
| 1 | 2 | 3 | 5 | 4 |
| 5 | 4 | 1 | 2 | 3 |
| 2 | 3 | 5 | 4 | 1 |

7-34

| | | | | |
|---|---|---|---|---|
| 4 | 5 | 2 | 3 | 1 |
| 3 | 1 | 4 | 5 | 2 |
| 5 | 2 | 3 | 1 | 4 |
| 1 | 4 | 5 | 2 | 3 |
| 2 | 3 | 1 | 4 | 5 |

7-35

| | | | | |
|---|---|---|---|---|
| 1 | 5 | 2 | 3 | 4 |
| 3 | 4 | 1 | 5 | 2 |
| 5 | 2 | 3 | 4 | 1 |
| 4 | 1 | 5 | 2 | 3 |
| 2 | 3 | 4 | 1 | 5 |

7-36

| | | | | |
|---|---|---|---|---|
| 1 | 4 | 2 | 3 | 5 |
| 3 | 5 | 1 | 4 | 2 |
| 4 | 2 | 3 | 5 | 1 |
| 5 | 1 | 4 | 2 | 3 |
| 2 | 3 | 5 | 1 | 4 |

7-37

| | | | | |
|---|---|---|---|---|
| 5 | 4 | 2 | 3 | 1 |
| 3 | 1 | 5 | 4 | 2 |
| 4 | 2 | 3 | 1 | 5 |
| 1 | 5 | 4 | 2 | 3 |
| 2 | 3 | 1 | 5 | 4 |

7-38

| | | | | |
|---|---|---|---|---|
| 5 | 4 | 1 | 3 | 2 |
| 3 | 2 | 5 | 4 | 1 |
| 4 | 1 | 3 | 2 | 5 |
| 2 | 5 | 4 | 1 | 3 |
| 1 | 3 | 2 | 5 | 4 |

7-39

| | | | | |
|---|---|---|---|---|
| 2 | 4 | 1 | 3 | 5 |
| 3 | 5 | 2 | 4 | 1 |
| 4 | 1 | 3 | 5 | 2 |
| 5 | 2 | 4 | 1 | 3 |
| 1 | 3 | 5 | 2 | 4 |

7-40

| | | | | |
|---|---|---|---|---|
| 2 | 5 | 1 | 3 | 4 |
| 3 | 4 | 2 | 5 | 1 |
| 5 | 1 | 3 | 4 | 2 |
| 4 | 2 | 5 | 1 | 3 |
| 1 | 3 | 4 | 2 | 5 |

# 第八章 练习题答案

8-1

| | | | | |
|---|---|---|---|---|
| 25 | 7 | 13 | 19 | 1 |
| 18 | 4 | 21 | 10 | 12 |
| 6 | 15 | 17 | 3 | 24 |
| 2 | 23 | 9 | 11 | 20 |
| 14 | 16 | 5 | 22 | 8 |

8-2

| | | | | |
|---|---|---|---|---|
| 1 | 7 | 13 | 19 | 25 |
| 14 | 20 | 21 | 2 | 8 |
| 22 | 3 | 9 | 15 | 16 |
| 10 | 11 | 17 | 23 | 4 |
| 18 | 24 | 5 | 6 | 12 |

8-3

| | | | | |
|---|---|---|---|---|
| 20 | 2 | 23 | 9 | 11 |
| 24 | 6 | 15 | 17 | 3 |
| 12 | 18 | 4 | 21 | 10 |
| 1 | 25 | 7 | 13 | 19 |
| 8 | 14 | 16 | 5 | 22 |

8-4

| | | | | |
|---|---|---|---|---|
| 2 | 20 | 11 | 9 | 23 |
| 6 | 24 | 3 | 17 | 15 |
| 18 | 12 | 10 | 21 | 4 |
| 25 | 1 | 19 | 13 | 7 |
| 14 | 8 | 22 | 5 | 16 |

8-5

| | | | | |
|---|---|---|---|---|
| 1 | 19 | 13 | 7 | 25 |
| 12 | 10 | 21 | 4 | 18 |
| 24 | 3 | 17 | 15 | 6 |
| 20 | 11 | 9 | 23 | 2 |
| 8 | 22 | 5 | 16 | 14 |

8-6

| | | | | |
|---|---|---|---|---|
| 4 | 10 | 11 | 17 | 23 |
| 16 | 22 | 3 | 9 | 15 |
| 8 | 14 | 20 | 21 | 2 |
| 25 | 1 | 7 | 13 | 19 |
| 12 | 18 | 24 | 5 | 6 |

8-7

| | | | | |
|---|---|---|---|---|
| 6 | 24 | 3 | 17 | 15 |
| 2 | 20 | 11 | 9 | 23 |
| 14 | 8 | 22 | 5 | 16 |
| 25 | 1 | 19 | 13 | 7 |
| 18 | 12 | 10 | 21 | 4 |

8-8

| | | | | |
|---|---|---|---|---|
| 24 | 6 | 15 | 17 | 3 |
| 20 | 2 | 23 | 9 | 11 |
| 8 | 14 | 16 | 5 | 22 |
| 1 | 25 | 7 | 13 | 19 |
| 12 | 18 | 4 | 21 | 10 |

8-9

| | | | | |
|---|---|---|---|---|
| 6 | 24 | 3 | 17 | 15 |
| 2 | 20 | 11 | 9 | 23 |
| 14 | 8 | 22 | 5 | 16 |
| 25 | 1 | 19 | 13 | 7 |
| 18 | 12 | 10 | 21 | 4 |

8-10

| | | | | |
|---|---|---|---|---|
| 20 | 2 | 23 | 9 | 11 |
| 24 | 6 | 15 | 17 | 3 |
| 12 | 18 | 4 | 21 | 10 |
| 1 | 25 | 7 | 13 | 19 |
| 8 | 14 | 16 | 5 | 22 |

8-11

| | | | | |
|---|---|---|---|---|
| 10 | 11 | 24 | 17 | 3 |
| 19 | 2 | 8 | 15 | 21 |
| 13 | 25 | 16 | 4 | 7 |
| 1 | 9 | 12 | 23 | 20 |
| 22 | 18 | 5 | 6 | 14 |

8-12

| | | | | |
|---|---|---|---|---|
| 22 | 1 | 20 | 14 | 8 |
| 19 | 13 | 7 | 21 | 5 |
| 6 | 25 | 4 | 18 | 12 |
| 3 | 17 | 11 | 10 | 24 |
| 15 | 9 | 23 | 2 | 16 |

8-13

| | | | | |
|---|---|---|---|---|
| 3 | 22 | 20 | 11 | 9 |
| 15 | 6 | 4 | 23 | 17 |
| 24 | 18 | 12 | 10 | 1 |
| 7 | 5 | 21 | 19 | 13 |
| 16 | 14 | 8 | 2 | 25 |

8-14

| | | | | |
|---|---|---|---|---|
| 10 | 18 | 1 | 14 | 22 |
| 11 | 24 | 7 | 20 | 3 |
| 17 | 5 | 13 | 21 | 9 |
| 23 | 6 | 19 | 2 | 15 |
| 4 | 12 | 25 | 8 | 16 |

8-15

| | | | | |
|---|---|---|---|---|
| 7 | 13 | 25 | 16 | 4 |
| 20 | 1 | 9 | 12 | 23 |
| 14 | 22 | 18 | 5 | 6 |
| 3 | 10 | 11 | 24 | 17 |
| 21 | 19 | 2 | 8 | 15 |

8-16

| | | | | |
|---|---|---|---|---|
| 11 | 10 | 24 | 3 | 17 |
| 23 | 2 | 16 | 15 | 9 |
| 20 | 14 | 8 | 22 | 1 |
| 7 | 21 | 5 | 19 | 13 |
| 4 | 18 | 12 | 6 | 25 |

8-17

| | | | | |
|---|---|---|---|---|
| 24 | 12 | 5 | 8 | 16 |
| 3 | 6 | 19 | 22 | 15 |
| 17 | 25 | 13 | 1 | 9 |
| 11 | 4 | 7 | 20 | 23 |
| 10 | 18 | 21 | 14 | 2 |

8-18

| | | | | |
|---|---|---|---|---|
| 19 | 13 | 7 | 5 | 21 |
| 2 | 25 | 16 | 14 | 8 |
| 11 | 9 | 3 | 22 | 20 |
| 23 | 17 | 15 | 6 | 4 |
| 10 | 1 | 24 | 18 | 12 |

8-19

| | | | | |
|---|---|---|---|---|
| 21 | 19 | 13 | 7 | 5 |
| 8 | 2 | 25 | 16 | 14 |
| 20 | 11 | 9 | 3 | 22 |
| 4 | 23 | 17 | 15 | 6 |
| 12 | 10 | 1 | 24 | 18 |

8-20

| | | | | |
|---|---|---|---|---|
| 22 | 5 | 16 | 14 | 8 |
| 19 | 13 | 7 | 25 | 1 |
| 10 | 21 | 4 | 18 | 12 |
| 3 | 17 | 15 | 6 | 24 |
| 11 | 9 | 23 | 2 | 20 |

8-21

| | | | | |
|---|---|---|---|---|
| 13 | 7 | 21 | 5 | 19 |
| 25 | 4 | 18 | 12 | 6 |
| 17 | 11 | 10 | 24 | 3 |
| 9 | 23 | 2 | 16 | 15 |
| 1 | 20 | 14 | 8 | 22 |

8-22

| | | | | |
|---|---|---|---|---|
| 13 | 7 | 25 | 1 | 19 |
| 5 | 16 | 14 | 8 | 22 |
| 9 | 23 | 2 | 20 | 11 |
| 17 | 15 | 6 | 24 | 3 |
| 21 | 4 | 18 | 12 | 10 |

8-23

| | | | | |
|---|---|---|---|---|
| 8 | 22 | 1 | 20 | 14 |
| 5 | 19 | 13 | 7 | 21 |
| 12 | 6 | 25 | 4 | 18 |
| 24 | 3 | 17 | 11 | 10 |
| 16 | 15 | 9 | 23 | 2 |

8-24

| | | | | |
|---|---|---|---|---|
| 14 | 16 | 5 | 22 | 8 |
| 25 | 7 | 13 | 19 | 1 |
| 18 | 4 | 21 | 10 | 12 |
| 6 | 15 | 17 | 3 | 24 |
| 2 | 23 | 9 | 11 | 20 |

8-25

| | | | | |
|---|---|---|---|---|
| 18 | 24 | 5 | 6 | 12 |
| 1 | 7 | 13 | 19 | 25 |
| 14 | 20 | 21 | 2 | 8 |
| 22 | 3 | 9 | 15 | 16 |
| 10 | 11 | 17 | 23 | 4 |

8-26

| | | | | |
|---|---|---|---|---|
| 12 | 10 | 1 | 24 | 18 |
| 21 | 19 | 13 | 7 | 5 |
| 8 | 2 | 25 | 16 | 14 |
| 20 | 11 | 9 | 3 | 22 |
| 4 | 23 | 17 | 15 | 6 |

8-27

| | | | | |
|---|---|---|---|---|
| 8 | 22 | 5 | 16 | 14 |
| 1 | 19 | 13 | 7 | 25 |
| 12 | 10 | 21 | 4 | 18 |
| 24 | 3 | 17 | 15 | 6 |
| 20 | 11 | 9 | 23 | 2 |

8-28

| | | | | |
|---|---|---|---|---|
| 14 | 20 | 21 | 2 | 8 |
| 1 | 7 | 13 | 19 | 25 |
| 18 | 24 | 5 | 6 | 12 |
| 10 | 11 | 17 | 23 | 4 |
| 22 | 3 | 9 | 15 | 16 |

8-29

| | | | | |
|---|---|---|---|---|
| 21 | 5 | 19 | 13 | 7 |
| 18 | 12 | 6 | 25 | 4 |
| 10 | 24 | 3 | 17 | 11 |
| 2 | 16 | 15 | 9 | 23 |
| 14 | 8 | 22 | 1 | 20 |

8-30

| | | | | |
|---|---|---|---|---|
| 12 | 10 | 21 | 4 | 18 |
| 1 | 19 | 13 | 7 | 25 |
| 8 | 22 | 5 | 16 | 14 |
| 20 | 11 | 9 | 23 | 2 |
| 24 | 3 | 17 | 15 | 6 |

8-31

| | | | | |
|---|---|---|---|---|
| 4 | 7 | 13 | 25 | 16 |
| 23 | 20 | 1 | 9 | 12 |
| 6 | 14 | 22 | 18 | 5 |
| 17 | 3 | 10 | 11 | 24 |
| 15 | 21 | 19 | 2 | 8 |

8-32

| | | | | |
|---|---|---|---|---|
| 16 | 7 | 13 | 25 | 4 |
| 15 | 24 | 1 | 17 | 8 |
| 2 | 18 | 10 | 14 | 21 |
| 9 | 11 | 22 | 3 | 20 |
| 23 | 5 | 19 | 6 | 12 |

8-33

| | | | | |
|---|---|---|---|---|
| 23 | 17 | 15 | 6 | 4 |
| 10 | 1 | 24 | 18 | 12 |
| 19 | 13 | 7 | 5 | 21 |
| 2 | 25 | 16 | 14 | 8 |
| 11 | 9 | 3 | 22 | 20 |

8-34

| | | | | |
|---|---|---|---|---|
| 17 | 11 | 10 | 24 | 3 |
| 9 | 23 | 2 | 16 | 15 |
| 1 | 20 | 14 | 8 | 22 |
| 13 | 7 | 21 | 5 | 19 |
| 25 | 4 | 18 | 12 | 6 |

8-35

| | | | | |
|---|---|---|---|---|
| 5 | 21 | 19 | 13 | 7 |
| 14 | 8 | 2 | 25 | 16 |
| 22 | 20 | 11 | 9 | 3 |
| 6 | 4 | 23 | 17 | 15 |
| 18 | 12 | 10 | 1 | 24 |

8-36

| | | | | |
|---|---|---|---|---|
| 17 | 3 | 10 | 11 | 24 |
| 15 | 21 | 19 | 2 | 8 |
| 4 | 7 | 13 | 25 | 16 |
| 23 | 20 | 1 | 9 | 12 |
| 6 | 14 | 22 | 18 | 5 |

8-37

| | | | | |
|---|---|---|---|---|
| 10 | 14 | 21 | 2 | 18 |
| 22 | 3 | 20 | 9 | 11 |
| 19 | 6 | 12 | 23 | 5 |
| 13 | 25 | 4 | 16 | 7 |
| 1 | 17 | 8 | 15 | 24 |

8-38

| | | | | |
|---|---|---|---|---|
| 13 | 19 | 10 | 22 | 1 |
| 25 | 2 | 11 | 18 | 9 |
| 16 | 8 | 24 | 5 | 12 |
| 4 | 15 | 17 | 6 | 23 |
| 7 | 21 | 3 | 14 | 20 |

8-39

| | | | | |
|---|---|---|---|---|
| 3 | 20 | 9 | 11 | 22 |
| 6 | 12 | 23 | 5 | 19 |
| 25 | 4 | 16 | 7 | 13 |
| 17 | 8 | 15 | 24 | 1 |
| 14 | 21 | 2 | 18 | 10 |

8-40

| | | | | |
|---|---|---|---|---|
| 22 | 18 | 5 | 6 | 14 |
| 10 | 11 | 24 | 17 | 3 |
| 19 | 2 | 8 | 15 | 21 |
| 13 | 25 | 16 | 4 | 7 |
| 1 | 9 | 12 | 23 | 20 |

# 第九章 练习题答案

9-1

| | | | | | |
|---|---|---|---|---|---|
| 4 | 6 | 2 | 3 | 5 | 1 |
| 3 | 1 | 5 | 2 | 6 | 4 |
| 2 | 4 | 6 | 1 | 3 | 5 |
| 1 | 5 | 3 | 4 | 2 | 6 |
| 5 | 3 | 1 | 6 | 4 | 2 |
| 6 | 2 | 4 | 5 | 1 | 3 |

9-2

| | | | | | |
|---|---|---|---|---|---|
| 1 | 4 | 2 | 6 | 5 | 3 |
| 5 | 3 | 6 | 4 | 2 | 1 |
| 3 | 6 | 1 | 2 | 4 | 5 |
| 4 | 2 | 5 | 1 | 3 | 6 |
| 6 | 5 | 4 | 3 | 1 | 2 |
| 2 | 1 | 3 | 5 | 6 | 4 |

9-3

| | | | | | |
|---|---|---|---|---|---|
| 2 | 3 | 4 | 5 | 6 | 1 |
| 6 | 1 | 5 | 4 | 2 | 3 |
| 3 | 5 | 2 | 6 | 1 | 4 |
| 4 | 6 | 1 | 2 | 3 | 5 |
| 5 | 2 | 3 | 1 | 4 | 6 |
| 1 | 4 | 6 | 3 | 5 | 2 |

9-4

| | | | | | |
|---|---|---|---|---|---|
| 5 | 6 | 3 | 2 | 4 | 1 |
| 4 | 2 | 1 | 6 | 3 | 5 |
| 3 | 4 | 6 | 1 | 5 | 2 |
| 1 | 5 | 2 | 4 | 6 | 3 |
| 6 | 1 | 5 | 3 | 2 | 4 |
| 2 | 3 | 4 | 5 | 1 | 6 |

9-5

| | | | | | |
|---|---|---|---|---|---|
| 3 | 6 | 4 | 1 | 5 | 2 |
| 1 | 2 | 5 | 6 | 4 | 3 |
| 4 | 3 | 6 | 5 | 2 | 1 |
| 2 | 5 | 1 | 3 | 6 | 4 |
| 5 | 4 | 3 | 2 | 1 | 6 |
| 6 | 1 | 2 | 4 | 3 | 5 |

9-6

| | | | | | |
|---|---|---|---|---|---|
| 5 | 3 | 6 | 2 | 1 | 4 |
| 1 | 2 | 4 | 3 | 5 | 6 |
| 6 | 1 | 2 | 5 | 4 | 3 |
| 4 | 5 | 3 | 1 | 6 | 2 |
| 3 | 4 | 1 | 6 | 2 | 5 |
| 2 | 6 | 5 | 4 | 3 | 1 |

9-7

| | | | | | |
|---|---|---|---|---|---|
| 4 | 6 | 5 | 1 | 2 | 3 |
| 1 | 2 | 3 | 6 | 4 | 5 |
| 2 | 1 | 4 | 5 | 3 | 6 |
| 5 | 3 | 6 | 2 | 1 | 4 |
| 3 | 5 | 2 | 4 | 6 | 1 |
| 6 | 4 | 1 | 3 | 5 | 2 |

9-8

| | | | | | |
|---|---|---|---|---|---|
| 2 | 5 | 1 | 6 | 4 | 3 |
| 6 | 4 | 3 | 2 | 1 | 5 |
| 1 | 6 | 4 | 3 | 5 | 2 |
| 3 | 2 | 5 | 1 | 6 | 4 |
| 4 | 1 | 2 | 5 | 3 | 6 |
| 5 | 3 | 6 | 4 | 2 | 1 |

9-9

| | | | | | |
|---|---|---|---|---|---|
| 4 | 1 | 6 | 5 | 3 | 2 |
| 2 | 5 | 3 | 4 | 6 | 1 |
| 6 | 2 | 4 | 3 | 1 | 5 |
| 5 | 3 | 1 | 2 | 4 | 6 |
| 3 | 6 | 2 | 1 | 5 | 4 |
| 1 | 4 | 5 | 6 | 2 | 3 |

9-10

| | | | | | |
|---|---|---|---|---|---|
| 2 | 6 | 3 | 1 | 5 | 4 |
| 5 | 4 | 1 | 3 | 2 | 6 |
| 1 | 3 | 6 | 5 | 4 | 2 |
| 4 | 5 | 2 | 6 | 1 | 3 |
| 3 | 1 | 4 | 2 | 6 | 5 |
| 6 | 2 | 5 | 4 | 3 | 1 |

9-11

| | | | | | |
|---|---|---|---|---|---|
| 1 | 2 | 3 | 5 | 6 | 4 |
| 4 | 6 | 5 | 2 | 3 | 1 |
| 2 | 3 | 1 | 6 | 4 | 5 |
| 5 | 4 | 6 | 3 | 1 | 2 |
| 6 | 1 | 2 | 4 | 5 | 3 |
| 3 | 5 | 4 | 1 | 2 | 6 |

9-12

| | | | | | |
|---|---|---|---|---|---|
| 1 | 4 | 5 | 2 | 6 | 3 |
| 2 | 6 | 3 | 4 | 5 | 1 |
| 6 | 3 | 4 | 1 | 2 | 5 |
| 5 | 2 | 1 | 6 | 3 | 4 |
| 3 | 1 | 6 | 5 | 4 | 2 |
| 4 | 5 | 2 | 3 | 1 | 6 |

9-13

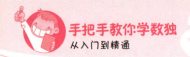

| | | | | | |
|---|---|---|---|---|---|
| 4 | 5 | 3 | 6 | 2 | 1 |
| 2 | 1 | 6 | 5 | 3 | 4 |
| 5 | 6 | 2 | 4 | 1 | 3 |
| 3 | 4 | 1 | 2 | 6 | 5 |
| 6 | 3 | 5 | 1 | 4 | 2 |
| 1 | 2 | 4 | 3 | 5 | 6 |

9-14

| | | | | | |
|---|---|---|---|---|---|
| 6 | 2 | 1 | 3 | 5 | 4 |
| 4 | 5 | 3 | 6 | 1 | 2 |
| 3 | 1 | 2 | 5 | 4 | 6 |
| 5 | 4 | 6 | 1 | 2 | 3 |
| 2 | 3 | 5 | 4 | 6 | 1 |
| 1 | 6 | 4 | 2 | 3 | 5 |

9-15

| | | | | | |
|---|---|---|---|---|---|
| 4 | 2 | 1 | 6 | 3 | 5 |
| 3 | 6 | 5 | 4 | 1 | 2 |
| 6 | 3 | 2 | 5 | 4 | 1 |
| 5 | 1 | 4 | 2 | 6 | 3 |
| 2 | 4 | 3 | 1 | 5 | 6 |
| 1 | 5 | 6 | 3 | 2 | 4 |

9-16

| | | | | | |
|---|---|---|---|---|---|
| 3 | 2 | 1 | 4 | 6 | 5 |
| 4 | 6 | 5 | 1 | 3 | 2 |
| 2 | 5 | 6 | 3 | 1 | 4 |
| 1 | 3 | 4 | 2 | 5 | 6 |
| 6 | 1 | 2 | 5 | 4 | 3 |
| 5 | 4 | 3 | 6 | 2 | 1 |

9-17

| | | | | | |
|---|---|---|---|---|---|
| 6 | 3 | 2 | 1 | 5 | 4 |
| 5 | 4 | 1 | 2 | 3 | 6 |
| 3 | 2 | 4 | 5 | 6 | 1 |
| 1 | 5 | 6 | 3 | 4 | 2 |
| 4 | 1 | 3 | 6 | 2 | 5 |
| 2 | 6 | 5 | 4 | 1 | 3 |

9-18

| | | | | | |
|---|---|---|---|---|---|
| 5 | 6 | 1 | 3 | 2 | 4 |
| 2 | 4 | 3 | 5 | 1 | 6 |
| 3 | 1 | 2 | 6 | 4 | 5 |
| 6 | 5 | 4 | 2 | 3 | 1 |
| 4 | 2 | 6 | 1 | 5 | 3 |
| 1 | 3 | 5 | 4 | 6 | 2 |

9-19

| | | | | | |
|---|---|---|---|---|---|
| 1 | 6 | 2 | 4 | 3 | 5 |
| 3 | 5 | 4 | 2 | 1 | 6 |
| 2 | 4 | 6 | 3 | 5 | 1 |
| 5 | 3 | 1 | 6 | 2 | 4 |
| 6 | 2 | 5 | 1 | 4 | 3 |
| 4 | 1 | 3 | 5 | 6 | 2 |

9-20

| | | | | | |
|---|---|---|---|---|---|
| 4 | 3 | 5 | 6 | 1 | 2 |
| 1 | 2 | 6 | 4 | 3 | 5 |
| 2 | 6 | 1 | 3 | 5 | 4 |
| 3 | 5 | 4 | 1 | 2 | 6 |
| 5 | 4 | 3 | 2 | 6 | 1 |
| 6 | 1 | 2 | 5 | 4 | 3 |

9-21

| | | | | | |
|---|---|---|---|---|---|
| 6 | 5 | 2 | 1 | 4 | 3 |
| 4 | 3 | 1 | 6 | 2 | 5 |
| 1 | 6 | 3 | 2 | 5 | 4 |
| 2 | 4 | 5 | 3 | 6 | 1 |
| 3 | 2 | 4 | 5 | 1 | 6 |
| 5 | 1 | 6 | 4 | 3 | 2 |

9-22

| | | | | | |
|---|---|---|---|---|---|
| 3 | 2 | 5 | 6 | 1 | 4 |
| 4 | 1 | 6 | 5 | 3 | 2 |
| 5 | 6 | 2 | 3 | 4 | 1 |
| 1 | 4 | 3 | 2 | 5 | 6 |
| 2 | 3 | 4 | 1 | 6 | 5 |
| 6 | 5 | 1 | 4 | 2 | 3 |

9-23

| | | | | | |
|---|---|---|---|---|---|
| 2 | 3 | 4 | 5 | 1 | 6 |
| 5 | 1 | 6 | 2 | 4 | 3 |
| 6 | 5 | 1 | 3 | 2 | 4 |
| 4 | 2 | 3 | 1 | 6 | 5 |
| 1 | 4 | 5 | 6 | 3 | 2 |
| 3 | 6 | 2 | 4 | 5 | 1 |

9-24

| | | | | | |
|---|---|---|---|---|---|
| 4 | 3 | 5 | 1 | 6 | 2 |
| 1 | 6 | 2 | 3 | 5 | 4 |
| 2 | 5 | 3 | 6 | 4 | 1 |
| 6 | 4 | 1 | 2 | 3 | 5 |
| 3 | 1 | 4 | 5 | 2 | 6 |
| 5 | 2 | 6 | 4 | 1 | 3 |

# 第十章 练习题答案

10-1

| | | | | | | | | |
|---|---|---|---|---|---|---|---|---|
| 2 | 1 | 3 | 4 | 6 | 5 | | | |
| 5 | 4 | 6 | 1 | 2 | 3 | | | |
| 3 | 2 | 4 | 5 | 1 | 6 | | | |
| 6 | 5 | 1 | 2 | 3 | 4 | | | |
| 1 | 6 | 5 | 3 | 4 | 2 | 1 | 6 | 5 |
| 4 | 3 | 2 | 6 | 5 | 1 | 4 | 2 | 3 |
| | | | 1 | 6 | 5 | 3 | 4 | 2 |
| | | | 4 | 2 | 3 | 6 | 5 | 1 |
| | | | 2 | 3 | 6 | 5 | 1 | 4 |
| | | | 5 | 1 | 4 | 2 | 3 | 6 |

10-2

| | | | | | | | | |
|---|---|---|---|---|---|---|---|---|
| 5 | 6 | 3 | 4 | 1 | 2 | | | |
| 1 | 2 | 4 | 3 | 5 | 6 | | | |
| 3 | 1 | 5 | 6 | 2 | 4 | | | |
| 2 | 4 | 6 | 5 | 3 | 1 | | | |
| 4 | 5 | 1 | 2 | 6 | 3 | 4 | 5 | 1 |
| 6 | 3 | 2 | 1 | 4 | 5 | 6 | 2 | 3 |
| | | | 6 | 1 | 2 | 3 | 4 | 5 |
| | | | 3 | 5 | 4 | 2 | 1 | 6 |
| | | | 5 | 2 | 6 | 1 | 3 | 4 |
| | | | 4 | 3 | 1 | 5 | 6 | 2 |

10-3

| | | | | | | | | |
|---|---|---|---|---|---|---|---|---|
| 2 | 5 | 4 | 3 | 6 | 1 | | | |
| 6 | 1 | 3 | 4 | 2 | 5 | | | |
| 1 | 4 | 6 | 2 | 5 | 3 | | | |
| 5 | 3 | 2 | 6 | 1 | 4 | | | |
| 4 | 2 | 5 | 1 | 3 | 6 | 5 | 2 | 4 |
| 3 | 6 | 1 | 5 | 4 | 2 | 1 | 6 | 3 |
| | | | 2 | 5 | 1 | 3 | 4 | 6 |
| | | | 3 | 6 | 4 | 2 | 5 | 1 |
| | | | 6 | 1 | 5 | 4 | 3 | 2 |
| | | | 4 | 2 | 3 | 6 | 1 | 5 |

10-4

| | | | | | | | | |
|---|---|---|---|---|---|---|---|---|
| 1 | 4 | 3 | 2 | 6 | 5 | | | |
| 2 | 5 | 6 | 4 | 3 | 1 | | | |
| 3 | 1 | 5 | 6 | 2 | 4 | | | |
| 4 | 6 | 2 | 1 | 5 | 3 | | | |
| 5 | 2 | 4 | 3 | 1 | 6 | 4 | 2 | 5 |
| 6 | 3 | 1 | 5 | 4 | 2 | 6 | 1 | 3 |
| | | | 6 | 2 | 4 | 3 | 5 | 1 |
| | | | 1 | 5 | 3 | 2 | 6 | 4 |
| | | | 4 | 6 | 5 | 1 | 3 | 2 |
| | | | 2 | 3 | 1 | 5 | 4 | 6 |

10-5

| | | | | | | | | |
|---|---|---|---|---|---|---|---|---|
| 2 | 1 | 3 | 4 | 6 | 5 | | | |
| 4 | 6 | 5 | 3 | 1 | 2 | | | |
| 3 | 2 | 4 | 6 | 5 | 1 | | | |
| 6 | 5 | 1 | 2 | 4 | 3 | | | |
| 5 | 3 | 6 | 1 | 2 | 4 | 5 | 6 | 3 |
| 1 | 4 | 2 | 5 | 3 | 6 | 4 | 2 | 1 |
| | | | 6 | 5 | 1 | 3 | 4 | 2 |
| | | | 2 | 4 | 3 | 6 | 1 | 5 |
| | | | 4 | 1 | 5 | 2 | 3 | 6 |
| | | | 3 | 6 | 2 | 1 | 5 | 4 |

10-6

| | | | | | | | | |
|---|---|---|---|---|---|---|---|---|
| 3 | 2 | 1 | 4 | 5 | 6 | | | |
| 4 | 6 | 5 | 3 | 1 | 2 | | | |
| 1 | 4 | 6 | 5 | 2 | 3 | | | |
| 5 | 3 | 2 | 1 | 6 | 4 | | | |
| 6 | 1 | 4 | 2 | 3 | 5 | 1 | 4 | 6 |
| 2 | 5 | 3 | 6 | 4 | 1 | 5 | 3 | 2 |
| | | | 3 | 1 | 2 | 4 | 6 | 5 |
| | | | 4 | 5 | 6 | 3 | 2 | 1 |
| | | | 5 | 6 | 3 | 2 | 1 | 4 |
| | | | 1 | 2 | 4 | 6 | 5 | 3 |

10-7

| | | | | | | | | |
|---|---|---|---|---|---|---|---|---|
| 4 | 3 | 1 | 2 | 5 | 6 | | | |
| 2 | 5 | 6 | 4 | 1 | 3 | | | |
| 3 | 2 | 4 | 1 | 6 | 5 | | | |
| 6 | 1 | 5 | 3 | 2 | 4 | | | |
| 5 | 4 | 2 | 6 | 3 | 1 | 4 | 5 | 2 |
| 1 | 6 | 3 | 5 | 4 | 2 | 6 | 1 | 3 |
| | | | 1 | 2 | 3 | 5 | 6 | 4 |
| | | | 4 | 5 | 6 | 3 | 2 | 1 |
| | | | 3 | 1 | 5 | 2 | 4 | 6 |
| | | | 2 | 6 | 4 | 1 | 3 | 5 |

10-8

| | | | | | | | | |
|---|---|---|---|---|---|---|---|---|
| 1 | 3 | 6 | 4 | 2 | 5 | | | |
| 2 | 4 | 5 | 3 | 6 | 1 | | | |
| 3 | 6 | 4 | 1 | 5 | 2 | | | |
| 5 | 1 | 2 | 6 | 4 | 3 | | | |
| 6 | 2 | 3 | 5 | 1 | 4 | 2 | 3 | 6 |
| 4 | 5 | 1 | 2 | 3 | 6 | 5 | 1 | 4 |
| | | | 3 | 4 | 2 | 1 | 6 | 5 |
| | | | 6 | 5 | 1 | 4 | 2 | 3 |
| | | | 1 | 6 | 5 | 3 | 4 | 2 |
| | | | 4 | 2 | 3 | 6 | 5 | 1 |

10-9

| | | | | | | | | |
|---|---|---|---|---|---|---|---|---|
| 6 | 5 | 3 | 1 | 4 | 2 | | | |
| 2 | 1 | 4 | 5 | 3 | 6 | | | |
| 1 | 3 | 5 | 2 | 6 | 4 | | | |
| 4 | 2 | 6 | 3 | 5 | 1 | | | |
| 3 | 4 | 2 | 6 | 1 | 5 | 4 | 2 | 3 |
| 5 | 6 | 1 | 4 | 2 | 3 | 1 | 6 | 5 |
| | | | 1 | 5 | 6 | 3 | 4 | 2 |
| | | | 2 | 3 | 4 | 5 | 1 | 6 |
| | | | 3 | 4 | 2 | 6 | 5 | 1 |
| | | | 5 | 6 | 1 | 2 | 3 | 4 |

10-10

| | | | | | | | | |
|---|---|---|---|---|---|---|---|---|
| 3 | 5 | 4 | 1 | 6 | 2 | | | |
| 1 | 6 | 2 | 5 | 4 | 3 | | | |
| 6 | 1 | 3 | 2 | 5 | 4 | | | |
| 4 | 2 | 5 | 3 | 1 | 6 | | | |
| 2 | 4 | 1 | 6 | 3 | 5 | 1 | 2 | 4 |
| 5 | 3 | 6 | 4 | 2 | 1 | 6 | 3 | 5 |
| | | | 5 | 1 | 4 | 3 | 6 | 2 |
| | | | 3 | 6 | 2 | 4 | 5 | 1 |
| | | | 2 | 4 | 3 | 5 | 1 | 6 |
| | | | 1 | 5 | 6 | 2 | 4 | 3 |

10-11

| | | | | | | | | |
|---|---|---|---|---|---|---|---|---|
| 5 | 2 | 4 | 3 | 6 | 1 | | | |
| 1 | 6 | 3 | 4 | 2 | 5 | | | |
| 2 | 3 | 1 | 5 | 4 | 6 | | | |
| 6 | 4 | 5 | 1 | 3 | 2 | | | |
| 3 | 5 | 6 | 2 | 1 | 4 | 5 | 6 | 3 |
| 4 | 1 | 2 | 6 | 5 | 3 | 1 | 2 | 4 |
| | | | 4 | 6 | 5 | 3 | 1 | 2 |
| | | | 3 | 2 | 1 | 4 | 5 | 6 |
| | | | 1 | 4 | 6 | 2 | 3 | 5 |
| | | | 5 | 3 | 2 | 6 | 4 | 1 |

10-12

| | | | | | | | | |
|---|---|---|---|---|---|---|---|---|
| 5 | 4 | 3 | 1 | 2 | 6 | | | |
| 1 | 2 | 6 | 4 | 3 | 5 | | | |
| 4 | 3 | 1 | 5 | 6 | 2 | | | |
| 2 | 6 | 5 | 3 | 1 | 4 | | | |
| 6 | 1 | 4 | 2 | 5 | 3 | 1 | 6 | 4 |
| 3 | 5 | 2 | 6 | 4 | 1 | 3 | 2 | 5 |
| | | | 1 | 2 | 6 | 4 | 5 | 3 |
| | | | 5 | 3 | 4 | 6 | 1 | 2 |
| | | | 3 | 1 | 5 | 2 | 4 | 6 |
| | | | 4 | 6 | 2 | 5 | 3 | 1 |

10-13

| | | | | | | | | |
|---|---|---|---|---|---|---|---|---|
| 5 | 6 | 3 | 4 | 1 | 2 | | | |
| 1 | 2 | 4 | 3 | 5 | 6 | | | |
| 3 | 1 | 5 | 6 | 2 | 4 | | | |
| 2 | 4 | 6 | 5 | 3 | 1 | | | |
| 4 | 5 | 2 | 1 | 6 | 3 | 4 | 5 | 2 |
| 6 | 3 | 1 | 2 | 4 | 5 | 1 | 3 | 6 |
| | | | 6 | 2 | 1 | 5 | 4 | 3 |
| | | | 5 | 3 | 4 | 6 | 2 | 1 |
| | | | 4 | 1 | 2 | 3 | 6 | 5 |
| | | | 3 | 5 | 6 | 2 | 1 | 4 |

10-14

| | | | | | | | | |
|---|---|---|---|---|---|---|---|---|
| 3 | 6 | 1 | 5 | 4 | 2 | | | |
| 4 | 2 | 5 | 1 | 6 | 3 | | | |
| 5 | 1 | 3 | 6 | 2 | 4 | | | |
| 2 | 4 | 6 | 3 | 1 | 5 | | | |
| 6 | 5 | 4 | 2 | 3 | 1 | 4 | 6 | 5 |
| 1 | 3 | 2 | 4 | 5 | 6 | 1 | 3 | 2 |
| | | | 1 | 2 | 3 | 5 | 4 | 6 |
| | | | 5 | 6 | 4 | 2 | 1 | 3 |
| | | | 6 | 1 | 5 | 3 | 2 | 4 |
| | | | 3 | 4 | 2 | 6 | 5 | 1 |

10-15

| | | | | | | | | |
|---|---|---|---|---|---|---|---|---|
| 2 | 5 | 4 | 6 | 3 | 1 | | | |
| 6 | 1 | 3 | 2 | 4 | 5 | | | |
| 1 | 4 | 6 | 5 | 2 | 3 | | | |
| 5 | 3 | 2 | 1 | 6 | 4 | | | |
| 4 | 6 | 5 | 3 | 1 | 2 | 4 | 6 | 5 |
| 3 | 2 | 1 | 4 | 5 | 6 | 1 | 2 | 3 |
| | | | 1 | 2 | 3 | 5 | 4 | 6 |
| | | | 6 | 4 | 5 | 2 | 3 | 1 |
| | | | 5 | 6 | 4 | 3 | 1 | 2 |
| | | | 2 | 3 | 1 | 6 | 5 | 4 |

10-16

| | | | | | | | | |
|---|---|---|---|---|---|---|---|---|
| 2 | 5 | 4 | 3 | 6 | 1 | | | |
| 6 | 1 | 3 | 4 | 2 | 5 | | | |
| 1 | 4 | 6 | 2 | 5 | 3 | | | |
| 5 | 3 | 2 | 6 | 1 | 4 | | | |
| 4 | 6 | 5 | 1 | 3 | 2 | 4 | 6 | 5 |
| 3 | 2 | 1 | 5 | 4 | 6 | 2 | 3 | 1 |
| | | | 3 | 5 | 1 | 6 | 2 | 4 |
| | | | 2 | 6 | 4 | 1 | 5 | 3 |
| | | | 4 | 2 | 5 | 3 | 1 | 6 |
| | | | 6 | 1 | 3 | 5 | 4 | 2 |

10-17

| | | | | | | | | |
|---|---|---|---|---|---|---|---|---|
| 1 | 3 | 4 | 6 | 2 | 5 | | | |
| 6 | 5 | 2 | 3 | 4 | 1 | | | |
| 2 | 6 | 1 | 5 | 3 | 4 | | | |
| 3 | 4 | 5 | 2 | 1 | 6 | | | |
| 5 | 1 | 3 | 4 | 6 | 2 | 5 | 3 | 1 |
| 4 | 2 | 6 | 1 | 5 | 3 | 6 | 4 | 2 |
| | | | 5 | 3 | 6 | 1 | 2 | 4 |
| | | | 2 | 1 | 4 | 3 | 6 | 5 |
| | | | 3 | 4 | 1 | 2 | 5 | 6 |
| | | | 6 | 2 | 5 | 4 | 1 | 3 |

10-18

| | | | | | | | | |
|---|---|---|---|---|---|---|---|---|
| 3 | 4 | 6 | 2 | 1 | 5 | | | |
| 2 | 5 | 1 | 3 | 4 | 6 | | | |
| 6 | 1 | 5 | 4 | 2 | 3 | | | |
| 4 | 2 | 3 | 6 | 5 | 1 | | | |
| 5 | 6 | 2 | 1 | 3 | 4 | 5 | 2 | 6 |
| 1 | 3 | 4 | 5 | 6 | 2 | 4 | 3 | 1 |
| | | | 3 | 4 | 5 | 6 | 1 | 2 |
| | | | 2 | 1 | 6 | 3 | 5 | 4 |
| | | | 4 | 5 | 1 | 2 | 6 | 3 |
| | | | 6 | 2 | 3 | 1 | 4 | 5 |

10-19

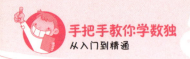

| | | | | | | | | |
|---|---|---|---|---|---|---|---|---|
| 3 | 6 | 1 | 5 | 4 | 2 | | | |
| 4 | 2 | 5 | 1 | 6 | 3 | | | |
| 1 | 3 | 2 | 4 | 5 | 6 | | | |
| 6 | 5 | 4 | 2 | 3 | 1 | | | |
| 5 | 1 | 3 | 6 | 2 | 4 | 5 | 1 | 3 |
| 2 | 4 | 6 | 3 | 1 | 5 | 4 | 2 | 6 |
| | | | 5 | 3 | 1 | 2 | 6 | 4 |
| | | | 2 | 4 | 6 | 1 | 3 | 5 |
| | | | 1 | 5 | 3 | 6 | 4 | 2 |
| | | | 4 | 6 | 2 | 3 | 5 | 1 |

10-20

| | | | | | | | | |
|---|---|---|---|---|---|---|---|---|
| 5 | 1 | 3 | 2 | 4 | 6 | | | |
| 2 | 6 | 4 | 3 | 1 | 5 | | | |
| 3 | 5 | 1 | 4 | 6 | 2 | | | |
| 4 | 2 | 6 | 5 | 3 | 1 | | | |
| 6 | 3 | 5 | 1 | 2 | 4 | 3 | 6 | 5 |
| 1 | 4 | 2 | 6 | 5 | 3 | 1 | 4 | 2 |
| | | | 4 | 6 | 1 | 5 | 2 | 3 |
| | | | 2 | 3 | 5 | 4 | 1 | 6 |
| | | | 3 | 1 | 6 | 2 | 5 | 4 |
| | | | 5 | 4 | 2 | 6 | 3 | 1 |

10-21

| | | | | | | | | |
|---|---|---|---|---|---|---|---|---|
| 4 | 3 | 5 | 2 | 1 | 6 | | | |
| 1 | 2 | 6 | 3 | 5 | 4 | | | |
| 6 | 1 | 2 | 4 | 3 | 5 | | | |
| 3 | 5 | 4 | 6 | 2 | 1 | | | |
| 5 | 6 | 3 | 1 | 4 | 2 | 5 | 6 | 3 |
| 2 | 4 | 1 | 5 | 6 | 3 | 1 | 2 | 4 |
| | | | 2 | 3 | 1 | 4 | 5 | 6 |
| | | | 6 | 5 | 4 | 3 | 1 | 2 |
| | | | 3 | 1 | 6 | 2 | 4 | 5 |
| | | | 4 | 2 | 5 | 6 | 3 | 1 |

10-22

| | | | | | | | | |
|---|---|---|---|---|---|---|---|---|
| 2 | 3 | 6 | 1 | 4 | 5 | | | |
| 5 | 1 | 4 | 3 | 6 | 2 | | | |
| 3 | 5 | 1 | 4 | 2 | 6 | | | |
| 6 | 4 | 2 | 5 | 3 | 1 | | | |
| 4 | 6 | 5 | 2 | 1 | 3 | 4 | 6 | 5 |
| 1 | 2 | 3 | 6 | 5 | 4 | 2 | 1 | 3 |
| | | | 1 | 4 | 6 | 3 | 5 | 2 |
| | | | 5 | 3 | 2 | 6 | 4 | 1 |
| | | | 3 | 6 | 5 | 1 | 2 | 4 |
| | | | 4 | 2 | 1 | 5 | 3 | 6 |

10-23

| | | | | | | | | |
|---|---|---|---|---|---|---|---|---|
| 1 | 5 | 3 | 4 | 2 | 6 | | | |
| 6 | 2 | 4 | 1 | 3 | 5 | | | |
| 5 | 3 | 1 | 6 | 4 | 2 | | | |
| 2 | 4 | 6 | 3 | 5 | 1 | | | |
| 3 | 6 | 5 | 2 | 1 | 4 | 6 | 3 | 5 |
| 4 | 1 | 2 | 5 | 6 | 3 | 4 | 1 | 2 |
| | | | 6 | 4 | 1 | 2 | 5 | 3 |
| | | | 3 | 2 | 5 | 1 | 4 | 6 |
| | | | 1 | 3 | 6 | 5 | 2 | 4 |
| | | | 4 | 5 | 2 | 3 | 6 | 1 |

10-24

| | | | | | | | | |
|---|---|---|---|---|---|---|---|---|
| 5 | 1 | 3 | 2 | 6 | 4 | | | |
| 2 | 4 | 6 | 1 | 3 | 5 | | | |
| 1 | 3 | 2 | 5 | 4 | 6 | | | |
| 6 | 5 | 4 | 3 | 2 | 1 | | | |
| 3 | 6 | 5 | 4 | 1 | 2 | 6 | 5 | 3 |
| 4 | 2 | 1 | 6 | 5 | 3 | 2 | 1 | 4 |
| | | | 3 | 2 | 1 | 5 | 4 | 6 |
| | | | 5 | 6 | 4 | 1 | 3 | 2 |
| | | | 1 | 3 | 6 | 4 | 2 | 5 |
| | | | 2 | 4 | 5 | 3 | 6 | 1 |

10-25

| | | | | | | | | |
|---|---|---|---|---|---|---|---|---|
| 2 | 5 | 4 | 6 | 3 | 1 | | | |
| 6 | 1 | 3 | 2 | 4 | 5 | | | |
| 3 | 2 | 1 | 4 | 5 | 6 | | | |
| 4 | 6 | 5 | 3 | 1 | 2 | | | |
| 5 | 4 | 6 | 1 | 2 | 3 | 6 | 4 | 5 |
| 1 | 3 | 2 | 5 | 6 | 4 | 1 | 2 | 3 |
| | | | 4 | 1 | 6 | 5 | 3 | 2 |
| | | | 3 | 5 | 2 | 4 | 6 | 1 |
| | | | 6 | 3 | 5 | 2 | 1 | 4 |
| | | | 2 | 4 | 1 | 3 | 5 | 6 |

10-26

| | | | | | | | | |
|---|---|---|---|---|---|---|---|---|
| 3 | 1 | 4 | 6 | 2 | 5 | | | |
| 5 | 6 | 2 | 3 | 4 | 1 | | | |
| 6 | 2 | 1 | 5 | 3 | 4 | | | |
| 4 | 3 | 5 | 2 | 1 | 6 | | | |
| 2 | 4 | 6 | 1 | 5 | 3 | 6 | 4 | 2 |
| 1 | 5 | 3 | 4 | 6 | 2 | 3 | 5 | 1 |
| | | | 5 | 3 | 1 | 2 | 6 | 4 |
| | | | 2 | 4 | 6 | 1 | 3 | 5 |
| | | | 6 | 2 | 4 | 5 | 1 | 3 |
| | | | 3 | 1 | 5 | 4 | 2 | 6 |

10-27

| | | | | | | | | |
|---|---|---|---|---|---|---|---|---|
| 1 | 4 | 3 | 2 | 6 | 5 | | | |
| 2 | 5 | 6 | 4 | 3 | 1 | | | |
| 3 | 1 | 5 | 6 | 2 | 4 | | | |
| 4 | 6 | 2 | 1 | 5 | 3 | | | |
| 5 | 2 | 4 | 3 | 1 | 6 | 2 | 5 | 4 |
| 6 | 3 | 1 | 5 | 4 | 2 | 6 | 3 | 1 |
| | | | 4 | 6 | 1 | 5 | 2 | 3 |
| | | | 2 | 3 | 5 | 4 | 1 | 6 |
| | | | 1 | 2 | 4 | 3 | 6 | 5 |
| | | | 6 | 5 | 3 | 1 | 4 | 2 |

10-28

| | | | | | | | | |
|---|---|---|---|---|---|---|---|---|
| 5 | 6 | 3 | 2 | 4 | 1 | | | |
| 2 | 1 | 4 | 6 | 5 | 3 | | | |
| 6 | 2 | 5 | 1 | 3 | 4 | | | |
| 3 | 4 | 1 | 5 | 6 | 2 | | | |
| 4 | 5 | 2 | 3 | 1 | 6 | 2 | 4 | 5 |
| 1 | 3 | 6 | 4 | 2 | 5 | 6 | 3 | 1 |
| | | | 2 | 3 | 1 | 4 | 5 | 6 |
| | | | 6 | 5 | 4 | 3 | 1 | 2 |
| | | | 1 | 4 | 2 | 5 | 6 | 3 |
| | | | 5 | 6 | 3 | 1 | 2 | 4 |

10-29

| | | | | | | | | | | | |
|---|---|---|---|---|---|---|---|---|---|---|---|
| 3 | 4 | 5 | 2 | 6 | 1 | | | | | | |
| 2 | 6 | 1 | 4 | 5 | 3 | | | | | | |
| 1 | 2 | 4 | 6 | 3 | 5 | | | | | | |
| 5 | 3 | 6 | 1 | 4 | 2 | | | | | | |
| 6 | 1 | 3 | 5 | 2 | 4 | 6 | 1 | 3 | | | |
| 4 | 5 | 2 | 3 | 1 | 6 | 4 | 2 | 5 | | | |
| | | | 4 | 3 | 2 | 5 | 6 | 1 | | | |
| | | | 6 | 5 | 1 | 3 | 4 | 2 | | | |
| | | | 2 | 6 | 5 | 1 | 3 | 4 | 6 | 5 | 2 |
| | | | 1 | 4 | 3 | 2 | 5 | 6 | 1 | 4 | 3 |
| | | | | | | 6 | 2 | 1 | 5 | 3 | 4 |
| | | | | | | 3 | 4 | 5 | 2 | 6 | 1 |
| | | | | | | 4 | 6 | 2 | 3 | 1 | 5 |
| | | | | | | 5 | 1 | 3 | 4 | 2 | 6 |

10-30

| | | | | | | | | | | | | | |
|---|---|---|---|---|---|---|---|---|---|---|---|---|---|
| | | | | | | | | 1 | 5 | 6 | 3 | 2 | 4 |
| | | | | | | | | 6 | 4 | 1 | 2 | 5 | 3 |
| | | | | | | | | 3 | 2 | 5 | 4 | 6 | 1 |
| | | | | 6 | 1 | 5 | 2 | 4 | 3 | 2 | 6 | 1 | 5 |
| | | | | 2 | 4 | 1 | 3 | 5 | 6 | 3 | 1 | 4 | 2 |
| | | | | 5 | 3 | 6 | 4 | 2 | 1 | 4 | 5 | 3 | 6 |
| 5 | 4 | 3 | 6 | 1 | 2 | 4 | 6 | 3 | 5 | | | | |
| 3 | 2 | 5 | 1 | 4 | 6 | 3 | 5 | 1 | 2 | | | | |
| 1 | 6 | 4 | 2 | 3 | 5 | 2 | 1 | 6 | 4 | | | | |
| 4 | 3 | 2 | 5 | 6 | 1 | | | | | | | | |
| 6 | 5 | 1 | 4 | 2 | 3 | | | | | | | | |
| 2 | 1 | 6 | 3 | 5 | 4 | | | | | | | | |

10-31

| | | | | | | | | | | | |
|---|---|---|---|---|---|---|---|---|---|---|---|
| 4 | 3 | 1 | 5 | 2 | 6 | | | | | | |
| 2 | 5 | 6 | 1 | 4 | 3 | | | | | | |
| 3 | 2 | 4 | 6 | 1 | 5 | | | | | | |
| 6 | 1 | 5 | 2 | 3 | 4 | | | | | | |
| 5 | 4 | 2 | 3 | 6 | 1 | 5 | 2 | 4 | | | |
| 1 | 6 | 3 | 4 | 5 | 2 | 3 | 1 | 6 | | | |
| | | | 2 | 3 | 4 | 6 | 5 | 1 | | | |
| | | | 5 | 1 | 6 | 4 | 3 | 2 | | | |
| | | | 1 | 4 | 3 | 2 | 6 | 5 | 1 | 3 | 4 |
| | | | 6 | 2 | 5 | 1 | 4 | 3 | 6 | 2 | 5 |
| | | | | | | 6 | 1 | 2 | 5 | 4 | 3 |
| | | | | | | 3 | 5 | 4 | 2 | 1 | 6 |
| | | | | | | 4 | 2 | 6 | 3 | 5 | 1 |
| | | | | | | 5 | 3 | 1 | 4 | 6 | 2 |

10-32

| | | | | | | | | | | | | | |
|---|---|---|---|---|---|---|---|---|---|---|---|---|---|
| | | | | | | | | 4 | 6 | 5 | 1 | 2 | 3 |
| | | | | | | | | 5 | 1 | 3 | 2 | 6 | 4 |
| | | | | | | | | 2 | 3 | 6 | 4 | 1 | 5 |
| | | | | 1 | 2 | 6 | 4 | 3 | 5 | 1 | 6 | 4 | 2 |
| | | | | 4 | 6 | 5 | 3 | 1 | 2 | 4 | 3 | 5 | 6 |
| | | | | 3 | 5 | 1 | 2 | 6 | 4 | 2 | 5 | 3 | 1 |
| 5 | 4 | 3 | 6 | 2 | 1 | 3 | 5 | 4 | 6 | | | | |
| 1 | 6 | 4 | 2 | 5 | 3 | 4 | 6 | 2 | 1 | | | | |
| 3 | 2 | 5 | 1 | 6 | 4 | 2 | 1 | 5 | 3 | | | | |
| 4 | 3 | 2 | 5 | 1 | 6 | | | | | | | | |
| 2 | 1 | 6 | 3 | 4 | 5 | | | | | | | | |
| 6 | 5 | 1 | 4 | 3 | 2 | | | | | | | | |

# 第十一章 练习题答案

11-1

| | | | | | | | | |
|---|---|---|---|---|---|---|---|---|
| 3 | 2 | 9 | 5 | 7 | 8 | 1 | 4 | 6 |
| 4 | 8 | 1 | 3 | 6 | 9 | 7 | 5 | 2 |
| 6 | 7 | 5 | 2 | 1 | 4 | 3 | 8 | 9 |
| 9 | 6 | 4 | 8 | 2 | 7 | 5 | 1 | 3 |
| 7 | 3 | 2 | 1 | 4 | 5 | 6 | 9 | 8 |
| 5 | 1 | 8 | 9 | 3 | 6 | 4 | 2 | 7 |
| 8 | 5 | 3 | 6 | 9 | 1 | 2 | 7 | 4 |
| 1 | 4 | 6 | 7 | 8 | 2 | 9 | 3 | 5 |
| 2 | 9 | 7 | 4 | 5 | 3 | 8 | 6 | 1 |

11-2

| | | | | | | | | |
|---|---|---|---|---|---|---|---|---|
| 2 | 8 | 3 | 5 | 7 | 1 | 9 | 6 | 4 |
| 5 | 1 | 6 | 2 | 4 | 9 | 8 | 7 | 3 |
| 4 | 9 | 7 | 6 | 3 | 8 | 1 | 2 | 5 |
| 7 | 2 | 1 | 9 | 5 | 6 | 4 | 3 | 8 |
| 9 | 5 | 8 | 3 | 2 | 4 | 7 | 1 | 6 |
| 6 | 3 | 4 | 8 | 1 | 7 | 2 | 5 | 9 |
| 8 | 4 | 5 | 7 | 6 | 2 | 3 | 9 | 1 |
| 3 | 7 | 9 | 1 | 8 | 5 | 6 | 4 | 2 |
| 1 | 6 | 2 | 4 | 9 | 3 | 5 | 8 | 7 |

11-3

| | | | | | | | | |
|---|---|---|---|---|---|---|---|---|
| 3 | 7 | 2 | 5 | 1 | 8 | 9 | 4 | 6 |
| 9 | 5 | 8 | 4 | 3 | 6 | 1 | 7 | 2 |
| 4 | 1 | 6 | 9 | 2 | 7 | 5 | 8 | 3 |
| 2 | 4 | 9 | 1 | 7 | 3 | 8 | 6 | 5 |
| 1 | 6 | 3 | 8 | 5 | 9 | 4 | 2 | 7 |
| 5 | 8 | 7 | 6 | 4 | 2 | 3 | 1 | 9 |
| 7 | 9 | 4 | 3 | 6 | 1 | 2 | 5 | 8 |
| 8 | 2 | 1 | 7 | 9 | 5 | 6 | 3 | 4 |
| 6 | 3 | 5 | 2 | 8 | 4 | 7 | 9 | 1 |

11-4

| | | | | | | | | |
|---|---|---|---|---|---|---|---|---|
| 9 | 5 | 3 | 2 | 7 | 1 | 4 | 8 | 6 |
| 8 | 6 | 1 | 9 | 4 | 3 | 2 | 7 | 5 |
| 4 | 7 | 2 | 6 | 5 | 8 | 9 | 1 | 3 |
| 7 | 2 | 9 | 4 | 1 | 6 | 5 | 3 | 8 |
| 3 | 1 | 8 | 7 | 9 | 5 | 6 | 4 | 2 |
| 5 | 4 | 6 | 3 | 8 | 2 | 7 | 9 | 1 |
| 6 | 3 | 7 | 1 | 2 | 9 | 8 | 5 | 4 |
| 2 | 9 | 5 | 8 | 3 | 4 | 1 | 6 | 7 |
| 1 | 8 | 4 | 5 | 6 | 7 | 3 | 2 | 9 |

11-5

| | | | | | | | | |
|---|---|---|---|---|---|---|---|---|
| 3 | 7 | 1 | 6 | 2 | 4 | 5 | 9 | 8 |
| 2 | 8 | 9 | 3 | 5 | 1 | 4 | 7 | 6 |
| 4 | 5 | 6 | 8 | 9 | 7 | 1 | 2 | 3 |
| 5 | 4 | 7 | 9 | 6 | 2 | 8 | 3 | 1 |
| 1 | 2 | 8 | 5 | 7 | 3 | 6 | 4 | 9 |
| 9 | 6 | 3 | 1 | 4 | 8 | 2 | 5 | 7 |
| 7 | 9 | 5 | 2 | 8 | 6 | 3 | 1 | 4 |
| 6 | 3 | 2 | 4 | 1 | 9 | 7 | 8 | 5 |
| 8 | 1 | 4 | 7 | 3 | 5 | 9 | 6 | 2 |

11-6

| | | | | | | | | |
|---|---|---|---|---|---|---|---|---|
| 9 | 5 | 2 | 4 | 6 | 1 | 8 | 7 | 3 |
| 4 | 1 | 8 | 3 | 2 | 7 | 5 | 6 | 9 |
| 3 | 6 | 7 | 8 | 5 | 9 | 2 | 1 | 4 |
| 5 | 3 | 9 | 7 | 4 | 8 | 6 | 2 | 1 |
| 7 | 8 | 1 | 6 | 9 | 2 | 3 | 4 | 5 |
| 6 | 2 | 4 | 5 | 1 | 3 | 9 | 8 | 7 |
| 1 | 9 | 5 | 2 | 8 | 4 | 7 | 3 | 6 |
| 2 | 7 | 6 | 1 | 3 | 5 | 4 | 9 | 8 |
| 8 | 4 | 3 | 9 | 7 | 6 | 1 | 5 | 2 |

11-7

| | | | | | | | | |
|---|---|---|---|---|---|---|---|---|
| 8 | 4 | 3 | 6 | 2 | 1 | 7 | 5 | 9 |
| 2 | 1 | 9 | 7 | 3 | 5 | 8 | 6 | 4 |
| 7 | 6 | 5 | 4 | 8 | 9 | 3 | 1 | 2 |
| 3 | 9 | 6 | 5 | 4 | 2 | 1 | 7 | 8 |
| 5 | 2 | 7 | 1 | 6 | 8 | 9 | 4 | 3 |
| 1 | 8 | 4 | 3 | 9 | 7 | 5 | 2 | 6 |
| 4 | 3 | 1 | 9 | 5 | 6 | 2 | 8 | 7 |
| 6 | 5 | 8 | 2 | 7 | 3 | 4 | 9 | 1 |
| 9 | 7 | 2 | 8 | 1 | 4 | 6 | 3 | 5 |

11-8

| | | | | | | | | |
|---|---|---|---|---|---|---|---|---|
| 6 | 8 | 7 | 1 | 3 | 9 | 5 | 2 | 4 |
| 9 | 3 | 2 | 8 | 4 | 5 | 1 | 6 | 7 |
| 1 | 4 | 5 | 7 | 2 | 6 | 8 | 3 | 9 |
| 7 | 5 | 4 | 6 | 8 | 3 | 2 | 9 | 1 |
| 2 | 9 | 1 | 4 | 5 | 7 | 6 | 8 | 3 |
| 3 | 6 | 8 | 9 | 1 | 2 | 7 | 4 | 5 |
| 5 | 1 | 6 | 3 | 9 | 8 | 4 | 7 | 2 |
| 4 | 7 | 9 | 2 | 6 | 1 | 3 | 5 | 8 |
| 8 | 2 | 3 | 5 | 7 | 4 | 9 | 1 | 6 |

11-9

| | | | | | | | | |
|---|---|---|---|---|---|---|---|---|
| 4 | 3 | 7 | 2 | 1 | 8 | 5 | 6 | 9 |
| 1 | 6 | 8 | 9 | 7 | 5 | 4 | 3 | 2 |
| 2 | 9 | 5 | 3 | 4 | 6 | 1 | 7 | 8 |
| 9 | 1 | 2 | 5 | 8 | 3 | 6 | 4 | 7 |
| 5 | 8 | 4 | 6 | 9 | 7 | 3 | 2 | 1 |
| 6 | 7 | 3 | 4 | 2 | 1 | 8 | 9 | 5 |
| 3 | 2 | 1 | 8 | 6 | 9 | 7 | 5 | 4 |
| 7 | 5 | 9 | 1 | 3 | 4 | 2 | 8 | 6 |
| 8 | 4 | 6 | 7 | 5 | 2 | 9 | 1 | 3 |

11-10

| | | | | | | | | |
|---|---|---|---|---|---|---|---|---|
| 9 | 7 | 5 | 3 | 6 | 2 | 1 | 8 | 4 |
| 8 | 4 | 1 | 5 | 9 | 7 | 6 | 3 | 2 |
| 6 | 3 | 2 | 1 | 4 | 8 | 9 | 7 | 5 |
| 1 | 2 | 8 | 6 | 3 | 5 | 7 | 4 | 9 |
| 5 | 9 | 7 | 4 | 2 | 1 | 3 | 6 | 8 |
| 4 | 6 | 3 | 8 | 7 | 9 | 5 | 2 | 1 |
| 7 | 1 | 9 | 2 | 8 | 3 | 4 | 5 | 6 |
| 2 | 5 | 6 | 7 | 1 | 4 | 8 | 9 | 3 |
| 3 | 8 | 4 | 9 | 5 | 6 | 2 | 1 | 7 |

11-11

| | | | | | | | | |
|---|---|---|---|---|---|---|---|---|
| 4 | 9 | 6 | 3 | 8 | 5 | 1 | 7 | 2 |
| 3 | 8 | 2 | 7 | 1 | 9 | 6 | 4 | 5 |
| 1 | 5 | 7 | 2 | 4 | 6 | 3 | 8 | 9 |
| 6 | 1 | 5 | 8 | 7 | 2 | 4 | 9 | 3 |
| 2 | 7 | 3 | 4 | 9 | 1 | 8 | 5 | 6 |
| 8 | 4 | 9 | 6 | 5 | 3 | 2 | 1 | 7 |
| 9 | 6 | 4 | 1 | 2 | 7 | 5 | 3 | 8 |
| 7 | 3 | 8 | 5 | 6 | 4 | 9 | 2 | 1 |
| 5 | 2 | 1 | 9 | 3 | 8 | 7 | 6 | 4 |

11-12

| | | | | | | | | |
|---|---|---|---|---|---|---|---|---|
| 3 | 5 | 7 | 8 | 1 | 6 | 9 | 2 | 4 |
| 9 | 8 | 2 | 4 | 3 | 5 | 1 | 7 | 6 |
| 6 | 4 | 1 | 2 | 7 | 9 | 5 | 8 | 3 |
| 5 | 1 | 3 | 6 | 9 | 7 | 2 | 4 | 8 |
| 2 | 6 | 9 | 1 | 8 | 4 | 3 | 5 | 7 |
| 4 | 7 | 8 | 3 | 5 | 2 | 6 | 1 | 9 |
| 7 | 2 | 6 | 5 | 4 | 3 | 8 | 9 | 1 |
| 8 | 3 | 4 | 9 | 2 | 1 | 7 | 6 | 5 |
| 1 | 9 | 5 | 7 | 6 | 8 | 4 | 3 | 2 |

11-13

| | | | | | | | | |
|---|---|---|---|---|---|---|---|---|
| 8 | 4 | 9 | 5 | 2 | 7 | 6 | 1 | 3 |
| 7 | 2 | 1 | 3 | 6 | 8 | 9 | 4 | 5 |
| 3 | 6 | 5 | 1 | 9 | 4 | 8 | 7 | 2 |
| 9 | 5 | 3 | 7 | 1 | 6 | 2 | 8 | 4 |
| 6 | 1 | 8 | 2 | 4 | 3 | 5 | 9 | 7 |
| 4 | 7 | 2 | 8 | 5 | 9 | 1 | 3 | 6 |
| 1 | 8 | 4 | 6 | 7 | 5 | 3 | 2 | 9 |
| 5 | 3 | 7 | 9 | 8 | 2 | 4 | 6 | 1 |
| 2 | 9 | 6 | 4 | 3 | 1 | 7 | 5 | 8 |

11-14

| | | | | | | | | |
|---|---|---|---|---|---|---|---|---|
| 9 | 8 | 3 | 7 | 5 | 1 | 2 | 6 | 4 |
| 1 | 4 | 6 | 8 | 2 | 9 | 5 | 7 | 3 |
| 7 | 5 | 2 | 6 | 3 | 4 | 9 | 1 | 8 |
| 6 | 3 | 9 | 4 | 1 | 8 | 7 | 2 | 5 |
| 8 | 1 | 5 | 2 | 7 | 3 | 6 | 4 | 9 |
| 2 | 7 | 4 | 9 | 6 | 5 | 8 | 3 | 1 |
| 4 | 2 | 8 | 1 | 9 | 6 | 3 | 5 | 7 |
| 3 | 9 | 7 | 5 | 4 | 2 | 1 | 8 | 6 |
| 5 | 6 | 1 | 3 | 8 | 7 | 4 | 9 | 2 |

11-15

| | | | | | | | | |
|---|---|---|---|---|---|---|---|---|
| 9 | 7 | 3 | 1 | 4 | 2 | 6 | 5 | 8 |
| 8 | 1 | 5 | 6 | 3 | 9 | 7 | 2 | 4 |
| 2 | 4 | 6 | 8 | 7 | 5 | 3 | 1 | 9 |
| 3 | 9 | 8 | 5 | 6 | 1 | 4 | 7 | 2 |
| 1 | 2 | 4 | 3 | 8 | 7 | 9 | 6 | 5 |
| 5 | 6 | 7 | 9 | 2 | 4 | 8 | 3 | 1 |
| 4 | 5 | 2 | 7 | 9 | 6 | 1 | 8 | 3 |
| 6 | 3 | 9 | 2 | 1 | 8 | 5 | 4 | 7 |
| 7 | 8 | 1 | 4 | 5 | 3 | 2 | 9 | 6 |

11-16

| | | | | | | | | |
|---|---|---|---|---|---|---|---|---|
| 1 | 6 | 5 | 4 | 2 | 8 | 3 | 7 | 9 |
| 2 | 9 | 4 | 7 | 3 | 6 | 1 | 8 | 5 |
| 3 | 7 | 8 | 5 | 9 | 1 | 2 | 4 | 6 |
| 6 | 2 | 9 | 8 | 5 | 3 | 7 | 1 | 4 |
| 4 | 1 | 7 | 9 | 6 | 2 | 8 | 5 | 3 |
| 8 | 5 | 3 | 1 | 4 | 7 | 9 | 6 | 2 |
| 7 | 3 | 2 | 6 | 8 | 4 | 5 | 9 | 1 |
| 5 | 4 | 1 | 3 | 7 | 9 | 6 | 2 | 8 |
| 9 | 8 | 6 | 2 | 1 | 5 | 4 | 3 | 7 |

11-17

| | | | | | | | | |
|---|---|---|---|---|---|---|---|---|
| 7 | 4 | 3 | 6 | 8 | 9 | 5 | 2 | 1 |
| 9 | 8 | 2 | 5 | 1 | 3 | 7 | 6 | 4 |
| 1 | 6 | 5 | 7 | 2 | 4 | 8 | 9 | 3 |
| 4 | 2 | 6 | 8 | 5 | 1 | 9 | 3 | 7 |
| 8 | 1 | 9 | 3 | 7 | 2 | 4 | 5 | 6 |
| 3 | 5 | 7 | 4 | 9 | 6 | 2 | 1 | 8 |
| 5 | 9 | 4 | 1 | 6 | 7 | 3 | 8 | 2 |
| 2 | 3 | 1 | 9 | 4 | 8 | 6 | 7 | 5 |
| 6 | 7 | 8 | 2 | 3 | 5 | 1 | 4 | 9 |

11-18

| | | | | | | | | |
|---|---|---|---|---|---|---|---|---|
| 8 | 5 | 2 | 9 | 6 | 7 | 4 | 3 | 1 |
| 3 | 1 | 7 | 4 | 2 | 8 | 5 | 6 | 9 |
| 6 | 9 | 4 | 1 | 3 | 5 | 7 | 2 | 8 |
| 7 | 3 | 8 | 5 | 4 | 1 | 6 | 9 | 2 |
| 5 | 2 | 6 | 3 | 8 | 9 | 1 | 4 | 7 |
| 1 | 4 | 9 | 2 | 7 | 6 | 8 | 5 | 3 |
| 4 | 7 | 5 | 8 | 9 | 2 | 3 | 1 | 6 |
| 2 | 8 | 1 | 6 | 5 | 3 | 9 | 7 | 4 |
| 9 | 6 | 3 | 7 | 1 | 4 | 2 | 8 | 5 |

11-19

| | | | | | | | | |
|---|---|---|---|---|---|---|---|---|
| 7 | 4 | 8 | 9 | 1 | 6 | 2 | 3 | 5 |
| 2 | 5 | 1 | 7 | 4 | 3 | 8 | 6 | 9 |
| 3 | 6 | 9 | 5 | 2 | 8 | 4 | 1 | 7 |
| 8 | 2 | 3 | 4 | 9 | 7 | 6 | 5 | 1 |
| 4 | 1 | 6 | 3 | 5 | 2 | 9 | 7 | 8 |
| 9 | 7 | 5 | 8 | 6 | 1 | 3 | 2 | 4 |
| 6 | 8 | 7 | 1 | 3 | 4 | 5 | 9 | 2 |
| 5 | 3 | 4 | 2 | 7 | 9 | 1 | 8 | 6 |
| 1 | 9 | 2 | 6 | 8 | 5 | 7 | 4 | 3 |

11-20

| | | | | | | | | |
|---|---|---|---|---|---|---|---|---|
| 3 | 9 | 2 | 4 | 6 | 1 | 7 | 8 | 5 |
| 1 | 5 | 8 | 7 | 9 | 3 | 4 | 2 | 6 |
| 4 | 6 | 7 | 5 | 2 | 8 | 1 | 9 | 3 |
| 7 | 2 | 1 | 9 | 8 | 6 | 5 | 3 | 4 |
| 5 | 4 | 9 | 3 | 1 | 7 | 2 | 6 | 8 |
| 6 | 8 | 3 | 2 | 4 | 5 | 9 | 1 | 7 |
| 9 | 7 | 6 | 1 | 3 | 4 | 8 | 5 | 2 |
| 8 | 1 | 5 | 6 | 7 | 2 | 3 | 4 | 9 |
| 2 | 3 | 4 | 8 | 5 | 9 | 6 | 7 | 1 |

11-21

| | | | | | | | | |
|---|---|---|---|---|---|---|---|---|
| 6 | 9 | 7 | 4 | 5 | 1 | 8 | 2 | 3 |
| 1 | 2 | 5 | 7 | 3 | 8 | 4 | 9 | 6 |
| 3 | 8 | 4 | 9 | 2 | 6 | 1 | 7 | 5 |
| 7 | 6 | 8 | 5 | 9 | 3 | 2 | 4 | 1 |
| 5 | 1 | 2 | 6 | 7 | 4 | 9 | 3 | 8 |
| 4 | 3 | 9 | 1 | 8 | 2 | 5 | 6 | 7 |
| 9 | 4 | 1 | 3 | 6 | 5 | 7 | 8 | 2 |
| 8 | 7 | 3 | 2 | 1 | 9 | 6 | 5 | 4 |
| 2 | 5 | 6 | 8 | 4 | 7 | 3 | 1 | 9 |

11-22

| | | | | | | | | |
|---|---|---|---|---|---|---|---|---|
| 4 | 7 | 2 | 6 | 8 | 3 | 1 | 9 | 5 |
| 8 | 9 | 6 | 1 | 4 | 5 | 3 | 2 | 7 |
| 5 | 3 | 1 | 7 | 9 | 2 | 4 | 6 | 8 |
| 6 | 8 | 9 | 5 | 3 | 4 | 7 | 1 | 2 |
| 2 | 1 | 4 | 8 | 6 | 7 | 5 | 3 | 9 |
| 7 | 5 | 3 | 9 | 2 | 1 | 8 | 4 | 6 |
| 1 | 2 | 8 | 3 | 5 | 9 | 6 | 7 | 4 |
| 9 | 6 | 7 | 4 | 1 | 8 | 2 | 5 | 3 |
| 3 | 4 | 5 | 2 | 7 | 6 | 9 | 8 | 1 |

11-23

| | | | | | | | | |
|---|---|---|---|---|---|---|---|---|
| 2 | 5 | 1 | 8 | 7 | 3 | 6 | 4 | 9 |
| 7 | 4 | 3 | 1 | 6 | 9 | 2 | 5 | 8 |
| 6 | 8 | 9 | 4 | 2 | 5 | 7 | 3 | 1 |
| 3 | 2 | 5 | 9 | 1 | 6 | 4 | 8 | 7 |
| 4 | 1 | 7 | 5 | 8 | 2 | 3 | 9 | 6 |
| 8 | 9 | 6 | 3 | 4 | 7 | 5 | 1 | 2 |
| 1 | 3 | 2 | 7 | 5 | 8 | 9 | 6 | 4 |
| 9 | 7 | 8 | 6 | 3 | 4 | 1 | 2 | 5 |
| 5 | 6 | 4 | 2 | 9 | 1 | 8 | 7 | 3 |

11-24

| | | | | | | | | |
|---|---|---|---|---|---|---|---|---|
| 5 | 2 | 1 | 4 | 8 | 6 | 3 | 9 | 7 |
| 6 | 3 | 4 | 1 | 7 | 9 | 5 | 2 | 8 |
| 8 | 9 | 7 | 3 | 5 | 2 | 6 | 1 | 4 |
| 7 | 5 | 6 | 8 | 2 | 1 | 4 | 3 | 9 |
| 9 | 1 | 3 | 7 | 6 | 4 | 8 | 5 | 2 |
| 4 | 8 | 2 | 5 | 9 | 3 | 7 | 6 | 1 |
| 3 | 6 | 9 | 2 | 4 | 7 | 1 | 8 | 5 |
| 2 | 7 | 5 | 6 | 1 | 8 | 9 | 4 | 3 |
| 1 | 4 | 8 | 9 | 3 | 5 | 2 | 7 | 6 |

11-25

| | | | | | | | | |
|---|---|---|---|---|---|---|---|---|
| 1 | 8 | 9 | 3 | 4 | 2 | 6 | 5 | 7 |
| 6 | 2 | 5 | 1 | 7 | 8 | 4 | 9 | 3 |
| 7 | 3 | 4 | 6 | 9 | 5 | 1 | 2 | 8 |
| 5 | 6 | 1 | 7 | 3 | 9 | 2 | 8 | 4 |
| 4 | 9 | 3 | 8 | 2 | 1 | 5 | 7 | 6 |
| 8 | 7 | 2 | 4 | 5 | 6 | 9 | 3 | 1 |
| 9 | 1 | 8 | 5 | 6 | 3 | 7 | 4 | 2 |
| 3 | 5 | 7 | 2 | 1 | 4 | 8 | 6 | 9 |
| 2 | 4 | 6 | 9 | 8 | 7 | 3 | 1 | 5 |

11-26

| | | | | | | | | |
|---|---|---|---|---|---|---|---|---|
| 5 | 3 | 1 | 9 | 2 | 7 | 8 | 6 | 4 |
| 8 | 6 | 2 | 4 | 1 | 5 | 7 | 9 | 3 |
| 7 | 4 | 9 | 3 | 8 | 6 | 5 | 2 | 1 |
| 2 | 9 | 8 | 6 | 4 | 1 | 3 | 5 | 7 |
| 1 | 7 | 4 | 5 | 3 | 9 | 6 | 8 | 2 |
| 3 | 5 | 6 | 8 | 7 | 2 | 1 | 4 | 9 |
| 9 | 8 | 7 | 2 | 6 | 3 | 4 | 1 | 5 |
| 4 | 2 | 3 | 1 | 5 | 8 | 9 | 7 | 6 |
| 6 | 1 | 5 | 7 | 9 | 4 | 2 | 3 | 8 |

11-27

| | | | | | | | | |
|---|---|---|---|---|---|---|---|---|
| 7 | 8 | 9 | 1 | 5 | 2 | 4 | 3 | 6 |
| 5 | 3 | 1 | 4 | 8 | 6 | 7 | 9 | 2 |
| 2 | 4 | 6 | 7 | 3 | 9 | 8 | 1 | 5 |
| 9 | 5 | 4 | 2 | 1 | 3 | 6 | 7 | 8 |
| 3 | 2 | 7 | 6 | 4 | 8 | 9 | 5 | 1 |
| 6 | 1 | 8 | 9 | 7 | 5 | 2 | 4 | 3 |
| 4 | 6 | 5 | 8 | 9 | 1 | 3 | 2 | 7 |
| 8 | 7 | 3 | 5 | 2 | 4 | 1 | 6 | 9 |
| 1 | 9 | 2 | 3 | 6 | 7 | 5 | 8 | 4 |

11-28

| | | | | | | | | |
|---|---|---|---|---|---|---|---|---|
| 4 | 1 | 8 | 5 | 6 | 2 | 7 | 9 | 3 |
| 2 | 5 | 7 | 9 | 3 | 4 | 8 | 1 | 6 |
| 3 | 9 | 6 | 7 | 1 | 8 | 5 | 4 | 2 |
| 6 | 2 | 4 | 1 | 8 | 9 | 3 | 5 | 7 |
| 5 | 8 | 9 | 4 | 7 | 3 | 2 | 6 | 1 |
| 1 | 7 | 3 | 2 | 5 | 6 | 9 | 8 | 4 |
| 9 | 6 | 1 | 3 | 2 | 5 | 4 | 7 | 8 |
| 7 | 3 | 5 | 8 | 4 | 1 | 6 | 2 | 9 |
| 8 | 4 | 2 | 6 | 9 | 7 | 1 | 3 | 5 |

11-29

| | | | | | | | | |
|---|---|---|---|---|---|---|---|---|
| 9 | 1 | 3 | 4 | 6 | 5 | 2 | 8 | 7 |
| 8 | 7 | 6 | 9 | 2 | 3 | 5 | 4 | 1 |
| 4 | 2 | 5 | 8 | 1 | 7 | 9 | 6 | 3 |
| 5 | 4 | 7 | 2 | 9 | 6 | 1 | 3 | 8 |
| 2 | 6 | 8 | 1 | 3 | 4 | 7 | 5 | 9 |
| 3 | 9 | 1 | 5 | 7 | 8 | 6 | 2 | 4 |
| 1 | 8 | 2 | 6 | 4 | 9 | 3 | 7 | 5 |
| 7 | 5 | 9 | 3 | 8 | 2 | 4 | 1 | 6 |
| 6 | 3 | 4 | 7 | 5 | 1 | 8 | 9 | 2 |

11-30

| | | | | | | | | |
|---|---|---|---|---|---|---|---|---|
| 2 | 1 | 9 | 3 | 8 | 7 | 6 | 5 | 4 |
| 3 | 6 | 5 | 4 | 2 | 1 | 7 | 9 | 8 |
| 8 | 7 | 4 | 9 | 5 | 6 | 2 | 1 | 3 |
| 5 | 8 | 7 | 6 | 4 | 2 | 9 | 3 | 1 |
| 4 | 3 | 6 | 1 | 7 | 9 | 5 | 8 | 2 |
| 9 | 2 | 1 | 5 | 3 | 8 | 4 | 6 | 7 |
| 7 | 5 | 2 | 8 | 6 | 3 | 1 | 4 | 9 |
| 1 | 4 | 8 | 2 | 9 | 5 | 3 | 7 | 6 |
| 6 | 9 | 3 | 7 | 1 | 4 | 8 | 2 | 5 |

11-31

| | | | | | | | | |
|---|---|---|---|---|---|---|---|---|
| 4 | 8 | 5 | 3 | 1 | 7 | 2 | 6 | 9 |
| 7 | 9 | 3 | 6 | 4 | 2 | 1 | 8 | 5 |
| 2 | 6 | 1 | 8 | 9 | 5 | 4 | 3 | 7 |
| 1 | 3 | 2 | 5 | 7 | 8 | 9 | 4 | 6 |
| 8 | 5 | 9 | 4 | 6 | 3 | 7 | 2 | 1 |
| 6 | 4 | 7 | 1 | 2 | 9 | 3 | 5 | 8 |
| 9 | 7 | 8 | 2 | 5 | 4 | 6 | 1 | 3 |
| 3 | 2 | 6 | 7 | 8 | 1 | 5 | 9 | 4 |
| 5 | 1 | 4 | 9 | 3 | 6 | 8 | 7 | 2 |

11-32

| | | | | | | | | |
|---|---|---|---|---|---|---|---|---|
| 6 | 5 | 8 | 3 | 4 | 1 | 2 | 9 | 7 |
| 9 | 1 | 4 | 7 | 2 | 8 | 6 | 3 | 5 |
| 7 | 3 | 2 | 6 | 9 | 5 | 4 | 8 | 1 |
| 5 | 2 | 6 | 8 | 1 | 9 | 7 | 4 | 3 |
| 8 | 7 | 1 | 5 | 3 | 4 | 9 | 6 | 2 |
| 3 | 4 | 9 | 2 | 7 | 6 | 1 | 5 | 8 |
| 4 | 8 | 7 | 1 | 6 | 3 | 5 | 2 | 9 |
| 2 | 9 | 5 | 4 | 8 | 7 | 3 | 1 | 6 |
| 1 | 6 | 3 | 9 | 5 | 2 | 8 | 7 | 4 |

11-33

| | | | | | | | | |
|---|---|---|---|---|---|---|---|---|
| 8 | 2 | 1 | 7 | 5 | 6 | 3 | 9 | 4 |
| 4 | 3 | 6 | 2 | 8 | 9 | 1 | 5 | 7 |
| 5 | 7 | 9 | 4 | 1 | 3 | 6 | 8 | 2 |
| 7 | 1 | 5 | 9 | 6 | 4 | 2 | 3 | 8 |
| 6 | 9 | 3 | 5 | 2 | 8 | 4 | 7 | 1 |
| 2 | 4 | 8 | 1 | 3 | 7 | 9 | 6 | 5 |
| 9 | 5 | 4 | 6 | 7 | 1 | 8 | 2 | 3 |
| 3 | 6 | 2 | 8 | 4 | 5 | 7 | 1 | 9 |
| 1 | 8 | 7 | 3 | 9 | 2 | 5 | 4 | 6 |

11-34

| | | | | | | | | |
|---|---|---|---|---|---|---|---|---|
| 7 | 6 | 9 | 1 | 3 | 5 | 2 | 4 | 8 |
| 5 | 2 | 4 | 6 | 8 | 9 | 7 | 1 | 3 |
| 3 | 1 | 8 | 7 | 2 | 4 | 9 | 6 | 5 |
| 2 | 7 | 1 | 5 | 6 | 3 | 4 | 8 | 9 |
| 9 | 4 | 3 | 2 | 1 | 8 | 6 | 5 | 7 |
| 6 | 8 | 5 | 4 | 9 | 7 | 1 | 3 | 2 |
| 1 | 9 | 6 | 3 | 5 | 2 | 8 | 7 | 4 |
| 4 | 5 | 2 | 8 | 7 | 1 | 3 | 9 | 6 |
| 8 | 3 | 7 | 9 | 4 | 6 | 5 | 2 | 1 |

11-35

| | | | | | | | | |
|---|---|---|---|---|---|---|---|---|
| 5 | 3 | 4 | 6 | 9 | 1 | 8 | 7 | 2 |
| 7 | 8 | 9 | 3 | 5 | 2 | 1 | 4 | 6 |
| 2 | 1 | 6 | 8 | 4 | 7 | 9 | 3 | 5 |
| 4 | 6 | 2 | 5 | 3 | 9 | 7 | 8 | 1 |
| 1 | 9 | 3 | 7 | 6 | 8 | 2 | 5 | 4 |
| 8 | 5 | 7 | 1 | 2 | 4 | 6 | 9 | 3 |
| 6 | 4 | 8 | 9 | 1 | 3 | 5 | 2 | 7 |
| 3 | 7 | 5 | 2 | 8 | 6 | 4 | 1 | 9 |
| 9 | 2 | 1 | 4 | 7 | 5 | 3 | 6 | 8 |

11-36

| | | | | | | | | |
|---|---|---|---|---|---|---|---|---|
| 3 | 8 | 1 | 4 | 6 | 7 | 9 | 2 | 5 |
| 7 | 9 | 4 | 2 | 8 | 5 | 3 | 1 | 6 |
| 6 | 5 | 2 | 1 | 9 | 3 | 4 | 8 | 7 |
| 1 | 6 | 5 | 7 | 3 | 9 | 8 | 4 | 2 |
| 4 | 2 | 8 | 6 | 5 | 1 | 7 | 9 | 3 |
| 9 | 3 | 7 | 8 | 4 | 2 | 6 | 5 | 1 |
| 2 | 1 | 6 | 9 | 7 | 8 | 5 | 3 | 4 |
| 5 | 7 | 9 | 3 | 2 | 4 | 1 | 6 | 8 |
| 8 | 4 | 3 | 5 | 1 | 6 | 2 | 7 | 9 |

11-37

| | | | | | | | | |
|---|---|---|---|---|---|---|---|---|
| 2 | 7 | 4 | 5 | 8 | 1 | 6 | 3 | 9 |
| 9 | 1 | 3 | 2 | 7 | 6 | 5 | 8 | 4 |
| 6 | 8 | 5 | 9 | 3 | 4 | 1 | 7 | 2 |
| 5 | 2 | 1 | 7 | 9 | 8 | 3 | 4 | 6 |
| 3 | 6 | 7 | 4 | 5 | 2 | 8 | 9 | 1 |
| 8 | 4 | 9 | 6 | 1 | 3 | 7 | 2 | 5 |
| 7 | 5 | 2 | 3 | 6 | 9 | 4 | 1 | 8 |
| 1 | 9 | 6 | 8 | 4 | 7 | 2 | 5 | 3 |
| 4 | 3 | 8 | 1 | 2 | 5 | 9 | 6 | 7 |

11-38

| | | | | | | | | |
|---|---|---|---|---|---|---|---|---|
| 3 | 8 | 2 | 5 | 1 | 7 | 6 | 9 | 4 |
| 7 | 6 | 5 | 9 | 4 | 8 | 1 | 2 | 3 |
| 4 | 9 | 1 | 2 | 3 | 6 | 5 | 8 | 7 |
| 6 | 3 | 7 | 4 | 8 | 1 | 9 | 5 | 2 |
| 2 | 5 | 8 | 3 | 7 | 9 | 4 | 1 | 6 |
| 1 | 4 | 9 | 6 | 2 | 5 | 3 | 7 | 8 |
| 5 | 2 | 4 | 7 | 9 | 3 | 8 | 6 | 1 |
| 9 | 1 | 3 | 8 | 6 | 2 | 7 | 4 | 5 |
| 8 | 7 | 6 | 1 | 5 | 4 | 2 | 3 | 9 |

11-39

| | | | | | | | | |
|---|---|---|---|---|---|---|---|---|
| 4 | 7 | 9 | 8 | 3 | 5 | 2 | 1 | 6 |
| 1 | 8 | 5 | 6 | 4 | 2 | 9 | 3 | 7 |
| 2 | 3 | 6 | 1 | 7 | 9 | 5 | 4 | 8 |
| 5 | 9 | 4 | 2 | 1 | 8 | 7 | 6 | 3 |
| 8 | 6 | 2 | 3 | 5 | 7 | 4 | 9 | 1 |
| 7 | 1 | 3 | 9 | 6 | 4 | 8 | 2 | 5 |
| 9 | 2 | 1 | 7 | 8 | 3 | 6 | 5 | 4 |
| 6 | 4 | 8 | 5 | 2 | 1 | 3 | 7 | 9 |
| 3 | 5 | 7 | 4 | 9 | 6 | 1 | 8 | 2 |

11-40

| | | | | | | | | |
|---|---|---|---|---|---|---|---|---|
| 6 | 3 | 5 | 8 | 4 | 7 | 2 | 9 | 1 |
| 7 | 8 | 1 | 5 | 9 | 2 | 6 | 4 | 3 |
| 9 | 2 | 4 | 6 | 1 | 3 | 7 | 8 | 5 |
| 5 | 1 | 7 | 9 | 6 | 8 | 4 | 3 | 2 |
| 3 | 4 | 8 | 7 | 2 | 5 | 9 | 1 | 6 |
| 2 | 9 | 6 | 4 | 3 | 1 | 8 | 5 | 7 |
| 1 | 7 | 9 | 2 | 5 | 4 | 3 | 6 | 8 |
| 8 | 6 | 3 | 1 | 7 | 9 | 5 | 2 | 4 |
| 4 | 5 | 2 | 3 | 8 | 6 | 1 | 7 | 9 |

11-41

| | | | | | | | | |
|---|---|---|---|---|---|---|---|---|
| 5 | 6 | 7 | 1 | 4 | 2 | 8 | 3 | 9 |
| 8 | 9 | 2 | 3 | 7 | 6 | 5 | 4 | 1 |
| 3 | 1 | 4 | 9 | 8 | 5 | 6 | 2 | 7 |
| 7 | 5 | 1 | 6 | 3 | 8 | 2 | 9 | 4 |
| 6 | 2 | 3 | 5 | 9 | 4 | 1 | 7 | 8 |
| 4 | 8 | 9 | 7 | 2 | 1 | 3 | 5 | 6 |
| 1 | 3 | 8 | 4 | 5 | 7 | 9 | 6 | 2 |
| 2 | 4 | 5 | 8 | 6 | 9 | 7 | 1 | 3 |
| 9 | 7 | 6 | 2 | 1 | 3 | 4 | 8 | 5 |

11-42

| | | | | | | | | |
|---|---|---|---|---|---|---|---|---|
| 5 | 4 | 1 | 3 | 8 | 6 | 7 | 2 | 9 |
| 2 | 7 | 6 | 4 | 9 | 5 | 1 | 3 | 8 |
| 3 | 9 | 8 | 2 | 7 | 1 | 4 | 6 | 5 |
| 7 | 2 | 5 | 9 | 6 | 4 | 8 | 1 | 3 |
| 9 | 6 | 4 | 8 | 1 | 3 | 2 | 5 | 7 |
| 8 | 1 | 3 | 5 | 2 | 7 | 6 | 9 | 4 |
| 6 | 5 | 7 | 1 | 3 | 8 | 9 | 4 | 2 |
| 1 | 3 | 9 | 7 | 4 | 2 | 5 | 8 | 6 |
| 4 | 8 | 2 | 6 | 5 | 9 | 3 | 7 | 1 |

11-43

| | | | | | | | | |
|---|---|---|---|---|---|---|---|---|
| 6 | 4 | 3 | 9 | 5 | 1 | 7 | 8 | 2 |
| 1 | 5 | 8 | 6 | 2 | 7 | 9 | 3 | 4 |
| 2 | 9 | 7 | 4 | 8 | 3 | 5 | 6 | 1 |
| 8 | 3 | 5 | 1 | 7 | 9 | 4 | 2 | 6 |
| 4 | 6 | 2 | 8 | 3 | 5 | 1 | 7 | 9 |
| 9 | 7 | 1 | 2 | 6 | 4 | 8 | 5 | 3 |
| 3 | 2 | 4 | 7 | 1 | 8 | 6 | 9 | 5 |
| 7 | 1 | 6 | 5 | 9 | 2 | 3 | 4 | 8 |
| 5 | 8 | 9 | 3 | 4 | 6 | 2 | 1 | 7 |

11-44

| | | | | | | | | |
|---|---|---|---|---|---|---|---|---|
| 2 | 5 | 8 | 1 | 7 | 6 | 3 | 9 | 4 |
| 4 | 3 | 7 | 2 | 8 | 9 | 5 | 6 | 1 |
| 1 | 9 | 6 | 4 | 3 | 5 | 8 | 2 | 7 |
| 7 | 1 | 3 | 6 | 9 | 8 | 4 | 5 | 2 |
| 9 | 8 | 4 | 5 | 2 | 1 | 6 | 7 | 3 |
| 6 | 2 | 5 | 7 | 4 | 3 | 1 | 8 | 9 |
| 8 | 4 | 1 | 9 | 5 | 2 | 7 | 3 | 6 |
| 5 | 7 | 9 | 3 | 6 | 4 | 2 | 1 | 8 |
| 3 | 6 | 2 | 8 | 1 | 7 | 9 | 4 | 5 |

11-45

| | | | | | | | | |
|---|---|---|---|---|---|---|---|---|
| 6 | 7 | 5 | 4 | 3 | 9 | 8 | 1 | 2 |
| 9 | 1 | 3 | 6 | 2 | 8 | 7 | 5 | 4 |
| 2 | 8 | 4 | 1 | 7 | 5 | 6 | 9 | 3 |
| 3 | 9 | 1 | 5 | 8 | 7 | 4 | 2 | 6 |
| 5 | 6 | 8 | 2 | 4 | 3 | 1 | 7 | 9 |
| 4 | 2 | 7 | 9 | 1 | 6 | 3 | 8 | 5 |
| 7 | 4 | 2 | 3 | 5 | 1 | 9 | 6 | 8 |
| 1 | 3 | 9 | 8 | 6 | 2 | 5 | 4 | 7 |
| 8 | 5 | 6 | 7 | 9 | 4 | 2 | 3 | 1 |

11-46

| | | | | | | | | |
|---|---|---|---|---|---|---|---|---|
| 1 | 6 | 9 | 5 | 2 | 4 | 3 | 8 | 7 |
| 4 | 7 | 3 | 6 | 9 | 8 | 2 | 1 | 5 |
| 5 | 8 | 2 | 3 | 1 | 7 | 4 | 9 | 6 |
| 7 | 2 | 4 | 8 | 6 | 9 | 5 | 3 | 1 |
| 6 | 3 | 8 | 1 | 5 | 2 | 9 | 7 | 4 |
| 9 | 5 | 1 | 7 | 4 | 3 | 8 | 6 | 2 |
| 8 | 9 | 5 | 4 | 7 | 6 | 1 | 2 | 3 |
| 2 | 4 | 6 | 9 | 3 | 1 | 7 | 5 | 8 |
| 3 | 1 | 7 | 2 | 8 | 5 | 6 | 4 | 9 |

11-47

| | | | | | | | | |
|---|---|---|---|---|---|---|---|---|
| 7 | 6 | 1 | 4 | 3 | 9 | 8 | 2 | 5 |
| 9 | 8 | 5 | 1 | 2 | 6 | 4 | 7 | 3 |
| 2 | 4 | 3 | 7 | 5 | 8 | 6 | 9 | 1 |
| 1 | 7 | 4 | 6 | 9 | 3 | 5 | 8 | 2 |
| 6 | 9 | 8 | 2 | 1 | 5 | 7 | 3 | 4 |
| 5 | 3 | 2 | 8 | 7 | 4 | 9 | 1 | 6 |
| 3 | 1 | 9 | 5 | 4 | 7 | 2 | 6 | 8 |
| 8 | 5 | 7 | 3 | 6 | 2 | 1 | 4 | 9 |
| 4 | 2 | 6 | 9 | 8 | 1 | 3 | 5 | 7 |

11-48

| | | | | | | | | |
|---|---|---|---|---|---|---|---|---|
| 7 | 1 | 2 | 9 | 8 | 4 | 5 | 3 | 6 |
| 6 | 3 | 9 | 5 | 1 | 2 | 7 | 8 | 4 |
| 4 | 5 | 8 | 6 | 7 | 3 | 2 | 9 | 1 |
| 8 | 6 | 7 | 1 | 5 | 9 | 3 | 4 | 2 |
| 5 | 2 | 3 | 8 | 4 | 6 | 1 | 7 | 9 |
| 9 | 4 | 1 | 3 | 2 | 7 | 8 | 6 | 5 |
| 3 | 8 | 4 | 2 | 9 | 5 | 6 | 1 | 7 |
| 2 | 9 | 6 | 7 | 3 | 1 | 4 | 5 | 8 |
| 1 | 7 | 5 | 4 | 6 | 8 | 9 | 2 | 3 |

11-49

| | | | | | | | | |
|---|---|---|---|---|---|---|---|---|
| 3 | 9 | 7 | 4 | 6 | 5 | 1 | 2 | 8 |
| 8 | 4 | 6 | 9 | 1 | 2 | 5 | 3 | 7 |
| 2 | 5 | 1 | 3 | 7 | 8 | 4 | 9 | 6 |
| 6 | 7 | 3 | 2 | 9 | 1 | 8 | 5 | 4 |
| 1 | 8 | 9 | 5 | 4 | 7 | 2 | 6 | 3 |
| 4 | 2 | 5 | 8 | 3 | 6 | 9 | 7 | 1 |
| 9 | 3 | 2 | 7 | 8 | 4 | 6 | 1 | 5 |
| 7 | 1 | 4 | 6 | 5 | 9 | 3 | 8 | 2 |
| 5 | 6 | 8 | 1 | 2 | 3 | 7 | 4 | 9 |

11-50

| | | | | | | | | |
|---|---|---|---|---|---|---|---|---|
| 9 | 6 | 7 | 4 | 5 | 8 | 1 | 3 | 2 |
| 5 | 2 | 4 | 6 | 1 | 3 | 8 | 7 | 9 |
| 1 | 3 | 8 | 2 | 7 | 9 | 4 | 5 | 6 |
| 4 | 9 | 6 | 5 | 8 | 1 | 7 | 2 | 3 |
| 7 | 8 | 3 | 9 | 2 | 4 | 5 | 6 | 1 |
| 2 | 1 | 5 | 3 | 6 | 7 | 9 | 8 | 4 |
| 3 | 5 | 1 | 8 | 4 | 6 | 2 | 9 | 7 |
| 8 | 4 | 9 | 7 | 3 | 2 | 6 | 1 | 5 |
| 6 | 7 | 2 | 1 | 9 | 5 | 3 | 4 | 8 |

11-51

| | | | | | | | | |
|---|---|---|---|---|---|---|---|---|
| 6 | 5 | 7 | 1 | 9 | 3 | 8 | 2 | 4 |
| 2 | 1 | 8 | 7 | 4 | 6 | 9 | 5 | 3 |
| 4 | 9 | 3 | 8 | 2 | 5 | 6 | 7 | 1 |
| 8 | 3 | 1 | 2 | 6 | 9 | 5 | 4 | 7 |
| 7 | 4 | 9 | 5 | 3 | 1 | 2 | 6 | 8 |
| 5 | 6 | 2 | 4 | 7 | 8 | 1 | 3 | 9 |
| 9 | 2 | 6 | 3 | 8 | 4 | 7 | 1 | 5 |
| 1 | 7 | 4 | 9 | 5 | 2 | 3 | 8 | 6 |
| 3 | 8 | 5 | 6 | 1 | 7 | 4 | 9 | 2 |

11-52

| | | | | | | | | |
|---|---|---|---|---|---|---|---|---|
| 8 | 5 | 7 | 6 | 1 | 4 | 9 | 3 | 2 |
| 3 | 2 | 4 | 8 | 9 | 7 | 1 | 5 | 6 |
| 1 | 9 | 6 | 3 | 2 | 5 | 7 | 4 | 8 |
| 2 | 4 | 9 | 5 | 8 | 6 | 3 | 1 | 7 |
| 7 | 1 | 8 | 9 | 4 | 3 | 2 | 6 | 5 |
| 6 | 3 | 5 | 1 | 7 | 2 | 8 | 9 | 4 |
| 5 | 6 | 1 | 2 | 3 | 8 | 4 | 7 | 9 |
| 4 | 8 | 3 | 7 | 6 | 9 | 5 | 2 | 1 |
| 9 | 7 | 2 | 4 | 5 | 1 | 6 | 8 | 3 |

11-53

| | | | | | | | | |
|---|---|---|---|---|---|---|---|---|
| 3 | 7 | 1 | 4 | 9 | 2 | 5 | 8 | 6 |
| 4 | 8 | 6 | 3 | 5 | 7 | 9 | 1 | 2 |
| 5 | 2 | 9 | 8 | 1 | 6 | 7 | 3 | 4 |
| 9 | 4 | 7 | 5 | 8 | 3 | 6 | 2 | 1 |
| 2 | 6 | 5 | 7 | 4 | 1 | 3 | 9 | 8 |
| 1 | 3 | 8 | 6 | 2 | 9 | 4 | 7 | 5 |
| 6 | 9 | 2 | 1 | 3 | 5 | 8 | 4 | 7 |
| 7 | 1 | 4 | 9 | 6 | 8 | 2 | 5 | 3 |
| 8 | 5 | 3 | 2 | 7 | 4 | 1 | 6 | 9 |

11-54

| | | | | | | | | |
|---|---|---|---|---|---|---|---|---|
| 3 | 8 | 5 | 6 | 1 | 4 | 9 | 2 | 7 |
| 6 | 4 | 9 | 7 | 2 | 5 | 8 | 1 | 3 |
| 7 | 1 | 2 | 8 | 3 | 9 | 6 | 4 | 5 |
| 1 | 5 | 6 | 3 | 4 | 7 | 2 | 8 | 9 |
| 4 | 2 | 3 | 9 | 5 | 8 | 1 | 7 | 6 |
| 8 | 9 | 7 | 1 | 6 | 2 | 5 | 3 | 4 |
| 9 | 6 | 1 | 2 | 7 | 3 | 4 | 5 | 8 |
| 2 | 7 | 4 | 5 | 8 | 6 | 3 | 9 | 1 |
| 5 | 3 | 8 | 4 | 9 | 1 | 7 | 6 | 2 |

11-55

| | | | | | | | | |
|---|---|---|---|---|---|---|---|---|
| 6 | 9 | 2 | 8 | 4 | 3 | 1 | 5 | 7 |
| 5 | 7 | 4 | 9 | 1 | 6 | 2 | 8 | 3 |
| 3 | 8 | 1 | 2 | 5 | 7 | 9 | 6 | 4 |
| 4 | 2 | 5 | 3 | 6 | 1 | 8 | 7 | 9 |
| 9 | 6 | 7 | 5 | 2 | 8 | 4 | 3 | 1 |
| 8 | 1 | 3 | 7 | 9 | 4 | 5 | 2 | 6 |
| 1 | 4 | 8 | 6 | 7 | 5 | 3 | 9 | 2 |
| 7 | 5 | 9 | 4 | 3 | 2 | 6 | 1 | 8 |
| 2 | 3 | 6 | 1 | 8 | 9 | 7 | 4 | 5 |

11-56

| | | | | | | | | |
|---|---|---|---|---|---|---|---|---|
| 1 | 6 | 9 | 8 | 4 | 2 | 3 | 5 | 7 |
| 3 | 4 | 2 | 5 | 7 | 6 | 1 | 9 | 8 |
| 5 | 8 | 7 | 3 | 9 | 1 | 6 | 2 | 4 |
| 6 | 9 | 5 | 4 | 1 | 7 | 8 | 3 | 2 |
| 4 | 1 | 8 | 2 | 3 | 9 | 5 | 7 | 6 |
| 2 | 7 | 3 | 6 | 8 | 5 | 4 | 1 | 9 |
| 8 | 2 | 6 | 9 | 5 | 3 | 7 | 4 | 1 |
| 7 | 5 | 4 | 1 | 2 | 8 | 9 | 6 | 3 |
| 9 | 3 | 1 | 7 | 6 | 4 | 2 | 8 | 5 |

11-57

| | | | | | | | | |
|---|---|---|---|---|---|---|---|---|
| 8 | 5 | 7 | 1 | 6 | 9 | 3 | 4 | 2 |
| 3 | 6 | 4 | 7 | 8 | 2 | 5 | 1 | 9 |
| 1 | 2 | 9 | 3 | 4 | 5 | 8 | 7 | 6 |
| 9 | 1 | 3 | 2 | 7 | 6 | 4 | 8 | 5 |
| 2 | 4 | 8 | 9 | 5 | 1 | 7 | 6 | 3 |
| 6 | 7 | 5 | 4 | 3 | 8 | 2 | 9 | 1 |
| 5 | 8 | 1 | 6 | 2 | 4 | 9 | 3 | 7 |
| 7 | 9 | 2 | 8 | 1 | 3 | 6 | 5 | 4 |
| 4 | 3 | 6 | 5 | 9 | 7 | 1 | 2 | 8 |

11-58

| | | | | | | | | |
|---|---|---|---|---|---|---|---|---|
| 5 | 8 | 3 | 9 | 2 | 7 | 1 | 4 | 6 |
| 9 | 4 | 6 | 8 | 1 | 3 | 2 | 5 | 7 |
| 2 | 1 | 7 | 6 | 4 | 5 | 3 | 9 | 8 |
| 6 | 5 | 1 | 2 | 8 | 9 | 4 | 7 | 3 |
| 3 | 2 | 4 | 1 | 7 | 6 | 5 | 8 | 9 |
| 7 | 9 | 8 | 5 | 3 | 4 | 6 | 2 | 1 |
| 1 | 6 | 9 | 4 | 5 | 8 | 7 | 3 | 2 |
| 4 | 7 | 2 | 3 | 9 | 1 | 8 | 6 | 5 |
| 8 | 3 | 5 | 7 | 6 | 2 | 9 | 1 | 4 |

11-59

| | | | | | | | | |
|---|---|---|---|---|---|---|---|---|
| 8 | 6 | 3 | 9 | 5 | 2 | 4 | 7 | 1 |
| 5 | 9 | 7 | 8 | 4 | 1 | 2 | 3 | 6 |
| 1 | 4 | 2 | 7 | 6 | 3 | 8 | 9 | 5 |
| 4 | 3 | 8 | 6 | 1 | 7 | 9 | 5 | 2 |
| 9 | 2 | 6 | 5 | 3 | 8 | 1 | 4 | 7 |
| 7 | 5 | 1 | 4 | 2 | 9 | 6 | 8 | 3 |
| 6 | 1 | 5 | 3 | 9 | 4 | 7 | 2 | 8 |
| 3 | 8 | 4 | 2 | 7 | 6 | 5 | 1 | 9 |
| 2 | 7 | 9 | 1 | 8 | 5 | 3 | 6 | 4 |

11-60

| | | | | | | | | |
|---|---|---|---|---|---|---|---|---|
| 1 | 3 | 5 | 6 | 9 | 2 | 8 | 4 | 7 |
| 9 | 6 | 8 | 7 | 1 | 4 | 2 | 5 | 3 |
| 2 | 7 | 4 | 8 | 5 | 3 | 1 | 6 | 9 |
| 4 | 9 | 2 | 3 | 7 | 1 | 5 | 8 | 6 |
| 3 | 5 | 7 | 4 | 8 | 6 | 9 | 1 | 2 |
| 8 | 1 | 6 | 5 | 2 | 9 | 7 | 3 | 4 |
| 5 | 8 | 3 | 9 | 4 | 7 | 6 | 2 | 1 |
| 7 | 4 | 1 | 2 | 6 | 5 | 3 | 9 | 8 |
| 6 | 2 | 9 | 1 | 3 | 8 | 4 | 7 | 5 |

# 第十二章　练习题答案

12-1

| | | | | | | | | |
|---|---|---|---|---|---|---|---|---|
| 3 | 1 | 7 | 6 | 5 | 2 | 9 | 4 | 8 |
| 2 | 6 | 4 | 8 | 1 | 9 | 7 | 3 | 5 |
| 5 | 8 | 9 | 4 | 7 | 3 | 2 | 6 | 1 |
| 4 | 5 | 3 | 2 | 6 | 1 | 8 | 7 | 9 |
| 1 | 9 | 8 | 3 | 4 | 7 | 6 | 5 | 2 |
| 7 | 2 | 6 | 9 | 8 | 5 | 4 | 1 | 3 |
| 8 | 3 | 5 | 7 | 9 | 4 | 1 | 2 | 6 |
| 9 | 7 | 2 | 1 | 3 | 6 | 5 | 8 | 4 |
| 6 | 4 | 1 | 5 | 2 | 8 | 3 | 9 | 7 |

12-2

| | | | | | | | | |
|---|---|---|---|---|---|---|---|---|
| 1 | 5 | 9 | 8 | 6 | 4 | 3 | 7 | 2 |
| 8 | 4 | 3 | 2 | 1 | 7 | 6 | 9 | 5 |
| 6 | 2 | 7 | 9 | 3 | 5 | 4 | 8 | 1 |
| 2 | 6 | 8 | 5 | 4 | 1 | 7 | 3 | 9 |
| 3 | 9 | 5 | 7 | 8 | 6 | 2 | 1 | 4 |
| 7 | 1 | 4 | 3 | 9 | 2 | 8 | 5 | 6 |
| 4 | 3 | 6 | 1 | 5 | 8 | 9 | 2 | 7 |
| 9 | 7 | 1 | 4 | 2 | 3 | 5 | 6 | 8 |
| 5 | 8 | 2 | 6 | 7 | 9 | 1 | 4 | 3 |

12-3

| | | | | | | | | |
|---|---|---|---|---|---|---|---|---|
| 2 | 3 | 6 | 5 | 9 | 1 | 4 | 7 | 8 |
| 5 | 1 | 4 | 8 | 2 | 7 | 9 | 6 | 3 |
| 9 | 8 | 7 | 6 | 4 | 3 | 1 | 5 | 2 |
| 8 | 9 | 5 | 3 | 1 | 2 | 7 | 4 | 6 |
| 4 | 6 | 3 | 7 | 5 | 9 | 8 | 2 | 1 |
| 7 | 2 | 1 | 4 | 6 | 8 | 5 | 3 | 9 |
| 1 | 4 | 9 | 2 | 3 | 5 | 6 | 8 | 7 |
| 6 | 7 | 2 | 1 | 8 | 4 | 3 | 9 | 5 |
| 3 | 5 | 8 | 9 | 7 | 6 | 2 | 1 | 4 |

12-4

| | | | | | | | | |
|---|---|---|---|---|---|---|---|---|
| 3 | 4 | 7 | 9 | 5 | 8 | 2 | 6 | 1 |
| 8 | 6 | 1 | 3 | 2 | 4 | 7 | 9 | 5 |
| 5 | 2 | 9 | 1 | 7 | 6 | 4 | 8 | 3 |
| 6 | 1 | 5 | 7 | 4 | 3 | 9 | 2 | 8 |
| 4 | 3 | 2 | 5 | 8 | 9 | 1 | 7 | 6 |
| 9 | 7 | 8 | 2 | 6 | 1 | 3 | 5 | 4 |
| 2 | 8 | 6 | 4 | 1 | 7 | 5 | 3 | 9 |
| 1 | 5 | 3 | 6 | 9 | 2 | 8 | 4 | 7 |
| 7 | 9 | 4 | 8 | 3 | 5 | 6 | 1 | 2 |

12-5

| | | | | | | | | |
|---|---|---|---|---|---|---|---|---|
| 9 | 6 | 4 | 8 | 3 | 2 | 1 | 5 | 7 |
| 3 | 8 | 7 | 5 | 1 | 9 | 6 | 2 | 4 |
| 1 | 5 | 2 | 6 | 7 | 4 | 3 | 8 | 9 |
| 2 | 9 | 6 | 7 | 8 | 1 | 5 | 4 | 3 |
| 4 | 7 | 5 | 2 | 6 | 3 | 9 | 1 | 8 |
| 8 | 3 | 1 | 9 | 4 | 5 | 2 | 7 | 6 |
| 7 | 1 | 8 | 3 | 5 | 6 | 4 | 9 | 2 |
| 6 | 4 | 9 | 1 | 2 | 8 | 7 | 3 | 5 |
| 5 | 2 | 3 | 4 | 9 | 7 | 8 | 6 | 1 |

12-6

| | | | | | | | | |
|---|---|---|---|---|---|---|---|---|
| 5 | 8 | 1 | 3 | 2 | 7 | 6 | 9 | 4 |
| 3 | 7 | 2 | 9 | 4 | 6 | 1 | 5 | 8 |
| 4 | 9 | 6 | 5 | 8 | 1 | 2 | 3 | 7 |
| 1 | 3 | 7 | 2 | 5 | 9 | 4 | 8 | 6 |
| 8 | 6 | 5 | 1 | 3 | 4 | 7 | 2 | 9 |
| 2 | 4 | 9 | 6 | 7 | 8 | 3 | 1 | 5 |
| 6 | 5 | 8 | 4 | 1 | 2 | 9 | 7 | 3 |
| 9 | 1 | 3 | 7 | 6 | 5 | 8 | 4 | 2 |
| 7 | 2 | 4 | 8 | 9 | 3 | 5 | 6 | 1 |

12-7

| | | | | | | | | |
|---|---|---|---|---|---|---|---|---|
| 8 | 1 | 5 | 6 | 9 | 3 | 2 | 4 | 7 |
| 9 | 3 | 7 | 4 | 1 | 2 | 6 | 8 | 5 |
| 6 | 4 | 2 | 5 | 8 | 7 | 1 | 9 | 3 |
| 2 | 8 | 4 | 1 | 3 | 5 | 7 | 6 | 9 |
| 1 | 9 | 6 | 7 | 4 | 8 | 3 | 5 | 2 |
| 7 | 5 | 3 | 2 | 6 | 9 | 4 | 1 | 8 |
| 4 | 2 | 9 | 8 | 7 | 6 | 5 | 3 | 1 |
| 5 | 6 | 8 | 3 | 2 | 1 | 9 | 7 | 4 |
| 3 | 7 | 1 | 9 | 5 | 4 | 8 | 2 | 6 |

12-8

| | | | | | | | | |
|---|---|---|---|---|---|---|---|---|
| 4 | 1 | 2 | 8 | 7 | 5 | 3 | 9 | 6 |
| 7 | 8 | 6 | 9 | 3 | 4 | 1 | 5 | 2 |
| 3 | 9 | 5 | 1 | 6 | 2 | 7 | 8 | 4 |
| 5 | 4 | 1 | 6 | 8 | 3 | 9 | 2 | 7 |
| 2 | 6 | 9 | 5 | 1 | 7 | 4 | 3 | 8 |
| 8 | 7 | 3 | 4 | 2 | 9 | 5 | 6 | 1 |
| 6 | 3 | 8 | 7 | 9 | 1 | 2 | 4 | 5 |
| 1 | 2 | 4 | 3 | 5 | 8 | 6 | 7 | 9 |
| 9 | 5 | 7 | 2 | 4 | 6 | 8 | 1 | 3 |

12-9

| | | | | | | | | |
|---|---|---|---|---|---|---|---|---|
| 1 | 3 | 4 | 7 | 5 | 6 | 2 | 8 | 9 |
| 7 | 6 | 2 | 9 | 1 | 8 | 5 | 4 | 3 |
| 5 | 9 | 8 | 4 | 2 | 3 | 6 | 7 | 1 |
| 9 | 5 | 7 | 3 | 6 | 1 | 8 | 2 | 4 |
| 2 | 4 | 3 | 8 | 7 | 5 | 9 | 1 | 6 |
| 8 | 1 | 6 | 2 | 4 | 9 | 7 | 3 | 5 |
| 6 | 2 | 5 | 1 | 3 | 7 | 4 | 9 | 8 |
| 4 | 8 | 1 | 6 | 9 | 2 | 3 | 5 | 7 |
| 3 | 7 | 9 | 5 | 8 | 4 | 1 | 6 | 2 |

12-10

| | | | | | | | | |
|---|---|---|---|---|---|---|---|---|
| 9 | 1 | 6 | 5 | 8 | 4 | 3 | 7 | 2 |
| 5 | 4 | 3 | 2 | 9 | 7 | 8 | 6 | 1 |
| 8 | 2 | 7 | 6 | 3 | 1 | 4 | 5 | 9 |
| 2 | 8 | 5 | 1 | 4 | 9 | 7 | 3 | 6 |
| 3 | 6 | 1 | 7 | 5 | 8 | 2 | 9 | 4 |
| 7 | 9 | 4 | 3 | 6 | 2 | 5 | 1 | 8 |
| 4 | 3 | 8 | 9 | 1 | 5 | 6 | 2 | 7 |
| 6 | 7 | 9 | 4 | 2 | 3 | 1 | 8 | 5 |
| 1 | 5 | 2 | 8 | 7 | 6 | 9 | 4 | 3 |

12-11

| | | | | | | | | |
|---|---|---|---|---|---|---|---|---|
| 2 | 5 | 8 | 6 | 7 | 4 | 1 | 3 | 9 |
| 7 | 6 | 9 | 3 | 1 | 2 | 5 | 4 | 8 |
| 1 | 3 | 4 | 5 | 9 | 8 | 7 | 6 | 2 |
| 4 | 2 | 5 | 9 | 6 | 1 | 3 | 8 | 7 |
| 8 | 9 | 3 | 4 | 5 | 7 | 2 | 1 | 6 |
| 6 | 7 | 1 | 2 | 8 | 3 | 4 | 9 | 5 |
| 9 | 1 | 6 | 7 | 3 | 5 | 8 | 2 | 4 |
| 5 | 8 | 2 | 1 | 4 | 6 | 9 | 7 | 3 |
| 3 | 4 | 7 | 8 | 2 | 9 | 6 | 5 | 1 |

12-12

| | | | | | | | | |
|---|---|---|---|---|---|---|---|---|
| 5 | 3 | 4 | 8 | 9 | 7 | 2 | 6 | 1 |
| 8 | 7 | 2 | 1 | 5 | 6 | 9 | 4 | 3 |
| 9 | 1 | 6 | 4 | 2 | 3 | 7 | 8 | 5 |
| 1 | 9 | 8 | 3 | 7 | 5 | 6 | 2 | 4 |
| 2 | 4 | 3 | 6 | 8 | 9 | 1 | 5 | 7 |
| 6 | 5 | 7 | 2 | 4 | 1 | 8 | 3 | 9 |
| 7 | 2 | 9 | 5 | 3 | 8 | 4 | 1 | 6 |
| 4 | 6 | 5 | 7 | 1 | 2 | 3 | 9 | 8 |
| 3 | 8 | 1 | 9 | 6 | 4 | 5 | 7 | 2 |

12-13

| | | | | | | | | |
|---|---|---|---|---|---|---|---|---|
| 5 | 8 | 6 | 9 | 1 | 3 | 2 | 7 | 4 |
| 3 | 4 | 1 | 2 | 7 | 5 | 6 | 9 | 8 |
| 9 | 7 | 2 | 8 | 6 | 4 | 1 | 5 | 3 |
| 4 | 6 | 8 | 7 | 5 | 2 | 9 | 3 | 1 |
| 1 | 9 | 3 | 4 | 8 | 6 | 5 | 2 | 7 |
| 7 | 2 | 5 | 3 | 9 | 1 | 8 | 4 | 6 |
| 2 | 1 | 7 | 6 | 4 | 9 | 3 | 8 | 5 |
| 8 | 5 | 9 | 1 | 3 | 7 | 4 | 6 | 2 |
| 6 | 3 | 4 | 5 | 2 | 8 | 7 | 1 | 9 |

12-14

| | | | | | | | | |
|---|---|---|---|---|---|---|---|---|
| 7 | 2 | 6 | 9 | 3 | 5 | 1 | 8 | 4 |
| 3 | 4 | 8 | 2 | 1 | 7 | 5 | 9 | 6 |
| 9 | 5 | 1 | 8 | 6 | 4 | 2 | 7 | 3 |
| 8 | 6 | 2 | 5 | 4 | 1 | 9 | 3 | 7 |
| 5 | 9 | 3 | 7 | 8 | 6 | 4 | 1 | 2 |
| 4 | 1 | 7 | 3 | 9 | 2 | 6 | 5 | 8 |
| 2 | 8 | 5 | 6 | 7 | 9 | 3 | 4 | 1 |
| 1 | 7 | 9 | 4 | 2 | 3 | 8 | 6 | 5 |
| 6 | 3 | 4 | 1 | 5 | 8 | 7 | 2 | 9 |

12-15

| | | | | | | | | |
|---|---|---|---|---|---|---|---|---|
| 7 | 3 | 2 | 8 | 5 | 4 | 1 | 9 | 6 |
| 8 | 4 | 1 | 6 | 7 | 9 | 5 | 2 | 3 |
| 5 | 6 | 9 | 2 | 1 | 3 | 4 | 8 | 7 |
| 6 | 5 | 8 | 3 | 4 | 7 | 9 | 1 | 2 |
| 1 | 2 | 3 | 9 | 8 | 5 | 6 | 7 | 4 |
| 9 | 7 | 4 | 1 | 2 | 6 | 8 | 3 | 5 |
| 4 | 1 | 5 | 7 | 3 | 8 | 2 | 6 | 9 |
| 2 | 9 | 7 | 4 | 6 | 1 | 3 | 5 | 8 |
| 3 | 8 | 6 | 5 | 9 | 2 | 7 | 4 | 1 |

12-16

| | | | | | | | | |
|---|---|---|---|---|---|---|---|---|
| 3 | 6 | 8 | 4 | 9 | 1 | 2 | 7 | 5 |
| 9 | 4 | 5 | 7 | 2 | 3 | 6 | 1 | 8 |
| 2 | 7 | 1 | 6 | 5 | 8 | 9 | 4 | 3 |
| 1 | 3 | 6 | 5 | 4 | 2 | 7 | 8 | 9 |
| 8 | 5 | 7 | 1 | 6 | 9 | 3 | 2 | 4 |
| 4 | 9 | 2 | 3 | 8 | 7 | 1 | 5 | 6 |
| 5 | 2 | 4 | 9 | 7 | 6 | 8 | 3 | 1 |
| 6 | 8 | 3 | 2 | 1 | 4 | 5 | 9 | 7 |
| 7 | 1 | 9 | 8 | 3 | 5 | 4 | 6 | 2 |

12-17

| | | | | | | | | |
|---|---|---|---|---|---|---|---|---|
| 4 | 9 | 7 | 8 | 6 | 3 | 5 | 1 | 2 |
| 8 | 3 | 5 | 2 | 4 | 1 | 6 | 7 | 9 |
| 6 | 2 | 1 | 7 | 5 | 9 | 3 | 8 | 4 |
| 2 | 6 | 8 | 9 | 3 | 4 | 1 | 5 | 7 |
| 5 | 7 | 9 | 1 | 8 | 6 | 2 | 4 | 3 |
| 1 | 4 | 3 | 5 | 7 | 2 | 8 | 9 | 6 |
| 3 | 5 | 6 | 4 | 9 | 8 | 7 | 2 | 1 |
| 7 | 1 | 4 | 3 | 2 | 5 | 9 | 6 | 8 |
| 9 | 8 | 2 | 6 | 1 | 7 | 4 | 3 | 5 |

12-18

| | | | | | | | | |
|---|---|---|---|---|---|---|---|---|
| 9 | 7 | 1 | 2 | 8 | 4 | 6 | 5 | 3 |
| 2 | 3 | 5 | 9 | 6 | 7 | 4 | 8 | 1 |
| 8 | 4 | 6 | 5 | 1 | 3 | 2 | 9 | 7 |
| 7 | 2 | 8 | 4 | 9 | 6 | 1 | 3 | 5 |
| 4 | 6 | 3 | 8 | 5 | 1 | 9 | 7 | 2 |
| 5 | 1 | 9 | 7 | 3 | 2 | 8 | 4 | 6 |
| 3 | 8 | 4 | 1 | 2 | 5 | 7 | 6 | 9 |
| 6 | 9 | 2 | 3 | 7 | 8 | 5 | 1 | 4 |
| 1 | 5 | 7 | 6 | 4 | 9 | 3 | 2 | 8 |

12-19

| | | | | | | | | |
|---|---|---|---|---|---|---|---|---|
| 8 | 2 | 1 | 4 | 5 | 7 | 9 | 3 | 6 |
| 5 | 4 | 6 | 3 | 9 | 8 | 2 | 7 | 1 |
| 9 | 3 | 7 | 2 | 6 | 1 | 5 | 4 | 8 |
| 7 | 8 | 2 | 6 | 4 | 9 | 3 | 1 | 5 |
| 1 | 6 | 3 | 7 | 2 | 5 | 8 | 9 | 4 |
| 4 | 5 | 9 | 8 | 1 | 3 | 7 | 6 | 2 |
| 6 | 9 | 4 | 5 | 3 | 2 | 1 | 8 | 7 |
| 2 | 1 | 8 | 9 | 7 | 4 | 6 | 5 | 3 |
| 3 | 7 | 5 | 1 | 8 | 6 | 4 | 2 | 9 |

12-20

| | | | | | | | | |
|---|---|---|---|---|---|---|---|---|
| 5 | 7 | 6 | 1 | 4 | 3 | 2 | 9 | 8 |
| 1 | 3 | 2 | 8 | 5 | 9 | 4 | 6 | 7 |
| 4 | 8 | 9 | 6 | 2 | 7 | 3 | 1 | 5 |
| 8 | 4 | 1 | 7 | 3 | 5 | 9 | 2 | 6 |
| 2 | 6 | 7 | 9 | 1 | 4 | 8 | 5 | 3 |
| 9 | 5 | 3 | 2 | 6 | 8 | 1 | 7 | 4 |
| 3 | 2 | 4 | 5 | 7 | 1 | 6 | 8 | 9 |
| 6 | 9 | 5 | 3 | 8 | 2 | 7 | 4 | 1 |
| 7 | 1 | 8 | 4 | 9 | 6 | 5 | 3 | 2 |

12-21

| | | | | | | | | |
|---|---|---|---|---|---|---|---|---|
| 3 | 5 | 7 | 8 | 4 | 6 | 9 | 1 | 2 |
| 4 | 8 | 2 | 1 | 9 | 3 | 5 | 6 | 7 |
| 9 | 1 | 6 | 5 | 2 | 7 | 4 | 8 | 3 |
| 6 | 3 | 5 | 2 | 8 | 9 | 1 | 7 | 4 |
| 7 | 2 | 1 | 6 | 5 | 4 | 3 | 9 | 8 |
| 8 | 4 | 9 | 3 | 7 | 1 | 6 | 2 | 5 |
| 2 | 9 | 8 | 4 | 1 | 5 | 7 | 3 | 6 |
| 5 | 7 | 3 | 9 | 6 | 8 | 2 | 4 | 1 |
| 1 | 6 | 4 | 7 | 3 | 2 | 8 | 5 | 9 |

12-22

| | | | | | | | | |
|---|---|---|---|---|---|---|---|---|
| 1 | 7 | 4 | 6 | 5 | 8 | 2 | 9 | 3 |
| 5 | 6 | 3 | 9 | 2 | 1 | 7 | 8 | 4 |
| 2 | 9 | 8 | 7 | 3 | 4 | 5 | 6 | 1 |
| 8 | 1 | 7 | 3 | 6 | 2 | 9 | 4 | 5 |
| 4 | 3 | 9 | 8 | 7 | 5 | 1 | 2 | 6 |
| 6 | 5 | 2 | 1 | 4 | 9 | 8 | 3 | 7 |
| 3 | 2 | 6 | 5 | 9 | 7 | 4 | 1 | 8 |
| 7 | 4 | 1 | 2 | 8 | 6 | 3 | 5 | 9 |
| 9 | 8 | 5 | 4 | 1 | 3 | 6 | 7 | 2 |

12-23

| | | | | | | | | |
|---|---|---|---|---|---|---|---|---|
| 8 | 7 | 2 | 4 | 9 | 5 | 3 | 6 | 1 |
| 9 | 1 | 6 | 7 | 3 | 8 | 5 | 4 | 2 |
| 4 | 5 | 3 | 6 | 2 | 1 | 7 | 8 | 9 |
| 6 | 2 | 7 | 5 | 1 | 3 | 4 | 9 | 8 |
| 5 | 4 | 9 | 8 | 6 | 2 | 1 | 3 | 7 |
| 1 | 3 | 8 | 9 | 4 | 7 | 2 | 5 | 6 |
| 7 | 6 | 5 | 2 | 8 | 4 | 9 | 1 | 3 |
| 3 | 8 | 4 | 1 | 7 | 9 | 6 | 2 | 5 |
| 2 | 9 | 1 | 3 | 5 | 6 | 8 | 7 | 4 |

12-24

| | | | | | | | | |
|---|---|---|---|---|---|---|---|---|
| 3 | 6 | 8 | 4 | 1 | 2 | 7 | 9 | 5 |
| 1 | 4 | 2 | 9 | 5 | 7 | 8 | 3 | 6 |
| 5 | 9 | 7 | 6 | 8 | 3 | 1 | 2 | 4 |
| 8 | 2 | 4 | 1 | 3 | 9 | 5 | 6 | 7 |
| 6 | 7 | 3 | 5 | 2 | 8 | 4 | 1 | 9 |
| 9 | 1 | 5 | 7 | 4 | 6 | 2 | 8 | 3 |
| 2 | 3 | 6 | 8 | 7 | 5 | 9 | 4 | 1 |
| 7 | 8 | 1 | 3 | 9 | 4 | 6 | 5 | 2 |
| 4 | 5 | 9 | 2 | 6 | 1 | 3 | 7 | 8 |

12-25

| | | | | | | | | |
|---|---|---|---|---|---|---|---|---|
| 1 | 5 | 9 | 4 | 6 | 8 | 3 | 7 | 2 |
| 8 | 4 | 3 | 7 | 1 | 2 | 6 | 9 | 5 |
| 6 | 2 | 7 | 5 | 3 | 9 | 4 | 8 | 1 |
| 7 | 1 | 4 | 2 | 9 | 3 | 8 | 5 | 6 |
| 3 | 9 | 5 | 6 | 8 | 7 | 2 | 1 | 4 |
| 2 | 6 | 8 | 1 | 4 | 5 | 7 | 3 | 9 |
| 4 | 3 | 6 | 8 | 5 | 1 | 9 | 2 | 7 |
| 9 | 7 | 1 | 3 | 2 | 4 | 5 | 6 | 8 |
| 5 | 8 | 2 | 9 | 7 | 6 | 1 | 4 | 3 |

12-26

| | | | | | | | | |
|---|---|---|---|---|---|---|---|---|
| 1 | 8 | 9 | 5 | 4 | 2 | 7 | 3 | 6 |
| 4 | 5 | 6 | 3 | 7 | 1 | 8 | 2 | 9 |
| 7 | 3 | 2 | 8 | 6 | 9 | 4 | 5 | 1 |
| 2 | 1 | 8 | 6 | 5 | 7 | 3 | 9 | 4 |
| 9 | 6 | 3 | 2 | 8 | 4 | 1 | 7 | 5 |
| 5 | 4 | 7 | 1 | 9 | 3 | 2 | 6 | 8 |
| 6 | 7 | 5 | 4 | 3 | 8 | 9 | 1 | 2 |
| 8 | 9 | 1 | 7 | 2 | 5 | 6 | 4 | 3 |
| 3 | 2 | 4 | 9 | 1 | 6 | 5 | 8 | 7 |

12-27

| | | | | | | | | |
|---|---|---|---|---|---|---|---|---|
| 2 | 7 | 1 | 6 | 4 | 9 | 3 | 8 | 5 |
| 6 | 9 | 3 | 5 | 2 | 8 | 4 | 1 | 7 |
| 4 | 5 | 8 | 1 | 3 | 7 | 9 | 6 | 2 |
| 5 | 4 | 6 | 7 | 9 | 2 | 8 | 3 | 1 |
| 3 | 1 | 7 | 8 | 6 | 4 | 5 | 2 | 9 |
| 8 | 2 | 9 | 3 | 1 | 5 | 6 | 7 | 4 |
| 9 | 3 | 4 | 2 | 7 | 6 | 1 | 5 | 8 |
| 1 | 8 | 2 | 9 | 5 | 3 | 7 | 4 | 6 |
| 7 | 6 | 5 | 4 | 8 | 1 | 2 | 9 | 3 |

12-28

| | | | | | | | | |
|---|---|---|---|---|---|---|---|---|
| 5 | 4 | 3 | 1 | 2 | 9 | 6 | 7 | 8 |
| 2 | 7 | 8 | 6 | 3 | 4 | 1 | 5 | 9 |
| 1 | 9 | 6 | 5 | 8 | 7 | 2 | 4 | 3 |
| 3 | 8 | 7 | 4 | 1 | 6 | 9 | 2 | 5 |
| 4 | 2 | 1 | 8 | 9 | 5 | 7 | 3 | 6 |
| 9 | 6 | 5 | 3 | 7 | 2 | 8 | 1 | 4 |
| 8 | 5 | 4 | 2 | 6 | 1 | 3 | 9 | 7 |
| 6 | 1 | 9 | 7 | 5 | 3 | 4 | 8 | 2 |
| 7 | 3 | 2 | 9 | 4 | 8 | 5 | 6 | 1 |

12-29

| | | | | | | | | |
|---|---|---|---|---|---|---|---|---|
| 3 | 5 | 2 | 1 | 4 | 8 | 6 | 7 | 9 |
| 1 | 9 | 7 | 3 | 6 | 5 | 8 | 4 | 2 |
| 4 | 8 | 6 | 7 | 2 | 9 | 1 | 3 | 5 |
| 5 | 1 | 4 | 8 | 3 | 6 | 2 | 9 | 7 |
| 8 | 6 | 9 | 4 | 7 | 2 | 3 | 5 | 1 |
| 7 | 2 | 3 | 5 | 9 | 1 | 4 | 8 | 6 |
| 9 | 4 | 8 | 2 | 1 | 7 | 5 | 6 | 3 |
| 6 | 3 | 1 | 9 | 5 | 4 | 7 | 2 | 8 |
| 2 | 7 | 5 | 6 | 8 | 3 | 9 | 1 | 4 |

12-30

| | | | | | | | | |
|---|---|---|---|---|---|---|---|---|
| 9 | 3 | 7 | 2 | 4 | 5 | 8 | 1 | 6 |
| 2 | 5 | 8 | 6 | 9 | 1 | 4 | 7 | 3 |
| 4 | 6 | 1 | 7 | 8 | 3 | 5 | 2 | 9 |
| 6 | 4 | 2 | 3 | 5 | 9 | 1 | 8 | 7 |
| 8 | 7 | 3 | 1 | 2 | 4 | 6 | 9 | 5 |
| 1 | 9 | 5 | 8 | 7 | 6 | 2 | 3 | 4 |
| 5 | 8 | 4 | 9 | 3 | 2 | 7 | 6 | 1 |
| 7 | 1 | 9 | 5 | 6 | 8 | 3 | 4 | 2 |
| 3 | 2 | 6 | 4 | 1 | 7 | 9 | 5 | 8 |

12-31

| | | | | | | | | |
|---|---|---|---|---|---|---|---|---|
| 2 | 1 | 9 | 4 | 3 | 6 | 5 | 7 | 8 |
| 3 | 4 | 8 | 7 | 5 | 2 | 1 | 6 | 9 |
| 5 | 7 | 6 | 1 | 8 | 9 | 3 | 4 | 2 |
| 6 | 2 | 1 | 8 | 4 | 5 | 7 | 9 | 3 |
| 9 | 8 | 7 | 6 | 1 | 3 | 2 | 5 | 4 |
| 4 | 3 | 5 | 2 | 9 | 7 | 6 | 8 | 1 |
| 8 | 5 | 4 | 3 | 7 | 1 | 9 | 2 | 6 |
| 1 | 9 | 2 | 5 | 6 | 4 | 8 | 3 | 7 |
| 7 | 6 | 3 | 9 | 2 | 8 | 4 | 1 | 5 |

12-32

| | | | | | | | | |
|---|---|---|---|---|---|---|---|---|
| 9 | 7 | 5 | 4 | 8 | 6 | 3 | 2 | 1 |
| 8 | 4 | 1 | 2 | 3 | 9 | 7 | 6 | 5 |
| 3 | 2 | 6 | 7 | 1 | 5 | 8 | 4 | 9 |
| 6 | 9 | 7 | 1 | 4 | 3 | 2 | 5 | 8 |
| 5 | 1 | 2 | 6 | 7 | 8 | 9 | 3 | 4 |
| 4 | 8 | 3 | 9 | 5 | 2 | 6 | 1 | 7 |
| 1 | 3 | 4 | 8 | 2 | 7 | 5 | 9 | 6 |
| 7 | 5 | 9 | 3 | 6 | 4 | 1 | 8 | 2 |
| 2 | 6 | 8 | 5 | 9 | 1 | 4 | 7 | 3 |

12-33

| | | | | | | | | |
|---|---|---|---|---|---|---|---|---|
| 2 | 9 | 8 | 7 | 6 | 5 | 1 | 4 | 3 |
| 7 | 5 | 1 | 3 | 2 | 4 | 6 | 8 | 9 |
| 6 | 3 | 4 | 8 | 1 | 9 | 5 | 7 | 2 |
| 3 | 6 | 7 | 9 | 5 | 2 | 4 | 1 | 8 |
| 1 | 8 | 9 | 4 | 7 | 6 | 3 | 2 | 5 |
| 4 | 2 | 5 | 1 | 8 | 3 | 7 | 9 | 6 |
| 5 | 1 | 6 | 2 | 9 | 7 | 8 | 3 | 4 |
| 8 | 4 | 2 | 5 | 3 | 1 | 9 | 6 | 7 |
| 9 | 7 | 3 | 6 | 4 | 8 | 2 | 5 | 1 |

12-34

| | | | | | | | | |
|---|---|---|---|---|---|---|---|---|
| 4 | 5 | 3 | 8 | 7 | 6 | 9 | 2 | 1 |
| 7 | 2 | 1 | 9 | 3 | 5 | 8 | 4 | 6 |
| 8 | 6 | 9 | 4 | 1 | 2 | 7 | 5 | 3 |
| 3 | 1 | 2 | 5 | 8 | 9 | 6 | 7 | 4 |
| 5 | 7 | 8 | 1 | 6 | 4 | 2 | 3 | 9 |
| 6 | 9 | 4 | 3 | 2 | 7 | 1 | 8 | 5 |
| 1 | 4 | 5 | 7 | 9 | 8 | 3 | 6 | 2 |
| 9 | 8 | 6 | 2 | 4 | 3 | 5 | 1 | 7 |
| 2 | 3 | 7 | 6 | 5 | 1 | 4 | 9 | 8 |

12-35

| | | | | | | | | |
|---|---|---|---|---|---|---|---|---|
| 3 | 5 | 8 | 4 | 6 | 9 | 1 | 2 | 7 |
| 9 | 7 | 4 | 3 | 1 | 2 | 8 | 5 | 6 |
| 1 | 2 | 6 | 8 | 5 | 7 | 3 | 9 | 4 |
| 4 | 8 | 3 | 5 | 7 | 1 | 9 | 6 | 2 |
| 6 | 1 | 5 | 9 | 2 | 4 | 7 | 8 | 3 |
| 7 | 9 | 2 | 6 | 3 | 8 | 5 | 4 | 1 |
| 2 | 3 | 9 | 1 | 8 | 6 | 4 | 7 | 5 |
| 5 | 4 | 7 | 2 | 9 | 3 | 6 | 1 | 8 |
| 8 | 6 | 1 | 7 | 4 | 5 | 2 | 3 | 9 |

12-36

| | | | | | | | | |
|---|---|---|---|---|---|---|---|---|
| 5 | 2 | 8 | 1 | 7 | 6 | 9 | 3 | 4 |
| 3 | 6 | 9 | 2 | 4 | 5 | 7 | 8 | 1 |
| 4 | 1 | 7 | 8 | 9 | 3 | 6 | 5 | 2 |
| 7 | 4 | 1 | 3 | 8 | 9 | 2 | 6 | 5 |
| 8 | 5 | 2 | 6 | 1 | 7 | 4 | 9 | 3 |
| 9 | 3 | 6 | 5 | 2 | 4 | 1 | 7 | 8 |
| 6 | 9 | 3 | 4 | 5 | 2 | 8 | 1 | 7 |
| 1 | 7 | 4 | 9 | 3 | 8 | 5 | 2 | 6 |
| 2 | 8 | 5 | 7 | 6 | 1 | 3 | 4 | 9 |

12-37

| | | | | | | | | |
|---|---|---|---|---|---|---|---|---|
| 7 | 1 | 5 | 4 | 9 | 8 | 3 | 6 | 2 |
| 6 | 8 | 2 | 7 | 3 | 1 | 5 | 9 | 4 |
| 9 | 3 | 4 | 6 | 2 | 5 | 8 | 7 | 1 |
| 8 | 2 | 6 | 3 | 4 | 7 | 1 | 5 | 9 |
| 1 | 5 | 3 | 8 | 6 | 9 | 2 | 4 | 7 |
| 4 | 7 | 9 | 5 | 1 | 2 | 6 | 8 | 3 |
| 5 | 6 | 1 | 2 | 7 | 4 | 9 | 3 | 8 |
| 2 | 4 | 8 | 9 | 5 | 3 | 7 | 1 | 6 |
| 3 | 9 | 7 | 1 | 8 | 6 | 4 | 2 | 5 |

12-38

| | | | | | | | | |
|---|---|---|---|---|---|---|---|---|
| 5 | 6 | 8 | 3 | 7 | 9 | 1 | 4 | 2 |
| 2 | 1 | 3 | 8 | 4 | 5 | 7 | 9 | 6 |
| 4 | 7 | 9 | 6 | 2 | 1 | 8 | 5 | 3 |
| 6 | 3 | 4 | 2 | 9 | 7 | 5 | 1 | 8 |
| 8 | 5 | 7 | 1 | 6 | 4 | 2 | 3 | 9 |
| 1 | 9 | 2 | 5 | 8 | 3 | 6 | 7 | 4 |
| 7 | 8 | 1 | 9 | 3 | 6 | 4 | 2 | 5 |
| 9 | 4 | 6 | 7 | 5 | 2 | 3 | 8 | 1 |
| 3 | 2 | 5 | 4 | 1 | 8 | 9 | 6 | 7 |

12-39

| | | | | | | | | |
|---|---|---|---|---|---|---|---|---|
| 5 | 2 | 7 | 8 | 3 | 4 | 9 | 6 | 1 |
| 6 | 4 | 1 | 5 | 9 | 2 | 7 | 3 | 8 |
| 3 | 9 | 8 | 6 | 1 | 7 | 4 | 5 | 2 |
| 4 | 1 | 6 | 9 | 8 | 5 | 2 | 7 | 3 |
| 2 | 7 | 9 | 4 | 6 | 3 | 1 | 8 | 5 |
| 8 | 5 | 3 | 7 | 2 | 1 | 6 | 4 | 9 |
| 7 | 6 | 2 | 1 | 5 | 8 | 3 | 9 | 4 |
| 1 | 8 | 4 | 3 | 7 | 9 | 5 | 2 | 6 |
| 9 | 3 | 5 | 2 | 4 | 6 | 8 | 1 | 7 |

12-40

| | | | | | | | | |
|---|---|---|---|---|---|---|---|---|
| 9 | 3 | 1 | 2 | 4 | 8 | 6 | 5 | 7 |
| 5 | 8 | 7 | 9 | 6 | 3 | 1 | 4 | 2 |
| 4 | 6 | 2 | 5 | 7 | 1 | 8 | 9 | 3 |
| 8 | 7 | 5 | 6 | 2 | 9 | 3 | 1 | 4 |
| 3 | 1 | 6 | 8 | 5 | 4 | 7 | 2 | 9 |
| 2 | 9 | 4 | 1 | 3 | 7 | 5 | 8 | 6 |
| 1 | 5 | 3 | 7 | 9 | 2 | 4 | 6 | 8 |
| 7 | 2 | 8 | 4 | 1 | 6 | 9 | 3 | 5 |
| 6 | 4 | 9 | 3 | 8 | 5 | 2 | 7 | 1 |

12-41

| | | | | | | | | |
|---|---|---|---|---|---|---|---|---|
| 3 | 2 | 5 | 7 | 4 | 9 | 1 | 8 | 6 |
| 8 | 9 | 6 | 3 | 1 | 2 | 5 | 4 | 7 |
| 4 | 1 | 7 | 8 | 6 | 5 | 9 | 3 | 2 |
| 9 | 6 | 8 | 1 | 7 | 3 | 2 | 5 | 4 |
| 2 | 5 | 1 | 9 | 8 | 4 | 6 | 7 | 3 |
| 7 | 3 | 4 | 5 | 2 | 6 | 8 | 9 | 1 |
| 5 | 8 | 2 | 6 | 3 | 7 | 4 | 1 | 9 |
| 6 | 7 | 9 | 4 | 5 | 1 | 3 | 2 | 8 |
| 1 | 4 | 3 | 2 | 9 | 8 | 7 | 6 | 5 |

12-42

| | | | | | | | | |
|---|---|---|---|---|---|---|---|---|
| 9 | 1 | 4 | 2 | 5 | 8 | 7 | 3 | 6 |
| 6 | 7 | 2 | 4 | 3 | 9 | 5 | 8 | 1 |
| 3 | 5 | 8 | 1 | 6 | 7 | 4 | 9 | 2 |
| 1 | 2 | 3 | 6 | 8 | 5 | 9 | 7 | 4 |
| 4 | 9 | 5 | 7 | 1 | 3 | 6 | 2 | 8 |
| 7 | 8 | 6 | 9 | 4 | 2 | 1 | 5 | 3 |
| 5 | 4 | 7 | 8 | 2 | 1 | 3 | 6 | 9 |
| 8 | 3 | 1 | 5 | 9 | 6 | 2 | 4 | 7 |
| 2 | 6 | 9 | 3 | 7 | 4 | 8 | 1 | 5 |

# 第十三章　练习题答案

13-1

| | | | | | | | | |
|---|---|---|---|---|---|---|---|---|
| 9 | 5 | 1 | 4 | 8 | 3 | 7 | 6 | 2 |
| 2 | 7 | 6 | 1 | 9 | 5 | 3 | 4 | 8 |
| 8 | 3 | 4 | 6 | 2 | 7 | 5 | 1 | 9 |
| 3 | 2 | 7 | 5 | 1 | 6 | 8 | 9 | 4 |
| 4 | 8 | 9 | 7 | 3 | 2 | 6 | 5 | 1 |
| 1 | 6 | 5 | 9 | 4 | 8 | 2 | 7 | 3 |
| 6 | 4 | 8 | 2 | 7 | 9 | 1 | 3 | 5 |
| 5 | 1 | 3 | 8 | 6 | 4 | 9 | 2 | 7 |
| 7 | 9 | 2 | 3 | 5 | 1 | 4 | 8 | 6 |

13-2

| | | | | | | | | |
|---|---|---|---|---|---|---|---|---|
| 8 | 9 | 4 | 1 | 3 | 5 | 7 | 6 | 2 |
| 6 | 5 | 1 | 9 | 2 | 7 | 3 | 4 | 8 |
| 2 | 7 | 3 | 4 | 8 | 6 | 5 | 1 | 9 |
| 3 | 2 | 7 | 6 | 4 | 8 | 9 | 5 | 1 |
| 4 | 8 | 9 | 5 | 1 | 3 | 2 | 7 | 6 |
| 1 | 6 | 5 | 7 | 9 | 2 | 8 | 3 | 4 |
| 5 | 1 | 6 | 2 | 7 | 9 | 4 | 8 | 3 |
| 7 | 3 | 2 | 8 | 6 | 4 | 1 | 9 | 5 |
| 9 | 4 | 8 | 3 | 5 | 1 | 6 | 2 | 7 |

13-3

| | | | | | | | | |
|---|---|---|---|---|---|---|---|---|
| 9 | 2 | 8 | 4 | 1 | 6 | 7 | 3 | 5 |
| 5 | 7 | 3 | 8 | 9 | 2 | 6 | 4 | 1 |
| 1 | 6 | 4 | 3 | 5 | 7 | 2 | 8 | 9 |
| 3 | 4 | 1 | 5 | 7 | 9 | 8 | 6 | 2 |
| 2 | 8 | 6 | 1 | 3 | 4 | 9 | 5 | 7 |
| 7 | 9 | 5 | 6 | 2 | 8 | 4 | 1 | 3 |
| 6 | 5 | 7 | 2 | 8 | 3 | 1 | 9 | 4 |
| 4 | 1 | 9 | 7 | 6 | 5 | 3 | 2 | 8 |
| 8 | 3 | 2 | 9 | 4 | 1 | 5 | 7 | 6 |

13-4

| | | | | | | | | |
|---|---|---|---|---|---|---|---|---|
| 1 | 8 | 6 | 4 | 2 | 7 | 3 | 9 | 5 |
| 2 | 5 | 4 | 9 | 6 | 3 | 8 | 7 | 1 |
| 7 | 3 | 9 | 5 | 1 | 8 | 6 | 4 | 2 |
| 9 | 7 | 3 | 8 | 5 | 1 | 2 | 6 | 4 |
| 6 | 1 | 8 | 7 | 4 | 2 | 5 | 3 | 9 |
| 4 | 2 | 5 | 3 | 9 | 6 | 1 | 8 | 7 |
| 5 | 4 | 2 | 6 | 3 | 9 | 7 | 1 | 8 |
| 3 | 9 | 7 | 1 | 8 | 5 | 4 | 2 | 6 |
| 8 | 6 | 1 | 2 | 7 | 4 | 9 | 5 | 3 |

13-5

| | | | | | | | | |
|---|---|---|---|---|---|---|---|---|
| 2 | 5 | 1 | 7 | 4 | 9 | 3 | 8 | 6 |
| 6 | 3 | 8 | 1 | 2 | 5 | 9 | 7 | 4 |
| 4 | 9 | 7 | 8 | 6 | 3 | 5 | 1 | 2 |
| 9 | 6 | 4 | 5 | 3 | 8 | 1 | 2 | 7 |
| 7 | 1 | 2 | 4 | 9 | 6 | 8 | 5 | 3 |
| 3 | 8 | 5 | 2 | 7 | 1 | 6 | 4 | 9 |
| 8 | 7 | 3 | 6 | 1 | 2 | 4 | 9 | 5 |
| 5 | 4 | 9 | 3 | 8 | 7 | 2 | 6 | 1 |
| 1 | 2 | 6 | 9 | 5 | 4 | 7 | 3 | 8 |

13-6

| | | | | | | | | |
|---|---|---|---|---|---|---|---|---|
| 9 | 6 | 4 | 8 | 7 | 3 | 2 | 5 | 1 |
| 7 | 1 | 2 | 5 | 4 | 9 | 6 | 3 | 8 |
| 3 | 8 | 5 | 1 | 2 | 6 | 4 | 9 | 7 |
| 5 | 3 | 8 | 6 | 1 | 2 | 7 | 4 | 9 |
| 4 | 9 | 6 | 3 | 8 | 7 | 1 | 2 | 5 |
| 2 | 7 | 1 | 9 | 5 | 4 | 8 | 6 | 3 |
| 1 | 2 | 7 | 4 | 9 | 5 | 3 | 8 | 6 |
| 8 | 5 | 3 | 2 | 6 | 1 | 9 | 7 | 4 |
| 6 | 4 | 9 | 7 | 3 | 8 | 5 | 1 | 2 |

13-7

| | | | | | | | | |
|---|---|---|---|---|---|---|---|---|
| 7 | 1 | 8 | 3 | 9 | 5 | 2 | 6 | 4 |
| 4 | 2 | 6 | 8 | 7 | 1 | 5 | 3 | 9 |
| 9 | 5 | 3 | 6 | 4 | 2 | 1 | 8 | 7 |
| 5 | 4 | 2 | 1 | 8 | 6 | 9 | 7 | 3 |
| 3 | 9 | 7 | 2 | 5 | 4 | 6 | 1 | 8 |
| 8 | 6 | 1 | 7 | 3 | 9 | 4 | 2 | 5 |
| 6 | 3 | 9 | 4 | 2 | 7 | 8 | 5 | 1 |
| 1 | 8 | 5 | 9 | 6 | 3 | 7 | 4 | 2 |
| 2 | 7 | 4 | 5 | 1 | 8 | 3 | 9 | 6 |

13-8

| | | | | | | | | |
|---|---|---|---|---|---|---|---|---|
| 2 | 3 | 8 | 5 | 9 | 7 | 4 | 6 | 1 |
| 9 | 1 | 4 | 6 | 8 | 2 | 3 | 7 | 5 |
| 7 | 5 | 6 | 1 | 4 | 3 | 8 | 2 | 9 |
| 6 | 7 | 5 | 3 | 1 | 4 | 9 | 8 | 2 |
| 8 | 2 | 3 | 7 | 5 | 9 | 1 | 4 | 6 |
| 4 | 9 | 1 | 2 | 6 | 8 | 5 | 3 | 7 |
| 1 | 4 | 9 | 8 | 2 | 6 | 7 | 5 | 3 |
| 5 | 6 | 7 | 4 | 3 | 1 | 2 | 9 | 8 |
| 3 | 8 | 2 | 9 | 7 | 5 | 6 | 1 | 4 |

13-9

| | | | | | | | | |
|---|---|---|---|---|---|---|---|---|
| 6 | 8 | 4 | 1 | 5 | 3 | 2 | 9 | 7 |
| 7 | 2 | 9 | 4 | 6 | 8 | 3 | 1 | 5 |
| 5 | 3 | 1 | 9 | 7 | 2 | 8 | 4 | 6 |
| 3 | 7 | 2 | 8 | 4 | 9 | 5 | 6 | 1 |
| 1 | 5 | 6 | 2 | 3 | 7 | 9 | 8 | 4 |
| 4 | 9 | 8 | 6 | 1 | 5 | 7 | 2 | 3 |
| 9 | 1 | 5 | 7 | 2 | 6 | 4 | 3 | 8 |
| 8 | 4 | 3 | 5 | 9 | 1 | 6 | 7 | 2 |
| 2 | 6 | 7 | 3 | 8 | 4 | 1 | 5 | 9 |

13-10

| | | | | | | | | |
|---|---|---|---|---|---|---|---|---|
| 7 | 2 | 3 | 1 | 5 | 9 | 8 | 4 | 6 |
| 5 | 9 | 8 | 4 | 6 | 7 | 2 | 3 | 1 |
| 6 | 1 | 4 | 3 | 8 | 2 | 9 | 7 | 5 |
| 4 | 6 | 1 | 2 | 3 | 8 | 5 | 9 | 7 |
| 3 | 7 | 2 | 9 | 1 | 5 | 6 | 8 | 4 |
| 8 | 5 | 9 | 7 | 4 | 6 | 1 | 2 | 3 |
| 9 | 8 | 5 | 6 | 7 | 4 | 3 | 1 | 2 |
| 1 | 4 | 6 | 8 | 2 | 3 | 7 | 5 | 9 |
| 2 | 3 | 7 | 5 | 9 | 1 | 4 | 6 | 8 |

13-11

| | | | | | | | | |
|---|---|---|---|---|---|---|---|---|
| 5 | 9 | 7 | 4 | 6 | 1 | 2 | 3 | 8 |
| 6 | 8 | 4 | 3 | 7 | 2 | 9 | 1 | 5 |
| 1 | 2 | 3 | 8 | 5 | 9 | 7 | 4 | 6 |
| 3 | 1 | 2 | 9 | 8 | 5 | 6 | 7 | 4 |
| 7 | 5 | 9 | 1 | 4 | 6 | 8 | 2 | 3 |
| 4 | 6 | 8 | 2 | 3 | 7 | 5 | 9 | 1 |
| 8 | 4 | 6 | 7 | 2 | 3 | 1 | 5 | 9 |
| 2 | 3 | 1 | 5 | 9 | 8 | 4 | 6 | 7 |
| 9 | 7 | 5 | 6 | 1 | 4 | 3 | 8 | 2 |

13-12

| | | | | | | | | |
|---|---|---|---|---|---|---|---|---|
| 2 | 9 | 8 | 6 | 7 | 4 | 1 | 5 | 3 |
| 3 | 1 | 5 | 8 | 2 | 9 | 4 | 6 | 7 |
| 7 | 4 | 6 | 5 | 3 | 1 | 9 | 8 | 2 |
| 5 | 6 | 7 | 3 | 1 | 2 | 8 | 4 | 9 |
| 9 | 8 | 4 | 7 | 5 | 6 | 2 | 3 | 1 |
| 1 | 2 | 3 | 4 | 9 | 8 | 6 | 7 | 5 |
| 4 | 3 | 1 | 9 | 8 | 5 | 7 | 2 | 6 |
| 6 | 7 | 2 | 1 | 4 | 3 | 5 | 9 | 8 |
| 8 | 5 | 9 | 2 | 6 | 7 | 3 | 1 | 4 |

13-13

| | | | | | | | | |
|---|---|---|---|---|---|---|---|---|
| 1 | 4 | 9 | 8 | 2 | 6 | 7 | 5 | 3 |
| 5 | 6 | 8 | 4 | 3 | 7 | 2 | 9 | 1 |
| 3 | 7 | 2 | 9 | 1 | 5 | 6 | 8 | 4 |
| 2 | 3 | 7 | 5 | 9 | 1 | 4 | 6 | 8 |
| 9 | 1 | 4 | 6 | 8 | 2 | 3 | 7 | 5 |
| 8 | 5 | 6 | 7 | 4 | 3 | 1 | 2 | 9 |
| 6 | 8 | 5 | 3 | 7 | 4 | 9 | 1 | 2 |
| 7 | 2 | 3 | 1 | 5 | 9 | 8 | 4 | 6 |
| 4 | 9 | 1 | 2 | 6 | 8 | 5 | 3 | 7 |

13-14

| | | | | | | | | |
|---|---|---|---|---|---|---|---|---|
| 8 | 2 | 9 | 5 | 6 | 1 | 3 | 7 | 4 |
| 4 | 3 | 7 | 9 | 8 | 2 | 1 | 5 | 6 |
| 6 | 1 | 5 | 7 | 4 | 3 | 2 | 9 | 8 |
| 7 | 5 | 6 | 4 | 3 | 8 | 9 | 1 | 2 |
| 2 | 9 | 1 | 6 | 7 | 5 | 8 | 4 | 3 |
| 3 | 8 | 4 | 1 | 2 | 9 | 5 | 6 | 7 |
| 1 | 4 | 3 | 2 | 9 | 7 | 6 | 8 | 5 |
| 5 | 6 | 8 | 3 | 1 | 4 | 7 | 2 | 9 |
| 9 | 7 | 2 | 8 | 5 | 6 | 4 | 3 | 1 |

13-15

| | | | | | | | | |
|---|---|---|---|---|---|---|---|---|
| 3 | 7 | 2 | 9 | 1 | 5 | 6 | 8 | 4 |
| 1 | 5 | 6 | 8 | 4 | 3 | 7 | 2 | 9 |
| 4 | 9 | 8 | 2 | 6 | 7 | 5 | 3 | 1 |
| 8 | 4 | 9 | 7 | 2 | 6 | 1 | 5 | 3 |
| 2 | 3 | 7 | 5 | 9 | 1 | 4 | 6 | 8 |
| 6 | 1 | 5 | 3 | 8 | 4 | 9 | 7 | 2 |
| 5 | 6 | 1 | 4 | 3 | 8 | 2 | 9 | 7 |
| 9 | 8 | 4 | 6 | 7 | 2 | 3 | 1 | 5 |
| 7 | 2 | 3 | 1 | 5 | 9 | 8 | 4 | 6 |

13-16

| | | | | | | | | |
|---|---|---|---|---|---|---|---|---|
| 7 | 5 | 3 | 4 | 6 | 1 | 9 | 8 | 2 |
| 2 | 9 | 8 | 3 | 7 | 5 | 1 | 4 | 6 |
| 6 | 1 | 4 | 8 | 2 | 9 | 5 | 3 | 7 |
| 1 | 4 | 9 | 2 | 3 | 8 | 6 | 7 | 5 |
| 5 | 6 | 7 | 9 | 1 | 4 | 8 | 2 | 3 |
| 3 | 8 | 2 | 7 | 5 | 6 | 4 | 9 | 1 |
| 8 | 2 | 6 | 5 | 9 | 7 | 3 | 1 | 4 |
| 4 | 3 | 1 | 6 | 8 | 2 | 7 | 5 | 9 |
| 9 | 7 | 5 | 1 | 4 | 3 | 2 | 6 | 8 |

13-17

| | | | | | | | | |
|---|---|---|---|---|---|---|---|---|
| 4 | 5 | 2 | 8 | 1 | 7 | 6 | 9 | 3 |
| 9 | 3 | 8 | 5 | 2 | 6 | 1 | 7 | 4 |
| 7 | 6 | 1 | 3 | 4 | 9 | 2 | 8 | 5 |
| 1 | 7 | 6 | 9 | 3 | 4 | 5 | 2 | 8 |
| 2 | 4 | 5 | 7 | 8 | 1 | 3 | 6 | 9 |
| 8 | 9 | 3 | 6 | 5 | 2 | 4 | 1 | 7 |
| 3 | 8 | 9 | 2 | 6 | 5 | 7 | 4 | 1 |
| 6 | 1 | 7 | 4 | 9 | 3 | 8 | 5 | 2 |
| 5 | 2 | 4 | 1 | 7 | 8 | 9 | 3 | 6 |

13-18

| | | | | | | | | |
|---|---|---|---|---|---|---|---|---|
| 5 | 2 | 8 | 1 | 7 | 6 | 9 | 3 | 4 |
| 3 | 6 | 9 | 2 | 4 | 5 | 7 | 8 | 1 |
| 4 | 1 | 7 | 8 | 9 | 3 | 6 | 5 | 2 |
| 7 | 4 | 1 | 3 | 8 | 9 | 2 | 6 | 5 |
| 8 | 5 | 2 | 6 | 1 | 7 | 4 | 9 | 3 |
| 9 | 3 | 6 | 5 | 2 | 4 | 1 | 7 | 8 |
| 6 | 9 | 3 | 4 | 5 | 2 | 8 | 1 | 7 |
| 1 | 7 | 4 | 9 | 3 | 8 | 5 | 2 | 6 |
| 2 | 8 | 5 | 7 | 6 | 1 | 3 | 4 | 9 |

13-19

| | | | | | | | | |
|---|---|---|---|---|---|---|---|---|
| 3 | 8 | 9 | 4 | 5 | 2 | 1 | 7 | 6 |
| 6 | 1 | 7 | 9 | 3 | 8 | 2 | 4 | 5 |
| 5 | 2 | 4 | 7 | 6 | 1 | 8 | 9 | 3 |
| 2 | 6 | 5 | 8 | 1 | 7 | 9 | 3 | 4 |
| 4 | 9 | 3 | 5 | 2 | 6 | 7 | 8 | 1 |
| 1 | 7 | 8 | 3 | 4 | 9 | 6 | 5 | 2 |
| 7 | 4 | 1 | 6 | 9 | 3 | 5 | 2 | 8 |
| 8 | 5 | 2 | 1 | 7 | 4 | 3 | 6 | 9 |
| 9 | 3 | 6 | 2 | 8 | 5 | 4 | 1 | 7 |

13-20

| | | | | | | | | |
|---|---|---|---|---|---|---|---|---|
| 1 | 7 | 6 | 3 | 8 | 9 | 4 | 5 | 2 |
| 2 | 4 | 5 | 6 | 1 | 7 | 9 | 3 | 8 |
| 8 | 9 | 3 | 5 | 2 | 4 | 7 | 6 | 1 |
| 9 | 3 | 4 | 2 | 6 | 5 | 8 | 1 | 7 |
| 7 | 8 | 1 | 4 | 9 | 3 | 5 | 2 | 6 |
| 6 | 5 | 2 | 1 | 7 | 8 | 3 | 4 | 9 |
| 5 | 2 | 8 | 7 | 4 | 1 | 6 | 9 | 3 |
| 3 | 6 | 9 | 8 | 5 | 2 | 1 | 7 | 4 |
| 4 | 1 | 7 | 9 | 3 | 6 | 2 | 8 | 5 |

13-21

| | | | | | | | | |
|---|---|---|---|---|---|---|---|---|
| 8 | 9 | 6 | 7 | 2 | 5 | 1 | 3 | 4 |
| 4 | 1 | 3 | 6 | 8 | 9 | 5 | 7 | 2 |
| 2 | 5 | 7 | 3 | 4 | 1 | 9 | 6 | 8 |
| 3 | 4 | 2 | 9 | 1 | 8 | 6 | 5 | 7 |
| 7 | 6 | 5 | 2 | 3 | 4 | 8 | 9 | 1 |
| 1 | 8 | 9 | 5 | 7 | 6 | 4 | 2 | 3 |
| 5 | 7 | 1 | 4 | 6 | 3 | 2 | 8 | 9 |
| 9 | 2 | 8 | 1 | 5 | 7 | 3 | 4 | 6 |
| 6 | 3 | 4 | 8 | 9 | 2 | 7 | 1 | 5 |

13-22

| | | | | | | | | |
|---|---|---|---|---|---|---|---|---|
| 9 | 2 | 5 | 4 | 1 | 8 | 7 | 6 | 3 |
| 1 | 3 | 7 | 6 | 5 | 9 | 2 | 8 | 4 |
| 8 | 4 | 6 | 3 | 7 | 2 | 5 | 9 | 1 |
| 6 | 8 | 4 | 2 | 3 | 7 | 1 | 5 | 9 |
| 5 | 9 | 2 | 8 | 4 | 1 | 3 | 7 | 6 |
| 7 | 1 | 3 | 9 | 6 | 5 | 4 | 2 | 8 |
| 3 | 7 | 1 | 5 | 9 | 6 | 8 | 4 | 2 |
| 4 | 6 | 8 | 7 | 2 | 3 | 9 | 1 | 5 |
| 2 | 5 | 9 | 1 | 8 | 4 | 6 | 3 | 7 |

13-23

| | | | | | | | | |
|---|---|---|---|---|---|---|---|---|
| 8 | 4 | 2 | 7 | 6 | 3 | 1 | 5 | 9 |
| 9 | 1 | 5 | 2 | 8 | 4 | 3 | 7 | 6 |
| 6 | 3 | 7 | 5 | 9 | 1 | 4 | 2 | 8 |
| 3 | 7 | 1 | 9 | 2 | 5 | 6 | 8 | 4 |
| 4 | 6 | 8 | 1 | 3 | 7 | 5 | 9 | 2 |
| 2 | 5 | 9 | 8 | 4 | 6 | 7 | 1 | 3 |
| 5 | 9 | 6 | 4 | 1 | 8 | 2 | 3 | 7 |
| 7 | 2 | 3 | 6 | 5 | 9 | 8 | 4 | 1 |
| 1 | 8 | 4 | 3 | 7 | 2 | 9 | 6 | 5 |

13-24

| | | | | | | | | |
|---|---|---|---|---|---|---|---|---|
| 9 | 1 | 8 | 4 | 6 | 3 | 7 | 2 | 5 |
| 2 | 3 | 4 | 1 | 5 | 7 | 6 | 8 | 9 |
| 5 | 7 | 6 | 8 | 9 | 2 | 3 | 4 | 1 |
| 6 | 5 | 7 | 2 | 8 | 9 | 1 | 3 | 4 |
| 8 | 9 | 1 | 3 | 4 | 6 | 5 | 7 | 2 |
| 4 | 2 | 3 | 7 | 1 | 5 | 9 | 6 | 8 |
| 3 | 4 | 2 | 5 | 7 | 1 | 8 | 9 | 6 |
| 7 | 6 | 5 | 9 | 2 | 8 | 4 | 1 | 3 |
| 1 | 8 | 9 | 6 | 3 | 4 | 2 | 5 | 7 |

13-25

| | | | | | | | | |
|---|---|---|---|---|---|---|---|---|
| 7 | 1 | 4 | 2 | 5 | 6 | 3 | 9 | 8 |
| 9 | 6 | 3 | 1 | 8 | 7 | 5 | 4 | 2 |
| 8 | 2 | 5 | 4 | 3 | 9 | 6 | 7 | 1 |
| 5 | 8 | 2 | 9 | 4 | 3 | 1 | 6 | 7 |
| 4 | 7 | 1 | 6 | 2 | 5 | 8 | 3 | 9 |
| 3 | 9 | 6 | 7 | 1 | 8 | 2 | 5 | 4 |
| 6 | 3 | 9 | 8 | 7 | 1 | 4 | 2 | 5 |
| 2 | 5 | 8 | 3 | 9 | 4 | 7 | 1 | 6 |
| 1 | 4 | 7 | 5 | 6 | 2 | 9 | 8 | 3 |

13-26

| | | | | | | | | |
|---|---|---|---|---|---|---|---|---|
| 9 | 4 | 3 | 8 | 7 | 1 | 2 | 5 | 6 |
| 6 | 2 | 5 | 3 | 9 | 4 | 1 | 8 | 7 |
| 7 | 1 | 8 | 5 | 6 | 2 | 4 | 3 | 9 |
| 1 | 6 | 7 | 4 | 2 | 5 | 3 | 9 | 8 |
| 8 | 3 | 9 | 7 | 1 | 6 | 5 | 4 | 2 |
| 2 | 5 | 4 | 9 | 8 | 3 | 6 | 7 | 1 |
| 5 | 8 | 2 | 6 | 3 | 9 | 7 | 1 | 4 |
| 4 | 7 | 1 | 2 | 5 | 8 | 9 | 6 | 3 |
| 3 | 9 | 6 | 1 | 4 | 7 | 8 | 2 | 5 |

13-27

| | | | | | | | | |
|---|---|---|---|---|---|---|---|---|
| 2 | 5 | 6 | 9 | 4 | 3 | 8 | 7 | 1 |
| 1 | 8 | 7 | 6 | 2 | 5 | 3 | 9 | 4 |
| 4 | 3 | 9 | 7 | 1 | 8 | 5 | 6 | 2 |
| 3 | 9 | 8 | 1 | 6 | 7 | 4 | 2 | 5 |
| 5 | 4 | 2 | 8 | 3 | 9 | 7 | 1 | 6 |
| 6 | 7 | 1 | 2 | 5 | 4 | 9 | 8 | 3 |
| 7 | 1 | 4 | 5 | 8 | 2 | 6 | 3 | 9 |
| 9 | 6 | 3 | 4 | 7 | 1 | 2 | 5 | 8 |
| 8 | 2 | 5 | 3 | 9 | 6 | 1 | 4 | 7 |

13-28

| | | | | | | | | |
|---|---|---|---|---|---|---|---|---|
| 4 | 3 | 6 | 5 | 1 | 7 | 2 | 9 | 8 |
| 8 | 2 | 9 | 6 | 4 | 3 | 7 | 5 | 1 |
| 1 | 7 | 5 | 9 | 8 | 2 | 3 | 6 | 4 |
| 9 | 8 | 1 | 3 | 2 | 4 | 6 | 7 | 5 |
| 5 | 6 | 7 | 1 | 9 | 8 | 4 | 3 | 2 |
| 2 | 4 | 3 | 7 | 5 | 6 | 8 | 1 | 9 |
| 7 | 5 | 2 | 8 | 6 | 9 | 1 | 4 | 3 |
| 3 | 1 | 4 | 2 | 7 | 5 | 9 | 8 | 6 |
| 6 | 9 | 8 | 4 | 3 | 1 | 5 | 2 | 7 |

13-29

| | | | | | | | | |
|---|---|---|---|---|---|---|---|---|
| 2 | 5 | 1 | 7 | 4 | 9 | 3 | 8 | 6 |
| 6 | 3 | 8 | 1 | 2 | 5 | 9 | 7 | 4 |
| 4 | 9 | 7 | 8 | 6 | 3 | 5 | 1 | 2 |
| 9 | 6 | 4 | 5 | 3 | 8 | 1 | 2 | 7 |
| 7 | 1 | 2 | 4 | 9 | 6 | 8 | 5 | 3 |
| 3 | 8 | 5 | 2 | 7 | 1 | 6 | 4 | 9 |
| 8 | 7 | 3 | 6 | 1 | 2 | 4 | 9 | 5 |
| 5 | 4 | 9 | 3 | 8 | 7 | 2 | 6 | 1 |
| 1 | 2 | 6 | 9 | 5 | 4 | 7 | 3 | 8 |

13-30

| | | | | | | | | |
|---|---|---|---|---|---|---|---|---|
| 5 | 7 | 9 | 2 | 8 | 3 | 4 | 1 | 6 |
| 1 | 3 | 4 | 7 | 6 | 5 | 8 | 9 | 2 |
| 6 | 2 | 8 | 9 | 4 | 1 | 3 | 5 | 7 |
| 8 | 6 | 2 | 1 | 9 | 4 | 7 | 3 | 5 |
| 9 | 5 | 7 | 3 | 2 | 8 | 6 | 4 | 1 |
| 4 | 1 | 3 | 5 | 7 | 6 | 2 | 8 | 9 |
| 3 | 4 | 1 | 6 | 5 | 7 | 9 | 2 | 8 |
| 2 | 8 | 6 | 4 | 1 | 9 | 5 | 7 | 3 |
| 7 | 9 | 5 | 8 | 3 | 2 | 1 | 6 | 4 |

13-31

| | | | | | | | | |
|---|---|---|---|---|---|---|---|---|
| 9 | 4 | 6 | 2 | 1 | 5 | 8 | 3 | 7 |
| 3 | 5 | 8 | 4 | 7 | 9 | 1 | 6 | 2 |
| 7 | 2 | 1 | 6 | 8 | 3 | 5 | 9 | 4 |
| 1 | 7 | 2 | 3 | 6 | 8 | 4 | 5 | 9 |
| 6 | 9 | 4 | 5 | 2 | 1 | 7 | 8 | 3 |
| 8 | 3 | 5 | 9 | 4 | 7 | 2 | 1 | 6 |
| 5 | 8 | 3 | 7 | 9 | 4 | 6 | 2 | 1 |
| 2 | 1 | 7 | 8 | 3 | 6 | 9 | 4 | 5 |
| 4 | 6 | 9 | 1 | 5 | 2 | 3 | 7 | 8 |

13-32

| | | | | | | | | |
|---|---|---|---|---|---|---|---|---|
| 2 | 4 | 6 | 3 | 5 | 9 | 7 | 8 | 1 |
| 1 | 7 | 8 | 6 | 2 | 4 | 9 | 3 | 5 |
| 5 | 9 | 3 | 8 | 1 | 7 | 4 | 6 | 2 |
| 8 | 1 | 5 | 4 | 7 | 2 | 6 | 9 | 3 |
| 3 | 6 | 9 | 5 | 8 | 1 | 2 | 4 | 7 |
| 7 | 2 | 4 | 9 | 3 | 6 | 1 | 5 | 8 |
| 9 | 3 | 7 | 1 | 6 | 8 | 5 | 2 | 4 |
| 4 | 5 | 2 | 7 | 9 | 3 | 8 | 1 | 6 |
| 6 | 8 | 1 | 2 | 4 | 5 | 3 | 7 | 9 |

13-33

| | | | | | | | | |
|---|---|---|---|---|---|---|---|---|
| 5 | 2 | 4 | 7 | 8 | 1 | 6 | 9 | 3 |
| 8 | 1 | 6 | 9 | 3 | 5 | 2 | 4 | 7 |
| 3 | 7 | 9 | 4 | 6 | 2 | 1 | 5 | 8 |
| 9 | 3 | 7 | 2 | 4 | 6 | 8 | 1 | 5 |
| 4 | 5 | 2 | 1 | 7 | 8 | 3 | 6 | 9 |
| 6 | 8 | 1 | 5 | 9 | 3 | 7 | 2 | 4 |
| 1 | 6 | 8 | 3 | 5 | 9 | 4 | 7 | 2 |
| 7 | 9 | 3 | 6 | 2 | 4 | 5 | 8 | 1 |
| 2 | 4 | 5 | 8 | 1 | 7 | 9 | 3 | 6 |

13-34

| | | | | | | | | |
|---|---|---|---|---|---|---|---|---|
| 1 | 7 | 2 | 5 | 8 | 3 | 9 | 4 | 6 |
| 6 | 9 | 4 | 2 | 1 | 7 | 3 | 5 | 8 |
| 8 | 3 | 5 | 4 | 6 | 9 | 7 | 2 | 1 |
| 3 | 6 | 8 | 7 | 9 | 4 | 2 | 1 | 5 |
| 5 | 2 | 1 | 8 | 3 | 6 | 4 | 7 | 9 |
| 9 | 4 | 7 | 1 | 5 | 2 | 6 | 8 | 3 |
| 4 | 5 | 9 | 6 | 2 | 1 | 8 | 3 | 7 |
| 7 | 8 | 3 | 9 | 4 | 5 | 1 | 6 | 2 |
| 2 | 1 | 6 | 3 | 7 | 8 | 5 | 9 | 4 |

# 第十四章　练习题答案

14-1

| | | | | | | | | |
|---|---|---|---|---|---|---|---|---|
| 4 | 1 | 7 | 3 | 9 | 2 | 6 | 8 | 5 |
| 9 | 2 | 3 | 8 | 5 | 6 | 1 | 7 | 4 |
| 5 | 6 | 8 | 7 | 4 | 1 | 2 | 3 | 9 |
| 2 | 5 | 6 | 1 | 7 | 8 | 9 | 4 | 3 |
| 7 | 8 | 1 | 4 | 3 | 9 | 5 | 6 | 2 |
| 3 | 9 | 4 | 6 | 2 | 5 | 8 | 1 | 7 |
| 8 | 3 | 9 | 5 | 6 | 4 | 7 | 2 | 1 |
| 6 | 4 | 5 | 2 | 1 | 7 | 3 | 9 | 8 |
| 1 | 7 | 2 | 9 | 8 | 3 | 4 | 5 | 6 |

14-2

| | | | | | | | | |
|---|---|---|---|---|---|---|---|---|
| 5 | 3 | 8 | 2 | 7 | 4 | 1 | 6 | 9 |
| 4 | 1 | 6 | 9 | 5 | 3 | 8 | 2 | 7 |
| 7 | 9 | 2 | 6 | 8 | 1 | 3 | 4 | 5 |
| 9 | 2 | 7 | 8 | 1 | 6 | 4 | 5 | 3 |
| 3 | 8 | 5 | 7 | 4 | 2 | 6 | 9 | 1 |
| 1 | 6 | 4 | 5 | 3 | 9 | 2 | 7 | 8 |
| 6 | 4 | 1 | 3 | 9 | 5 | 7 | 8 | 2 |
| 2 | 7 | 9 | 1 | 6 | 8 | 5 | 3 | 4 |
| 8 | 5 | 3 | 4 | 2 | 7 | 9 | 1 | 6 |

14-3

| | | | | | | | | |
|---|---|---|---|---|---|---|---|---|
| 5 | 6 | 3 | 1 | 7 | 9 | 4 | 8 | 2 |
| 7 | 9 | 1 | 8 | 2 | 4 | 6 | 3 | 5 |
| 2 | 4 | 8 | 3 | 5 | 6 | 9 | 1 | 7 |
| 8 | 1 | 4 | 2 | 3 | 5 | 7 | 9 | 6 |
| 3 | 5 | 2 | 9 | 6 | 7 | 1 | 4 | 8 |
| 6 | 7 | 9 | 4 | 8 | 1 | 5 | 2 | 3 |
| 9 | 2 | 7 | 6 | 4 | 8 | 3 | 5 | 1 |
| 4 | 8 | 6 | 5 | 1 | 3 | 2 | 7 | 9 |
| 1 | 3 | 5 | 7 | 9 | 2 | 8 | 6 | 4 |

14-4

| | | | | | | | | |
|---|---|---|---|---|---|---|---|---|
| 2 | 6 | 8 | 1 | 3 | 4 | 5 | 7 | 9 |
| 9 | 1 | 3 | 8 | 5 | 7 | 4 | 2 | 6 |
| 7 | 4 | 5 | 6 | 9 | 2 | 3 | 8 | 1 |
| 4 | 5 | 7 | 9 | 2 | 6 | 8 | 1 | 3 |
| 6 | 8 | 2 | 3 | 4 | 1 | 7 | 9 | 5 |
| 1 | 3 | 9 | 5 | 7 | 8 | 2 | 6 | 4 |
| 3 | 9 | 1 | 7 | 8 | 5 | 6 | 4 | 2 |
| 5 | 7 | 4 | 2 | 6 | 9 | 1 | 3 | 8 |
| 8 | 2 | 6 | 4 | 1 | 3 | 9 | 5 | 7 |

14-5

| | | | | | | | | |
|---|---|---|---|---|---|---|---|---|
| 2 | 3 | 8 | 1 | 7 | 4 | 5 | 6 | 9 |
| 9 | 1 | 6 | 8 | 5 | 3 | 4 | 2 | 7 |
| 7 | 4 | 5 | 6 | 9 | 2 | 3 | 8 | 1 |
| 4 | 5 | 7 | 9 | 2 | 6 | 8 | 1 | 3 |
| 3 | 8 | 2 | 7 | 4 | 1 | 6 | 9 | 5 |
| 1 | 6 | 9 | 5 | 3 | 8 | 2 | 7 | 4 |
| 6 | 9 | 1 | 3 | 8 | 5 | 7 | 4 | 2 |
| 5 | 7 | 4 | 2 | 6 | 9 | 1 | 3 | 8 |
| 8 | 2 | 3 | 4 | 1 | 7 | 9 | 5 | 6 |

14-6

| | | | | | | | | |
|---|---|---|---|---|---|---|---|---|
| 8 | 1 | 3 | 6 | 7 | 9 | 4 | 5 | 2 |
| 7 | 9 | 6 | 5 | 2 | 4 | 1 | 3 | 8 |
| 2 | 4 | 5 | 3 | 8 | 1 | 9 | 6 | 7 |
| 9 | 2 | 4 | 1 | 3 | 5 | 7 | 8 | 6 |
| 3 | 5 | 1 | 8 | 6 | 7 | 2 | 4 | 9 |
| 6 | 7 | 8 | 4 | 9 | 2 | 5 | 1 | 3 |
| 5 | 6 | 7 | 2 | 4 | 8 | 3 | 9 | 1 |
| 4 | 8 | 2 | 9 | 1 | 3 | 6 | 7 | 5 |
| 1 | 3 | 9 | 7 | 5 | 6 | 8 | 2 | 4 |

14-7

| | | | | | | | | |
|---|---|---|---|---|---|---|---|---|
| 6 | 9 | 3 | 2 | 7 | 1 | 8 | 5 | 4 |
| 4 | 8 | 7 | 3 | 6 | 5 | 1 | 2 | 9 |
| 5 | 1 | 2 | 9 | 4 | 8 | 7 | 3 | 6 |
| 1 | 2 | 5 | 4 | 8 | 9 | 3 | 6 | 7 |
| 9 | 3 | 6 | 7 | 1 | 2 | 5 | 4 | 8 |
| 8 | 7 | 4 | 6 | 5 | 3 | 2 | 9 | 1 |
| 7 | 4 | 8 | 5 | 3 | 6 | 9 | 1 | 2 |
| 2 | 5 | 1 | 8 | 9 | 4 | 6 | 7 | 3 |
| 3 | 6 | 9 | 1 | 2 | 7 | 4 | 8 | 5 |

14-8

| | | | | | | | | |
|---|---|---|---|---|---|---|---|---|
| 5 | 2 | 9 | 8 | 7 | 1 | 6 | 3 | 4 |
| 7 | 1 | 8 | 3 | 4 | 6 | 2 | 9 | 5 |
| 4 | 6 | 3 | 9 | 5 | 2 | 1 | 8 | 7 |
| 1 | 4 | 6 | 2 | 9 | 3 | 7 | 5 | 8 |
| 9 | 3 | 2 | 5 | 8 | 7 | 4 | 6 | 1 |
| 8 | 7 | 5 | 6 | 1 | 4 | 3 | 2 | 9 |
| 3 | 8 | 7 | 4 | 6 | 5 | 9 | 1 | 2 |
| 6 | 5 | 4 | 1 | 2 | 9 | 8 | 7 | 3 |
| 2 | 9 | 1 | 7 | 3 | 8 | 5 | 4 | 6 |

14-9

| | | | | | | | | |
|---|---|---|---|---|---|---|---|---|
| 8 | 2 | 4 | 6 | 7 | 9 | 1 | 3 | 5 |
| 5 | 1 | 3 | 2 | 4 | 8 | 7 | 9 | 6 |
| 9 | 6 | 7 | 3 | 5 | 1 | 4 | 8 | 2 |
| 7 | 9 | 6 | 5 | 1 | 3 | 2 | 4 | 8 |
| 4 | 8 | 2 | 9 | 6 | 7 | 3 | 5 | 1 |
| 1 | 3 | 5 | 8 | 2 | 4 | 6 | 7 | 9 |
| 3 | 5 | 1 | 4 | 8 | 2 | 9 | 6 | 7 |
| 6 | 7 | 9 | 1 | 3 | 5 | 8 | 2 | 4 |
| 2 | 4 | 8 | 7 | 9 | 6 | 5 | 1 | 3 |

14-10

| | | | | | | | | |
|---|---|---|---|---|---|---|---|---|
| 2 | 4 | 5 | 6 | 1 | 7 | 8 | 3 | 9 |
| 9 | 8 | 1 | 5 | 2 | 3 | 7 | 6 | 4 |
| 3 | 7 | 6 | 4 | 9 | 8 | 1 | 5 | 2 |
| 7 | 6 | 3 | 9 | 8 | 4 | 5 | 2 | 1 |
| 4 | 5 | 2 | 1 | 7 | 6 | 3 | 9 | 8 |
| 8 | 1 | 9 | 2 | 3 | 5 | 6 | 4 | 7 |
| 1 | 9 | 8 | 3 | 5 | 2 | 4 | 7 | 6 |
| 6 | 3 | 7 | 8 | 4 | 9 | 2 | 1 | 5 |
| 5 | 2 | 4 | 7 | 6 | 1 | 9 | 8 | 3 |

14-11

| | | | | | | | | |
|---|---|---|---|---|---|---|---|---|
| 8 | 1 | 7 | 3 | 6 | 2 | 9 | 4 | 5 |
| 6 | 2 | 3 | 4 | 5 | 9 | 1 | 7 | 8 |
| 5 | 9 | 4 | 7 | 8 | 1 | 2 | 3 | 6 |
| 4 | 5 | 6 | 1 | 9 | 8 | 7 | 2 | 3 |
| 9 | 8 | 1 | 2 | 3 | 7 | 5 | 6 | 4 |
| 3 | 7 | 2 | 6 | 4 | 5 | 8 | 1 | 9 |
| 2 | 3 | 9 | 5 | 7 | 4 | 6 | 8 | 1 |
| 7 | 4 | 5 | 8 | 1 | 6 | 3 | 9 | 2 |
| 1 | 6 | 8 | 9 | 2 | 3 | 4 | 5 | 7 |

14-12

| | | | | | | | | |
|---|---|---|---|---|---|---|---|---|
| 6 | 1 | 5 | 8 | 3 | 7 | 2 | 4 | 9 |
| 9 | 8 | 4 | 5 | 2 | 1 | 7 | 6 | 3 |
| 3 | 7 | 2 | 4 | 9 | 6 | 1 | 5 | 8 |
| 7 | 2 | 3 | 9 | 6 | 4 | 5 | 8 | 1 |
| 1 | 5 | 6 | 3 | 7 | 8 | 4 | 9 | 2 |
| 8 | 4 | 9 | 2 | 1 | 5 | 6 | 3 | 7 |
| 4 | 9 | 8 | 1 | 5 | 2 | 3 | 7 | 6 |
| 2 | 3 | 7 | 6 | 4 | 9 | 8 | 1 | 5 |
| 5 | 6 | 1 | 7 | 8 | 3 | 9 | 2 | 4 |

14-13

| | | | | | | | | |
|---|---|---|---|---|---|---|---|---|
| 1 | 8 | 7 | 4 | 6 | 5 | 3 | 2 | 9 |
| 9 | 4 | 6 | 7 | 3 | 2 | 5 | 1 | 8 |
| 2 | 5 | 3 | 8 | 9 | 1 | 6 | 7 | 4 |
| 5 | 3 | 2 | 9 | 1 | 8 | 7 | 4 | 6 |
| 8 | 7 | 1 | 6 | 5 | 4 | 2 | 9 | 3 |
| 4 | 6 | 9 | 3 | 2 | 7 | 1 | 8 | 5 |
| 6 | 9 | 4 | 2 | 7 | 3 | 8 | 5 | 1 |
| 3 | 2 | 5 | 1 | 8 | 9 | 4 | 6 | 7 |
| 7 | 1 | 8 | 5 | 4 | 6 | 9 | 3 | 2 |

14-14

| | | | | | | | | |
|---|---|---|---|---|---|---|---|---|
| 9 | 1 | 8 | 5 | 2 | 6 | 4 | 7 | 3 |
| 2 | 6 | 5 | 7 | 3 | 4 | 1 | 8 | 9 |
| 3 | 4 | 7 | 8 | 9 | 1 | 6 | 5 | 2 |
| 6 | 3 | 2 | 1 | 4 | 7 | 8 | 9 | 5 |
| 4 | 7 | 1 | 9 | 5 | 8 | 3 | 2 | 6 |
| 5 | 8 | 9 | 2 | 6 | 3 | 7 | 1 | 4 |
| 7 | 5 | 4 | 3 | 8 | 9 | 2 | 6 | 1 |
| 8 | 9 | 3 | 6 | 1 | 2 | 5 | 4 | 7 |
| 1 | 2 | 6 | 4 | 7 | 5 | 9 | 3 | 8 |

14-15

| | | | | | | | | |
|---|---|---|---|---|---|---|---|---|
| 3 | 8 | 7 | 1 | 6 | 5 | 4 | 2 | 9 |
| 9 | 4 | 6 | 7 | 3 | 2 | 5 | 1 | 8 |
| 2 | 5 | 1 | 8 | 9 | 4 | 6 | 7 | 3 |
| 5 | 1 | 2 | 9 | 4 | 8 | 7 | 3 | 6 |
| 8 | 7 | 3 | 6 | 5 | 1 | 2 | 9 | 4 |
| 4 | 6 | 9 | 3 | 2 | 7 | 1 | 8 | 5 |
| 6 | 9 | 4 | 2 | 7 | 3 | 8 | 5 | 1 |
| 1 | 2 | 5 | 4 | 8 | 9 | 3 | 6 | 7 |
| 7 | 3 | 8 | 5 | 1 | 6 | 9 | 4 | 2 |

14-16

| | | | | | | | | |
|---|---|---|---|---|---|---|---|---|
| 3 | 8 | 9 | 2 | 7 | 1 | 6 | 5 | 4 |
| 7 | 1 | 2 | 5 | 4 | 6 | 8 | 9 | 3 |
| 4 | 6 | 5 | 9 | 3 | 8 | 1 | 2 | 7 |
| 5 | 2 | 6 | 4 | 9 | 3 | 7 | 1 | 8 |
| 9 | 3 | 4 | 1 | 8 | 7 | 2 | 6 | 5 |
| 8 | 7 | 1 | 6 | 5 | 2 | 3 | 4 | 9 |
| 1 | 4 | 7 | 8 | 6 | 5 | 9 | 3 | 2 |
| 6 | 5 | 8 | 3 | 2 | 9 | 4 | 7 | 1 |
| 2 | 9 | 3 | 7 | 1 | 4 | 5 | 8 | 6 |

14-17

| | | | | | | | | |
|---|---|---|---|---|---|---|---|---|
| 6 | 7 | 3 | 2 | 5 | 1 | 8 | 9 | 4 |
| 1 | 8 | 9 | 4 | 6 | 7 | 3 | 2 | 5 |
| 5 | 4 | 2 | 9 | 3 | 8 | 7 | 1 | 6 |
| 4 | 2 | 5 | 3 | 8 | 9 | 1 | 6 | 7 |
| 7 | 3 | 6 | 5 | 1 | 2 | 9 | 4 | 8 |
| 8 | 9 | 1 | 6 | 7 | 4 | 2 | 5 | 3 |
| 9 | 1 | 8 | 7 | 4 | 6 | 5 | 3 | 2 |
| 2 | 5 | 4 | 8 | 9 | 3 | 6 | 7 | 1 |
| 3 | 6 | 7 | 1 | 2 | 5 | 4 | 8 | 9 |

14-18

| | | | | | | | | |
|---|---|---|---|---|---|---|---|---|
| 3 | 2 | 9 | 8 | 6 | 1 | 7 | 5 | 4 |
| 6 | 1 | 8 | 5 | 4 | 7 | 2 | 9 | 3 |
| 4 | 7 | 5 | 9 | 3 | 2 | 1 | 8 | 6 |
| 5 | 4 | 6 | 2 | 7 | 3 | 9 | 1 | 8 |
| 7 | 3 | 2 | 1 | 8 | 9 | 4 | 6 | 5 |
| 8 | 9 | 1 | 6 | 5 | 4 | 3 | 2 | 7 |
| 1 | 8 | 7 | 4 | 9 | 5 | 6 | 3 | 2 |
| 9 | 5 | 4 | 3 | 2 | 6 | 8 | 7 | 1 |
| 2 | 6 | 3 | 7 | 1 | 8 | 5 | 4 | 9 |

14-19

| | | | | | | | | |
|---|---|---|---|---|---|---|---|---|
| 3 | 5 | 2 | 4 | 7 | 6 | 1 | 9 | 8 |
| 8 | 4 | 9 | 2 | 1 | 5 | 6 | 3 | 7 |
| 7 | 6 | 1 | 9 | 8 | 3 | 5 | 2 | 4 |
| 6 | 1 | 7 | 8 | 3 | 9 | 2 | 4 | 5 |
| 5 | 2 | 3 | 7 | 6 | 4 | 9 | 8 | 1 |
| 4 | 9 | 8 | 1 | 5 | 2 | 3 | 7 | 6 |
| 9 | 8 | 4 | 5 | 2 | 1 | 7 | 6 | 3 |
| 1 | 7 | 6 | 3 | 9 | 8 | 4 | 5 | 2 |
| 2 | 3 | 5 | 6 | 4 | 7 | 8 | 1 | 9 |

14-20

| | | | | | | | | |
|---|---|---|---|---|---|---|---|---|
| 5 | 7 | 4 | 6 | 8 | 1 | 2 | 3 | 9 |
| 8 | 1 | 6 | 3 | 9 | 2 | 7 | 4 | 5 |
| 9 | 2 | 3 | 4 | 5 | 7 | 1 | 6 | 8 |
| 3 | 6 | 2 | 9 | 4 | 5 | 8 | 1 | 7 |
| 4 | 5 | 9 | 1 | 7 | 8 | 6 | 2 | 3 |
| 7 | 8 | 1 | 2 | 3 | 6 | 5 | 9 | 4 |
| 1 | 9 | 8 | 7 | 2 | 3 | 4 | 5 | 6 |
| 2 | 3 | 7 | 5 | 6 | 4 | 9 | 8 | 1 |
| 6 | 4 | 5 | 8 | 1 | 9 | 3 | 7 | 2 |

14-21

| | | | | | | | | |
|---|---|---|---|---|---|---|---|---|
| 7 | 1 | 4 | 3 | 2 | 8 | 6 | 5 | 9 |
| 9 | 6 | 2 | 4 | 7 | 5 | 8 | 3 | 1 |
| 5 | 8 | 3 | 1 | 9 | 6 | 2 | 4 | 7 |
| 8 | 3 | 5 | 9 | 6 | 1 | 4 | 7 | 2 |
| 1 | 4 | 7 | 2 | 8 | 3 | 5 | 9 | 6 |
| 6 | 2 | 9 | 7 | 5 | 4 | 3 | 1 | 8 |
| 2 | 9 | 6 | 5 | 4 | 7 | 1 | 8 | 3 |
| 3 | 5 | 8 | 6 | 1 | 9 | 7 | 2 | 4 |
| 4 | 7 | 1 | 8 | 3 | 2 | 9 | 6 | 5 |

14-22

| | | | | | | | | |
|---|---|---|---|---|---|---|---|---|
| 3 | 1 | 5 | 2 | 9 | 4 | 8 | 7 | 6 |
| 9 | 4 | 2 | 7 | 6 | 8 | 1 | 5 | 3 |
| 6 | 8 | 7 | 5 | 3 | 1 | 4 | 2 | 9 |
| 7 | 6 | 9 | 1 | 8 | 3 | 5 | 4 | 2 |
| 8 | 3 | 1 | 4 | 2 | 5 | 6 | 9 | 7 |
| 2 | 5 | 4 | 9 | 7 | 6 | 3 | 1 | 8 |
| 4 | 2 | 8 | 6 | 5 | 7 | 9 | 3 | 1 |
| 5 | 7 | 6 | 3 | 1 | 9 | 2 | 8 | 4 |
| 1 | 9 | 3 | 8 | 4 | 2 | 7 | 6 | 5 |

14-23

| | | | | | | | | |
|---|---|---|---|---|---|---|---|---|
| 3 | 2 | 4 | 6 | 5 | 8 | 7 | 1 | 9 |
| 9 | 6 | 1 | 4 | 7 | 2 | 8 | 3 | 5 |
| 5 | 8 | 7 | 1 | 9 | 3 | 2 | 4 | 6 |
| 8 | 7 | 5 | 9 | 3 | 1 | 4 | 6 | 2 |
| 2 | 4 | 3 | 5 | 8 | 6 | 1 | 9 | 7 |
| 6 | 1 | 9 | 7 | 2 | 4 | 3 | 5 | 8 |
| 1 | 9 | 6 | 2 | 4 | 7 | 5 | 8 | 3 |
| 7 | 5 | 8 | 3 | 1 | 9 | 6 | 2 | 4 |
| 4 | 3 | 2 | 8 | 6 | 5 | 9 | 7 | 1 |

14-24

| | | | | | | | | |
|---|---|---|---|---|---|---|---|---|
| 7 | 1 | 5 | 2 | 8 | 4 | 9 | 3 | 6 |
| 8 | 4 | 2 | 3 | 6 | 9 | 1 | 5 | 7 |
| 6 | 9 | 3 | 5 | 7 | 1 | 4 | 2 | 8 |
| 4 | 6 | 9 | 1 | 5 | 3 | 8 | 7 | 2 |
| 5 | 3 | 1 | 7 | 2 | 8 | 6 | 9 | 4 |
| 2 | 8 | 7 | 9 | 4 | 6 | 3 | 1 | 5 |
| 3 | 2 | 8 | 6 | 9 | 7 | 5 | 4 | 1 |
| 9 | 7 | 6 | 4 | 1 | 5 | 2 | 8 | 3 |
| 1 | 5 | 4 | 8 | 3 | 2 | 7 | 6 | 9 |

14-25

| | | | | | | | | |
|---|---|---|---|---|---|---|---|---|
| 2 | 7 | 3 | 8 | 5 | 1 | 6 | 9 | 4 |
| 1 | 8 | 9 | 4 | 6 | 7 | 3 | 2 | 5 |
| 5 | 4 | 6 | 9 | 3 | 2 | 7 | 1 | 8 |
| 4 | 6 | 5 | 3 | 2 | 9 | 1 | 8 | 7 |
| 7 | 3 | 2 | 5 | 1 | 8 | 9 | 4 | 6 |
| 8 | 9 | 1 | 6 | 7 | 4 | 2 | 5 | 3 |
| 9 | 1 | 8 | 7 | 4 | 6 | 5 | 3 | 2 |
| 6 | 5 | 4 | 2 | 9 | 3 | 8 | 7 | 1 |
| 3 | 2 | 7 | 1 | 8 | 5 | 4 | 6 | 9 |

14-26

| | | | | | | | | |
|---|---|---|---|---|---|---|---|---|
| 3 | 8 | 9 | 2 | 6 | 1 | 7 | 5 | 4 |
| 6 | 1 | 2 | 5 | 4 | 7 | 8 | 9 | 3 |
| 4 | 7 | 5 | 9 | 3 | 8 | 1 | 2 | 6 |
| 5 | 2 | 6 | 4 | 7 | 3 | 9 | 1 | 8 |
| 7 | 3 | 4 | 1 | 8 | 9 | 2 | 6 | 5 |
| 8 | 9 | 1 | 6 | 5 | 2 | 3 | 4 | 7 |
| 1 | 4 | 7 | 8 | 9 | 5 | 6 | 3 | 2 |
| 9 | 5 | 8 | 3 | 2 | 6 | 4 | 7 | 1 |
| 2 | 6 | 3 | 7 | 1 | 4 | 5 | 8 | 9 |

14-27

| | | | | | | | | |
|---|---|---|---|---|---|---|---|---|
| 2 | 7 | 3 | 8 | 5 | 1 | 6 | 9 | 4 |
| 4 | 8 | 9 | 3 | 6 | 7 | 1 | 2 | 5 |
| 5 | 1 | 6 | 9 | 4 | 2 | 7 | 3 | 8 |
| 1 | 6 | 5 | 4 | 2 | 9 | 3 | 8 | 7 |
| 7 | 3 | 2 | 5 | 1 | 8 | 9 | 4 | 6 |
| 8 | 9 | 4 | 6 | 7 | 3 | 2 | 5 | 1 |
| 9 | 4 | 8 | 7 | 3 | 6 | 5 | 1 | 2 |
| 6 | 5 | 1 | 2 | 9 | 4 | 8 | 7 | 3 |
| 3 | 2 | 7 | 1 | 8 | 5 | 4 | 6 | 9 |

14-28

| | | | | | | | | |
|---|---|---|---|---|---|---|---|---|
| 8 | 1 | 3 | 6 | 4 | 9 | 7 | 5 | 2 |
| 4 | 9 | 6 | 5 | 2 | 7 | 1 | 3 | 8 |
| 2 | 7 | 5 | 3 | 8 | 1 | 9 | 6 | 4 |
| 9 | 2 | 4 | 1 | 7 | 5 | 3 | 8 | 6 |
| 7 | 5 | 1 | 8 | 6 | 3 | 2 | 4 | 9 |
| 6 | 3 | 8 | 4 | 9 | 2 | 5 | 1 | 7 |
| 5 | 6 | 7 | 2 | 3 | 8 | 4 | 9 | 1 |
| 3 | 8 | 2 | 9 | 1 | 4 | 6 | 7 | 5 |
| 1 | 4 | 9 | 7 | 5 | 6 | 8 | 2 | 3 |

14-29

| | | | | | | | | |
|---|---|---|---|---|---|---|---|---|
| 5 | 6 | 8 | 2 | 3 | 4 | 1 | 7 | 9 |
| 9 | 1 | 3 | 8 | 5 | 7 | 4 | 2 | 6 |
| 7 | 4 | 2 | 6 | 9 | 1 | 3 | 8 | 5 |
| 4 | 2 | 7 | 9 | 1 | 6 | 8 | 5 | 3 |
| 6 | 8 | 5 | 3 | 4 | 2 | 7 | 9 | 1 |
| 1 | 3 | 9 | 5 | 7 | 8 | 2 | 6 | 4 |
| 3 | 9 | 1 | 7 | 8 | 5 | 6 | 4 | 2 |
| 2 | 7 | 4 | 1 | 6 | 9 | 5 | 3 | 8 |
| 8 | 5 | 6 | 4 | 2 | 3 | 9 | 1 | 7 |

14-30

| | | | | | | | | |
|---|---|---|---|---|---|---|---|---|
| 5 | 1 | 3 | 6 | 4 | 9 | 7 | 8 | 2 |
| 4 | 9 | 6 | 8 | 2 | 7 | 1 | 3 | 5 |
| 2 | 7 | 8 | 3 | 5 | 1 | 9 | 6 | 4 |
| 8 | 2 | 4 | 1 | 7 | 5 | 3 | 9 | 6 |
| 7 | 5 | 1 | 9 | 6 | 3 | 2 | 4 | 8 |
| 6 | 3 | 9 | 4 | 8 | 2 | 5 | 1 | 7 |
| 9 | 6 | 7 | 2 | 3 | 8 | 4 | 5 | 1 |
| 3 | 8 | 2 | 5 | 1 | 4 | 6 | 7 | 9 |
| 1 | 4 | 5 | 7 | 9 | 6 | 8 | 2 | 3 |

# 第十五章 练习题答案

15-1

| | | | | | | | | |
|---|---|---|---|---|---|---|---|---|
| 6 | 8 | 7 | 3 | 2 | 4 | 9 | 5 | 1 |
| 1 | 9 | 5 | 7 | 6 | 8 | 4 | 3 | 2 |
| 2 | 4 | 3 | 5 | 1 | 9 | 8 | 7 | 6 |
| 5 | 1 | 9 | 8 | 7 | 6 | 2 | 4 | 3 |
| 3 | 2 | 4 | 9 | 5 | 1 | 6 | 8 | 7 |
| 7 | 6 | 8 | 4 | 3 | 2 | 1 | 9 | 5 |
| 4 | 3 | 2 | 1 | 9 | 5 | 7 | 6 | 8 |
| 8 | 7 | 6 | 2 | 4 | 3 | 5 | 1 | 9 |
| 9 | 5 | 1 | 6 | 9 | 7 | 3 | 2 | 4 |

15-2

| | | | | | | | | |
|---|---|---|---|---|---|---|---|---|
| 8 | 9 | 4 | 5 | 3 | 7 | 2 | 6 | 1 |
| 6 | 1 | 2 | 9 | 4 | 8 | 3 | 7 | 5 |
| 7 | 5 | 3 | 1 | 2 | 6 | 4 | 8 | 9 |
| 3 | 7 | 5 | 6 | 1 | 2 | 9 | 4 | 8 |
| 4 | 8 | 9 | 7 | 5 | 3 | 1 | 2 | 6 |
| 2 | 6 | 1 | 8 | 9 | 4 | 5 | 3 | 7 |
| 1 | 2 | 6 | 4 | 8 | 9 | 7 | 5 | 3 |
| 5 | 3 | 7 | 2 | 6 | 1 | 8 | 9 | 4 |
| 9 | 4 | 8 | 3 | 7 | 5 | 6 | 1 | 2 |

15-3

| | | | | | | | | |
|---|---|---|---|---|---|---|---|---|
| 1 | 3 | 8 | 5 | 4 | 6 | 9 | 2 | 7 |
| 4 | 6 | 5 | 2 | 7 | 9 | 3 | 8 | 1 |
| 7 | 9 | 2 | 8 | 1 | 3 | 6 | 5 | 4 |
| 2 | 7 | 9 | 3 | 8 | 1 | 4 | 6 | 5 |
| 8 | 1 | 3 | 6 | 5 | 4 | 7 | 9 | 2 |
| 5 | 4 | 6 | 9 | 2 | 7 | 1 | 3 | 8 |
| 6 | 5 | 4 | 7 | 9 | 2 | 8 | 1 | 3 |
| 9 | 2 | 7 | 1 | 3 | 8 | 5 | 4 | 6 |
| 3 | 8 | 1 | 4 | 6 | 5 | 2 | 7 | 9 |

15-4

| | | | | | | | | |
|---|---|---|---|---|---|---|---|---|
| 1 | 8 | 3 | 5 | 6 | 4 | 9 | 7 | 2 |
| 7 | 2 | 9 | 8 | 3 | 1 | 6 | 4 | 5 |
| 4 | 5 | 6 | 2 | 9 | 7 | 3 | 1 | 8 |
| 6 | 4 | 5 | 7 | 2 | 9 | 8 | 3 | 1 |
| 3 | 1 | 8 | 4 | 5 | 6 | 2 | 9 | 7 |
| 9 | 7 | 2 | 1 | 8 | 3 | 5 | 6 | 4 |
| 2 | 9 | 7 | 3 | 1 | 8 | 4 | 5 | 6 |
| 5 | 6 | 4 | 9 | 7 | 2 | 1 | 8 | 3 |
| 8 | 3 | 1 | 6 | 4 | 5 | 7 | 2 | 9 |

15-5

| | | | | | | | | |
|---|---|---|---|---|---|---|---|---|
| 6 | 2 | 1 | 5 | 7 | 3 | 4 | 9 | 8 |
| 7 | 3 | 5 | 9 | 8 | 4 | 2 | 1 | 6 |
| 8 | 4 | 9 | 1 | 6 | 2 | 3 | 5 | 7 |
| 9 | 8 | 4 | 2 | 1 | 6 | 7 | 3 | 5 |
| 1 | 6 | 2 | 3 | 5 | 7 | 8 | 4 | 9 |
| 5 | 7 | 3 | 4 | 9 | 8 | 6 | 2 | 1 |
| 3 | 5 | 7 | 8 | 4 | 9 | 1 | 6 | 2 |
| 4 | 9 | 8 | 6 | 2 | 1 | 5 | 7 | 3 |
| 2 | 1 | 6 | 7 | 3 | 5 | 9 | 8 | 4 |

15-6

| | | | | | | | | |
|---|---|---|---|---|---|---|---|---|
| 3 | 4 | 2 | 8 | 6 | 7 | 1 | 5 | 9 |
| 5 | 9 | 1 | 4 | 2 | 3 | 6 | 7 | 8 |
| 7 | 8 | 6 | 9 | 1 | 5 | 2 | 3 | 4 |
| 9 | 1 | 5 | 2 | 3 | 4 | 7 | 8 | 6 |
| 8 | 6 | 7 | 1 | 5 | 9 | 3 | 4 | 2 |
| 4 | 2 | 3 | 6 | 7 | 8 | 5 | 9 | 1 |
| 6 | 7 | 8 | 5 | 9 | 1 | 4 | 2 | 3 |
| 2 | 3 | 4 | 7 | 8 | 6 | 9 | 1 | 5 |
| 1 | 5 | 9 | 3 | 4 | 2 | 8 | 6 | 7 |

15-7

| | | | | | | | | |
|---|---|---|---|---|---|---|---|---|
| 6 | 5 | 4 | 7 | 9 | 2 | 8 | 1 | 3 |
| 9 | 2 | 7 | 1 | 3 | 8 | 5 | 4 | 6 |
| 3 | 8 | 1 | 4 | 6 | 5 | 2 | 7 | 9 |
| 2 | 7 | 9 | 3 | 8 | 1 | 4 | 6 | 5 |
| 8 | 1 | 3 | 6 | 5 | 4 | 7 | 9 | 2 |
| 5 | 4 | 6 | 9 | 2 | 7 | 1 | 3 | 8 |
| 1 | 3 | 8 | 5 | 4 | 6 | 9 | 2 | 7 |
| 4 | 6 | 5 | 2 | 7 | 9 | 3 | 8 | 1 |
| 7 | 9 | 2 | 8 | 1 | 3 | 6 | 5 | 4 |

15-8

| | | | | | | | | |
|---|---|---|---|---|---|---|---|---|
| 2 | 9 | 7 | 6 | 4 | 5 | 1 | 8 | 3 |
| 5 | 6 | 4 | 3 | 1 | 8 | 7 | 2 | 9 |
| 8 | 3 | 1 | 9 | 7 | 2 | 4 | 5 | 6 |
| 3 | 1 | 8 | 7 | 2 | 9 | 5 | 6 | 4 |
| 9 | 7 | 2 | 4 | 5 | 6 | 8 | 3 | 1 |
| 6 | 4 | 5 | 1 | 8 | 3 | 2 | 9 | 7 |
| 4 | 5 | 6 | 8 | 3 | 1 | 9 | 7 | 2 |
| 1 | 8 | 3 | 2 | 9 | 7 | 6 | 4 | 5 |
| 7 | 2 | 9 | 5 | 6 | 4 | 3 | 1 | 8 |

15-9

| | | | | | | | | |
|---|---|---|---|---|---|---|---|---|
| 4 | 7 | 1 | 2 | 8 | 5 | 3 | 6 | 9 |
| 5 | 2 | 8 | 9 | 3 | 6 | 1 | 4 | 7 |
| 6 | 9 | 3 | 7 | 1 | 4 | 8 | 5 | 2 |
| 9 | 3 | 6 | 1 | 4 | 7 | 5 | 2 | 8 |
| 7 | 1 | 4 | 8 | 5 | 2 | 6 | 9 | 3 |
| 2 | 8 | 5 | 3 | 6 | 9 | 4 | 7 | 1 |
| 8 | 5 | 2 | 6 | 9 | 3 | 7 | 1 | 4 |
| 3 | 6 | 9 | 4 | 7 | 1 | 2 | 8 | 5 |
| 1 | 4 | 7 | 5 | 2 | 8 | 9 | 3 | 6 |

15-10

| | | | | | | | | |
|---|---|---|---|---|---|---|---|---|
| 2 | 4 | 3 | 5 | 1 | 9 | 8 | 7 | 6 |
| 1 | 9 | 5 | 7 | 6 | 8 | 4 | 3 | 2 |
| 6 | 8 | 7 | 3 | 2 | 4 | 9 | 5 | 1 |
| 7 | 6 | 8 | 4 | 3 | 2 | 1 | 9 | 5 |
| 3 | 2 | 4 | 9 | 5 | 1 | 6 | 8 | 7 |
| 5 | 1 | 9 | 8 | 7 | 6 | 2 | 4 | 3 |
| 9 | 5 | 1 | 6 | 8 | 7 | 3 | 2 | 4 |
| 8 | 7 | 6 | 2 | 4 | 3 | 5 | 1 | 9 |
| 4 | 3 | 2 | 1 | 9 | 5 | 7 | 6 | 8 |

15-11

| | | | | | | | | |
|---|---|---|---|---|---|---|---|---|
| 6 | 3 | 9 | 8 | 2 | 5 | 7 | 4 | 1 |
| 5 | 8 | 2 | 1 | 7 | 4 | 9 | 6 | 3 |
| 4 | 1 | 7 | 3 | 9 | 6 | 2 | 5 | 8 |
| 1 | 7 | 4 | 9 | 6 | 3 | 5 | 8 | 2 |
| 3 | 9 | 6 | 2 | 5 | 8 | 4 | 1 | 7 |
| 8 | 2 | 5 | 7 | 4 | 1 | 6 | 3 | 9 |
| 2 | 5 | 8 | 4 | 1 | 7 | 3 | 9 | 6 |
| 7 | 4 | 1 | 6 | 3 | 9 | 8 | 2 | 5 |
| 9 | 6 | 3 | 5 | 8 | 2 | 1 | 7 | 4 |

15-12

| | | | | | | | | |
|---|---|---|---|---|---|---|---|---|
| 3 | 5 | 7 | 8 | 4 | 9 | 1 | 6 | 2 |
| 4 | 9 | 8 | 6 | 2 | 1 | 5 | 7 | 3 |
| 2 | 1 | 6 | 7 | 3 | 5 | 9 | 8 | 4 |
| 9 | 8 | 4 | 2 | 1 | 6 | 7 | 3 | 5 |
| 1 | 6 | 2 | 3 | 5 | 7 | 8 | 4 | 9 |
| 5 | 7 | 3 | 4 | 9 | 8 | 6 | 2 | 1 |
| 6 | 2 | 1 | 5 | 7 | 3 | 4 | 9 | 8 |
| 7 | 3 | 5 | 9 | 8 | 4 | 2 | 1 | 6 |
| 8 | 4 | 9 | 1 | 6 | 2 | 3 | 5 | 7 |

15-13

| | | | | | | | | |
|---|---|---|---|---|---|---|---|---|
| 4 | 2 | 3 | 7 | 8 | 6 | 1 | 5 | 9 |
| 9 | 1 | 5 | 3 | 4 | 2 | 6 | 7 | 8 |
| 8 | 6 | 7 | 5 | 9 | 1 | 2 | 3 | 4 |
| 5 | 9 | 1 | 2 | 3 | 4 | 8 | 6 | 7 |
| 7 | 8 | 6 | 1 | 5 | 9 | 4 | 2 | 3 |
| 3 | 4 | 2 | 6 | 7 | 8 | 9 | 1 | 5 |
| 6 | 7 | 8 | 9 | 1 | 5 | 3 | 4 | 2 |
| 2 | 3 | 4 | 8 | 6 | 7 | 5 | 9 | 1 |
| 1 | 5 | 9 | 4 | 2 | 3 | 7 | 8 | 6 |

15-14

| | | | | | | | | |
|---|---|---|---|---|---|---|---|---|
| 9 | 5 | 1 | 6 | 8 | 7 | 3 | 2 | 4 |
| 8 | 7 | 6 | 2 | 4 | 3 | 5 | 1 | 9 |
| 4 | 3 | 2 | 1 | 9 | 5 | 7 | 6 | 8 |
| 7 | 6 | 8 | 4 | 3 | 2 | 1 | 9 | 5 |
| 3 | 2 | 4 | 9 | 5 | 1 | 6 | 8 | 7 |
| 5 | 1 | 9 | 8 | 7 | 6 | 2 | 4 | 3 |
| 2 | 4 | 3 | 5 | 1 | 9 | 8 | 7 | 6 |
| 1 | 9 | 5 | 7 | 6 | 8 | 4 | 3 | 2 |
| 6 | 8 | 7 | 3 | 2 | 4 | 9 | 5 | 1 |

15-15

| | | | | | | | | |
|---|---|---|---|---|---|---|---|---|
| 7 | 1 | 4 | 5 | 2 | 8 | 3 | 6 | 9 |
| 2 | 8 | 5 | 6 | 9 | 3 | 1 | 4 | 7 |
| 9 | 3 | 6 | 4 | 7 | 1 | 8 | 5 | 2 |
| 6 | 9 | 3 | 1 | 4 | 7 | 2 | 8 | 5 |
| 4 | 7 | 1 | 8 | 5 | 2 | 9 | 3 | 6 |
| 5 | 2 | 8 | 3 | 6 | 9 | 7 | 1 | 4 |
| 8 | 5 | 2 | 9 | 3 | 6 | 4 | 7 | 1 |
| 3 | 6 | 9 | 7 | 1 | 4 | 5 | 2 | 8 |
| 1 | 4 | 7 | 2 | 8 | 5 | 6 | 9 | 3 |

15-16

| | | | | | | | | |
|---|---|---|---|---|---|---|---|---|
| 1 | 5 | 9 | 3 | 4 | 2 | 8 | 6 | 7 |
| 2 | 3 | 4 | 7 | 8 | 6 | 9 | 1 | 5 |
| 6 | 7 | 8 | 5 | 9 | 1 | 4 | 2 | 3 |
| 4 | 2 | 3 | 6 | 7 | 8 | 5 | 9 | 1 |
| 8 | 6 | 7 | 1 | 5 | 9 | 3 | 4 | 2 |
| 9 | 1 | 5 | 2 | 3 | 4 | 7 | 8 | 6 |
| 7 | 8 | 6 | 9 | 1 | 5 | 2 | 3 | 4 |
| 5 | 9 | 1 | 4 | 2 | 3 | 6 | 7 | 8 |
| 3 | 4 | 2 | 8 | 6 | 7 | 1 | 5 | 9 |

15-17

| | | | | | | | | |
|---|---|---|---|---|---|---|---|---|
| 7 | 5 | 3 | 1 | 2 | 6 | 4 | 8 | 9 |
| 6 | 1 | 2 | 9 | 4 | 8 | 3 | 7 | 5 |
| 8 | 9 | 4 | 5 | 3 | 7 | 2 | 6 | 1 |
| 2 | 6 | 1 | 8 | 9 | 4 | 5 | 3 | 7 |
| 4 | 8 | 9 | 7 | 5 | 3 | 1 | 2 | 6 |
| 3 | 7 | 5 | 6 | 1 | 2 | 9 | 4 | 8 |
| 9 | 4 | 8 | 3 | 7 | 5 | 6 | 1 | 2 |
| 5 | 3 | 7 | 2 | 6 | 1 | 8 | 9 | 4 |
| 1 | 2 | 6 | 4 | 8 | 9 | 7 | 5 | 3 |

15-18

| | | | | | | | | |
|---|---|---|---|---|---|---|---|---|
| 2 | 7 | 1 | 9 | 3 | 8 | 4 | 5 | 6 |
| 5 | 6 | 4 | 7 | 1 | 2 | 3 | 8 | 9 |
| 8 | 9 | 3 | 6 | 4 | 5 | 1 | 2 | 7 |
| 6 | 4 | 5 | 1 | 2 | 7 | 8 | 9 | 3 |
| 9 | 3 | 8 | 4 | 5 | 6 | 2 | 7 | 1 |
| 7 | 1 | 2 | 3 | 8 | 9 | 5 | 6 | 4 |
| 3 | 8 | 9 | 5 | 6 | 4 | 7 | 1 | 2 |
| 1 | 2 | 7 | 8 | 9 | 3 | 6 | 4 | 5 |
| 4 | 5 | 6 | 2 | 7 | 1 | 9 | 3 | 8 |

15-19

| | | | | | | | | |
|---|---|---|---|---|---|---|---|---|
| 3 | 9 | 6 | 5 | 8 | 2 | 7 | 4 | 1 |
| 8 | 2 | 5 | 4 | 1 | 7 | 9 | 6 | 3 |
| 1 | 7 | 4 | 6 | 3 | 9 | 2 | 5 | 8 |
| 4 | 1 | 7 | 9 | 6 | 3 | 8 | 2 | 5 |
| 6 | 3 | 9 | 2 | 5 | 8 | 1 | 7 | 4 |
| 5 | 8 | 2 | 7 | 4 | 1 | 3 | 9 | 6 |
| 2 | 5 | 8 | 1 | 7 | 4 | 6 | 3 | 9 |
| 7 | 4 | 1 | 3 | 9 | 6 | 5 | 8 | 2 |
| 9 | 6 | 3 | 8 | 2 | 5 | 4 | 1 | 7 |

15-20

| | | | | | | | | |
|---|---|---|---|---|---|---|---|---|
| 8 | 3 | 9 | 1 | 7 | 2 | 6 | 5 | 4 |
| 5 | 4 | 6 | 3 | 9 | 8 | 7 | 2 | 1 |
| 2 | 1 | 7 | 4 | 6 | 5 | 9 | 8 | 3 |
| 4 | 6 | 5 | 9 | 8 | 3 | 2 | 1 | 7 |
| 1 | 7 | 2 | 6 | 5 | 4 | 8 | 3 | 9 |
| 3 | 9 | 8 | 7 | 2 | 1 | 5 | 4 | 6 |
| 7 | 2 | 1 | 5 | 4 | 6 | 3 | 9 | 8 |
| 9 | 8 | 3 | 2 | 1 | 7 | 4 | 6 | 5 |
| 6 | 5 | 4 | 8 | 3 | 9 | 1 | 7 | 2 |

15-21

| | | | | | | | | |
|---|---|---|---|---|---|---|---|---|
| 4 | 8 | 9 | 5 | 3 | 7 | 6 | 1 | 2 |
| 3 | 7 | 5 | 1 | 2 | 6 | 8 | 9 | 4 |
| 2 | 6 | 1 | 9 | 4 | 8 | 7 | 5 | 3 |
| 1 | 2 | 6 | 8 | 9 | 4 | 3 | 7 | 5 |
| 9 | 4 | 8 | 7 | 5 | 3 | 2 | 6 | 1 |
| 5 | 3 | 7 | 6 | 1 | 2 | 4 | 8 | 9 |
| 7 | 5 | 3 | 2 | 6 | 1 | 9 | 4 | 8 |
| 6 | 1 | 2 | 4 | 8 | 9 | 5 | 3 | 7 |
| 8 | 9 | 4 | 3 | 7 | 5 | 1 | 2 | 6 |

15-22

| | | | | | | | | |
|---|---|---|---|---|---|---|---|---|
| 3 | 5 | 7 | 9 | 8 | 4 | 6 | 2 | 1 |
| 4 | 9 | 8 | 1 | 6 | 2 | 7 | 3 | 5 |
| 2 | 1 | 6 | 5 | 7 | 3 | 8 | 4 | 9 |
| 8 | 4 | 9 | 2 | 1 | 6 | 5 | 7 | 3 |
| 6 | 2 | 1 | 3 | 5 | 7 | 9 | 8 | 4 |
| 7 | 3 | 5 | 4 | 9 | 8 | 1 | 6 | 2 |
| 1 | 6 | 2 | 7 | 3 | 5 | 4 | 9 | 8 |
| 5 | 7 | 3 | 8 | 4 | 9 | 2 | 1 | 6 |
| 9 | 8 | 4 | 6 | 2 | 1 | 3 | 5 | 7 |

15-23

| | | | | | | | | |
|---|---|---|---|---|---|---|---|---|
| 8 | 5 | 2 | 6 | 9 | 3 | 7 | 1 | 4 |
| 3 | 6 | 9 | 4 | 7 | 1 | 2 | 8 | 5 |
| 1 | 4 | 7 | 5 | 2 | 8 | 9 | 3 | 6 |
| 9 | 3 | 6 | 1 | 4 | 7 | 5 | 2 | 8 |
| 7 | 1 | 4 | 8 | 5 | 2 | 6 | 9 | 3 |
| 2 | 8 | 5 | 3 | 6 | 9 | 4 | 7 | 1 |
| 4 | 7 | 1 | 2 | 8 | 5 | 3 | 6 | 9 |
| 5 | 2 | 8 | 9 | 3 | 6 | 1 | 4 | 7 |
| 6 | 9 | 3 | 7 | 1 | 4 | 8 | 5 | 2 |

15-24

| | | | | | | | | |
|---|---|---|---|---|---|---|---|---|
| 9 | 5 | 1 | 7 | 6 | 8 | 2 | 4 | 3 |
| 8 | 7 | 6 | 3 | 2 | 4 | 1 | 9 | 5 |
| 4 | 3 | 2 | 5 | 1 | 9 | 6 | 8 | 7 |
| 6 | 8 | 7 | 4 | 3 | 2 | 5 | 1 | 9 |
| 2 | 4 | 3 | 9 | 5 | 1 | 7 | 6 | 8 |
| 1 | 9 | 5 | 8 | 7 | 6 | 3 | 2 | 4 |
| 3 | 2 | 4 | 1 | 9 | 5 | 8 | 7 | 6 |
| 5 | 1 | 9 | 6 | 8 | 7 | 4 | 3 | 2 |
| 7 | 6 | 8 | 2 | 4 | 3 | 9 | 5 | 1 |

15-25

| | | | | | | | | |
|---|---|---|---|---|---|---|---|---|
| 1 | 5 | 9 | 2 | 4 | 3 | 8 | 6 | 7 |
| 2 | 3 | 4 | 6 | 8 | 7 | 9 | 1 | 5 |
| 6 | 7 | 8 | 1 | 9 | 5 | 4 | 2 | 3 |
| 4 | 2 | 3 | 8 | 7 | 6 | 5 | 9 | 1 |
| 8 | 6 | 7 | 9 | 5 | 1 | 3 | 4 | 2 |
| 9 | 1 | 5 | 4 | 3 | 2 | 7 | 8 | 6 |
| 7 | 8 | 6 | 5 | 1 | 9 | 2 | 3 | 4 |
| 5 | 9 | 1 | 3 | 2 | 4 | 6 | 7 | 8 |
| 3 | 4 | 2 | 7 | 6 | 8 | 1 | 5 | 9 |

15-26

| | | | | | | | | |
|---|---|---|---|---|---|---|---|---|
| 8 | 9 | 4 | 5 | 3 | 7 | 2 | 6 | 1 |
| 6 | 1 | 2 | 9 | 4 | 8 | 3 | 7 | 5 |
| 7 | 5 | 3 | 1 | 2 | 6 | 4 | 8 | 9 |
| 3 | 7 | 5 | 6 | 1 | 2 | 9 | 4 | 8 |
| 4 | 8 | 9 | 7 | 5 | 3 | 1 | 2 | 6 |
| 2 | 6 | 1 | 8 | 9 | 4 | 5 | 3 | 7 |
| 1 | 2 | 6 | 4 | 8 | 9 | 7 | 5 | 3 |
| 5 | 3 | 7 | 2 | 6 | 1 | 8 | 9 | 4 |
| 9 | 4 | 8 | 3 | 7 | 5 | 6 | 1 | 2 |

15-27

| | | | | | | | | |
|---|---|---|---|---|---|---|---|---|
| 9 | 7 | 2 | 5 | 6 | 4 | 1 | 8 | 3 |
| 6 | 4 | 5 | 8 | 3 | 1 | 7 | 2 | 9 |
| 3 | 1 | 8 | 2 | 9 | 7 | 4 | 5 | 6 |
| 8 | 3 | 1 | 7 | 2 | 9 | 6 | 4 | 5 |
| 2 | 9 | 7 | 4 | 5 | 6 | 3 | 1 | 8 |
| 5 | 6 | 4 | 1 | 8 | 3 | 9 | 7 | 2 |
| 4 | 5 | 6 | 3 | 1 | 8 | 2 | 9 | 7 |
| 1 | 8 | 3 | 9 | 7 | 2 | 5 | 6 | 4 |
| 7 | 2 | 9 | 6 | 4 | 5 | 8 | 3 | 1 |

15-28

| | | | | | | | | |
|---|---|---|---|---|---|---|---|---|
| 1 | 6 | 2 | 7 | 3 | 5 | 4 | 9 | 8 |
| 5 | 7 | 3 | 8 | 4 | 9 | 2 | 1 | 6 |
| 9 | 8 | 4 | 6 | 2 | 1 | 3 | 5 | 7 |
| 8 | 4 | 9 | 2 | 1 | 6 | 5 | 7 | 3 |
| 6 | 2 | 1 | 3 | 5 | 7 | 9 | 8 | 4 |
| 7 | 3 | 5 | 4 | 9 | 8 | 1 | 6 | 2 |
| 3 | 5 | 7 | 9 | 8 | 4 | 6 | 2 | 1 |
| 4 | 9 | 8 | 1 | 6 | 2 | 7 | 3 | 5 |
| 2 | 1 | 6 | 5 | 7 | 3 | 8 | 4 | 9 |

15-29

| | | | | | | | | |
|---|---|---|---|---|---|---|---|---|
| 8 | 1 | 3 | 4 | 6 | 5 | 9 | 2 | 7 |
| 5 | 4 | 6 | 7 | 9 | 2 | 3 | 8 | 1 |
| 2 | 7 | 9 | 1 | 3 | 8 | 6 | 5 | 4 |
| 7 | 9 | 2 | 3 | 8 | 1 | 5 | 4 | 6 |
| 1 | 3 | 8 | 6 | 5 | 4 | 2 | 7 | 9 |
| 4 | 6 | 5 | 9 | 2 | 7 | 8 | 1 | 3 |
| 6 | 5 | 4 | 2 | 7 | 9 | 1 | 3 | 8 |
| 9 | 2 | 7 | 8 | 1 | 3 | 4 | 6 | 5 |
| 3 | 8 | 1 | 5 | 4 | 6 | 7 | 9 | 2 |

15-30

| | | | | | | | | |
|---|---|---|---|---|---|---|---|---|
| 1 | 5 | 9 | 4 | 2 | 3 | 7 | 8 | 6 |
| 2 | 3 | 4 | 8 | 6 | 7 | 5 | 9 | 1 |
| 6 | 7 | 8 | 9 | 1 | 5 | 3 | 4 | 2 |
| 3 | 4 | 2 | 6 | 7 | 8 | 9 | 1 | 5 |
| 7 | 8 | 6 | 1 | 5 | 9 | 4 | 2 | 3 |
| 5 | 9 | 1 | 2 | 3 | 4 | 8 | 6 | 7 |
| 8 | 6 | 7 | 5 | 9 | 1 | 2 | 3 | 4 |
| 9 | 1 | 5 | 3 | 4 | 2 | 6 | 7 | 8 |
| 4 | 2 | 3 | 7 | 8 | 6 | 1 | 5 | 9 |

15-31

| | | | | | | | | |
|---|---|---|---|---|---|---|---|---|
| 8 | 6 | 7 | 3 | 4 | 2 | 1 | 5 | 9 |
| 9 | 1 | 5 | 7 | 8 | 6 | 2 | 3 | 4 |
| 4 | 2 | 3 | 5 | 9 | 1 | 6 | 7 | 8 |
| 5 | 9 | 1 | 6 | 7 | 8 | 4 | 2 | 3 |
| 3 | 4 | 2 | 1 | 5 | 9 | 8 | 6 | 7 |
| 7 | 8 | 6 | 2 | 3 | 4 | 9 | 1 | 5 |
| 2 | 3 | 4 | 9 | 1 | 5 | 7 | 8 | 6 |
| 6 | 7 | 8 | 4 | 2 | 3 | 5 | 9 | 1 |
| 1 | 5 | 9 | 8 | 6 | 7 | 3 | 4 | 2 |

15-32

| | | | | | | | | |
|---|---|---|---|---|---|---|---|---|
| 4 | 3 | 2 | 1 | 9 | 5 | 7 | 6 | 8 |
| 8 | 7 | 6 | 2 | 4 | 3 | 5 | 1 | 9 |
| 9 | 5 | 1 | 6 | 8 | 7 | 3 | 2 | 4 |
| 5 | 1 | 9 | 8 | 7 | 6 | 2 | 4 | 3 |
| 3 | 2 | 4 | 9 | 5 | 1 | 6 | 8 | 7 |
| 7 | 6 | 8 | 4 | 3 | 2 | 1 | 9 | 5 |
| 6 | 8 | 7 | 3 | 2 | 4 | 9 | 5 | 1 |
| 1 | 9 | 5 | 7 | 6 | 8 | 4 | 3 | 2 |
| 2 | 4 | 3 | 5 | 1 | 9 | 8 | 7 | 6 |

15-33

| | | | | | | | | |
|---|---|---|---|---|---|---|---|---|
| 3 | 2 | 4 | 1 | 9 | 5 | 8 | 7 | 6 |
| 5 | 1 | 9 | 6 | 8 | 7 | 4 | 3 | 2 |
| 7 | 6 | 8 | 2 | 4 | 3 | 9 | 5 | 1 |
| 6 | 8 | 7 | 4 | 3 | 2 | 5 | 1 | 9 |
| 2 | 4 | 3 | 9 | 5 | 1 | 7 | 6 | 8 |
| 1 | 9 | 5 | 8 | 7 | 6 | 3 | 2 | 4 |
| 9 | 5 | 1 | 7 | 6 | 8 | 2 | 4 | 3 |
| 8 | 7 | 6 | 3 | 2 | 4 | 1 | 9 | 5 |
| 4 | 3 | 2 | 5 | 1 | 9 | 6 | 8 | 7 |

15-34

| | | | | | | | | |
|---|---|---|---|---|---|---|---|---|
| 2 | 7 | 9 | 1 | 3 | 8 | 6 | 5 | 4 |
| 5 | 4 | 6 | 7 | 9 | 2 | 3 | 8 | 1 |
| 8 | 1 | 3 | 4 | 6 | 5 | 9 | 2 | 7 |
| 4 | 6 | 5 | 9 | 2 | 7 | 8 | 1 | 3 |
| 1 | 3 | 8 | 6 | 5 | 4 | 2 | 7 | 9 |
| 7 | 9 | 2 | 3 | 8 | 1 | 5 | 4 | 6 |
| 3 | 8 | 1 | 5 | 4 | 6 | 7 | 9 | 2 |
| 9 | 2 | 7 | 8 | 1 | 3 | 4 | 6 | 5 |
| 6 | 5 | 4 | 2 | 7 | 9 | 1 | 3 | 8 |

# 第十六章　练习题答案

16-1

| | | | | | | | | |
|---|---|---|---|---|---|---|---|---|
| 2 | 7 | 9 | 6 | 1 | 4 | 5 | 8 | 3 |
| 1 | 3 | 8 | 7 | 2 | 5 | 9 | 4 | 6 |
| 4 | 5 | 6 | 8 | 3 | 9 | 2 | 1 | 7 |
| 8 | 9 | 2 | 3 | 4 | 7 | 6 | 5 | 1 |
| 7 | 6 | 1 | 9 | 5 | 8 | 3 | 2 | 4 |
| 3 | 4 | 5 | 1 | 6 | 2 | 7 | 9 | 8 |
| 5 | 8 | 4 | 2 | 7 | 3 | 1 | 6 | 9 |
| 9 | 1 | 3 | 5 | 8 | 6 | 4 | 7 | 2 |
| 6 | 2 | 7 | 4 | 9 | 1 | 8 | 3 | 5 |

16-2

| | | | | | | | | |
|---|---|---|---|---|---|---|---|---|
| 3 | 8 | 6 | 9 | 2 | 5 | 4 | 7 | 1 |
| 7 | 5 | 9 | 8 | 1 | 4 | 2 | 3 | 6 |
| 2 | 1 | 4 | 7 | 3 | 6 | 8 | 9 | 5 |
| 8 | 4 | 3 | 6 | 7 | 1 | 9 | 5 | 2 |
| 6 | 9 | 2 | 5 | 8 | 3 | 1 | 4 | 7 |
| 1 | 7 | 5 | 4 | 9 | 2 | 6 | 8 | 3 |
| 5 | 6 | 1 | 3 | 4 | 9 | 7 | 2 | 8 |
| 4 | 3 | 8 | 2 | 6 | 7 | 5 | 1 | 9 |
| 9 | 2 | 7 | 1 | 5 | 8 | 3 | 6 | 4 |

16-3

| | | | | | | | | |
|---|---|---|---|---|---|---|---|---|
| 6 | 9 | 2 | 1 | 3 | 5 | 8 | 4 | 7 |
| 8 | 5 | 3 | 2 | 7 | 4 | 1 | 6 | 9 |
| 7 | 1 | 4 | 9 | 6 | 8 | 2 | 5 | 3 |
| 5 | 2 | 9 | 8 | 1 | 6 | 7 | 3 | 4 |
| 4 | 8 | 6 | 3 | 5 | 7 | 9 | 1 | 2 |
| 3 | 7 | 1 | 4 | 9 | 2 | 5 | 8 | 6 |
| 1 | 3 | 8 | 6 | 2 | 9 | 4 | 7 | 5 |
| 9 | 4 | 7 | 5 | 8 | 3 | 6 | 2 | 1 |
| 2 | 6 | 5 | 7 | 4 | 1 | 3 | 9 | 8 |

16-4

| | | | | | | | | |
|---|---|---|---|---|---|---|---|---|
| 7 | 3 | 4 | 5 | 1 | 2 | 6 | 8 | 9 |
| 2 | 1 | 8 | 4 | 6 | 9 | 5 | 3 | 7 |
| 6 | 9 | 5 | 3 | 7 | 8 | 4 | 1 | 2 |
| 8 | 4 | 1 | 7 | 3 | 6 | 2 | 9 | 5 |
| 5 | 2 | 9 | 8 | 4 | 1 | 7 | 6 | 3 |
| 3 | 7 | 6 | 9 | 2 | 5 | 1 | 4 | 8 |
| 9 | 8 | 7 | 6 | 5 | 4 | 3 | 2 | 1 |
| 1 | 6 | 3 | 2 | 8 | 7 | 9 | 5 | 4 |
| 4 | 5 | 2 | 1 | 9 | 3 | 8 | 7 | 6 |

16-5

| | | | | | | | | |
|---|---|---|---|---|---|---|---|---|
| 5 | 8 | 3 | 6 | 1 | 9 | 2 | 7 | 4 |
| 1 | 7 | 4 | 5 | 2 | 3 | 9 | 6 | 8 |
| 9 | 6 | 2 | 4 | 8 | 7 | 1 | 3 | 5 |
| 7 | 3 | 1 | 8 | 5 | 6 | 4 | 9 | 2 |
| 8 | 4 | 6 | 1 | 9 | 2 | 3 | 5 | 7 |
| 2 | 5 | 9 | 3 | 7 | 4 | 8 | 1 | 6 |
| 3 | 1 | 8 | 7 | 4 | 5 | 6 | 2 | 9 |
| 6 | 2 | 5 | 9 | 3 | 8 | 7 | 4 | 1 |
| 4 | 9 | 7 | 2 | 6 | 1 | 5 | 8 | 3 |

16-6

| | | | | | | | | |
|---|---|---|---|---|---|---|---|---|
| 1 | 2 | 9 | 4 | 3 | 8 | 5 | 6 | 7 |
| 3 | 7 | 6 | 9 | 5 | 1 | 8 | 2 | 4 |
| 5 | 4 | 8 | 2 | 7 | 6 | 3 | 9 | 1 |
| 4 | 6 | 5 | 8 | 1 | 3 | 2 | 7 | 9 |
| 8 | 1 | 2 | 5 | 9 | 7 | 6 | 4 | 3 |
| 7 | 9 | 3 | 6 | 2 | 4 | 1 | 5 | 8 |
| 9 | 5 | 1 | 7 | 8 | 2 | 4 | 3 | 6 |
| 6 | 8 | 7 | 3 | 4 | 5 | 9 | 1 | 2 |
| 2 | 3 | 4 | 1 | 6 | 9 | 7 | 8 | 5 |

16-7

| | | | | | | | | |
|---|---|---|---|---|---|---|---|---|
| 4 | 9 | 2 | 8 | 5 | 6 | 7 | 3 | 1 |
| 3 | 5 | 7 | 1 | 9 | 2 | 8 | 4 | 6 |
| 8 | 1 | 6 | 3 | 7 | 4 | 2 | 5 | 9 |
| 5 | 8 | 3 | 2 | 6 | 1 | 4 | 9 | 7 |
| 7 | 4 | 1 | 9 | 3 | 8 | 6 | 2 | 5 |
| 6 | 2 | 9 | 7 | 4 | 5 | 3 | 1 | 8 |
| 1 | 3 | 5 | 4 | 8 | 7 | 9 | 6 | 2 |
| 9 | 6 | 8 | 5 | 2 | 3 | 1 | 7 | 4 |
| 2 | 7 | 4 | 6 | 1 | 9 | 5 | 8 | 3 |

16-8

| | | | | | | | | |
|---|---|---|---|---|---|---|---|---|
| 4 | 1 | 6 | 7 | 2 | 9 | 3 | 8 | 5 |
| 5 | 2 | 7 | 3 | 1 | 8 | 6 | 4 | 9 |
| 9 | 3 | 8 | 5 | 4 | 6 | 7 | 1 | 2 |
| 7 | 4 | 3 | 9 | 8 | 2 | 1 | 5 | 6 |
| 8 | 5 | 9 | 6 | 7 | 1 | 4 | 2 | 3 |
| 2 | 6 | 1 | 4 | 3 | 5 | 8 | 9 | 7 |
| 3 | 7 | 2 | 8 | 5 | 4 | 9 | 6 | 1 |
| 6 | 8 | 5 | 1 | 9 | 3 | 2 | 7 | 4 |
| 1 | 9 | 4 | 2 | 6 | 7 | 5 | 3 | 8 |

16-9

| | | | | | | | | |
|---|---|---|---|---|---|---|---|---|
| 7 | 4 | 8 | 5 | 3 | 1 | 2 | 9 | 6 |
| 3 | 5 | 2 | 8 | 6 | 9 | 4 | 1 | 7 |
| 9 | 6 | 1 | 4 | 7 | 2 | 3 | 5 | 8 |
| 4 | 3 | 7 | 6 | 1 | 8 | 9 | 2 | 5 |
| 2 | 1 | 9 | 7 | 5 | 3 | 6 | 8 | 4 |
| 6 | 8 | 5 | 2 | 9 | 4 | 1 | 7 | 3 |
| 1 | 2 | 6 | 3 | 8 | 5 | 7 | 4 | 9 |
| 8 | 9 | 3 | 1 | 4 | 7 | 5 | 6 | 2 |
| 5 | 7 | 4 | 9 | 2 | 6 | 8 | 3 | 1 |

16-10

| | | | | | | | | |
|---|---|---|---|---|---|---|---|---|
| 5 | 7 | 4 | 8 | 3 | 1 | 9 | 2 | 6 |
| 8 | 9 | 3 | 5 | 6 | 2 | 1 | 4 | 7 |
| 1 | 2 | 6 | 7 | 4 | 9 | 3 | 8 | 5 |
| 6 | 8 | 5 | 1 | 7 | 3 | 2 | 9 | 4 |
| 2 | 1 | 9 | 6 | 8 | 4 | 7 | 5 | 3 |
| 4 | 3 | 7 | 9 | 2 | 5 | 6 | 1 | 8 |
| 9 | 6 | 1 | 3 | 5 | 8 | 4 | 7 | 2 |
| 3 | 5 | 2 | 4 | 1 | 7 | 8 | 6 | 9 |
| 7 | 4 | 8 | 2 | 9 | 6 | 5 | 3 | 1 |

16-11

| | | | | | | | | |
|---|---|---|---|---|---|---|---|---|
| 4 | 3 | 6 | 5 | 9 | 7 | 1 | 2 | 8 |
| 7 | 9 | 2 | 8 | 1 | 3 | 6 | 5 | 4 |
| 5 | 8 | 1 | 6 | 2 | 4 | 9 | 3 | 7 |
| 9 | 1 | 3 | 2 | 7 | 6 | 4 | 8 | 5 |
| 2 | 4 | 8 | 9 | 5 | 1 | 7 | 6 | 3 |
| 6 | 7 | 5 | 4 | 3 | 8 | 2 | 9 | 1 |
| 8 | 5 | 7 | 1 | 6 | 9 | 3 | 4 | 2 |
| 3 | 6 | 4 | 7 | 8 | 2 | 5 | 1 | 9 |
| 1 | 2 | 9 | 3 | 4 | 5 | 8 | 7 | 6 |

16-12

| | | | | | | | | |
|---|---|---|---|---|---|---|---|---|
| 1 | 6 | 4 | 9 | 2 | 7 | 3 | 5 | 8 |
| 2 | 7 | 5 | 8 | 1 | 3 | 6 | 9 | 4 |
| 3 | 8 | 9 | 6 | 4 | 5 | 7 | 2 | 1 |
| 4 | 3 | 7 | 2 | 8 | 9 | 1 | 6 | 5 |
| 5 | 9 | 8 | 1 | 7 | 6 | 4 | 3 | 2 |
| 6 | 1 | 2 | 5 | 3 | 4 | 8 | 7 | 9 |
| 7 | 2 | 3 | 4 | 5 | 8 | 9 | 1 | 6 |
| 8 | 5 | 6 | 3 | 9 | 1 | 2 | 4 | 7 |
| 9 | 4 | 1 | 7 | 6 | 2 | 5 | 8 | 3 |

# 第十七章 练习题答案

17-1

第一阵 / 第二阵

| | | | | | | | | | | | | | | |
|---|---|---|---|---|---|---|---|---|---|---|---|---|---|---|
| 6 | 9 | 5 | 8 | 2 | 3 | 1 | 7 | 4 | | | | | | |
| 7 | 2 | 1 | 4 | 9 | 5 | 8 | 3 | 6 | | | | | | |
| 8 | 3 | 4 | 6 | 1 | 7 | 5 | 9 | 2 | | | | | | |
| 5 | 6 | 7 | 2 | 3 | 8 | 4 | 1 | 9 | | | | | | |
| 2 | 4 | 9 | 1 | 7 | 6 | 3 | 8 | 5 | | | | | | |
| 3 | 1 | 8 | 5 | 4 | 9 | 2 | 6 | 7 | | | | | | |
| 9 | 7 | 2 | 3 | 8 | 4 | 6 | 5 | 1 | 4 | 7 | 8 | 2 | 3 | 9 |
| 1 | 8 | 6 | 7 | 5 | 2 | 9 | 4 | 3 | 2 | 6 | 1 | 8 | 5 | 7 |
| 4 | 5 | 3 | 9 | 6 | 1 | 7 | 2 | 8 | 9 | 3 | 5 | 1 | 4 | 6 |
| | | | | | | 3 | 7 | 9 | 5 | 2 | 6 | 4 | 1 | 8 |
| | | | | | | 5 | 6 | 4 | 1 | 8 | 3 | 9 | 7 | 2 |
| | | | | | | 8 | 1 | 2 | 7 | 4 | 9 | 3 | 6 | 5 |
| | | | | | | 2 | 8 | 7 | 6 | 1 | 4 | 5 | 9 | 3 |
| | | | | | | 1 | 3 | 5 | 8 | 9 | 7 | 6 | 2 | 4 |
| | | | | | | 4 | 9 | 6 | 3 | 5 | 2 | 7 | 8 | 1 |

17-2

第一阵 / 第二阵

| | | | | | | | | | | | | | | |
|---|---|---|---|---|---|---|---|---|---|---|---|---|---|---|
| 5 | 7 | 9 | 3 | 4 | 8 | 6 | 2 | 1 | | | | | | |
| 1 | 6 | 4 | 2 | 5 | 9 | 7 | 8 | 3 | | | | | | |
| 8 | 3 | 2 | 1 | 7 | 6 | 5 | 9 | 4 | | | | | | |
| 9 | 5 | 6 | 8 | 3 | 2 | 4 | 1 | 7 | | | | | | |
| 7 | 4 | 1 | 9 | 6 | 5 | 8 | 3 | 2 | | | | | | |
| 3 | 2 | 8 | 7 | 1 | 4 | 9 | 5 | 6 | | | | | | |
| 6 | 1 | 5 | 4 | 8 | 3 | 2 | 7 | 9 | 3 | 4 | 1 | 8 | 5 | 6 |
| 4 | 9 | 7 | 5 | 2 | 1 | 3 | 6 | 8 | 7 | 9 | 5 | 4 | 2 | 1 |
| 2 | 8 | 3 | 6 | 9 | 7 | 1 | 4 | 5 | 6 | 2 | 8 | 3 | 9 | 7 |
| | | | | | | 6 | 5 | 7 | 8 | 1 | 4 | 2 | 3 | 9 |
| | | | | | | 8 | 2 | 3 | 9 | 5 | 7 | 1 | 6 | 4 |
| | | | | | | 4 | 9 | 1 | 2 | 3 | 6 | 5 | 7 | 8 |
| | | | | | | 7 | 1 | 6 | 5 | 8 | 2 | 9 | 4 | 3 |
| | | | | | | 9 | 8 | 2 | 4 | 6 | 3 | 7 | 1 | 5 |
| | | | | | | 5 | 3 | 4 | 1 | 7 | 9 | 6 | 8 | 2 |

17-3

第一阵 / 第二阵

| | | | | | | | | | | | | | | |
|---|---|---|---|---|---|---|---|---|---|---|---|---|---|---|
| 4 | 6 | 2 | 1 | 5 | 8 | 7 | 3 | 9 | | | | | | |
| 5 | 8 | 1 | 7 | 9 | 3 | 2 | 6 | 4 | | | | | | |
| 7 | 9 | 3 | 6 | 4 | 2 | 1 | 8 | 5 | | | | | | |
| 9 | 3 | 7 | 2 | 6 | 4 | 8 | 5 | 1 | | | | | | |
| 6 | 2 | 5 | 8 | 1 | 7 | 4 | 9 | 3 | | | | | | |
| 8 | 1 | 4 | 5 | 3 | 9 | 6 | 7 | 2 | | | | | | |
| 3 | 7 | 8 | 9 | 2 | 1 | 5 | 4 | 6 | 3 | 2 | 7 | 8 | 1 | 9 |
| 2 | 5 | 9 | 4 | 7 | 6 | 3 | 1 | 8 | 4 | 5 | 9 | 6 | 2 | 7 |
| 1 | 4 | 6 | 3 | 8 | 5 | 9 | 2 | 7 | 8 | 6 | 1 | 4 | 5 | 3 |
| | | | | | | 2 | 9 | 3 | 6 | 4 | 8 | 5 | 7 | 1 |
| | | | | | | 7 | 6 | 4 | 9 | 1 | 5 | 3 | 8 | 2 |
| | | | | | | 8 | 5 | 1 | 2 | 7 | 3 | 9 | 4 | 6 |
| | | | | | | 6 | 3 | 5 | 7 | 8 | 2 | 1 | 9 | 4 |
| | | | | | | 4 | 8 | 2 | 1 | 9 | 6 | 7 | 3 | 5 |
| | | | | | | 1 | 7 | 9 | 5 | 3 | 4 | 2 | 6 | 8 |

17-4

第一阵 / 第二阵

| | | | | | | | | | | | | | | |
|---|---|---|---|---|---|---|---|---|---|---|---|---|---|---|
| 8 | 6 | 5 | 9 | 3 | 4 | 2 | 1 | 7 | | | | | | |
| 2 | 7 | 9 | 1 | 5 | 8 | 3 | 6 | 4 | | | | | | |
| 3 | 4 | 1 | 7 | 2 | 6 | 9 | 5 | 8 | | | | | | |
| 4 | 8 | 3 | 5 | 6 | 2 | 1 | 7 | 9 | | | | | | |
| 5 | 1 | 6 | 3 | 7 | 9 | 8 | 4 | 2 | | | | | | |
| 7 | 9 | 2 | 4 | 8 | 1 | 5 | 3 | 6 | | | | | | |
| 9 | 3 | 7 | 8 | 4 | 5 | 6 | 2 | 1 | 8 | 4 | 9 | 5 | 7 | 3 |
| 6 | 5 | 8 | 2 | 1 | 7 | 4 | 9 | 3 | 5 | 6 | 7 | 8 | 2 | 1 |
| 1 | 2 | 4 | 6 | 9 | 3 | 7 | 8 | 5 | 2 | 1 | 3 | 9 | 4 | 6 |
| | | | | | | 5 | 7 | 8 | 6 | 9 | 2 | 3 | 1 | 4 |
| | | | | | | 1 | 3 | 6 | 7 | 8 | 4 | 2 | 9 | 5 |
| | | | | | | 9 | 4 | 2 | 3 | 5 | 1 | 7 | 6 | 8 |
| | | | | | | 8 | 1 | 9 | 4 | 7 | 5 | 6 | 3 | 2 |
| | | | | | | 2 | 5 | 4 | 9 | 3 | 6 | 1 | 8 | 7 |
| | | | | | | 3 | 6 | 7 | 1 | 2 | 8 | 4 | 5 | 9 |

17-5

第一阵　第二阵

| | | | | | | | | | | | |
|---|---|---|---|---|---|---|---|---|---|---|---|
| | | | 2 | 3 | 4 | 5 | 6 | 9 | 1 | 7 | 8 |
| | | | 7 | 6 | 5 | 2 | 8 | 1 | 3 | 9 | 4 |
| | | | 1 | 9 | 8 | 4 | 3 | 7 | 2 | 6 | 5 |
| 1 | 4 | 6 | 3 | 2 | 7 | 8 | 9 | 5 | 6 | 4 | 1 |
| 3 | 8 | 9 | 5 | 4 | 1 | 6 | 7 | 2 | 9 | 8 | 3 |
| 7 | 5 | 2 | 9 | 8 | 6 | 3 | 1 | 4 | 5 | 2 | 7 |
| 4 | 2 | 3 | 8 | 7 | 9 | 1 | 5 | 6 | 4 | 3 | 2 |
| 9 | 1 | 8 | 6 | 5 | 2 | 7 | 4 | 3 | 8 | 1 | 9 |
| 5 | 6 | 7 | 4 | 1 | 3 | 9 | 2 | 8 | 7 | 5 | 6 |
| 2 | 3 | 5 | 7 | 9 | 8 | 4 | 6 | 1 | | | |
| 8 | 7 | 1 | 2 | 6 | 4 | 5 | 3 | 9 | | | |
| 6 | 9 | 4 | 1 | 3 | 5 | 2 | 8 | 7 | | | |

标准数独双连

17-6

第一阵　第二阵

| | | | | | | | | | | | |
|---|---|---|---|---|---|---|---|---|---|---|---|
| | | | 9 | 8 | 7 | 3 | 4 | 1 | 6 | 5 | 2 |
| | | | 3 | 2 | 1 | 9 | 6 | 5 | 7 | 4 | 8 |
| | | | 4 | 5 | 6 | 2 | 7 | 8 | 1 | 3 | 9 |
| 2 | 5 | 1 | 7 | 6 | 3 | 4 | 8 | 9 | 5 | 2 | 1 |
| 4 | 9 | 7 | 2 | 1 | 8 | 6 | 5 | 3 | 9 | 7 | 4 |
| 8 | 3 | 6 | 5 | 4 | 9 | 7 | 1 | 2 | 3 | 8 | 6 |
| 1 | 2 | 3 | 8 | 7 | 4 | 5 | 9 | 6 | 2 | 1 | 3 |
| 9 | 7 | 8 | 6 | 3 | 5 | 1 | 2 | 4 | 8 | 9 | 7 |
| 5 | 6 | 4 | 1 | 9 | 2 | 8 | 3 | 7 | 4 | 6 | 5 |
| 3 | 1 | 9 | 4 | 8 | 6 | 2 | 7 | 5 | | | |
| 6 | 8 | 2 | 3 | 5 | 7 | 9 | 4 | 1 | | | |
| 7 | 4 | 5 | 9 | 2 | 1 | 3 | 6 | 8 | | | |

标准数独双连

17-7

第一阵　第二阵

| | | | | | | | | | | | | | | |
|---|---|---|---|---|---|---|---|---|---|---|---|---|---|---|
| 8 | 9 | 7 | 3 | 6 | 4 | 2 | 5 | 1 | | | | | | |
| 6 | 4 | 5 | 7 | 1 | 2 | 9 | 3 | 8 | | | | | | |
| 1 | 2 | 3 | 5 | 8 | 9 | 4 | 7 | 6 | | | | | | |
| 5 | 1 | 2 | 9 | 7 | 8 | 6 | 4 | 3 | | | | | | |
| 3 | 8 | 9 | 4 | 5 | 6 | 1 | 2 | 7 | | | | | | |
| 7 | 6 | 4 | 2 | 3 | 1 | 8 | 9 | 5 | | | | | | |
| 4 | 3 | 6 | 1 | 2 | 5 | 7 | 8 | 9 | 4 | 2 | 3 | 1 | 5 | 6 |
| 2 | 7 | 1 | 8 | 9 | 3 | 5 | 6 | 4 | 8 | 9 | 1 | 2 | 3 | 7 |
| 9 | 5 | 8 | 6 | 4 | 7 | 3 | 1 | 2 | 6 | 7 | 5 | 9 | 4 | 8 |
| | | | | | | 2 | 3 | 1 | 5 | 6 | 7 | 8 | 9 | 4 |
| | | | | | | 9 | 7 | 8 | 3 | 4 | 2 | 6 | 1 | 5 |
| | | | | | | 4 | 5 | 6 | 1 | 8 | 9 | 7 | 2 | 3 |
| | | | | | | 6 | 4 | 5 | 9 | 1 | 8 | 3 | 7 | 2 |
| | | | | | | 1 | 2 | 3 | 7 | 5 | 6 | 4 | 8 | 9 |
| | | | | | | 8 | 9 | 7 | 2 | 3 | 4 | 5 | 6 | 1 |

中心对称互补数独

“王”字数独

17-8

第一阵　第二阵

| | | | | | | | | | | | | | | |
|---|---|---|---|---|---|---|---|---|---|---|---|---|---|---|
| 8 | 3 | 7 | 4 | 5 | 2 | 1 | 6 | 9 | | | | | | |
| 6 | 2 | 5 | 9 | 1 | 3 | 4 | 7 | 8 | | | | | | |
| 4 | 9 | 2 | 6 | 3 | 5 | 8 | 1 | 7 | | | | | | |
| 3 | 7 | 1 | 8 | 2 | 4 | 9 | 5 | 6 | | | | | | |
| 9 | 5 | 6 | 7 | 8 | 1 | 3 | 4 | 2 | | | | | | |
| 7 | 6 | 9 | 1 | 4 | 8 | 5 | 2 | 3 | | | | | | |
| 1 | 8 | 3 | 5 | 6 | 7 | 2 | 9 | 4 | 7 | 1 | 6 | 3 | 5 | 8 |
| 5 | 4 | 8 | 2 | 7 | 9 | 6 | 3 | 1 | 2 | 5 | 8 | 4 | 7 | 9 |
| 2 | 1 | 4 | 3 | 9 | 6 | 7 | 8 | 5 | 3 | 9 | 4 | 6 | 1 | 2 |
| | | | | | | 5 | 4 | 7 | 9 | 6 | 3 | 8 | 2 | 1 |
| | | | | | | 1 | 6 | 3 | 5 | 8 | 2 | 7 | 9 | 4 |
| | | | | | | 8 | 2 | 9 | 1 | 4 | 7 | 5 | 6 | 3 |
| | | | | | | 3 | 7 | 6 | 4 | 2 | 9 | 1 | 8 | 5 |
| | | | | | | 9 | 5 | 8 | 6 | 3 | 1 | 2 | 4 | 7 |
| | | | | | | 4 | 1 | 2 | 8 | 7 | 5 | 9 | 3 | 6 |

17-9

| | | | | | | | | | | | | | | | | | | | | | |
|---|---|---|---|---|---|---|---|---|---|---|---|---|---|---|---|---|---|---|---|---|---|
| | 3 | 1 | 4 | 9 | 2 | 5 | 6 | 8 | 7 | | | | | | | | | | | | |
| | 6 | 5 | 8 | 3 | 7 | 4 | 2 | 1 | 9 | | | | | | | | | | | | |
| | 9 | 7 | 2 | 6 | 1 | 8 | 5 | 3 | 4 | | | | | | | | | | | | |
| | 1 | 9 | 6 | 2 | 8 | 3 | 7 | 4 | 5 | | | | | | | | | | | | |
| 第一阵 | 8 | 4 | 7 | 1 | 5 | 6 | 9 | 2 | 3 | | | | | | | | | | | | |
| | 5 | 2 | 3 | 4 | 9 | 7 | 8 | 6 | 1 | | | | | | | | | | | | |
| | 7 | 6 | 5 | 8 | 3 | 1 | 4 | 9 | 2 | 8 | 5 | 3 | 1 | 7 | 6 | | | | | | |
| | 2 | 8 | 1 | 7 | 4 | 9 | 3 | 5 | 6 | 7 | 1 | 4 | 8 | 9 | 2 | | | | | | |
| | 4 | 3 | 9 | 5 | 6 | 2 | 1 | 7 | 8 | 6 | 9 | 2 | 4 | 3 | 5 | | | | | | |
| | | | | | | | 8 | 6 | 9 | 4 | 7 | 5 | 2 | 1 | 3 | | | | | | |
| | | | | | | 第二阵 | 5 | 3 | 1 | 2 | 6 | 8 | 9 | 4 | 7 | | | | | | |
| | | | | | | | 7 | 2 | 4 | 9 | 3 | 1 | 5 | 6 | 8 | | | | | | |
| | | | | | | | 2 | 8 | 7 | 1 | 4 | 6 | 3 | 5 | 9 | 6 | 1 | 8 | 7 | 4 | 2 |
| | | | | | | | 9 | 4 | 3 | 5 | 2 | 7 | 6 | 8 | 1 | 7 | 4 | 2 | 5 | 9 | 3 |
| | | | | | | | 6 | 1 | 5 | 3 | 8 | 9 | 7 | 2 | 4 | 3 | 5 | 9 | 8 | 6 | 1 |
| | | | | | | | | | | | | | 5 | 9 | 6 | 4 | 3 | 7 | 2 | 1 | 8 |
| | | | | | | | | | | | | 第三阵 | 4 | 1 | 3 | 8 | 2 | 5 | 6 | 7 | 9 |
| | | | | | | | | | | | | | 8 | 7 | 2 | 9 | 6 | 1 | 3 | 5 | 4 |
| | | | | | | | | | | | | | 2 | 6 | 8 | 5 | 9 | 4 | 1 | 3 | 7 |
| | | | | | | | | | | | | | 9 | 3 | 7 | 1 | 8 | 6 | 4 | 2 | 5 |
| | | | | | | | | | | | | | 1 | 4 | 5 | 2 | 7 | 3 | 9 | 8 | 6 |

17-10

| | | | | | | | | | | | | | | | | | | | | | |
|---|---|---|---|---|---|---|---|---|---|---|---|---|---|---|---|---|---|---|---|---|---|
| | 2 | 9 | 6 | 1 | 4 | 5 | 3 | 8 | 7 | | | | | | | | | | | | |
| | 1 | 7 | 5 | 2 | 3 | 8 | 4 | 9 | 6 | | | | | | | | | | | | |
| | 8 | 3 | 4 | 7 | 9 | 6 | 5 | 2 | 1 | | | | | | | | | | | | |
| | 4 | 5 | 9 | 6 | 1 | 2 | 7 | 3 | 8 | | | | | | | | | | | | |
| 第一阵 | 7 | 2 | 1 | 4 | 8 | 3 | 6 | 5 | 9 | | | | | | | | | | | | |
| | 6 | 8 | 3 | 9 | 5 | 7 | 1 | 4 | 2 | | | | | | | | | | | | |
| | 5 | 1 | 2 | 8 | 6 | 4 | 9 | 7 | 3 | 4 | 1 | 6 | 8 | 5 | 2 | | | | | | |
| | 9 | 4 | 8 | 3 | 7 | 1 | 2 | 6 | 5 | 7 | 3 | 8 | 1 | 9 | 4 | | | | | | |
| | 3 | 6 | 7 | 5 | 2 | 9 | 8 | 1 | 4 | 9 | 2 | 5 | 6 | 3 | 7 | | | | | | |
| | | | | | | | 1 | 5 | 9 | 6 | 7 | 3 | 2 | 4 | 8 | | | | | | |
| | | | | | | 第二阵 | 4 | 3 | 2 | 8 | 5 | 1 | 7 | 6 | 9 | | | | | | |
| | | | | | | | 7 | 8 | 6 | 2 | 4 | 9 | 5 | 1 | 3 | | | | | | |
| | | | | | | | 5 | 9 | 7 | 3 | 6 | 2 | 4 | 8 | 1 | 2 | 9 | 5 | 3 | 7 | 6 |
| | | | | | | | 6 | 2 | 8 | 1 | 9 | 4 | 3 | 7 | 5 | 1 | 6 | 8 | 9 | 4 | 2 |
| | | | | | | | 3 | 4 | 1 | 5 | 8 | 7 | 9 | 2 | 6 | 7 | 3 | 4 | 1 | 8 | 5 |
| | | | | | | | | | | | | | 1 | 6 | 7 | 8 | 5 | 9 | 2 | 3 | 4 |
| | | | | | | | | | | | | 第三阵 | 2 | 3 | 4 | 6 | 1 | 7 | 8 | 5 | 9 |
| | | | | | | | | | | | | | 8 | 5 | 9 | 4 | 2 | 3 | 6 | 1 | 7 |
| | | | | | | | | | | | | | 7 | 1 | 8 | 9 | 4 | 6 | 5 | 2 | 3 |
| | | | | | | | | | | | | | 6 | 4 | 3 | 5 | 8 | 2 | 7 | 9 | 1 |
| | | | | | | | | | | | | | 5 | 9 | 2 | 3 | 7 | 1 | 4 | 6 | 8 |

17-11

| | | | | | | | | | | | | | | | | | | | | |
|---|---|---|---|---|---|---|---|---|---|---|---|---|---|---|---|---|---|---|---|---|
| | | | | | | 7 | 2 | 1 | 3 | 6 | 4 | 5 | 8 | 9 | | | | | | |
| | | | | | | 3 | 5 | 6 | 8 | 7 | 9 | 4 | 2 | 1 | | | | | | |
| | | | | | | 8 | 4 | 9 | 1 | 5 | 2 | 6 | 3 | 7 | | | | | | |
| | | | | | | 1 | 9 | 8 | 2 | 3 | 6 | 7 | 4 | 5 | | | | | | |
| | | | | | | 2 | 6 | 4 | 7 | 8 | 5 | 1 | 9 | 3 | | | | | | |
| | | | | | | 5 | 7 | 3 | 4 | 9 | 1 | 8 | 6 | 2 | | | | | | |
| 8 | 5 | 4 | 2 | 3 | 9 | 6 | 1 | 7 | 9 | 2 | 8 | 3 | 5 | 4 | 7 | 9 | 8 | 2 | 6 | 1 |
| 3 | 9 | 1 | 7 | 6 | 5 | 4 | 8 | 2 | 5 | 1 | 3 | 9 | 7 | 6 | 5 | 2 | 1 | 8 | 4 | 3 |
| 2 | 6 | 7 | 4 | 8 | 1 | 9 | 3 | 5 | 6 | 4 | 7 | 2 | 1 | 8 | 4 | 6 | 3 | 5 | 9 | 7 |
| 7 | 3 | 6 | 9 | 2 | 8 | 5 | 4 | 1 | | | | 7 | 8 | 2 | 9 | 1 | 5 | 4 | 3 | 6 |
| 5 | 1 | 8 | 6 | 4 | 3 | 2 | 7 | 9 | | | | 6 | 3 | 1 | 2 | 8 | 4 | 7 | 5 | 9 |
| 4 | 2 | 9 | 1 | 5 | 7 | 3 | 6 | 8 | | | | 4 | 9 | 5 | 3 | 7 | 6 | 1 | 8 | 2 |
| 6 | 8 | 2 | 5 | 7 | 4 | 1 | 9 | 3 | | | | 5 | 2 | 7 | 6 | 4 | 9 | 3 | 1 | 8 |
| 9 | 7 | 5 | 3 | 1 | 6 | 8 | 2 | 4 | | | | 8 | 6 | 3 | 1 | 5 | 7 | 9 | 2 | 4 |
| 1 | 4 | 3 | 8 | 9 | 2 | 7 | 5 | 6 | | | | 1 | 4 | 9 | 8 | 3 | 2 | 6 | 7 | 5 |

第一阵 第二阵 第三阵

17-12

| | | | | | | | | | | | | | | | | | | | | |
|---|---|---|---|---|---|---|---|---|---|---|---|---|---|---|---|---|---|---|---|---|
| | | | | | | 2 | 3 | 5 | 4 | 9 | 6 | 1 | 7 | 8 | | | | | | |
| | | | | | | 1 | 6 | 7 | 8 | 2 | 5 | 9 | 4 | 3 | | | | | | |
| | | | | | | 4 | 8 | 9 | 1 | 7 | 3 | 6 | 2 | 5 | | | | | | |
| | | | | | | 9 | 5 | 1 | 2 | 3 | 7 | 4 | 8 | 6 | | | | | | |
| | | | | | | 8 | 2 | 3 | 6 | 5 | 4 | 7 | 1 | 9 | | | | | | |
| | | | | | | 7 | 4 | 6 | 9 | 8 | 1 | 5 | 3 | 2 | | | | | | |
| 6 | 9 | 4 | 7 | 8 | 5 | 3 | 1 | 2 | 7 | 6 | 9 | 8 | 5 | 4 | 2 | 3 | 9 | 6 | 1 | 7 |
| 1 | 3 | 5 | 9 | 2 | 4 | 6 | 7 | 8 | 5 | 4 | 2 | 3 | 9 | 1 | 7 | 6 | 5 | 4 | 8 | 2 |
| 8 | 7 | 2 | 3 | 6 | 1 | 5 | 9 | 4 | 3 | 1 | 8 | 2 | 6 | 7 | 4 | 8 | 1 | 9 | 3 | 5 |
| 4 | 5 | 7 | 6 | 3 | 8 | 1 | 2 | 9 | | | | 7 | 3 | 6 | 9 | 2 | 8 | 5 | 4 | 1 |
| 9 | 8 | 1 | 5 | 7 | 2 | 4 | 6 | 3 | | | | 5 | 1 | 8 | 6 | 4 | 3 | 2 | 7 | 9 |
| 3 | 2 | 6 | 1 | 4 | 9 | 7 | 8 | 5 | | | | 4 | 2 | 9 | 1 | 5 | 7 | 3 | 6 | 8 |
| 7 | 4 | 9 | 2 | 1 | 3 | 8 | 5 | 6 | | | | 6 | 8 | 2 | 5 | 7 | 4 | 1 | 9 | 3 |
| 2 | 1 | 3 | 8 | 5 | 6 | 9 | 4 | 7 | | | | 9 | 7 | 5 | 3 | 1 | 6 | 8 | 2 | 4 |
| 5 | 6 | 8 | 4 | 9 | 7 | 2 | 3 | 1 | | | | 1 | 4 | 3 | 8 | 9 | 2 | 7 | 5 | 6 |

第一阵 第二阵 第三阵

17-13

| | | | | | | | | | | | | | | | |
|---|---|---|---|---|---|---|---|---|---|---|---|---|---|---|---|
| | | | | | | | 4 | 9 | 2 | 7 | 6 | 1 | 3 | 8 | 5 |
| 第一阵 | | | | | | | 1 | 6 | 7 | 5 | 8 | 3 | 9 | 2 | 4 |
| | | | | | | | 3 | 5 | 8 | 9 | 2 | 4 | 1 | 6 | 7 |
| | | | | 2 | 9 | 6 | 5 | 4 | 1 | 8 | 3 | 7 | 2 | 9 | 6 |
| 第二阵 | | | | 5 | 1 | 7 | 2 | 8 | 3 | 4 | 9 | 6 | 5 | 7 | 1 |
| | | | | 3 | 4 | 8 | 9 | 7 | 6 | 2 | 1 | 5 | 8 | 4 | 3 |
| | 2 | 5 | 6 | 4 | 8 | 1 | 7 | 3 | 9 | 6 | 5 | 2 | 4 | 1 | 8 |
| | 3 | 7 | 9 | 6 | 2 | 5 | 8 | 1 | 4 | 3 | 7 | 9 | 6 | 5 | 2 |
| | 4 | 8 | 1 | 7 | 3 | 9 | 6 | 2 | 5 | 1 | 4 | 8 | 7 | 3 | 9 |
| | 1 | 9 | 2 | 8 | 6 | 4 | 3 | 5 | 7 | 9 | 2 | 1 | | | |
| 第三阵 | 6 | 3 | 7 | 1 | 5 | 2 | 4 | 9 | 8 | 7 | 6 | 3 | | | |
| | 5 | 4 | 8 | 9 | 7 | 3 | 1 | 6 | 2 | 5 | 8 | 4 | | | |
| | 8 | 1 | 4 | 2 | 9 | 6 | 5 | 7 | 3 | | | | | | |
| | 9 | 6 | 5 | 3 | 4 | 7 | 2 | 8 | 1 | | | | | | |
| | 7 | 2 | 3 | 5 | 1 | 8 | 9 | 4 | 6 | | | | | | |

17-14

| | | | | | | | | | | | | | | | |
|---|---|---|---|---|---|---|---|---|---|---|---|---|---|---|---|
| | | | | | | | 5 | 2 | 9 | 1 | 8 | 6 | 4 | 3 | 7 |
| 第一阵 | | | | | | | 8 | 6 | 1 | 7 | 3 | 4 | 2 | 5 | 9 |
| | | | | | | | 4 | 3 | 7 | 9 | 5 | 2 | 1 | 8 | 6 |
| | | | | 5 | 1 | 9 | 3 | 4 | 6 | 2 | 7 | 8 | 9 | 1 | 5 |
| 第二阵 | | | | 3 | 6 | 8 | 7 | 1 | 2 | 4 | 9 | 5 | 3 | 6 | 8 |
| | | | | 4 | 7 | 2 | 9 | 5 | 8 | 3 | 6 | 1 | 7 | 4 | 2 |
| | 7 | 5 | 1 | 6 | 9 | 4 | 2 | 8 | 3 | 5 | 1 | 7 | 6 | 9 | 4 |
| | 3 | 2 | 8 | 7 | 5 | 1 | 6 | 9 | 4 | 8 | 2 | 3 | 5 | 7 | 1 |
| | 6 | 4 | 9 | 2 | 8 | 3 | 1 | 7 | 5 | 6 | 4 | 9 | 8 | 2 | 3 |
| | 5 | 1 | 2 | 9 | 4 | 6 | 8 | 3 | 7 | 1 | 5 | 2 | | | |
| 第三阵 | 8 | 6 | 7 | 1 | 3 | 5 | 4 | 2 | 9 | 7 | 8 | 6 | | | |
| | 4 | 9 | 3 | 8 | 2 | 7 | 5 | 6 | 1 | 9 | 3 | 4 | | | |
| | 9 | 8 | 4 | 5 | 7 | 2 | 3 | 1 | 6 | | | | | | |
| | 1 | 7 | 5 | 3 | 6 | 8 | 9 | 4 | 2 | | | | | | |
| | 2 | 3 | 6 | 4 | 1 | 9 | 7 | 5 | 8 | | | | | | |

17-15

第一阵 第二阵 第三阵 第四阵

| | | | | | | | | | | | | | | | | | | | | |
|---|---|---|---|---|---|---|---|---|---|---|---|---|---|---|---|---|---|---|---|---|
| | | | | | | 5 | 8 | 9 | 1 | 2 | 4 | 3 | 7 | 6 | | | | | | |
| | | | | | | 6 | 7 | 2 | 8 | 9 | 3 | 4 | 5 | 1 | | | | | | |
| | | | | | | 1 | 4 | 3 | 6 | 7 | 5 | 2 | 8 | 9 | | | | | | |
| | | | | | | 8 | 6 | 7 | 9 | 4 | 1 | 5 | 3 | 2 | | | | | | |
| | | | | | | 3 | 1 | 5 | 2 | 8 | 7 | 6 | 9 | 4 | | | | | | |
| | | | | | | 9 | 2 | 4 | 5 | 3 | 6 | 8 | 1 | 7 | | | | | | |
| 6 | 2 | 3 | 9 | 7 | 1 | 4 | 5 | 8 | 7 | 6 | 9 | 1 | 2 | 3 | 5 | 6 | 7 | 9 | 8 | 4 |
| 9 | 5 | 4 | 2 | 8 | 6 | 7 | 3 | 1 | 4 | 5 | 2 | 9 | 6 | 8 | 2 | 1 | 4 | 3 | 5 | 7 |
| 1 | 8 | 7 | 5 | 3 | 4 | 2 | 9 | 6 | 3 | 1 | 8 | 7 | 4 | 5 | 3 | 8 | 9 | 6 | 1 | 2 |
| 4 | 9 | 6 | 3 | 2 | 5 | 8 | 1 | 7 | | | | 3 | 5 | 9 | 4 | 7 | 2 | 1 | 6 | 8 |
| 8 | 1 | 2 | 6 | 9 | 7 | 5 | 4 | 3 | | | | 8 | 7 | 2 | 6 | 9 | 1 | 4 | 3 | 5 |
| 7 | 3 | 5 | 1 | 4 | 8 | 6 | 2 | 9 | | | | 6 | 1 | 4 | 8 | 5 | 3 | 7 | 2 | 9 |
| 5 | 4 | 1 | 7 | 6 | 9 | 3 | 8 | 2 | 7 | 1 | 4 | 5 | 9 | 6 | 7 | 3 | 8 | 2 | 4 | 1 |
| 2 | 7 | 9 | 8 | 5 | 3 | 1 | 6 | 4 | 5 | 9 | 8 | 2 | 3 | 7 | 1 | 4 | 5 | 8 | 9 | 6 |
| 3 | 6 | 8 | 4 | 1 | 2 | 9 | 7 | 5 | 2 | 6 | 3 | 4 | 8 | 1 | 9 | 2 | 6 | 5 | 7 | 3 |
| | | | | | | 8 | 3 | 9 | 4 | 7 | 6 | 1 | 5 | 2 | | | | | | |
| | | | | | | 5 | 1 | 6 | 3 | 8 | 2 | 7 | 4 | 9 | | | | | | |
| | | | | | | 4 | 2 | 7 | 9 | 5 | 1 | 8 | 6 | 3 | | | | | | |
| | | | | | | 7 | 5 | 1 | 8 | 3 | 9 | 6 | 2 | 4 | | | | | | |
| | | | | | | 6 | 4 | 3 | 1 | 2 | 5 | 9 | 7 | 8 | | | | | | |
| | | | | | | 2 | 9 | 8 | 6 | 4 | 7 | 3 | 1 | 5 | | | | | | |

17-16

第一阵 第二阵 第三阵 第四阵

| | | | | | | | | | | | | | | | | | | | | |
|---|---|---|---|---|---|---|---|---|---|---|---|---|---|---|---|---|---|---|---|---|
| | | | | | | 7 | 8 | 3 | 9 | 5 | 1 | 2 | 4 | 6 | | | | | | |
| | | | | | | 5 | 4 | 2 | 7 | 8 | 6 | 3 | 9 | 1 | | | | | | |
| | | | | | | 6 | 1 | 9 | 4 | 2 | 3 | 5 | 7 | 8 | | | | | | |
| | | | | | | 9 | 3 | 1 | 2 | 4 | 7 | 8 | 6 | 5 | | | | | | |
| | | | | | | 2 | 7 | 6 | 8 | 1 | 5 | 4 | 3 | 9 | | | | | | |
| | | | | | | 8 | 5 | 4 | 6 | 3 | 9 | 7 | 1 | 2 | | | | | | |
| 4 | 2 | 7 | 5 | 3 | 6 | 1 | 9 | 8 | 5 | 7 | 4 | 6 | 2 | 3 | 9 | 7 | 1 | 4 | 5 | 8 |
| 6 | 9 | 5 | 1 | 8 | 4 | 3 | 2 | 7 | 1 | 6 | 8 | 9 | 5 | 4 | 2 | 8 | 6 | 7 | 3 | 1 |
| 8 | 3 | 1 | 7 | 2 | 9 | 4 | 6 | 5 | 3 | 9 | 2 | 1 | 8 | 7 | 5 | 3 | 4 | 2 | 9 | 6 |
| 5 | 7 | 2 | 9 | 1 | 8 | 6 | 4 | 3 | | | | 4 | 9 | 6 | 3 | 2 | 5 | 8 | 1 | 7 |
| 3 | 6 | 4 | 2 | 5 | 7 | 9 | 8 | 1 | | | | 8 | 1 | 2 | 6 | 9 | 7 | 5 | 4 | 3 |
| 9 | 1 | 8 | 6 | 4 | 3 | 7 | 5 | 2 | | | | 7 | 3 | 5 | 1 | 4 | 8 | 6 | 2 | 9 |
| 2 | 5 | 3 | 4 | 6 | 1 | 8 | 7 | 9 | 6 | 3 | 2 | 5 | 4 | 1 | 7 | 6 | 9 | 3 | 8 | 2 |
| 1 | 4 | 9 | 8 | 7 | 2 | 5 | 3 | 6 | 1 | 4 | 8 | 2 | 7 | 9 | 8 | 5 | 3 | 1 | 6 | 4 |
| 7 | 8 | 6 | 3 | 9 | 5 | 2 | 1 | 4 | 7 | 5 | 9 | 3 | 6 | 8 | 4 | 1 | 2 | 9 | 7 | 5 |
| | | | | | | 7 | 8 | 3 | 9 | 1 | 5 | 6 | 2 | 4 | | | | | | |
| | | | | | | 6 | 4 | 2 | 3 | 8 | 7 | 1 | 9 | 5 | | | | | | |
| | | | | | | 1 | 9 | 5 | 2 | 6 | 4 | 7 | 8 | 3 | | | | | | |
| | | | | | | 9 | 6 | 8 | 5 | 7 | 3 | 4 | 1 | 2 | | | | | | |
| | | | | | | 3 | 2 | 1 | 4 | 9 | 6 | 8 | 5 | 7 | | | | | | |
| | | | | | | 4 | 5 | 7 | 8 | 2 | 1 | 9 | 3 | 6 | | | | | | |

17-17

第一阵　第二阵　第三阵　第四阵

| | | | | | | | | | | | | | | | | | | | | |
|---|---|---|---|---|---|---|---|---|---|---|---|---|---|---|---|---|---|---|---|---|
| | | | | | | 9 | 8 | 7 | 5 | 1 | 4 | 2 | 3 | 6 | | | | | | |
| | | | | | | 4 | 1 | 2 | 3 | 7 | 6 | 5 | 8 | 9 | | | | | | |
| | | | | | | 3 | 6 | 5 | 8 | 9 | 2 | 1 | 4 | 7 | | | | | | |
| | | | | | | 8 | 2 | 1 | 4 | 6 | 7 | 9 | 5 | 3 | | | | | | |
| | | | | | | 6 | 7 | 3 | 2 | 5 | 9 | 8 | 1 | 4 | | | | | | |
| | | | | | | 5 | 4 | 9 | 1 | 8 | 3 | 6 | 7 | 2 | | | | | | |
| 9 | 2 | 7 | 8 | 5 | 6 | 1 | 3 | 4 | 6 | 2 | 8 | 7 | 9 | 5 | 6 | 4 | 3 | 8 | 1 | 2 |
| 6 | 5 | 1 | 7 | 4 | 3 | 2 | 9 | 8 | 7 | 4 | 5 | 3 | 6 | 1 | 7 | 2 | 8 | 4 | 5 | 9 |
| 4 | 3 | 8 | 2 | 9 | 1 | 7 | 5 | 6 | 9 | 3 | 1 | 4 | 2 | 8 | 5 | 9 | 1 | 7 | 6 | 3 |
| 8 | 4 | 6 | 5 | 1 | 9 | 3 | 7 | 2 | | | | 8 | 1 | 7 | 9 | 6 | 5 | 3 | 2 | 4 |
| 7 | 9 | 5 | 3 | 2 | 8 | 6 | 4 | 1 | | | | 6 | 3 | 2 | 8 | 1 | 4 | 9 | 7 | 5 |
| 2 | 1 | 3 | 6 | 7 | 4 | 9 | 8 | 5 | | | | 5 | 4 | 9 | 3 | 7 | 2 | 1 | 8 | 6 |
| 3 | 7 | 4 | 1 | 8 | 2 | 5 | 6 | 9 | 8 | 1 | 3 | 2 | 7 | 4 | 1 | 3 | 6 | 5 | 9 | 8 |
| 5 | 8 | 2 | 9 | 6 | 7 | 4 | 1 | 3 | 2 | 7 | 5 | 9 | 8 | 6 | 4 | 5 | 7 | 2 | 3 | 1 |
| 1 | 6 | 9 | 4 | 3 | 5 | 8 | 2 | 7 | 4 | 6 | 9 | 1 | 5 | 3 | 2 | 8 | 9 | 6 | 4 | 7 |
| | | | | | | 7 | 4 | 5 | 1 | 9 | 2 | 6 | 3 | 8 | | | | | | |
| | | | | | | 6 | 9 | 8 | 3 | 5 | 7 | 4 | 1 | 2 | | | | | | |
| | | | | | | 2 | 3 | 1 | 6 | 8 | 4 | 5 | 9 | 7 | | | | | | |
| | | | | | | 9 | 5 | 2 | 7 | 4 | 8 | 3 | 6 | 1 | | | | | | |
| | | | | | | 1 | 7 | 4 | 9 | 3 | 6 | 8 | 2 | 5 | | | | | | |
| | | | | | | 3 | 8 | 6 | 5 | 2 | 1 | 7 | 4 | 9 | | | | | | |

17-18

第一阵　第二阵　第三阵　第四阵

| | | | | | | | | | | | | | | | | | | | | |
|---|---|---|---|---|---|---|---|---|---|---|---|---|---|---|---|---|---|---|---|---|
| | | | | | | 8 | 3 | 5 | 6 | 7 | 9 | 2 | 1 | 4 | | | | | | |
| | | | | | | 4 | 1 | 6 | 5 | 3 | 2 | 7 | 8 | 9 | | | | | | |
| | | | | | | 2 | 7 | 9 | 4 | 1 | 8 | 5 | 6 | 3 | | | | | | |
| | | | | | | 3 | 6 | 1 | 7 | 2 | 4 | 9 | 5 | 8 | | | | | | |
| | | | | | | 9 | 4 | 8 | 1 | 5 | 3 | 6 | 2 | 7 | | | | | | |
| | | | | | | 7 | 5 | 2 | 8 | 9 | 6 | 4 | 3 | 1 | | | | | | |
| 4 | 6 | 3 | 5 | 8 | 9 | 1 | 2 | 7 | 9 | 8 | 5 | 3 | 4 | 6 | 2 | 8 | 7 | 9 | 1 | 5 |
| 1 | 8 | 5 | 4 | 2 | 7 | 6 | 9 | 3 | 2 | 4 | 1 | 8 | 7 | 5 | 1 | 9 | 3 | 6 | 4 | 2 |
| 2 | 9 | 7 | 1 | 3 | 6 | 5 | 8 | 4 | 3 | 6 | 7 | 1 | 9 | 2 | 6 | 4 | 5 | 8 | 7 | 3 |
| 8 | 5 | 1 | 9 | 7 | 3 | 2 | 4 | 6 | | | | 2 | 8 | 7 | 4 | 3 | 1 | 5 | 9 | 6 |
| 9 | 3 | 6 | 2 | 4 | 5 | 7 | 1 | 8 | | | | 5 | 6 | 4 | 9 | 7 | 2 | 1 | 3 | 8 |
| 7 | 4 | 2 | 6 | 1 | 8 | 9 | 3 | 5 | | | | 9 | 1 | 3 | 8 | 5 | 6 | 7 | 2 | 4 |
| 6 | 7 | 8 | 3 | 9 | 1 | 4 | 5 | 2 | 1 | 8 | 7 | 6 | 3 | 9 | 7 | 2 | 8 | 4 | 5 | 1 |
| 5 | 2 | 9 | 8 | 6 | 4 | 3 | 7 | 1 | 9 | 6 | 5 | 4 | 2 | 8 | 5 | 1 | 9 | 3 | 6 | 7 |
| 3 | 1 | 4 | 7 | 5 | 2 | 8 | 6 | 9 | 2 | 3 | 4 | 7 | 5 | 1 | 3 | 6 | 4 | 2 | 8 | 9 |
| | | | | | | 2 | 8 | 6 | 3 | 7 | 1 | 9 | 4 | 5 | | | | | | |
| | | | | | | 9 | 3 | 4 | 6 | 5 | 2 | 8 | 1 | 7 | | | | | | |
| | | | | | | 5 | 1 | 7 | 8 | 4 | 9 | 3 | 6 | 2 | | | | | | |
| | | | | | | 7 | 9 | 5 | 4 | 1 | 6 | 2 | 8 | 3 | | | | | | |
| | | | | | | 1 | 4 | 3 | 7 | 2 | 8 | 5 | 9 | 6 | | | | | | |
| | | | | | | 6 | 2 | 8 | 5 | 9 | 3 | 1 | 7 | 4 | | | | | | |

17-19

第一阵 第二阵 第三阵 第四阵

| | | | | | | | | | | | | | | | | | |
|---|---|---|---|---|---|---|---|---|---|---|---|---|---|---|---|---|---|
| | | | 5 | 6 | 2 | 8 | 9 | 3 | 7 | 1 | 4 | | | | | | |
| | | | 4 | 8 | 9 | 1 | 6 | 7 | 3 | 5 | 2 | | | | | | |
| | | | 1 | 3 | 7 | 2 | 4 | 5 | 9 | 8 | 6 | | | | | | |
| | | | 8 | 4 | 1 | 3 | 5 | 6 | 2 | 9 | 7 | 8 | 5 | 4 | 6 | 1 | 3 |
| | | | 2 | 9 | 6 | 7 | 8 | 4 | 1 | 3 | 5 | 6 | 9 | 2 | 7 | 4 | 8 |
| | | | 3 | 7 | 5 | 9 | 1 | 2 | 6 | 4 | 8 | 1 | 3 | 7 | 9 | 5 | 2 |
| 2 | 8 | 3 | 6 | 1 | 4 | 5 | 7 | 9 | 8 | 2 | 3 | 9 | 1 | 5 | 4 | 6 | 7 |
| 5 | 6 | 9 | 7 | 2 | 8 | 4 | 3 | 1 | 5 | 6 | 9 | 4 | 7 | 8 | 3 | 2 | 1 |
| 7 | 1 | 4 | 9 | 5 | 3 | 6 | 2 | 8 | 4 | 7 | 1 | 3 | 2 | 6 | 5 | 8 | 9 |
| 6 | 9 | 1 | 8 | 4 | 7 | 3 | 5 | 2 | 9 | 8 | 4 | 7 | 6 | 1 | 2 | 3 | 5 |
| 4 | 7 | 2 | 5 | 3 | 1 | 9 | 8 | 6 | 7 | 1 | 2 | 5 | 4 | 3 | 8 | 9 | 6 |
| 8 | 3 | 5 | 2 | 6 | 9 | 7 | 1 | 4 | 3 | 5 | 6 | 2 | 8 | 9 | 1 | 7 | 4 |
| 9 | 4 | 7 | 3 | 8 | 2 | 1 | 6 | 5 | 8 | 9 | 3 | 4 | 2 | 7 | | | |
| 3 | 5 | 8 | 1 | 9 | 6 | 2 | 4 | 7 | 1 | 6 | 5 | 3 | 9 | 8 | | | |
| 1 | 2 | 6 | 4 | 7 | 5 | 8 | 9 | 3 | 4 | 2 | 7 | 6 | 1 | 5 | | | |
| | | | | | | 6 | 7 | 1 | 5 | 4 | 9 | 8 | 3 | 2 | | | |
| | | | | | | 5 | 2 | 8 | 6 | 3 | 1 | 9 | 7 | 4 | | | |
| | | | | | | 4 | 3 | 9 | 2 | 7 | 8 | 1 | 5 | 6 | | | |

17-20

第一阵 第二阵 第三阵 第四阵

| | | | | | | | | | | | | | | | | | |
|---|---|---|---|---|---|---|---|---|---|---|---|---|---|---|---|---|---|
| | | | 8 | 2 | 3 | 1 | 9 | 7 | 6 | 4 | 5 | | | | | | |
| | | | 4 | 5 | 1 | 2 | 8 | 6 | 9 | 7 | 3 | | | | | | |
| | | | 7 | 9 | 6 | 3 | 5 | 4 | 8 | 1 | 2 | | | | | | |
| | | | 2 | 7 | 4 | 8 | 6 | 5 | 3 | 9 | 1 | 8 | 5 | 7 | 4 | 6 | 2 |
| | | | 9 | 3 | 5 | 7 | 2 | 1 | 4 | 8 | 6 | 9 | 1 | 2 | 7 | 5 | 3 |
| | | | 6 | 1 | 8 | 4 | 3 | 9 | 5 | 2 | 7 | 3 | 6 | 4 | 9 | 1 | 8 |
| 2 | 6 | 4 | 5 | 8 | 7 | 9 | 1 | 3 | 2 | 6 | 4 | 5 | 7 | 3 | 1 | 8 | 9 |
| 5 | 8 | 1 | 3 | 4 | 9 | 6 | 7 | 2 | 1 | 5 | 8 | 6 | 2 | 9 | 3 | 7 | 4 |
| 3 | 9 | 7 | 1 | 6 | 2 | 5 | 4 | 8 | 7 | 3 | 9 | 1 | 4 | 8 | 6 | 2 | 5 |
| 7 | 5 | 3 | 4 | 2 | 6 | 1 | 8 | 9 | 6 | 4 | 2 | 7 | 3 | 5 | 8 | 9 | 1 |
| 6 | 4 | 9 | 8 | 1 | 5 | 3 | 2 | 7 | 8 | 1 | 5 | 4 | 9 | 6 | 2 | 3 | 7 |
| 1 | 2 | 8 | 7 | 9 | 3 | 4 | 6 | 5 | 9 | 7 | 3 | 2 | 8 | 1 | 5 | 4 | 6 |
| 9 | 7 | 2 | 6 | 5 | 1 | 8 | 3 | 4 | 1 | 9 | 7 | 6 | 5 | 2 | | | |
| 8 | 3 | 6 | 9 | 7 | 4 | 2 | 5 | 1 | 3 | 6 | 4 | 9 | 7 | 8 | | | |
| 4 | 1 | 5 | 2 | 3 | 8 | 7 | 9 | 6 | 5 | 2 | 8 | 1 | 4 | 3 | | | |
| | | | | | | 9 | 4 | 3 | 2 | 5 | 1 | 8 | 6 | 7 | | | |
| | | | | | | 6 | 1 | 8 | 7 | 3 | 9 | 5 | 2 | 4 | | | |
| | | | | | | 5 | 7 | 2 | 4 | 8 | 6 | 3 | 1 | 9 | | | |

17-21

第一阵 第二阵 第三阵 第四阵 第五阵

| | | | | | | | | | | | | | | | | | | | | | | | | | | | | | | | | |
|---|---|---|---|---|---|---|---|---|---|---|---|---|---|---|---|---|---|---|---|---|---|---|---|---|---|---|---|---|---|---|---|---|
| | | | | | | 8 | 1 | 3 | 7 | 6 | 2 | 4 | 9 | 5 | | | | 3 | 7 | 4 | 1 | 9 | 6 | 5 | 2 | 8 | | | | | | |
| | | | | | | 4 | 6 | 7 | 9 | 8 | 5 | 3 | 1 | 2 | | | | 6 | 2 | 8 | 7 | 5 | 3 | 4 | 1 | 9 | | | | | | |
| | | | | | | 2 | 9 | 5 | 1 | 3 | 4 | 7 | 8 | 6 | | | | 9 | 1 | 5 | 4 | 8 | 2 | 7 | 3 | 6 | | | | | | |
| | | | | | | 6 | 2 | 4 | 3 | 5 | 8 | 9 | 7 | 1 | | | | 2 | 4 | 7 | 6 | 3 | 9 | 8 | 5 | 1 | | | | | | |
| | | | | | | 1 | 7 | 8 | 4 | 2 | 9 | 5 | 6 | 3 | | | | 5 | 8 | 9 | 2 | 1 | 7 | 3 | 6 | 4 | | | | | | |
| | | | | | | 3 | 5 | 9 | 6 | 1 | 7 | 2 | 4 | 8 | | | | 1 | 6 | 3 | 8 | 4 | 5 | 2 | 9 | 7 | | | | | | |
| 4 | 7 | 5 | 8 | 6 | 2 | 9 | 3 | 1 | 5 | 7 | 6 | 8 | 2 | 4 | 3 | 6 | 9 | 7 | 5 | 1 | 9 | 2 | 8 | 6 | 4 | 3 | 5 | 2 | 8 | 7 | 9 | 1 |
| 8 | 3 | 6 | 7 | 1 | 9 | 5 | 4 | 2 | 8 | 9 | 1 | 6 | 3 | 7 | 4 | 1 | 5 | 8 | 9 | 2 | 3 | 6 | 4 | 1 | 7 | 5 | 3 | 6 | 9 | 8 | 4 | 2 |
| 1 | 9 | 2 | 3 | 4 | 5 | 7 | 8 | 6 | 2 | 4 | 3 | 1 | 5 | 9 | 7 | 8 | 2 | 4 | 3 | 6 | 5 | 7 | 1 | 9 | 8 | 2 | 1 | 4 | 7 | 3 | 5 | 6 |
| 2 | 6 | 7 | 4 | 5 | 3 | 1 | 9 | 8 | | | | 9 | 4 | 5 | 8 | 2 | 7 | 6 | 1 | 3 | | | | 3 | 9 | 4 | 2 | 8 | 5 | 6 | 1 | 7 |
| 5 | 4 | 9 | 1 | 7 | 8 | 6 | 2 | 3 | | | | 2 | 7 | 1 | 6 | 4 | 3 | 5 | 8 | 9 | | | | 8 | 1 | 7 | 9 | 3 | 6 | 4 | 2 | 5 |
| 3 | 1 | 8 | 9 | 2 | 6 | 4 | 7 | 5 | | | | 3 | 8 | 6 | 5 | 9 | 1 | 2 | 4 | 7 | | | | 5 | 2 | 6 | 4 | 7 | 1 | 9 | 3 | 8 |
| 6 | 8 | 3 | 5 | 9 | 7 | 2 | 1 | 4 | | | | 7 | 9 | 3 | 2 | 5 | 4 | 1 | 6 | 8 | | | | 4 | 6 | 9 | 8 | 1 | 2 | 5 | 7 | 3 |
| 7 | 2 | 4 | 6 | 8 | 1 | 3 | 5 | 9 | | | | 5 | 1 | 8 | 9 | 7 | 6 | 3 | 2 | 4 | | | | 7 | 3 | 1 | 6 | 5 | 4 | 2 | 8 | 9 |
| 9 | 5 | 1 | 2 | 3 | 4 | 8 | 6 | 7 | | | | 4 | 6 | 2 | 1 | 3 | 8 | 9 | 7 | 5 | | | | 2 | 5 | 8 | 7 | 9 | 3 | 1 | 6 | 4 |

17-22

第一阵 第二阵 第三阵 第四阵 第五阵

| | | | | | | | | | | | | | | | | | | | | | | | | | | | | | | | | |
|---|---|---|---|---|---|---|---|---|---|---|---|---|---|---|---|---|---|---|---|---|---|---|---|---|---|---|---|---|---|---|---|---|
| | | | | | | 6 | 3 | 1 | 5 | 2 | 4 | 7 | 8 | 9 | | | | 6 | 1 | 2 | 3 | 5 | 9 | 7 | 8 | 4 | | | | | | |
| | | | | | | 4 | 9 | 2 | 3 | 8 | 7 | 6 | 5 | 1 | | | | 5 | 4 | 8 | 7 | 2 | 1 | 9 | 6 | 3 | | | | | | |
| | | | | | | 8 | 5 | 7 | 6 | 1 | 9 | 3 | 4 | 2 | | | | 9 | 7 | 3 | 4 | 8 | 6 | 1 | 5 | 2 | | | | | | |
| | | | | | | 1 | 4 | 6 | 8 | 7 | 2 | 9 | 3 | 5 | | | | 4 | 2 | 7 | 6 | 9 | 5 | 8 | 3 | 1 | | | | | | |
| | | | | | | 5 | 7 | 3 | 9 | 4 | 6 | 2 | 1 | 8 | | | | 8 | 3 | 5 | 1 | 7 | 4 | 2 | 9 | 6 | | | | | | |
| | | | | | | 9 | 2 | 8 | 1 | 5 | 3 | 4 | 6 | 7 | | | | 1 | 6 | 9 | 8 | 3 | 2 | 5 | 4 | 7 | | | | | | |
| 3 | 2 | 1 | 6 | 4 | 5 | 7 | 8 | 9 | 4 | 3 | 5 | 1 | 2 | 6 | 3 | 8 | 9 | 7 | 5 | 4 | 2 | 6 | 8 | 3 | 1 | 9 | 8 | 2 | 5 | 7 | 4 | 6 |
| 6 | 5 | 8 | 3 | 9 | 7 | 2 | 1 | 4 | 7 | 6 | 8 | 5 | 9 | 3 | 1 | 4 | 7 | 2 | 8 | 6 | 9 | 1 | 3 | 4 | 7 | 5 | 9 | 6 | 3 | 2 | 8 | 1 |
| 7 | 9 | 4 | 1 | 8 | 2 | 3 | 6 | 5 | 2 | 9 | 1 | 8 | 7 | 4 | 6 | 5 | 2 | 3 | 9 | 1 | 5 | 4 | 7 | 6 | 2 | 8 | 1 | 4 | 7 | 3 | 9 | 5 |
| 9 | 4 | 2 | 7 | 1 | 3 | 6 | 5 | 8 | | | | 7 | 4 | 9 | 2 | 6 | 1 | 8 | 3 | 5 | | | | 7 | 6 | 3 | 2 | 5 | 8 | 9 | 1 | 4 |
| 8 | 3 | 7 | 4 | 5 | 6 | 9 | 2 | 1 | | | | 6 | 1 | 5 | 8 | 9 | 3 | 4 | 7 | 2 | | | | 5 | 4 | 1 | 6 | 3 | 9 | 8 | 7 | 2 |
| 1 | 6 | 5 | 9 | 2 | 8 | 4 | 7 | 3 | | | | 2 | 3 | 8 | 4 | 7 | 5 | 1 | 6 | 9 | | | | 8 | 9 | 2 | 7 | 1 | 4 | 6 | 5 | 3 |
| 2 | 1 | 6 | 5 | 3 | 4 | 8 | 9 | 7 | | | | 3 | 5 | 7 | 9 | 2 | 4 | 6 | 1 | 8 | | | | 9 | 3 | 6 | 4 | 8 | 1 | 5 | 2 | 7 |
| 4 | 7 | 9 | 8 | 6 | 1 | 5 | 3 | 2 | | | | 4 | 8 | 1 | 5 | 3 | 6 | 9 | 2 | 7 | | | | 1 | 5 | 7 | 3 | 9 | 2 | 4 | 6 | 8 |
| 5 | 8 | 3 | 2 | 7 | 9 | 1 | 4 | 6 | | | | 9 | 6 | 2 | 7 | 1 | 8 | 5 | 4 | 3 | | | | 2 | 8 | 4 | 5 | 7 | 6 | 1 | 3 | 9 |

17-23

第一阵 第二阵 第三阵 第四阵 第五阵

| | | | | | | | | | | | | | | | | | | | | | | | | | | | | | | | | |
|---|---|---|---|---|---|---|---|---|---|---|---|---|---|---|---|---|---|---|---|---|---|---|---|---|---|---|---|---|---|---|---|---|
| | | | | | | 2 | 1 | 8 | 4 | 5 | 3 | 9 | 6 | 7 | | | | 3 | 4 | 8 | 5 | 6 | 9 | 1 | 2 | 7 | | | | | | |
| | | | | | | 4 | 5 | 9 | 6 | 2 | 7 | 8 | 1 | 3 | | | | 2 | 5 | 6 | 7 | 8 | 1 | 9 | 4 | 3 | | | | | | |
| | | | | | | 3 | 7 | 6 | 1 | 8 | 9 | 2 | 4 | 5 | | | | 7 | 1 | 9 | 3 | 4 | 2 | 8 | 5 | 6 | | | | | | |
| | | | | | | 8 | 4 | 3 | 5 | 7 | 2 | 1 | 9 | 6 | | | | 9 | 7 | 2 | 8 | 5 | 4 | 3 | 6 | 1 | | | | | | |
| | | | | | | 6 | 9 | 7 | 8 | 1 | 4 | 5 | 3 | 2 | | | | 5 | 3 | 4 | 6 | 1 | 7 | 2 | 9 | 8 | | | | | | |
| | | | | | | 5 | 2 | 1 | 3 | 9 | 6 | 4 | 7 | 8 | | | | 6 | 8 | 1 | 2 | 9 | 3 | 5 | 7 | 4 | | | | | | |
| 3 | 6 | 2 | 7 | 5 | 1 | 9 | 8 | 4 | 7 | 3 | 5 | 6 | 2 | 1 | 8 | 5 | 3 | 4 | 9 | 7 | 1 | 2 | 8 | 6 | 3 | 5 | 8 | 7 | 1 | 9 | 2 | 4 |
| 1 | 8 | 4 | 2 | 9 | 3 | 7 | 6 | 5 | 2 | 4 | 1 | 3 | 8 | 9 | 6 | 4 | 7 | 1 | 2 | 5 | 4 | 3 | 6 | 7 | 8 | 9 | 2 | 3 | 4 | 6 | 5 | 1 |
| 5 | 9 | 7 | 4 | 8 | 6 | 1 | 3 | 2 | 9 | 6 | 8 | 7 | 5 | 4 | 2 | 9 | 1 | 8 | 6 | 3 | 9 | 7 | 5 | 4 | 1 | 2 | 9 | 5 | 6 | 3 | 7 | 8 |
| 9 | 3 | 1 | 8 | 2 | 4 | 6 | 5 | 7 | | | | 5 | 7 | 8 | 3 | 6 | 4 | 2 | 1 | 9 | | | | 5 | 4 | 8 | 3 | 6 | 7 | 1 | 9 | 2 |
| 2 | 4 | 8 | 6 | 7 | 5 | 3 | 1 | 9 | | | | 1 | 6 | 3 | 9 | 8 | 2 | 5 | 7 | 4 | | | | 9 | 2 | 6 | 1 | 4 | 8 | 7 | 3 | 5 |
| 6 | 7 | 5 | 3 | 1 | 9 | 4 | 2 | 8 | | | | 4 | 9 | 2 | 7 | 1 | 5 | 3 | 8 | 6 | | | | 3 | 7 | 1 | 5 | 2 | 9 | 4 | 8 | 6 |
| 7 | 1 | 6 | 5 | 4 | 8 | 2 | 9 | 3 | | | | 8 | 4 | 6 | 5 | 2 | 9 | 7 | 3 | 1 | | | | 8 | 9 | 4 | 7 | 1 | 2 | 5 | 6 | 3 |
| 8 | 2 | 9 | 1 | 3 | 7 | 5 | 4 | 6 | | | | 2 | 1 | 7 | 4 | 3 | 6 | 9 | 5 | 8 | | | | 2 | 6 | 3 | 4 | 9 | 5 | 8 | 1 | 7 |
| 4 | 5 | 3 | 9 | 6 | 2 | 8 | 7 | 1 | | | | 9 | 3 | 5 | 1 | 7 | 8 | 6 | 4 | 2 | | | | 1 | 5 | 7 | 6 | 8 | 3 | 2 | 4 | 9 |

17-24

第一阵 第二阵 第三阵 第四阵 第五阵

| | | | | | | | | | | | | | | | | | | | | |
|---|---|---|---|---|---|---|---|---|---|---|---|---|---|---|---|---|---|---|---|---|
| 2 | 3 | 7 | 9 | 6 | 8 | 1 | 5 | 4 | | | | 5 | 2 | 6 | 7 | 9 | 4 | 8 | 1 | 3 |
| 5 | 4 | 9 | 1 | 7 | 3 | 2 | 8 | 6 | | | | 8 | 4 | 7 | 1 | 5 | 3 | 6 | 9 | 2 |
| 1 | 6 | 8 | 4 | 5 | 2 | 9 | 7 | 3 | | | | 1 | 9 | 3 | 6 | 8 | 2 | 4 | 7 | 5 |
| 9 | 1 | 6 | 3 | 4 | 5 | 8 | 2 | 7 | | | | 4 | 8 | 5 | 3 | 7 | 9 | 1 | 2 | 6 |
| 4 | 7 | 3 | 2 | 8 | 1 | 5 | 6 | 9 | | | | 3 | 6 | 9 | 2 | 1 | 5 | 7 | 8 | 4 |
| 8 | 5 | 2 | 6 | 9 | 7 | 4 | 3 | 1 | | | | 7 | 1 | 2 | 4 | 6 | 8 | 3 | 5 | 9 |
| 3 | 9 | 5 | 8 | 1 | 6 | 7 | 4 | 2 | 3 | 9 | 8 | 6 | 5 | 1 | 9 | 4 | 7 | 2 | 3 | 8 |
| 6 | 8 | 1 | 7 | 2 | 4 | 3 | 9 | 5 | 1 | 6 | 4 | 2 | 7 | 8 | 5 | 3 | 6 | 9 | 4 | 1 |
| 7 | 2 | 4 | 5 | 3 | 9 | 6 | 1 | 8 | 5 | 7 | 2 | 9 | 3 | 4 | 8 | 2 | 1 | 5 | 6 | 7 |
| | | | | | | 5 | 8 | 6 | 9 | 1 | 3 | 7 | 4 | 2 | | | | | | |
| | | | | | | 2 | 3 | 1 | 4 | 5 | 7 | 8 | 9 | 6 | | | | | | |
| | | | | | | 9 | 7 | 4 | 2 | 8 | 6 | 5 | 1 | 3 | | | | | | |
| 2 | 9 | 8 | 1 | 6 | 7 | 4 | 5 | 3 | 6 | 2 | 9 | 1 | 8 | 7 | 5 | 2 | 6 | 4 | 9 | 3 |
| 4 | 5 | 3 | 2 | 9 | 8 | 1 | 6 | 7 | 8 | 3 | 5 | 4 | 2 | 9 | 8 | 1 | 3 | 7 | 5 | 6 |
| 1 | 6 | 7 | 5 | 4 | 3 | 8 | 2 | 9 | 7 | 4 | 1 | 3 | 6 | 5 | 7 | 9 | 4 | 2 | 1 | 8 |
| 7 | 3 | 2 | 6 | 8 | 5 | 9 | 1 | 4 | | | | 8 | 1 | 6 | 4 | 7 | 9 | 5 | 3 | 2 |
| 5 | 8 | 1 | 9 | 3 | 4 | 2 | 7 | 6 | | | | 7 | 5 | 4 | 2 | 3 | 8 | 1 | 6 | 9 |
| 9 | 4 | 6 | 7 | 2 | 1 | 5 | 3 | 8 | | | | 9 | 3 | 2 | 1 | 6 | 5 | 8 | 7 | 4 |
| 3 | 1 | 9 | 4 | 5 | 6 | 7 | 8 | 2 | | | | 5 | 4 | 3 | 6 | 8 | 1 | 9 | 2 | 7 |
| 8 | 2 | 5 | 3 | 7 | 9 | 6 | 4 | 1 | | | | 6 | 7 | 8 | 9 | 5 | 2 | 3 | 4 | 1 |
| 6 | 7 | 4 | 8 | 1 | 2 | 3 | 9 | 5 | | | | 2 | 9 | 1 | 3 | 4 | 7 | 6 | 8 | 5 |

17-25

第一阵 第二阵 第三阵 第四阵 第五阵

| | | | | | | | | | | | | | | | | | | | | |
|---|---|---|---|---|---|---|---|---|---|---|---|---|---|---|---|---|---|---|---|---|
| 6 | 8 | 7 | 4 | 1 | 5 | 3 | 9 | 2 | | | | 9 | 2 | 3 | 7 | 4 | 6 | 5 | 8 | 1 |
| 9 | 3 | 5 | 6 | 8 | 2 | 1 | 7 | 4 | | | | 5 | 1 | 6 | 8 | 3 | 2 | 9 | 4 | 7 |
| 4 | 2 | 1 | 3 | 7 | 9 | 5 | 8 | 6 | | | | 8 | 4 | 7 | 5 | 9 | 1 | 6 | 2 | 3 |
| 7 | 5 | 3 | 9 | 6 | 8 | 2 | 4 | 1 | | | | 4 | 3 | 5 | 1 | 7 | 9 | 2 | 6 | 8 |
| 2 | 9 | 4 | 5 | 3 | 1 | 7 | 6 | 8 | | | | 2 | 8 | 9 | 6 | 5 | 3 | 7 | 1 | 4 |
| 8 | 1 | 6 | 7 | 2 | 4 | 9 | 3 | 5 | | | | 6 | 7 | 1 | 4 | 2 | 8 | 3 | 5 | 9 |
| 3 | 6 | 2 | 1 | 4 | 7 | 8 | 5 | 9 | 3 | 1 | 4 | 7 | 6 | 2 | 9 | 8 | 4 | 1 | 3 | 5 |
| 5 | 4 | 8 | 2 | 9 | 3 | 6 | 1 | 7 | 8 | 9 | 2 | 3 | 5 | 4 | 2 | 1 | 7 | 8 | 9 | 6 |
| 1 | 7 | 9 | 8 | 5 | 6 | 4 | 2 | 3 | 5 | 6 | 7 | 1 | 9 | 8 | 3 | 6 | 5 | 4 | 7 | 2 |
| | | | | | | 1 | 9 | 2 | 6 | 8 | 3 | 4 | 7 | 5 | | | | | | |
| | | | | | | 3 | 8 | 5 | 7 | 4 | 1 | 9 | 2 | 6 | | | | | | |
| | | | | | | 7 | 6 | 4 | 2 | 5 | 9 | 8 | 3 | 1 | | | | | | |
| 3 | 6 | 8 | 5 | 9 | 7 | 2 | 4 | 1 | 9 | 7 | 5 | 6 | 8 | 3 | 1 | 7 | 5 | 9 | 2 | 4 |
| 4 | 2 | 9 | 1 | 6 | 3 | 5 | 7 | 8 | 1 | 3 | 6 | 2 | 4 | 9 | 8 | 3 | 6 | 5 | 1 | 7 |
| 5 | 7 | 1 | 8 | 4 | 2 | 9 | 3 | 6 | 4 | 2 | 8 | 5 | 1 | 7 | 2 | 9 | 4 | 8 | 3 | 6 |
| 6 | 5 | 2 | 7 | 3 | 8 | 1 | 9 | 4 | | | | 8 | 3 | 6 | 7 | 1 | 9 | 4 | 5 | 2 |
| 9 | 8 | 7 | 4 | 1 | 5 | 6 | 2 | 3 | | | | 4 | 5 | 1 | 6 | 2 | 3 | 7 | 8 | 9 |
| 1 | 3 | 4 | 6 | 2 | 9 | 7 | 8 | 5 | | | | 9 | 7 | 2 | 4 | 5 | 8 | 3 | 6 | 1 |
| 7 | 4 | 5 | 9 | 8 | 1 | 3 | 6 | 2 | | | | 7 | 6 | 5 | 9 | 8 | 1 | 2 | 4 | 3 |
| 8 | 9 | 3 | 2 | 5 | 6 | 4 | 1 | 7 | | | | 1 | 2 | 8 | 3 | 4 | 7 | 6 | 9 | 5 |
| 2 | 1 | 6 | 3 | 7 | 4 | 8 | 5 | 9 | | | | 3 | 9 | 4 | 5 | 6 | 2 | 1 | 7 | 8 |

17-26

| | | | | | | | | | | | | | | | | | | | | |
|---|---|---|---|---|---|---|---|---|---|---|---|---|---|---|---|---|---|---|---|---|
| 8 | 7 | 3 | 2 | 6 | 1 | 4 | 5 | 9 | | | | 7 | 5 | 8 | 1 | 2 | 4 | 3 | 6 | 9 |
| 1 | 4 | 2 | 7 | 5 | 3 | 9 | 6 | 8 | | | | 4 | 1 | 6 | 2 | 9 | 8 | 5 | 7 | 3 |
| 9 | 5 | 6 | 1 | 2 | 4 | 8 | 3 | 7 | | | | 2 | 9 | 3 | 4 | 1 | 6 | 7 | 8 | 5 |
| 2 | 9 | 8 | 4 | 3 | 5 | 6 | 7 | 1 | | | | 1 | 7 | 5 | 8 | 3 | 9 | 6 | 2 | 4 |
| 4 | 3 | 9 | 6 | 8 | 7 | 5 | 1 | 2 | | | | 3 | 8 | 2 | 6 | 5 | 7 | 4 | 9 | 1 |
| 7 | 6 | 5 | 8 | 1 | 9 | 3 | 2 | 4 | | | | 9 | 6 | 4 | 5 | 7 | 2 | 1 | 3 | 8 |
| 6 | 1 | 4 | 3 | 7 | 8 | 2 | 9 | 5 | 8 | 3 | 7 | 6 | 4 | 1 | 7 | 8 | 3 | 9 | 5 | 2 |
| 5 | 2 | 1 | 9 | 4 | 6 | 7 | 8 | 3 | 4 | 1 | 6 | 5 | 2 | 9 | 3 | 6 | 1 | 8 | 4 | 7 |
| 3 | 8 | 7 | 5 | 9 | 2 | 1 | 4 | 6 | 5 | 2 | 9 | 8 | 3 | 7 | 9 | 4 | 5 | 2 | 1 | 6 |
| | | | | | | 4 | 3 | 7 | 1 | 8 | 2 | 9 | 5 | 6 | | | | | | |
| | | | | | | 9 | 2 | 1 | 6 | 4 | 5 | 3 | 7 | 8 | | | | | | |
| | | | | | | 5 | 6 | 8 | 9 | 7 | 3 | 4 | 1 | 2 | | | | | | |
| 3 | 4 | 1 | 6 | 9 | 7 | 8 | 5 | 2 | 3 | 9 | 1 | 7 | 6 | 4 | 9 | 8 | 2 | 1 | 5 | 3 |
| 9 | 5 | 8 | 2 | 1 | 3 | 6 | 7 | 4 | 2 | 5 | 8 | 1 | 9 | 3 | 5 | 4 | 6 | 2 | 8 | 7 |
| 2 | 7 | 5 | 8 | 6 | 4 | 3 | 1 | 9 | 7 | 6 | 4 | 2 | 8 | 5 | 7 | 3 | 1 | 9 | 6 | 4 |
| 7 | 1 | 3 | 9 | 5 | 6 | 2 | 4 | 8 | | | | 6 | 1 | 2 | 8 | 5 | 7 | 3 | 4 | 9 |
| 5 | 6 | 4 | 3 | 2 | 8 | 1 | 9 | 7 | | | | 5 | 4 | 9 | 2 | 1 | 3 | 6 | 7 | 8 |
| 8 | 2 | 9 | 7 | 4 | 1 | 5 | 6 | 3 | | | | 9 | 3 | 7 | 1 | 6 | 4 | 8 | 2 | 5 |
| 1 | 8 | 6 | 4 | 7 | 2 | 9 | 3 | 5 | | | | 4 | 5 | 8 | 6 | 2 | 9 | 7 | 3 | 1 |
| 4 | 9 | 2 | 1 | 3 | 5 | 7 | 8 | 6 | | | | 3 | 7 | 6 | 4 | 9 | 8 | 5 | 1 | 2 |
| 6 | 3 | 7 | 5 | 8 | 9 | 4 | 2 | 1 | | | | 8 | 2 | 1 | 3 | 7 | 5 | 4 | 9 | 6 |

第一阵 第二阵 第三阵 第四阵 第五阵

17-27

| | | | | | | | | | | | | | | | | | | | | |
|---|---|---|---|---|---|---|---|---|---|---|---|---|---|---|---|---|---|---|---|---|
| 7 | 2 | 6 | 3 | 4 | 1 | 9 | 5 | 8 | | | | 4 | 2 | 5 | 6 | 8 | 7 | 9 | 1 | 3 |
| 5 | 1 | 4 | 8 | 9 | 2 | 3 | 6 | 7 | | | | 7 | 8 | 6 | 4 | 1 | 9 | 3 | 5 | 2 |
| 3 | 8 | 1 | 5 | 2 | 4 | 7 | 9 | 6 | | | | 8 | 1 | 9 | 2 | 5 | 3 | 4 | 7 | 6 |
| 2 | 6 | 9 | 7 | 1 | 3 | 8 | 4 | 5 | | | | 6 | 7 | 3 | 5 | 9 | 2 | 1 | 4 | 8 |
| 8 | 4 | 5 | 6 | 7 | 9 | 2 | 3 | 1 | | | | 1 | 5 | 2 | 7 | 3 | 4 | 6 | 8 | 9 |
| 6 | 5 | 8 | 9 | 3 | 7 | 4 | 1 | 2 | | | | 9 | 3 | 4 | 1 | 2 | 8 | 5 | 6 | 7 |
| 9 | 7 | 2 | 4 | 5 | 6 | 1 | 8 | 3 | 6 | 9 | 5 | 2 | 4 | 7 | 3 | 6 | 1 | 8 | 9 | 5 |
| 4 | 3 | 7 | 1 | 6 | 8 | 5 | 2 | 9 | 1 | 4 | 7 | 3 | 6 | 8 | 9 | 4 | 5 | 7 | 2 | 1 |
| 1 | 9 | 3 | 2 | 8 | 5 | 6 | 7 | 4 | 2 | 8 | 3 | 5 | 9 | 1 | 8 | 7 | 6 | 2 | 3 | 4 |
| | | | | | | 4 | 3 | 6 | 8 | 5 | 2 | 7 | 1 | 9 | | | | | | |
| | | | | | | 9 | 5 | 2 | 4 | 7 | 1 | 6 | 8 | 3 | | | | | | |
| | | | | | | 7 | 1 | 8 | 9 | 3 | 6 | 4 | 5 | 2 | | | | | | |
| 8 | 7 | 9 | 4 | 3 | 1 | 2 | 6 | 5 | 3 | 1 | 8 | 9 | 7 | 4 | 1 | 2 | 3 | 6 | 5 | 8 |
| 9 | 2 | 3 | 1 | 5 | 6 | 8 | 4 | 7 | 5 | 2 | 9 | 1 | 3 | 6 | 8 | 5 | 7 | 9 | 4 | 2 |
| 5 | 4 | 6 | 7 | 2 | 8 | 3 | 9 | 1 | 7 | 6 | 4 | 8 | 2 | 5 | 3 | 4 | 9 | 1 | 7 | 6 |
| 1 | 9 | 4 | 5 | 6 | 3 | 7 | 2 | 8 | | | | 4 | 8 | 9 | 2 | 7 | 6 | 3 | 1 | 5 |
| 7 | 3 | 8 | 2 | 1 | 4 | 9 | 5 | 6 | | | | 5 | 9 | 2 | 6 | 1 | 4 | 8 | 3 | 7 |
| 6 | 1 | 2 | 3 | 9 | 7 | 5 | 8 | 4 | | | | 3 | 6 | 1 | 7 | 8 | 5 | 4 | 2 | 9 |
| 3 | 8 | 5 | 6 | 7 | 2 | 4 | 1 | 9 | | | | 7 | 1 | 3 | 9 | 6 | 2 | 5 | 8 | 4 |
| 2 | 5 | 1 | 8 | 4 | 9 | 6 | 7 | 3 | | | | 2 | 4 | 8 | 5 | 9 | 1 | 7 | 6 | 3 |
| 4 | 6 | 7 | 9 | 8 | 5 | 1 | 3 | 2 | | | | 6 | 5 | 7 | 4 | 3 | 8 | 2 | 9 | 1 |

第一阵 第二阵 第三阵 第四阵 第五阵

17-28

| | | | | | | | | | | | | | | | | |
|---|---|---|---|---|---|---|---|---|---|---|---|---|---|---|---|---|
| | 7 | 9 | 1 | 5 | 4 | 6 | 8 | 2 | 3 | | | | | | | |
| | 2 | 5 | 8 | 7 | 3 | 1 | 6 | 4 | 9 | | | | | | | |
| | 6 | 3 | 4 | 9 | 8 | 2 | 7 | 1 | 5 | | | | | | | |
| | 1 | 4 | 7 | 3 | 9 | 5 | 2 | 8 | 6 | | | | | | | |
| 第一阵 | 9 | 6 | 5 | 8 | 2 | 4 | 1 | 3 | 7 | | | | | | | |
| | 8 | 2 | 3 | 6 | 1 | 7 | 9 | 5 | 4 | | | | | | | |
| | 4 | 1 | 6 | 2 | 5 | 9 | 3 | 7 | 8 | 2 | 9 | 4 | 6 | 1 | 5 | |
| | 3 | 7 | 2 | 4 | 6 | 8 | 5 | 9 | 1 | 6 | 7 | 3 | 2 | 8 | 4 | |
| | 5 | 8 | 9 | 1 | 7 | 3 | 4 | 6 | 2 | 8 | 5 | 1 | 9 | 3 | 7 | |
| | | | | | | | 9 | 3 | 7 | 1 | 8 | 2 | 4 | 5 | 6 | |
| | | | | | | | 1 | 4 | 6 | 9 | 3 | 5 | 7 | 2 | 8 | 第二阵 |
| | | | | | | | 8 | 2 | 5 | 7 | 4 | 6 | 3 | 9 | 1 | |
| | 3 | 2 | 7 | 8 | 9 | 5 | 6 | 1 | 4 | 3 | 2 | 8 | 5 | 7 | 9 | |
| | 5 | 1 | 4 | 3 | 6 | 7 | 2 | 8 | 9 | 5 | 6 | 7 | 1 | 4 | 3 | |
| | 9 | 6 | 8 | 1 | 4 | 2 | 7 | 5 | 3 | 4 | 1 | 9 | 8 | 6 | 2 | |
| | 7 | 4 | 9 | 5 | 1 | 3 | 8 | 6 | 2 | | | | | | | |
| 第三阵 | 6 | 8 | 1 | 9 | 2 | 4 | 5 | 3 | 7 | | | | | | | |
| | 2 | 5 | 3 | 7 | 8 | 6 | 4 | 9 | 1 | | | | | | | |
| | 4 | 9 | 6 | 2 | 5 | 1 | 3 | 7 | 8 | 2 | 1 | 5 | 9 | 4 | 6 | |
| | 1 | 7 | 5 | 4 | 3 | 8 | 9 | 2 | 6 | 7 | 4 | 8 | 3 | 1 | 5 | |
| | 8 | 3 | 2 | 6 | 7 | 9 | 1 | 4 | 5 | 6 | 9 | 3 | 7 | 8 | 2 | |
| | | | | | | | 7 | 5 | 1 | 8 | 3 | 9 | 2 | 6 | 4 | |
| | | | | | | | 4 | 8 | 3 | 5 | 6 | 2 | 1 | 9 | 7 | 第四阵 |
| | | | | | | | 2 | 6 | 9 | 1 | 7 | 4 | 5 | 3 | 8 | |
| | 5 | 6 | 7 | 3 | 1 | 4 | 8 | 9 | 2 | 3 | 5 | 6 | 4 | 7 | 1 | |
| | 2 | 3 | 9 | 8 | 6 | 7 | 5 | 1 | 4 | 9 | 8 | 7 | 6 | 2 | 3 | |
| | 8 | 1 | 4 | 2 | 9 | 5 | 6 | 3 | 7 | 4 | 2 | 1 | 8 | 5 | 9 | |
| | 9 | 8 | 1 | 7 | 2 | 3 | 4 | 5 | 6 | | | | | | | |
| 第五阵 | 6 | 7 | 2 | 4 | 5 | 9 | 1 | 8 | 3 | | | | | | | |
| | 4 | 5 | 3 | 1 | 8 | 6 | 7 | 2 | 9 | | | | | | | |
| | 1 | 9 | 6 | 5 | 4 | 2 | 3 | 7 | 8 | 2 | 6 | 5 | 9 | 4 | 1 | |
| | 3 | 4 | 5 | 9 | 7 | 8 | 2 | 6 | 1 | 9 | 4 | 8 | 3 | 7 | 5 | |
| | 7 | 2 | 8 | 6 | 3 | 1 | 9 | 4 | 5 | 7 | 3 | 1 | 8 | 6 | 2 | |
| | | | | | | | 6 | 3 | 7 | 8 | 2 | 9 | 5 | 1 | 4 | |
| | | | | | | | 1 | 5 | 4 | 3 | 7 | 6 | 2 | 9 | 8 | 第六阵 |
| | | | | | | | 8 | 2 | 9 | 5 | 1 | 4 | 6 | 3 | 7 | |
| | | | | | | | 7 | 8 | 6 | 4 | 5 | 3 | 1 | 2 | 9 | |
| | | | | | | | 5 | 1 | 2 | 6 | 9 | 7 | 4 | 8 | 3 | |
| | | | | | | | 4 | 9 | 3 | 1 | 8 | 2 | 7 | 5 | 6 | |

17-29

| | | | | | | | | | | | | | | | | |
|---|---|---|---|---|---|---|---|---|---|---|---|---|---|---|---|---|
| | 3 | 6 | 9 | 1 | 8 | 5 | 2 | 7 | 4 | | | | | | | |
| | 1 | 2 | 4 | 6 | 9 | 7 | 8 | 3 | 5 | | | | | | | |
| | 7 | 8 | 5 | 2 | 4 | 3 | 9 | 1 | 6 | | | | | | | |
| | 4 | 3 | 7 | 9 | 2 | 6 | 1 | 5 | 8 | | | | | | | |
| 第一阵 | 9 | 1 | 6 | 8 | 5 | 4 | 3 | 2 | 7 | | | | | | | |
| | 2 | 5 | 8 | 7 | 3 | 1 | 6 | 4 | 9 | | | | | | | |
| | 5 | 9 | 1 | 4 | 6 | 2 | 7 | 8 | 3 | 5 | 1 | 4 | 6 | 2 | 9 | |
| | 6 | 7 | 3 | 5 | 1 | 8 | 4 | 9 | 2 | 3 | 8 | 6 | 1 | 5 | 7 | |
| | 8 | 4 | 2 | 3 | 7 | 9 | 5 | 6 | 1 | 7 | 2 | 9 | 8 | 3 | 4 | |
| | | | | | | | 2 | 4 | 8 | 1 | 3 | 7 | 9 | 6 | 5 | |
| | | | | | | | 9 | 3 | 6 | 2 | 4 | 5 | 7 | 8 | 1 | 第二阵 |
| | | | | | | | 1 | 5 | 7 | 6 | 9 | 8 | 3 | 4 | 2 | |
| | 8 | 2 | 3 | 4 | 5 | 1 | 6 | 7 | 9 | 4 | 5 | 3 | 2 | 1 | 8 | |
| | 4 | 6 | 7 | 2 | 9 | 8 | 3 | 1 | 5 | 8 | 7 | 2 | 4 | 9 | 6 | |
| | 9 | 5 | 1 | 7 | 3 | 6 | 8 | 2 | 4 | 9 | 6 | 1 | 5 | 7 | 3 | |
| | 6 | 8 | 4 | 9 | 2 | 7 | 1 | 5 | 3 | | | | | | | |
| 第三阵 | 3 | 1 | 9 | 6 | 4 | 5 | 7 | 8 | 2 | | | | | | | |
| | 2 | 7 | 5 | 8 | 1 | 3 | 4 | 9 | 6 | | | | | | | |
| | 5 | 3 | 8 | 1 | 6 | 2 | 9 | 4 | 7 | 2 | 6 | 5 | 8 | 3 | 1 | |
| | 1 | 9 | 6 | 5 | 7 | 4 | 2 | 3 | 8 | 7 | 1 | 4 | 6 | 9 | 5 | |
| | 7 | 4 | 2 | 3 | 8 | 9 | 5 | 6 | 1 | 8 | 3 | 9 | 2 | 4 | 7 | |
| | | | | | | | 6 | 1 | 2 | 4 | 9 | 3 | 7 | 5 | 8 | |
| | | | | | | | 4 | 7 | 9 | 5 | 2 | 8 | 1 | 6 | 3 | 第四阵 |
| | | | | | | | 3 | 8 | 5 | 1 | 7 | 6 | 4 | 2 | 9 | |
| | 1 | 7 | 9 | 4 | 5 | 6 | 8 | 2 | 3 | 6 | 5 | 7 | 9 | 1 | 4 | |
| | 8 | 2 | 6 | 7 | 3 | 9 | 1 | 5 | 4 | 9 | 8 | 2 | 3 | 7 | 6 | |
| | 4 | 5 | 3 | 8 | 2 | 1 | 7 | 9 | 6 | 3 | 4 | 1 | 5 | 8 | 2 | |
| | 5 | 9 | 4 | 3 | 7 | 2 | 6 | 1 | 8 | | | | | | | |
| 第五阵 | 3 | 1 | 2 | 6 | 4 | 8 | 9 | 7 | 5 | | | | | | | |
| | 6 | 8 | 7 | 9 | 1 | 5 | 3 | 4 | 2 | | | | | | | |
| | 2 | 3 | 1 | 5 | 6 | 7 | 4 | 8 | 9 | 2 | 6 | 7 | 5 | 3 | 1 | |
| | 9 | 6 | 5 | 1 | 8 | 4 | 2 | 3 | 7 | 1 | 8 | 5 | 4 | 9 | 6 | |
| | 7 | 4 | 8 | 2 | 9 | 3 | 5 | 6 | 1 | 4 | 3 | 9 | 2 | 8 | 7 | |
| | | | | | | | 3 | 2 | 8 | 5 | 4 | 1 | 7 | 6 | 9 | |
| | | | | | | | 9 | 7 | 6 | 8 | 2 | 3 | 1 | 5 | 4 | 第六阵 |
| | | | | | | | 1 | 5 | 4 | 9 | 7 | 6 | 8 | 2 | 3 | |
| | | | | | | | 8 | 9 | 3 | 7 | 5 | 4 | 6 | 1 | 2 | |
| | | | | | | | 7 | 1 | 2 | 6 | 9 | 8 | 3 | 4 | 5 | |
| | | | | | | | 6 | 4 | 5 | 3 | 1 | 2 | 9 | 7 | 8 | |

17-30

| | | | | | | | | | | | | | | | | |
|---|---|---|---|---|---|---|---|---|---|---|---|---|---|---|---|---|
| | 3 | 2 | 8 | 9 | 6 | 7 | 5 | 1 | 4 | | | | | | | |
| | 9 | 6 | 4 | 8 | 5 | 1 | 3 | 2 | 7 | | | | | | | |
| | 5 | 7 | 1 | 3 | 4 | 2 | 8 | 6 | 9 | | | | | | | |
| | 6 | 1 | 5 | 4 | 7 | 3 | 9 | 8 | 2 | | | | | | | |
| 第一阵 | 8 | 3 | 2 | 6 | 1 | 9 | 4 | 7 | 5 | | | | | | | |
| | 4 | 9 | 7 | 5 | 2 | 8 | 1 | 3 | 6 | | | | | | | |
| | 7 | 8 | 3 | 2 | 9 | 5 | 6 | 4 | 1 | 3 | 9 | 5 | 7 | 2 | 8 | |
| | 1 | 4 | 9 | 7 | 3 | 6 | 2 | 5 | 8 | 1 | 7 | 4 | 3 | 6 | 9 | |
| | 2 | 5 | 6 | 1 | 8 | 4 | 7 | 9 | 3 | 8 | 6 | 2 | 5 | 4 | 1 | |
| | | | | | | | 4 | 2 | 6 | 7 | 8 | 9 | 1 | 3 | 5 | |
| | | | | | | | 8 | 1 | 7 | 5 | 3 | 6 | 4 | 9 | 2 | 第二阵 |
| | | | | | | | 5 | 3 | 9 | 2 | 4 | 1 | 8 | 7 | 6 | |
| | 6 | 8 | 5 | 4 | 3 | 1 | 9 | 7 | 2 | 4 | 5 | 8 | 6 | 1 | 3 | |
| | 4 | 1 | 2 | 7 | 8 | 9 | 3 | 6 | 5 | 9 | 1 | 7 | 2 | 8 | 4 | |
| | 3 | 7 | 9 | 5 | 2 | 6 | 1 | 8 | 4 | 6 | 2 | 3 | 9 | 5 | 7 | |
| | 8 | 9 | 4 | 3 | 7 | 5 | 6 | 2 | 1 | | | | | | | |
| 第三阵 | 1 | 5 | 7 | 2 | 6 | 4 | 8 | 3 | 9 | | | | | | | |
| | 2 | 6 | 3 | 1 | 9 | 8 | 4 | 5 | 7 | | | | | | | |
| | 7 | 2 | 6 | 9 | 4 | 3 | 5 | 1 | 8 | 3 | 4 | 2 | 7 | 6 | 9 | |
| | 5 | 4 | 8 | 6 | 1 | 2 | 7 | 9 | 3 | 5 | 8 | 6 | 2 | 4 | 1 | |
| | 9 | 3 | 1 | 8 | 5 | 7 | 2 | 4 | 6 | 1 | 7 | 9 | 5 | 3 | 8 | |
| | | | | | | | 8 | 3 | 4 | 6 | 2 | 1 | 9 | 7 | 5 | |
| | | | | | | | 1 | 5 | 7 | 9 | 3 | 4 | 6 | 8 | 2 | 第四阵 |
| | | | | | | | 9 | 6 | 2 | 7 | 5 | 8 | 4 | 1 | 3 | |
| | 6 | 2 | 8 | 3 | 9 | 5 | 4 | 7 | 1 | 2 | 9 | 3 | 8 | 5 | 6 | |
| | 3 | 4 | 9 | 1 | 7 | 8 | 6 | 2 | 5 | 8 | 1 | 7 | 3 | 9 | 4 | |
| | 7 | 1 | 5 | 4 | 2 | 6 | 3 | 8 | 9 | 4 | 6 | 5 | 1 | 2 | 7 | |
| | 8 | 9 | 6 | 7 | 1 | 4 | 5 | 3 | 2 | | | | | | | |
| 第五阵 | 2 | 7 | 4 | 9 | 5 | 3 | 8 | 1 | 6 | | | | | | | |
| | 5 | 3 | 1 | 8 | 6 | 2 | 7 | 9 | 4 | | | | | | | |
| | 1 | 8 | 3 | 6 | 4 | 9 | 2 | 5 | 7 | 6 | 3 | 8 | 1 | 9 | 4 | |
| | 4 | 5 | 7 | 2 | 3 | 1 | 9 | 6 | 8 | 7 | 4 | 1 | 3 | 2 | 5 | |
| | 9 | 6 | 2 | 5 | 8 | 7 | 1 | 4 | 3 | 9 | 5 | 2 | 7 | 8 | 6 | |
| | | | | | | | 7 | 8 | 4 | 5 | 2 | 3 | 9 | 6 | 1 | |
| | | | | | | | 3 | 1 | 6 | 8 | 9 | 4 | 2 | 5 | 7 | 第六阵 |
| | | | | | | | 5 | 2 | 9 | 1 | 6 | 7 | 8 | 4 | 3 | |
| | 9 | 3 | 1 | 4 | 2 | 6 | 8 | 7 | 5 | 4 | 1 | 9 | 6 | 3 | 2 | |
| | 7 | 6 | 8 | 3 | 1 | 5 | 4 | 9 | 2 | 3 | 7 | 6 | 5 | 1 | 8 | |
| | 4 | 2 | 5 | 9 | 8 | 7 | 6 | 3 | 1 | 2 | 8 | 5 | 4 | 7 | 9 | |
| | 5 | 7 | 3 | 8 | 9 | 1 | 2 | 4 | 6 | | | | | | | |
| | 1 | 4 | 6 | 7 | 5 | 2 | 3 | 8 | 9 | | | | | | | |
| 第七阵 | 8 | 9 | 2 | 6 | 4 | 3 | 1 | 5 | 7 | | | | | | | |
| | 3 | 5 | 9 | 2 | 6 | 4 | 7 | 1 | 8 | | | | | | | |
| | 6 | 1 | 7 | 5 | 3 | 8 | 9 | 2 | 4 | | | | | | | |
| | 2 | 8 | 4 | 1 | 7 | 9 | 5 | 6 | 3 | | | | | | | |

17-31

| | | | | | | | | | | | | | | | | |
|---|---|---|---|---|---|---|---|---|---|---|---|---|---|---|---|---|
| | 8 | 2 | 3 | 1 | 7 | 6 | 4 | 9 | 5 | | | | | | | |
| | 1 | 4 | 6 | 5 | 2 | 9 | 8 | 3 | 7 | | | | | | | |
| | 5 | 7 | 9 | 3 | 4 | 8 | 1 | 2 | 6 | | | | | | | |
| | 9 | 8 | 5 | 7 | 3 | 4 | 2 | 6 | 1 | | | | | | | |
| 第一阵 | 6 | 1 | 7 | 2 | 9 | 5 | 3 | 4 | 8 | | | | | | | |
| | 2 | 3 | 4 | 6 | 8 | 1 | 7 | 5 | 9 | | | | | | | |
| | 4 | 5 | 8 | 9 | 1 | 2 | 6 | 7 | 3 | 8 | 1 | 5 | 2 | 9 | 4 | |
| | 7 | 6 | 2 | 8 | 5 | 3 | 9 | 1 | 4 | 2 | 3 | 6 | 5 | 7 | 8 | |
| | 3 | 9 | 1 | 4 | 6 | 7 | 5 | 8 | 2 | 9 | 7 | 4 | 1 | 3 | 6 | |
| | | | | | | | 4 | 9 | 8 | 7 | 5 | 2 | 6 | 1 | 3 | |
| | | | | | | | 3 | 2 | 5 | 1 | 6 | 9 | 4 | 8 | 7 | 第二阵 |
| | | | | | | | 7 | 6 | 1 | 3 | 4 | 8 | 9 | 2 | 5 | |
| | 8 | 5 | 9 | 2 | 3 | 6 | 1 | 4 | 7 | 5 | 2 | 3 | 8 | 6 | 9 | |
| | 7 | 2 | 1 | 9 | 4 | 5 | 8 | 3 | 6 | 4 | 9 | 1 | 7 | 5 | 2 | |
| | 6 | 4 | 3 | 7 | 8 | 1 | 2 | 5 | 9 | 6 | 8 | 7 | 3 | 4 | 1 | |
| | 9 | 1 | 4 | 8 | 5 | 7 | 6 | 2 | 3 | | | | | | | |
| 第三阵 | 5 | 3 | 7 | 4 | 6 | 2 | 9 | 8 | 1 | | | | | | | |
| | 2 | 8 | 6 | 3 | 1 | 9 | 4 | 7 | 5 | | | | | | | |
| | 4 | 9 | 5 | 6 | 2 | 3 | 7 | 1 | 8 | 4 | 9 | 3 | 5 | 2 | 6 | |
| | 1 | 6 | 8 | 5 | 7 | 4 | 3 | 9 | 2 | 6 | 5 | 8 | 1 | 7 | 4 | |
| | 3 | 7 | 2 | 1 | 9 | 8 | 5 | 6 | 4 | 7 | 2 | 1 | 9 | 8 | 3 | |
| | | | | | | | 4 | 3 | 9 | 2 | 8 | 6 | 7 | 5 | 1 | |
| | | | | | | | 1 | 2 | 6 | 5 | 7 | 9 | 4 | 3 | 8 | 第四阵 |
| | | | | | | | 8 | 5 | 7 | 3 | 1 | 4 | 2 | 6 | 9 | |
| | 2 | 3 | 7 | 1 | 4 | 9 | 6 | 8 | 5 | 1 | 4 | 2 | 3 | 9 | 7 | |
| | 9 | 1 | 5 | 6 | 8 | 7 | 2 | 4 | 3 | 9 | 6 | 7 | 8 | 1 | 5 | |
| | 8 | 6 | 4 | 2 | 5 | 3 | 9 | 7 | 1 | 8 | 3 | 5 | 6 | 4 | 2 | |
| | 6 | 4 | 2 | 8 | 9 | 5 | 1 | 3 | 7 | | | | | | | |
| 第五阵 | 7 | 8 | 9 | 4 | 3 | 1 | 5 | 6 | 2 | | | | | | | |
| | 1 | 5 | 3 | 7 | 2 | 6 | 4 | 9 | 8 | | | | | | | |
| | 5 | 2 | 8 | 3 | 6 | 4 | 7 | 1 | 9 | 4 | 8 | 2 | 5 | 6 | 3 | |
| | 3 | 7 | 6 | 9 | 1 | 2 | 8 | 5 | 4 | 3 | 1 | 6 | 2 | 7 | 9 | |
| | 4 | 9 | 1 | 5 | 7 | 8 | 3 | 2 | 6 | 7 | 5 | 9 | 4 | 8 | 1 | |
| | | | | | | | 6 | 3 | 5 | 2 | 9 | 4 | 7 | 1 | 8 | |
| | | | | | | | 9 | 8 | 7 | 5 | 3 | 1 | 6 | 2 | 4 | 第六阵 |
| | | | | | | | 1 | 4 | 2 | 6 | 7 | 8 | 9 | 3 | 5 | |
| | 2 | 3 | 6 | 8 | 9 | 5 | 4 | 7 | 1 | 9 | 6 | 3 | 8 | 5 | 2 | |
| | 7 | 1 | 8 | 4 | 2 | 6 | 5 | 9 | 3 | 8 | 2 | 7 | 1 | 4 | 6 | |
| | 4 | 5 | 9 | 3 | 7 | 1 | 2 | 6 | 8 | 1 | 4 | 5 | 3 | 9 | 7 | |
| | 8 | 4 | 7 | 6 | 3 | 2 | 1 | 5 | 9 | | | | | | | |
| 第七阵 | 1 | 6 | 5 | 9 | 8 | 4 | 3 | 2 | 7 | | | | | | | |
| | 9 | 2 | 3 | 5 | 1 | 7 | 8 | 4 | 6 | | | | | | | |
| | 3 | 7 | 1 | 2 | 5 | 9 | 6 | 8 | 4 | | | | | | | |
| | 6 | 8 | 2 | 7 | 4 | 3 | 9 | 1 | 5 | | | | | | | |
| | 5 | 9 | 4 | 1 | 6 | 8 | 7 | 3 | 2 | | | | | | | |

17-32

| | | | | | | | | | | | | | | | | | | | | | | |
|---|---|---|---|---|---|---|---|---|---|---|---|---|---|---|---|---|---|---|---|---|---|---|
| | 8 | 4 | 6 | 7 | 2 | 3 | 5 | 9 | 1 | | | | 4 | 2 | 5 | 1 | 3 | 7 | 9 | 8 | 6 | |
| | 2 | 7 | 1 | 5 | 9 | 6 | 4 | 3 | 8 | | | | 8 | 3 | 1 | 5 | 6 | 9 | 4 | 7 | 2 | |
| | 5 | 9 | 3 | 8 | 4 | 1 | 6 | 7 | 2 | | | | 6 | 7 | 9 | 2 | 8 | 4 | 1 | 3 | 5 | |
| | 3 | 1 | 2 | 9 | 5 | 7 | 8 | 6 | 4 | | | | 9 | 6 | 4 | 7 | 1 | 8 | 5 | 2 | 3 | |
| 第一阵 | 4 | 8 | 7 | 3 | 6 | 2 | 9 | 1 | 5 | | | | 2 | 8 | 7 | 9 | 5 | 3 | 6 | 1 | 4 | 第二阵 |
| | 6 | 5 | 9 | 4 | 1 | 8 | 7 | 2 | 3 | | | | 1 | 5 | 3 | 4 | 2 | 6 | 7 | 9 | 8 | |
| | 9 | 2 | 8 | 6 | 3 | 5 | 1 | 4 | 7 | 3 | 8 | 6 | 5 | 9 | 2 | 3 | 4 | 1 | 8 | 6 | 7 | |
| | 7 | 3 | 4 | 1 | 8 | 9 | 2 | 5 | 6 | 4 | 7 | 9 | 3 | 1 | 8 | 6 | 7 | 5 | 2 | 4 | 9 | |
| | 1 | 6 | 5 | 2 | 7 | 4 | 3 | 8 | 9 | 5 | 1 | 2 | 7 | 4 | 6 | 8 | 9 | 2 | 3 | 5 | 1 | |
| | | | | | | | 9 | 6 | 5 | 7 | 2 | 3 | 4 | 8 | 1 | | | | | | | |
| | | | | | | | 7 | 3 | 8 | 1 | 6 | 4 | 2 | 5 | 9 | 第七阵 | | | | | | |
| | | | | | | | 4 | 2 | 1 | 8 | 9 | 5 | 6 | 3 | 7 | | | | | | | |
| | 2 | 5 | 3 | 9 | 6 | 7 | 8 | 1 | 4 | 6 | 5 | 7 | 9 | 2 | 3 | 8 | 1 | 5 | 4 | 6 | 7 | |
| | 8 | 7 | 4 | 5 | 1 | 2 | 6 | 9 | 3 | 2 | 4 | 1 | 8 | 7 | 5 | 3 | 6 | 4 | 1 | 9 | 2 | |
| | 9 | 6 | 1 | 4 | 8 | 3 | 5 | 7 | 2 | 9 | 3 | 8 | 1 | 6 | 4 | 9 | 2 | 7 | 5 | 8 | 3 | |
| | 5 | 1 | 7 | 8 | 2 | 9 | 4 | 3 | 6 | | | | 6 | 3 | 8 | 4 | 9 | 2 | 7 | 1 | 5 | |
| 第三阵 | 3 | 8 | 9 | 6 | 7 | 4 | 2 | 5 | 1 | | | | 7 | 5 | 9 | 1 | 3 | 6 | 8 | 2 | 4 | 第四阵 |
| | 6 | 4 | 2 | 1 | 3 | 5 | 9 | 8 | 7 | | | | 4 | 1 | 2 | 7 | 5 | 8 | 6 | 3 | 9 | |
| | 1 | 2 | 6 | 7 | 9 | 8 | 3 | 4 | 5 | 9 | 6 | 1 | 2 | 8 | 7 | 6 | 4 | 9 | 3 | 5 | 1 | |
| | 4 | 3 | 8 | 2 | 5 | 1 | 7 | 6 | 9 | 2 | 3 | 8 | 5 | 4 | 1 | 2 | 8 | 3 | 9 | 7 | 6 | |
| | 7 | 9 | 5 | 3 | 4 | 6 | 1 | 2 | 8 | 7 | 5 | 4 | 3 | 9 | 6 | 5 | 7 | 1 | 2 | 4 | 8 | |
| | | | | | | | 6 | 7 | 4 | 3 | 2 | 9 | 8 | 1 | 5 | | | | | | | |
| | | | | | | | 8 | 3 | 2 | 5 | 1 | 7 | 9 | 6 | 4 | 第八阵 | | | | | | |
| | | | | | | | 5 | 9 | 1 | 8 | 4 | 6 | 7 | 3 | 2 | | | | | | | |
| | 3 | 7 | 5 | 2 | 1 | 4 | 9 | 8 | 6 | 4 | 7 | 2 | 1 | 5 | 3 | 8 | 9 | 2 | 7 | 6 | 4 | |
| | 6 | 1 | 2 | 8 | 9 | 3 | 4 | 5 | 7 | 1 | 9 | 3 | 6 | 2 | 8 | 4 | 7 | 3 | 5 | 1 | 9 | |
| | 4 | 8 | 9 | 6 | 5 | 7 | 2 | 1 | 3 | 6 | 8 | 5 | 4 | 7 | 9 | 6 | 5 | 1 | 8 | 2 | 3 | |
| | 2 | 9 | 4 | 5 | 6 | 1 | 7 | 3 | 8 | | | | 3 | 6 | 4 | 1 | 2 | 5 | 9 | 7 | 8 | |
| 第五阵 | 1 | 5 | 3 | 4 | 7 | 8 | 6 | 9 | 2 | | | | 7 | 8 | 2 | 9 | 6 | 4 | 1 | 3 | 5 | 第六阵 |
| | 8 | 6 | 7 | 9 | 3 | 2 | 1 | 4 | 5 | | | | 5 | 9 | 1 | 7 | 3 | 8 | 2 | 4 | 6 | |
| | 9 | 3 | 8 | 7 | 4 | 6 | 5 | 2 | 1 | | | | 9 | 3 | 7 | 2 | 8 | 6 | 4 | 5 | 1 | |
| | 7 | 4 | 1 | 3 | 2 | 5 | 8 | 6 | 9 | | | | 2 | 4 | 5 | 3 | 1 | 9 | 6 | 8 | 7 | |
| | 5 | 2 | 6 | 1 | 8 | 9 | 3 | 7 | 4 | | | | 8 | 1 | 6 | 5 | 4 | 7 | 3 | 9 | 2 | |

17-33

第一阵 第二阵 第七阵 第三阵 第四阵 第八阵 第五阵 第六阵

| | | | | | | | | | | | | | | | | | | | | |
|---|---|---|---|---|---|---|---|---|---|---|---|---|---|---|---|---|---|---|---|---|
| 7 | 4 | 3 | 5 | 8 | 9 | 1 | 6 | 2 | | | | 1 | 8 | 6 | 5 | 9 | 2 | 4 | 7 | 3 |
| 2 | 8 | 6 | 7 | 1 | 3 | 5 | 9 | 4 | | | | 5 | 7 | 4 | 1 | 3 | 8 | 6 | 2 | 9 |
| 9 | 1 | 5 | 2 | 4 | 6 | 7 | 8 | 3 | | | | 9 | 3 | 2 | 6 | 4 | 7 | 1 | 5 | 8 |
| 4 | 9 | 1 | 6 | 5 | 2 | 8 | 3 | 7 | | | | 6 | 5 | 9 | 8 | 2 | 4 | 3 | 1 | 7 |
| 8 | 6 | 2 | 3 | 7 | 4 | 9 | 1 | 5 | | | | 3 | 1 | 8 | 7 | 6 | 5 | 9 | 4 | 2 |
| 3 | 5 | 7 | 8 | 9 | 1 | 4 | 2 | 6 | | | | 4 | 2 | 7 | 9 | 1 | 3 | 8 | 6 | 5 |
| 6 | 7 | 8 | 1 | 2 | 5 | 3 | 4 | 9 | 5 | 7 | 2 | 8 | 6 | 1 | 2 | 7 | 9 | 5 | 3 | 4 |
| 5 | 2 | 9 | 4 | 3 | 8 | 6 | 7 | 1 | 8 | 9 | 3 | 2 | 4 | 5 | 3 | 8 | 1 | 7 | 9 | 6 |
| 1 | 3 | 4 | 9 | 6 | 7 | 2 | 5 | 8 | 6 | 4 | 1 | 7 | 9 | 3 | 4 | 5 | 6 | 2 | 8 | 1 |
| | | | | | | 1 | 6 | 5 | 4 | 2 | 8 | 3 | 7 | 9 | | | | | | |
| | | | | | | 9 | 8 | 2 | 7 | 3 | 6 | 1 | 5 | 4 | | | | | | |
| | | | | | | 4 | 3 | 7 | 9 | 1 | 5 | 6 | 8 | 2 | | | | | | |
| 8 | 9 | 3 | 5 | 2 | 6 | 7 | 1 | 4 | 2 | 8 | 9 | 5 | 3 | 6 | 7 | 9 | 8 | 4 | 2 | 1 |
| 6 | 1 | 2 | 4 | 8 | 7 | 5 | 9 | 3 | 1 | 6 | 7 | 4 | 2 | 8 | 6 | 1 | 3 | 9 | 5 | 7 |
| 4 | 5 | 7 | 3 | 1 | 9 | 8 | 2 | 6 | 3 | 5 | 4 | 9 | 1 | 7 | 4 | 5 | 2 | 8 | 3 | 6 |
| 5 | 2 | 4 | 6 | 7 | 1 | 3 | 8 | 9 | | | | 3 | 7 | 5 | 9 | 2 | 6 | 1 | 4 | 8 |
| 1 | 3 | 8 | 2 | 9 | 4 | 6 | 5 | 7 | | | | 8 | 9 | 2 | 1 | 7 | 4 | 3 | 6 | 5 |
| 9 | 7 | 6 | 8 | 5 | 3 | 1 | 4 | 2 | | | | 1 | 6 | 4 | 8 | 3 | 5 | 7 | 9 | 2 |
| 3 | 8 | 9 | 1 | 6 | 2 | 4 | 7 | 5 | 1 | 6 | 9 | 2 | 8 | 3 | 5 | 4 | 7 | 6 | 1 | 9 |
| 2 | 4 | 1 | 7 | 3 | 5 | 9 | 6 | 8 | 3 | 2 | 5 | 7 | 4 | 1 | 2 | 6 | 9 | 5 | 8 | 3 |
| 7 | 6 | 5 | 9 | 4 | 8 | 2 | 3 | 1 | 4 | 8 | 7 | 6 | 5 | 9 | 3 | 8 | 1 | 2 | 7 | 4 |
| | | | | | | 1 | 9 | 6 | 8 | 5 | 3 | 4 | 2 | 7 | | | | | | |
| | | | | | | 7 | 8 | 3 | 2 | 4 | 6 | 1 | 9 | 5 | | | | | | |
| | | | | | | 5 | 2 | 4 | 9 | 7 | 1 | 8 | 3 | 6 | | | | | | |
| 7 | 1 | 6 | 8 | 9 | 4 | 3 | 5 | 2 | 7 | 1 | 8 | 9 | 6 | 4 | 8 | 7 | 3 | 5 | 1 | 2 |
| 3 | 5 | 4 | 6 | 7 | 2 | 8 | 1 | 9 | 6 | 3 | 4 | 5 | 7 | 2 | 9 | 1 | 6 | 3 | 8 | 4 |
| 8 | 2 | 9 | 5 | 3 | 1 | 6 | 4 | 7 | 5 | 9 | 2 | 3 | 1 | 8 | 4 | 2 | 5 | 7 | 9 | 6 |
| 5 | 6 | 2 | 3 | 1 | 8 | 7 | 9 | 4 | | | | 6 | 9 | 5 | 1 | 3 | 8 | 4 | 2 | 7 |
| 1 | 9 | 7 | 4 | 5 | 6 | 2 | 3 | 8 | | | | 7 | 8 | 3 | 2 | 4 | 9 | 1 | 6 | 5 |
| 4 | 8 | 3 | 7 | 2 | 9 | 1 | 6 | 5 | | | | 4 | 2 | 1 | 5 | 6 | 7 | 9 | 3 | 8 |
| 9 | 3 | 1 | 2 | 8 | 5 | 4 | 7 | 6 | | | | 2 | 3 | 9 | 6 | 5 | 4 | 8 | 7 | 1 |
| 6 | 7 | 8 | 9 | 4 | 3 | 5 | 2 | 1 | | | | 8 | 4 | 6 | 7 | 9 | 1 | 2 | 5 | 3 |
| 2 | 4 | 5 | 1 | 6 | 7 | 9 | 8 | 3 | | | | 1 | 5 | 7 | 3 | 8 | 2 | 6 | 4 | 9 |

17-34

第一阵

| | | | | | | | | |
|---|---|---|---|---|---|---|---|---|
| 3 | 4 | 1 | 5 | 9 | 2 | 8 | 6 | 7 |
| 7 | 6 | 2 | 1 | 3 | 8 | 9 | 5 | 4 |
| 5 | 8 | 9 | 7 | 4 | 6 | 1 | 3 | 2 |
| 8 | 3 | 7 | 2 | 6 | 5 | 4 | 1 | 9 |
| 2 | 5 | 6 | 4 | 1 | 9 | 7 | 8 | 3 |
| 1 | 9 | 4 | 8 | 7 | 3 | 6 | 2 | 5 |
| 4 | 1 | 3 | 6 | 2 | 7 | 5 | 9 | 8 |
| 6 | 2 | 5 | 9 | 8 | 4 | 3 | 7 | 1 |
| 9 | 7 | 8 | 3 | 5 | 1 | 2 | 4 | 6 |

第二阵

| | | | | | | | | |
|---|---|---|---|---|---|---|---|---|
| 5 | 9 | 8 | 3 | 4 | 2 | 1 | 7 | 6 |
| 3 | 7 | 1 | 9 | 8 | 6 | 5 | 4 | 2 |
| 2 | 4 | 6 | 7 | 5 | 1 | 8 | 3 | 9 |
| 6 | 1 | 4 | 5 | 2 | 3 | 9 | 8 | 7 |
| 7 | 3 | 2 | 4 | 9 | 8 | 6 | 5 | 1 |
| 9 | 8 | 5 | 6 | 1 | 7 | 4 | 2 | 3 |
| 4 | 5 | 7 | 2 | 6 | 9 | 3 | 1 | 8 |
| 1 | 2 | 9 | 8 | 3 | 4 | 7 | 6 | 5 |
| 8 | 6 | 3 | 1 | 7 | 5 | 2 | 9 | 4 |

第三阵

| | | | | | | | | |
|---|---|---|---|---|---|---|---|---|
| 9 | 7 | 2 | 5 | 6 | 8 | 1 | 4 | 3 |
| 5 | 8 | 1 | 9 | 4 | 3 | 7 | 6 | 2 |
| 4 | 3 | 6 | 7 | 2 | 1 | 8 | 9 | 5 |
| 7 | 2 | 3 | 1 | 9 | 4 | 5 | 8 | 6 |
| 6 | 4 | 8 | 3 | 7 | 5 | 9 | 2 | 1 |
| 1 | 5 | 9 | 2 | 8 | 6 | 3 | 7 | 4 |
| 8 | 1 | 7 | 4 | 5 | 2 | 6 | 3 | 9 |
| 3 | 6 | 4 | 8 | 1 | 9 | 2 | 5 | 7 |
| 2 | 9 | 5 | 6 | 3 | 7 | 4 | 1 | 8 |

第四阵

| | | | | | | | | |
|---|---|---|---|---|---|---|---|---|
| 2 | 9 | 3 | 6 | 4 | 5 | 8 | 1 | 7 |
| 8 | 5 | 7 | 9 | 1 | 2 | 3 | 6 | 4 |
| 4 | 1 | 6 | 8 | 7 | 3 | 2 | 9 | 5 |
| 7 | 2 | 4 | 3 | 5 | 6 | 9 | 8 | 1 |
| 1 | 6 | 5 | 4 | 9 | 8 | 7 | 2 | 3 |
| 3 | 8 | 9 | 7 | 2 | 1 | 4 | 5 | 6 |
| 5 | 4 | 2 | 1 | 8 | 7 | 6 | 3 | 9 |
| 9 | 3 | 1 | 2 | 6 | 4 | 5 | 7 | 8 |
| 6 | 7 | 8 | 5 | 3 | 9 | 1 | 4 | 2 |

第九阵

| | | | | | | | | |
|---|---|---|---|---|---|---|---|---|
| 3 | 1 | 8 | 9 | 7 | 6 | 5 | 4 | 2 |
| 7 | 6 | 5 | 8 | 4 | 2 | 9 | 3 | 1 |
| 2 | 9 | 4 | 1 | 3 | 5 | 6 | 7 | 8 |
| 8 | 5 | 2 | 3 | 6 | 7 | 1 | 9 | 4 |
| 4 | 7 | 6 | 2 | 1 | 9 | 8 | 5 | 3 |
| 9 | 3 | 1 | 5 | 8 | 4 | 2 | 6 | 7 |
| 5 | 8 | 9 | 7 | 2 | 3 | 4 | 1 | 6 |
| 1 | 4 | 7 | 6 | 9 | 8 | 3 | 2 | 5 |
| 6 | 2 | 3 | 4 | 5 | 1 | 7 | 8 | 9 |

第六阵

| | | | | | | | | |
|---|---|---|---|---|---|---|---|---|
| 7 | 6 | 1 | 2 | 3 | 4 | 5 | 8 | 9 |
| 5 | 2 | 3 | 8 | 9 | 6 | 1 | 4 | 7 |
| 8 | 9 | 4 | 1 | 7 | 5 | 6 | 2 | 3 |
| 3 | 5 | 8 | 6 | 4 | 9 | 7 | 1 | 2 |
| 9 | 4 | 2 | 7 | 8 | 1 | 3 | 6 | 5 |
| 6 | 1 | 7 | 3 | 5 | 2 | 8 | 9 | 4 |
| 2 | 8 | 5 | 4 | 1 | 3 | 9 | 7 | 6 |
| 4 | 7 | 9 | 5 | 6 | 8 | 2 | 3 | 1 |
| 1 | 3 | 6 | 9 | 2 | 7 | 4 | 5 | 8 |

第八阵

| | | | | | | | | |
|---|---|---|---|---|---|---|---|---|
| 4 | 1 | 6 | 5 | 7 | 2 | 3 | 9 | 8 |
| 3 | 2 | 5 | 6 | 9 | 8 | 1 | 7 | 4 |
| 7 | 8 | 9 | 3 | 4 | 1 | 6 | 5 | 2 |
| 9 | 6 | 7 | 1 | 2 | 5 | 8 | 4 | 3 |
| 2 | 5 | 3 | 7 | 8 | 4 | 9 | 6 | 1 |
| 1 | 4 | 8 | 9 | 6 | 3 | 7 | 2 | 5 |
| 8 | 7 | 4 | 2 | 1 | 6 | 5 | 3 | 9 |
| 5 | 9 | 2 | 8 | 3 | 7 | 4 | 1 | 6 |
| 6 | 3 | 1 | 4 | 5 | 9 | 2 | 8 | 7 |

第五阵

| | | | | | | | | |
|---|---|---|---|---|---|---|---|---|
| 4 | 9 | 6 | 7 | 1 | 3 | 2 | 8 | 5 |
| 3 | 2 | 1 | 6 | 5 | 8 | 4 | 7 | 9 |
| 8 | 5 | 7 | 9 | 4 | 2 | 1 | 3 | 6 |
| 1 | 8 | 5 | 3 | 9 | 4 | 7 | 6 | 2 |
| 7 | 4 | 3 | 2 | 8 | 6 | 5 | 9 | 1 |
| 2 | 6 | 9 | 5 | 7 | 1 | 3 | 4 | 8 |
| 6 | 1 | 8 | 4 | 2 | 7 | 9 | 5 | 3 |
| 5 | 7 | 2 | 8 | 3 | 9 | 6 | 1 | 4 |
| 9 | 3 | 4 | 1 | 6 | 5 | 8 | 2 | 7 |

第七阵

| | | | | | | | | |
|---|---|---|---|---|---|---|---|---|
| 5 | 3 | 9 | 4 | 2 | 7 | 6 | 1 | 8 |
| 4 | 1 | 6 | 3 | 9 | 8 | 5 | 7 | 2 |
| 2 | 8 | 7 | 5 | 1 | 6 | 3 | 9 | 4 |
| 6 | 5 | 2 | 7 | 8 | 1 | 9 | 4 | 3 |
| 7 | 9 | 3 | 6 | 4 | 2 | 1 | 8 | 5 |
| 8 | 4 | 1 | 9 | 3 | 5 | 7 | 2 | 6 |
| 3 | 2 | 8 | 1 | 5 | 9 | 4 | 6 | 7 |
| 9 | 7 | 4 | 8 | 6 | 3 | 2 | 5 | 1 |
| 1 | 6 | 5 | 2 | 7 | 4 | 8 | 3 | 9 |

17-35

第一阵

| | | | | | | | | |
|---|---|---|---|---|---|---|---|---|
| 5 | 8 | 6 | 7 | 1 | 2 | 4 | 9 | 3 |
| 7 | 3 | 1 | 5 | 4 | 9 | 6 | 8 | 2 |
| 4 | 9 | 2 | 8 | 3 | 6 | 5 | 1 | 7 |
| 8 | 7 | 3 | 2 | 5 | 4 | 1 | 6 | 9 |
| 9 | 2 | 5 | 6 | 7 | 1 | 8 | 3 | 4 |
| 6 | 1 | 4 | 9 | 8 | 3 | 7 | 2 | 5 |
| 2 | 5 | 9 | 4 | 6 | 8 | 3 | 7 | 1 |
| 3 | 4 | 8 | 1 | 2 | 7 | 9 | 5 | 6 |
| 1 | 6 | 7 | 3 | 9 | 5 | 2 | 4 | 8 |

第二阵

| | | | | | | | | |
|---|---|---|---|---|---|---|---|---|
| 3 | 7 | 1 | 9 | 4 | 8 | 6 | 2 | 5 |
| 9 | 5 | 6 | 2 | 7 | 3 | 4 | 8 | 1 |
| 2 | 4 | 8 | 6 | 5 | 1 | 3 | 9 | 7 |
| 7 | 8 | 4 | 5 | 2 | 6 | 9 | 1 | 3 |
| 5 | 3 | 9 | 7 | 1 | 4 | 8 | 6 | 2 |
| 6 | 1 | 2 | 8 | 3 | 9 | 7 | 5 | 4 |
| 1 | 6 | 7 | 3 | 9 | 5 | 2 | 4 | 8 |
| 4 | 9 | 3 | 1 | 8 | 2 | 5 | 7 | 6 |
| 8 | 2 | 5 | 4 | 6 | 7 | 1 | 3 | 9 |

第三阵

| | | | | | | | | |
|---|---|---|---|---|---|---|---|---|
| 5 | 9 | 4 | 8 | 3 | 6 | 1 | 2 | 7 |
| 1 | 6 | 2 | 9 | 7 | 4 | 3 | 8 | 5 |
| 3 | 8 | 7 | 5 | 1 | 2 | 9 | 4 | 6 |
| 7 | 1 | 3 | 4 | 6 | 8 | 2 | 5 | 9 |
| 6 | 5 | 9 | 7 | 2 | 1 | 8 | 3 | 4 |
| 4 | 2 | 8 | 3 | 9 | 5 | 6 | 7 | 1 |
| 9 | 3 | 6 | 2 | 4 | 7 | 5 | 1 | 8 |
| 8 | 4 | 1 | 6 | 5 | 3 | 7 | 9 | 2 |
| 2 | 7 | 5 | 1 | 8 | 9 | 4 | 6 | 3 |

第四阵

| | | | | | | | | |
|---|---|---|---|---|---|---|---|---|
| 7 | 4 | 5 | 2 | 1 | 8 | 9 | 3 | 6 |
| 2 | 6 | 3 | 7 | 5 | 9 | 8 | 4 | 1 |
| 9 | 8 | 1 | 3 | 6 | 4 | 2 | 7 | 5 |
| 1 | 3 | 4 | 5 | 8 | 6 | 7 | 9 | 2 |
| 6 | 2 | 7 | 1 | 9 | 3 | 4 | 5 | 8 |
| 5 | 9 | 8 | 4 | 7 | 2 | 1 | 6 | 3 |
| 3 | 7 | 6 | 9 | 2 | 1 | 5 | 8 | 4 |
| 4 | 1 | 9 | 8 | 3 | 5 | 6 | 2 | 7 |
| 8 | 5 | 2 | 6 | 4 | 7 | 3 | 1 | 9 |

第九阵

| | | | | | | | | |
|---|---|---|---|---|---|---|---|---|
| 2 | 4 | 8 | 5 | 1 | 9 | 3 | 7 | 6 |
| 5 | 7 | 6 | 2 | 8 | 3 | 4 | 1 | 9 |
| 1 | 3 | 9 | 4 | 6 | 7 | 8 | 5 | 2 |
| 6 | 1 | 3 | 9 | 7 | 8 | 2 | 4 | 5 |
| 9 | 5 | 4 | 3 | 2 | 6 | 7 | 8 | 1 |
| 8 | 2 | 7 | 1 | 5 | 4 | 6 | 9 | 3 |
| 3 | 9 | 2 | 7 | 4 | 5 | 1 | 6 | 8 |
| 4 | 6 | 5 | 8 | 3 | 1 | 9 | 2 | 7 |
| 7 | 8 | 1 | 6 | 9 | 2 | 5 | 3 | 4 |

第六阵

| | | | | | | | | |
|---|---|---|---|---|---|---|---|---|
| 4 | 7 | 1 | 8 | 5 | 6 | 3 | 9 | 2 |
| 8 | 9 | 2 | 3 | 7 | 1 | 4 | 6 | 5 |
| 3 | 6 | 5 | 9 | 2 | 4 | 7 | 8 | 1 |
| 5 | 1 | 9 | 2 | 6 | 7 | 8 | 3 | 4 |
| 2 | 4 | 3 | 5 | 8 | 9 | 1 | 7 | 6 |
| 7 | 8 | 6 | 1 | 4 | 3 | 5 | 2 | 9 |
| 6 | 5 | 8 | 4 | 3 | 2 | 9 | 1 | 7 |
| 9 | 3 | 7 | 6 | 1 | 5 | 2 | 4 | 8 |
| 1 | 2 | 4 | 7 | 9 | 8 | 6 | 5 | 3 |

第八阵

| | | | | | | | | |
|---|---|---|---|---|---|---|---|---|
| 1 | 6 | 8 | 9 | 7 | 4 | 2 | 5 | 3 |
| 9 | 2 | 7 | 8 | 3 | 5 | 6 | 1 | 4 |
| 5 | 3 | 4 | 6 | 2 | 1 | 8 | 7 | 9 |
| 4 | 8 | 3 | 2 | 6 | 7 | 5 | 9 | 1 |
| 2 | 1 | 9 | 4 | 5 | 8 | 7 | 3 | 6 |
| 7 | 5 | 6 | 3 | 1 | 9 | 4 | 2 | 8 |
| 8 | 4 | 5 | 1 | 9 | 2 | 3 | 6 | 7 |
| 6 | 7 | 1 | 5 | 8 | 3 | 9 | 4 | 2 |
| 3 | 9 | 2 | 7 | 4 | 6 | 1 | 8 | 5 |

第五阵

| | | | | | | | | |
|---|---|---|---|---|---|---|---|---|
| 2 | 9 | 3 | 4 | 7 | 1 | 6 | 5 | 8 |
| 4 | 5 | 1 | 2 | 6 | 8 | 9 | 3 | 7 |
| 6 | 7 | 8 | 9 | 5 | 3 | 1 | 2 | 4 |
| 8 | 2 | 7 | 3 | 4 | 6 | 5 | 1 | 9 |
| 9 | 4 | 6 | 1 | 2 | 5 | 8 | 7 | 3 |
| 1 | 3 | 5 | 7 | 8 | 9 | 4 | 6 | 2 |
| 3 | 6 | 4 | 8 | 1 | 2 | 7 | 9 | 5 |
| 5 | 8 | 9 | 6 | 3 | 7 | 2 | 4 | 1 |
| 7 | 1 | 2 | 5 | 9 | 4 | 3 | 8 | 6 |

第七阵

| | | | | | | | | |
|---|---|---|---|---|---|---|---|---|
| 3 | 6 | 7 | 2 | 1 | 8 | 4 | 5 | 9 |
| 9 | 4 | 2 | 7 | 6 | 5 | 1 | 8 | 3 |
| 1 | 8 | 5 | 4 | 3 | 9 | 7 | 2 | 6 |
| 2 | 7 | 8 | 6 | 5 | 1 | 9 | 3 | 4 |
| 4 | 3 | 9 | 8 | 2 | 7 | 6 | 1 | 5 |
| 5 | 1 | 6 | 9 | 4 | 3 | 2 | 7 | 8 |
| 6 | 5 | 4 | 1 | 8 | 2 | 3 | 9 | 7 |
| 8 | 9 | 1 | 3 | 7 | 6 | 5 | 4 | 2 |
| 7 | 2 | 3 | 5 | 9 | 4 | 8 | 6 | 1 |

17-36

| | | | | | | | | | | | | | | | | | | | | | | |
|---|---|---|---|---|---|---|---|---|---|---|---|---|---|---|---|---|---|---|---|---|---|---|
| | 9 | 5 | 8 | 7 | 3 | 4 | 2 | 1 | 6 | | | | 6 | 1 | 8 | 3 | 4 | 7 | 2 | 5 | 9 | |
| | 3 | 7 | 1 | 2 | 6 | 8 | 4 | 5 | 9 | | | | 4 | 5 | 7 | 9 | 6 | 2 | 8 | 1 | 3 | |
| | 6 | 2 | 4 | 9 | 5 | 1 | 3 | 7 | 8 | | | | 2 | 9 | 3 | 8 | 1 | 5 | 7 | 6 | 4 | |
| | 2 | 6 | 5 | 4 | 1 | 9 | 7 | 8 | 3 | | | | 9 | 6 | 5 | 7 | 3 | 1 | 4 | 8 | 2 | |
| 第一阵 | 4 | 3 | 7 | 8 | 2 | 6 | 5 | 9 | 1 | | | | 8 | 3 | 1 | 2 | 9 | 4 | 5 | 7 | 6 | 第二阵 |
| | 1 | 8 | 9 | 3 | 7 | 5 | 6 | 4 | 2 | | | | 7 | 4 | 2 | 5 | 8 | 6 | 3 | 9 | 1 | |
| | 8 | 4 | 3 | 5 | 9 | 2 | 1 | 6 | 7 | 3 | 8 | 9 | 5 | 2 | 4 | 6 | 7 | 9 | 1 | 3 | 8 | |
| | 7 | 9 | 6 | 1 | 4 | 3 | 8 | 2 | 5 | 1 | 6 | 4 | 3 | 7 | 9 | 1 | 2 | 8 | 6 | 4 | 5 | |
| | 5 | 1 | 2 | 6 | 8 | 7 | 9 | 3 | 4 | 2 | 5 | 7 | 1 | 8 | 6 | 4 | 5 | 3 | 9 | 2 | 7 | |
| | | | | | | | 5 | 1 | 6 | 8 | 4 | 2 | 9 | 3 | 7 | | | | | | | |
| | | | | | | | 2 | 9 | 8 | 6 | 7 | 3 | 4 | 1 | 5 | 第九阵 | | | | | | |
| | | | | | | | 7 | 4 | 3 | 5 | 9 | 1 | 2 | 6 | 8 | | | | | | | |
| | 7 | 4 | 8 | 6 | 2 | 1 | 3 | 5 | 9 | 7 | 1 | 6 | 8 | 4 | 2 | 7 | 9 | 5 | 3 | 6 | 1 | |
| | 9 | 3 | 1 | 4 | 7 | 5 | 6 | 8 | 2 | 4 | 3 | 5 | 7 | 9 | 1 | 6 | 8 | 3 | 2 | 4 | 5 | |
| | 6 | 5 | 2 | 8 | 3 | 9 | 4 | 7 | 1 | 9 | 2 | 8 | 6 | 5 | 3 | 1 | 4 | 2 | 8 | 7 | 9 | |
| | 1 | 6 | 7 | 5 | 4 | 2 | 9 | 3 | 8 | | | | 5 | 3 | 7 | 8 | 1 | 4 | 6 | 9 | 2 | |
| 第三阵 | 4 | 2 | 9 | 1 | 8 | 3 | 7 | 6 | 5 | | | | 2 | 8 | 9 | 5 | 3 | 6 | 4 | 1 | 7 | 第四阵 |
| | 3 | 8 | 5 | 9 | 6 | 7 | 2 | 1 | 4 | | | | 4 | 1 | 6 | 2 | 7 | 9 | 5 | 8 | 3 | |
| | 5 | 7 | 3 | 2 | 1 | 4 | 8 | 9 | 6 | 5 | 3 | 2 | 1 | 7 | 4 | 3 | 5 | 8 | 9 | 2 | 6 | |
| | 8 | 9 | 4 | 7 | 5 | 6 | 1 | 2 | 3 | 7 | 4 | 8 | 9 | 6 | 5 | 4 | 2 | 7 | 1 | 3 | 8 | |
| | 2 | 1 | 6 | 3 | 9 | 8 | 5 | 4 | 7 | 9 | 1 | 6 | 3 | 2 | 8 | 9 | 6 | 1 | 7 | 5 | 4 | |
| | | | | | | | 6 | 1 | 9 | 3 | 8 | 5 | 7 | 4 | 2 | | | | | | | |
| | | | | | | | 3 | 7 | 8 | 6 | 2 | 4 | 5 | 1 | 9 | 第十阵 | | | | | | |
| | | | | | | | 4 | 5 | 2 | 1 | 9 | 7 | 6 | 8 | 3 | | | | | | | |
| | 2 | 6 | 7 | 3 | 4 | 5 | 9 | 8 | 1 | 4 | 6 | 3 | 2 | 5 | 7 | 4 | 3 | 8 | 6 | 9 | 1 | |
| | 1 | 5 | 3 | 8 | 9 | 2 | 7 | 6 | 4 | 2 | 5 | 9 | 8 | 3 | 1 | 6 | 7 | 9 | 5 | 4 | 2 | |
| | 4 | 8 | 9 | 7 | 6 | 1 | 2 | 3 | 5 | 8 | 7 | 1 | 4 | 9 | 6 | 2 | 5 | 1 | 3 | 8 | 7 | |
| | 8 | 3 | 1 | 5 | 2 | 6 | 4 | 7 | 9 | | | | 5 | 6 | 9 | 7 | 4 | 2 | 8 | 1 | 3 | |
| 第五阵 | 6 | 4 | 5 | 1 | 7 | 9 | 8 | 2 | 3 | | | | 3 | 7 | 8 | 5 | 1 | 6 | 9 | 2 | 4 | 第六阵 |
| | 9 | 7 | 2 | 4 | 3 | 8 | 5 | 1 | 6 | | | | 1 | 4 | 2 | 8 | 9 | 3 | 7 | 5 | 6 | |
| | 3 | 9 | 4 | 6 | 8 | 7 | 1 | 5 | 2 | 3 | 9 | 7 | 6 | 8 | 4 | 3 | 2 | 5 | 1 | 7 | 9 | |
| | 7 | 1 | 6 | 2 | 5 | 4 | 3 | 9 | 8 | 6 | 4 | 2 | 7 | 1 | 5 | 9 | 6 | 4 | 2 | 3 | 8 | |
| | 5 | 2 | 8 | 9 | 1 | 3 | 6 | 4 | 7 | 8 | 1 | 5 | 9 | 2 | 3 | 1 | 8 | 7 | 4 | 6 | 5 | |
| | | | | | | | 2 | 3 | 9 | 1 | 8 | 6 | 5 | 4 | 7 | | | | | | | |
| | | | | | | | 4 | 6 | 5 | 7 | 2 | 9 | 1 | 3 | 8 | 第十一阵 | | | | | | |
| | | | | | | | 8 | 7 | 1 | 5 | 3 | 4 | 2 | 6 | 9 | | | | | | | |
| | 5 | 4 | 7 | 1 | 3 | 8 | 9 | 2 | 6 | 4 | 5 | 8 | 3 | 7 | 1 | 4 | 9 | 5 | 8 | 2 | 6 | |
| | 6 | 1 | 2 | 9 | 7 | 4 | 5 | 8 | 3 | 2 | 7 | 1 | 4 | 9 | 6 | 8 | 3 | 2 | 7 | 1 | 5 | |
| | 3 | 8 | 9 | 5 | 2 | 6 | 7 | 1 | 4 | 9 | 6 | 3 | 8 | 5 | 2 | 7 | 6 | 1 | 4 | 3 | 9 | |
| | 4 | 5 | 1 | 3 | 8 | 9 | 6 | 7 | 2 | | | | 1 | 2 | 4 | 5 | 8 | 9 | 3 | 6 | 7 | |
| 第七阵 | 2 | 7 | 3 | 6 | 1 | 5 | 4 | 9 | 8 | | | | 6 | 8 | 5 | 3 | 2 | 7 | 1 | 9 | 4 | 第八阵 |
| | 9 | 6 | 8 | 2 | 4 | 7 | 3 | 5 | 1 | | | | 7 | 3 | 9 | 1 | 4 | 6 | 2 | 5 | 8 | |
| | 7 | 9 | 4 | 8 | 6 | 2 | 1 | 3 | 5 | | | | 9 | 4 | 8 | 6 | 1 | 3 | 5 | 7 | 2 | |
| | 8 | 3 | 5 | 4 | 9 | 1 | 2 | 6 | 7 | | | | 2 | 1 | 7 | 9 | 5 | 8 | 6 | 4 | 3 | |
| | 1 | 2 | 6 | 7 | 5 | 3 | 8 | 4 | 9 | | | | 5 | 6 | 3 | 2 | 7 | 4 | 9 | 8 | 1 | |

17-37

| | | | | | | | | | | | | | | | | | | | | | |
|---|---|---|---|---|---|---|---|---|---|---|---|---|---|---|---|---|---|---|---|---|---|
| | 1 | 3 | 8 | 7 | 6 | 2 | 5 | 9 | 4 | | | | 9 | 8 | 6 | 2 | 5 | 7 | 1 | 4 | 3 | |
| | 5 | 6 | 2 | 1 | 4 | 9 | 3 | 8 | 7 | | | | 5 | 3 | 7 | 4 | 9 | 1 | 6 | 8 | 2 | |
| | 7 | 9 | 4 | 5 | 8 | 3 | 6 | 1 | 2 | | | | 4 | 1 | 2 | 8 | 6 | 3 | 9 | 5 | 7 | |
| | 6 | 7 | 5 | 2 | 9 | 4 | 8 | 3 | 1 | | | | 8 | 4 | 1 | 3 | 2 | 5 | 7 | 9 | 6 | |
| 第一阵 | 2 | 8 | 3 | 6 | 1 | 7 | 9 | 4 | 5 | | | | 2 | 6 | 3 | 7 | 4 | 9 | 8 | 1 | 5 | 第二阵 |
| | 4 | 1 | 9 | 3 | 5 | 8 | 7 | 2 | 6 | | | | 7 | 5 | 9 | 1 | 8 | 6 | 3 | 2 | 4 | |
| | 3 | 4 | 6 | 9 | 7 | 1 | 2 | 5 | 8 | 1 | 7 | 3 | 6 | 9 | 4 | 5 | 7 | 8 | 2 | 3 | 1 | |
| | 8 | 2 | 7 | 4 | 3 | 5 | 1 | 6 | 9 | 4 | 8 | 2 | 3 | 7 | 5 | 9 | 1 | 2 | 4 | 6 | 8 | |
| | 9 | 5 | 1 | 8 | 2 | 6 | 4 | 7 | 3 | 6 | 9 | 5 | 1 | 2 | 8 | 6 | 3 | 4 | 5 | 7 | 9 | |
| | | | | | | | 9 | 4 | 1 | 7 | 2 | 6 | 5 | 8 | 3 | | | | | | | |
| | | | | | | | 3 | 2 | 7 | 8 | 5 | 1 | 4 | 6 | 9 | | | | | | | 第九阵 |
| | | | | | | | 5 | 8 | 6 | 9 | 3 | 4 | 2 | 1 | 7 | | | | | | | |
| | 7 | 6 | 9 | 2 | 1 | 4 | 8 | 3 | 5 | 2 | 1 | 9 | 7 | 4 | 6 | 9 | 3 | 5 | 2 | 8 | 1 | |
| | 8 | 3 | 2 | 6 | 5 | 9 | 7 | 1 | 4 | 5 | 6 | 8 | 9 | 3 | 2 | 8 | 7 | 1 | 6 | 5 | 4 | |
| | 5 | 4 | 1 | 7 | 3 | 8 | 6 | 9 | 2 | 3 | 4 | 7 | 8 | 5 | 1 | 2 | 4 | 6 | 7 | 9 | 3 | |
| | 2 | 9 | 5 | 4 | 6 | 3 | 1 | 8 | 7 | | | | 3 | 1 | 7 | 6 | 8 | 4 | 9 | 2 | 5 | |
| 第三阵 | 4 | 7 | 3 | 8 | 2 | 1 | 5 | 6 | 9 | | | | 4 | 2 | 9 | 1 | 5 | 7 | 8 | 3 | 6 | 第四阵 |
| | 6 | 1 | 8 | 9 | 7 | 5 | 2 | 4 | 3 | | | | 6 | 8 | 5 | 3 | 2 | 9 | 4 | 1 | 7 | |
| | 1 | 5 | 6 | 3 | 4 | 2 | 9 | 7 | 8 | 5 | 4 | 1 | 2 | 6 | 3 | 4 | 1 | 8 | 5 | 7 | 9 | |
| | 3 | 8 | 7 | 5 | 9 | 6 | 4 | 2 | 1 | 3 | 6 | 7 | 5 | 9 | 8 | 7 | 6 | 3 | 1 | 4 | 2 | |
| | 9 | 2 | 4 | 1 | 8 | 7 | 3 | 5 | 6 | 8 | 2 | 9 | 1 | 7 | 4 | 5 | 9 | 2 | 3 | 6 | 8 | |
| | | | | | | | 8 | 1 | 2 | 4 | 7 | 6 | 9 | 3 | 5 | | | | | | | |
| | | | | | | | 6 | 3 | 7 | 2 | 9 | 5 | 8 | 4 | 1 | | | | | | | 第十阵 |
| | | | | | | | 5 | 9 | 4 | 1 | 3 | 8 | 6 | 2 | 7 | | | | | | | |
| | 9 | 7 | 2 | 8 | 5 | 6 | 1 | 4 | 3 | 6 | 8 | 2 | 7 | 5 | 9 | 6 | 3 | 4 | 8 | 2 | 1 | |
| | 6 | 1 | 5 | 7 | 4 | 3 | 2 | 8 | 9 | 7 | 5 | 4 | 3 | 1 | 6 | 7 | 8 | 2 | 4 | 9 | 5 | |
| | 4 | 8 | 3 | 2 | 9 | 1 | 7 | 6 | 5 | 9 | 1 | 3 | 4 | 8 | 2 | 5 | 1 | 9 | 7 | 3 | 6 | |
| | 8 | 6 | 4 | 5 | 1 | 9 | 3 | 2 | 7 | | | | 8 | 7 | 1 | 9 | 5 | 6 | 3 | 4 | 2 | |
| 第五阵 | 7 | 5 | 9 | 3 | 2 | 8 | 6 | 1 | 4 | | | | 6 | 2 | 3 | 8 | 4 | 1 | 9 | 5 | 7 | 第六阵 |
| | 2 | 3 | 1 | 6 | 7 | 4 | 9 | 5 | 8 | | | | 5 | 9 | 4 | 3 | 2 | 7 | 1 | 6 | 8 | |
| | 3 | 4 | 7 | 1 | 8 | 2 | 5 | 9 | 6 | 8 | 3 | 1 | 2 | 4 | 7 | 1 | 6 | 3 | 5 | 8 | 9 | |
| | 5 | 2 | 8 | 9 | 6 | 7 | 4 | 3 | 1 | 2 | 5 | 7 | 9 | 6 | 8 | 4 | 7 | 5 | 2 | 1 | 3 | |
| | 1 | 9 | 6 | 4 | 3 | 5 | 8 | 7 | 2 | 4 | 9 | 6 | 1 | 3 | 5 | 2 | 9 | 8 | 6 | 7 | 4 | |
| | | | | | | | 7 | 5 | 4 | 1 | 2 | 9 | 6 | 8 | 3 | | | | | | | |
| | | | | | | | 6 | 8 | 9 | 3 | 7 | 5 | 4 | 2 | 1 | | | | | | | 第十一阵 |
| | | | | | | | 2 | 1 | 3 | 6 | 4 | 8 | 5 | 7 | 9 | | | | | | | |
| | 8 | 3 | 7 | 1 | 6 | 4 | 9 | 2 | 5 | 7 | 8 | 4 | 3 | 1 | 6 | 8 | 5 | 9 | 2 | 4 | 7 | |
| | 6 | 9 | 5 | 3 | 2 | 8 | 1 | 4 | 7 | 9 | 6 | 3 | 8 | 5 | 2 | 7 | 4 | 3 | 6 | 1 | 9 | |
| | 4 | 2 | 1 | 5 | 7 | 9 | 3 | 6 | 8 | 5 | 1 | 2 | 7 | 9 | 4 | 2 | 1 | 6 | 3 | 5 | 8 | |
| | 5 | 6 | 3 | 4 | 8 | 1 | 7 | 9 | 2 | | | | 6 | 4 | 9 | 3 | 7 | 1 | 5 | 8 | 2 | |
| 第七阵 | 7 | 1 | 2 | 6 | 9 | 5 | 8 | 3 | 4 | | | | 1 | 7 | 8 | 6 | 2 | 5 | 4 | 9 | 3 | 第八阵 |
| | 9 | 8 | 4 | 2 | 3 | 7 | 5 | 1 | 6 | | | | 2 | 3 | 5 | 4 | 9 | 8 | 1 | 7 | 6 | |
| | 3 | 7 | 8 | 9 | 4 | 2 | 6 | 5 | 1 | | | | 9 | 2 | 3 | 1 | 8 | 4 | 7 | 6 | 5 | |
| | 1 | 4 | 6 | 8 | 5 | 3 | 2 | 7 | 9 | | | | 5 | 6 | 1 | 9 | 3 | 7 | 8 | 2 | 4 | |
| | 2 | 5 | 9 | 7 | 1 | 6 | 4 | 8 | 3 | | | | 4 | 8 | 7 | 5 | 6 | 2 | 9 | 3 | 1 | |